한국어
/ㄹ/ 음운현상의
통시적 연구

한국어
/ㄹ/ 음운현상의
통시적 연구

김성옥 지음

보고사
BOGOSA

유음과 관련된 음운현상들은 공·통시적으로 참 많이 존재한다. 표기나 그 변화들에서도 마찬가지이다. /ㄹ/-탈락현상의 환경 축소와 형태론적 범주에 따른 실현 양상의 변화, 16세기 이후 유음화의 발생 및 확산, 중세국어의 ㄹㅇ형이 근대국어에 ㄹㄹ형으로의 변화 등이 그러하다. 이 때문에 오늘날에는 /ㄹㄴ/-연쇄에서의 /ㄹ/-탈락현상과 순행적 유음화, 어간말 'ㄹ'과 어미초 'ㄴ'에서의 /ㄹ/-탈락현상, 그리고 어간말 'ㄾ'과 어미초 'ㄴ'에서의 순행적 유음화, /ㄴㄹ/-연쇄에서의 /ㄹ/-비음화와 역행적 유음화 등과 같이 현상들 간에도 서로 복잡한 관계를 맺고 있다. 꼭 실타래가 엉킨 듯한 형국이다.

저자는 이러한 실타래를 한 올 한 올 풀고 싶었다. 15세기에는 실현되지 않았던 유음화가 16~17세기에 실현된 이유는 무엇인지, 중세국어의 ㄹㅇ형이 근대국어에는 어떠한 이유로 ㄹㄹ형으로 변화되었는지, 중세국어 시기에는 'ㄷ·ㅈ' 앞에서 탈락되었던 'ㄹ'이 근대국어에서는 왜 유지되는 변화를 보이는지, /ㄹ/-탈락현상이 활용에서는 오늘날 생산적인데 복합어에서는 왜 또 소멸되었는지 등에 대한 해답으로 그 실타래를 풀고 싶었다. 그래서 '/ㄹ/-탈락현상에 대한 통시적 연구'라는 석사학위논문에 이어 박사학위논문에서는 그 외연을 넓혀 유음 관련 표기 및 음운현상들의 변화 과정과 동인 등을 통시적으로 밝혀 나간 것이다.

이후 음운사 관련 논문을 40여 편 발표하면서 그에 대한 이해가 조금이나마 되던 해, 무던히도 더웠던 2025년 여름 즈음 저서를 펴내고자 하였다. 1부와 2부로 나누어 1부는 저자의 박사학위논문을 총 6개의 장으로 실은 것이다. 2~4장에서는 중세국어, 근대국어, 현대국어의 유음 관련 현상들을, 그리고 5장에서는 유음 관련 현상들 간의 상관성을 담았다. 2부는 총 4개의 장으로 나눠, 'ㄹㄹ~ㄹㄴ형에 대한 유형별 분석' 등을 포함한 4편의 유음 관련 논문을 실은 것이다.

배우고 또 배워도 부족함은 여전하다. 학문의 길을 걸으면 걸을수록 무한이 작아지는 자화상과 마주하게 된다. 유음 관련 현상에 대한 공·통시적 연구들을 모아 엮은 것이기는 하나, 저자의 능력이 미천하여 이 또한 단면에 불과할 수 있다는 생각에 부끄러움이 앞선다. 그럼에도 결실과 함께 용기를 낼 수 있었던 것은 많은 이들의 도움이 있었기 때문이다.

먼저 우둔하기가 그지없는 저자를 때로는 온화함으로, 또 때로는 따끔함으로 지도해 주시며, 지금까지도 저자의 큰 그늘되시는 김정태 교수님께 깊은 감사를 드린다. 박사학위논문 심사위원장님으로서 대구에서 대전까지 여러 번 왕래하시며 지도편달을 아끼지 않으셨던 백두현 교수님, 한 문장 한 문장 논의 하나하나마다 세밀하게 봐주신 이동석 교수님과 이금영 교수님께도 감사를 드린다. 그리고 누구보다 기뻐하셨을 20여 년 전에 하늘나라로 가신 아버지, 점점 고운 아이가 되어가시는 여든이 넘으신 내 사랑하는 어머니, 부족한 아내를 늘 곁에서 지지해주는 삶의 동반자이자 신앙의 동역자인 남편과 자신의 삶을 아름답게 채워나가는 예쁜 딸에게도 고마움을 전한다.

　끝으로 本著를 내도록 독려해 준 동학 김현화 선생님, 출판을 흔쾌히 맡아주신 도서출판 보고사의 김흥국 대표님과 박현정 편집부장님을 비롯한 직원 여러분들에게도 진심으로 감사를 드린다.

2025년 9월

이 모든 것을 허락해 주신 하나님께 감사의 기도를 드리며,

弓洞 硏究室에서 著者

제2부 어두와 어중 /ㄹ/의 공·통시적 연구

제1부

유음 관련 음운현상의 통시적 연구

1장

서론

1. 연구 목적

현대국어에는 19개의 자음 음소가 있다. 그중에서 연구자들로부터 가장 많은 관심을 받아 온 것이 유음 'ㄹ'이다. 이는 'ㄹ'이 특유의 음성·음운론적 속성을 가지고 있음은 물론 공시적, 통시적으로 다른 음소들과 상호 영향을 미쳐 왔기 때문이다. 더 나아가 'ㄹ'과 관련된 음운현상 간에도 상호 유기적인 관계를 맺고 있기 때문이다.

이에 본 연구는 유음을 대상으로 그와 관련된 현상들을 통시적 관점에서 분석하여 그 특징을 구명해 보려는 데 목적을 둔다.

이를 위해 첫째, 유음과 관련된 음운현상들의 변화 과정에서 변화 원인이 무엇인가를 규명해 보고자 한다. 이를테면 15세기에는 실현되지 않았던 유음화가 16세기 이후에 실현되기 시작한 원인은 무엇인가, 중세국어의 ㄹㅇ형이 근대국어 시기에 ㄹㄹ형으로 변화되는 원인은 무엇인가, 중세국어에서는 'ㄷ, ㅈ' 앞에서 탈락되었던 'ㄹ'이 근대국어에서는 유지되는 원인은 무엇인가, /ㄹ/-탈락현상이 오늘날 활용에서는 생산적인데 반해 복합어에서는 소멸된 원인은 무엇인가 등을 밝히는 것이다. 그리하여 현대국어에서 공시적인 음운규칙이나 음운현상으로 설명되지 않는 유음 관련 현상들에 대한 해석의 실마리를 찾으려는 것이다.

둘째, 유음과 관련된 표기 및 음운현상들에 대한 일련의 변화가 음절말 유음의 음가 변화와 관련됨을 밝혀 보고자 한다. /ㄹ/-탈락현상이 중세국어에서는 복합어와 활용에서 모두 실현되었으나, 근·현대국어에서는 그 환경이 축소될 뿐만 아니라 복합어에서는 더 이상 실현되지 않는다. /ㄹ/-탈락현상의 축소와 함께 근대국어에서는 유음화가 새롭게 생성된다. 표기와 관련해서는 음소주의 표기 중심이었던 중세국어 시기에 ㄹㅇ형이 특징적으로 나타나는데, 이러한 ㄹㅇ형이 근대국어 시기에 ㄹㄹ형으로 변화되기도 한다. 그리고 중세국어 시기에 복합어와 '어간말 ㅀ+ㄴ'의 연쇄에서 나타났던 ㄹㄴ형도 근대국어에서는 ㄹㄹ형으로 변화된다. 이러한 유음과 관련된 표기 및 음운현상들에 대한 일련의 변화가 음절말 유음의 음가 변화([r]>[l])와 관련됨을 밝히는 것이다.

셋째, 유음과 관련된 음운현상들 간의 상관성을 살펴보고자 한다. 현대국어에서의 유음 관련 음운현상들은 상호 밀접한 관계를 맺고 있다. 이를테면 순행적 유음화의 환경인 /ㄹㄴ/-연쇄에서는 형태론적 범주에 따라 순행적 유음화와 /ㄹ/-탈락현상이 실현되고, 역행적 유음화의 환경인 /ㄴㄹ/-연쇄에서는 형태소 경계 유무와 관련하여 역행적 유음화와 /ㄹ/-비음화가 실현된다. 또한 어간말이 ㄹ인가, ㄹ계-자음군인가에 따라서도 실현 양상을 달리한다. 어미초 'ㄴ'과의 연쇄에서 어간말이 'ㄹ'일 경우는 /ㄹ/-탈락현상이 실현되는 한편, 어간말이 ㄹ계-자음군일 경우는 유음화가 실현된다. 이처럼 /ㄹㄴ/-연쇄에서의 실현양상, /ㄴㄹ/-연쇄에서의 실현양상, 어간말이 ㄹ인가, ㄹ계-자음군인가에 따른 실현양상 등에서 본 바와 같이 유음화를 기술하기 위해서는 /ㄹ/-탈락현상과 /ㄹ/-비음화가 함께 논의되어야 한다. 이는 역으로 /ㄹ/-탈락현상과 /ㄹ/-비음화를 기술함에 있어서도 마찬가지이다. /ㄹ/-탈락현상을 기술하기 위해서는 통시적인 관점에서 순행적 유음화가 함께 논의되어야 하고, /ㄹ/-비음화를 기술하기 위해서는 공시적으로 역행적 유음화가 함께 논의되어야 하므로 이 글에서는 그들 간의 상관성을 규명해 보고자 하는 것이다.

언어는 늘 변화의 과정 속에 있다. 이 때문에 음운현상 및 음운규칙들은 생성, 확산, 약화, 소멸의 과정을 통해 오늘날 다양한 현상으로 공존하는 것이다. 그러므로 공시적인 연구만으로는 변화를 전제하는 음운현상들에 대한 본질을 제대로 파악할 수 없다. 유음과 관련된 음운현상들도 그러하다. 현대국어에 나타나는 유음과 관련된 음운현상들을 제대로 분석 및 파악하기 위해서는 유음의 통시적 연구가 전제되어야 하는 것이다. 이에 이 글은 유음 관련 음운현상들의 통시적 연구를 통해 그들의 특징을 구명한다. 유음과 관련된 각 현상들의 변화 과정 및 변화 원인을 밝히고, 음운현상들 간의 유기적인 관련성을 고찰하여 통시적 혹은 공시적 관점에서 그 의미를 해석하고자 한다.

2. 연구사 검토

이 글은 유음과 관련된 음운현상들에 대한 통시적 연구를 목적으로 한다. 통시적 연구를 위해서는 공시적 연구가 전제되어야 하므로,

본 절에서는 유음과 관련된 선행 연구들을 검토하여 이들이 시대별로 어떠한 특징을 가지는지, 유음 관련 현상들이 어떤 변화를 경험하였는지 등을 파악한다.

일반적으로 유음에 대한 논의는 유음의 속성 문제, 표기와 관련한 음가 문제, /ㄹ/-탈락현상, 유음화, /ㄹ/-비음화 등의 음운현상들에서 폭넓게 다뤄져 왔다. 선행 연구들의 주요 내용과 흐름을 정리해 보면 다음과 같다.

첫째, 유음의 음성·음운론적 속성 및 분류를 다룬 연구들이 있다. 유음에는 통상 [+자음성, +모음성]의 자질을 부여한다. 이는 'ㄹ'이 구강에서 공명이 일어나는 소리로서 가장 모음에 가까운 음성적인 속성을 가지기 때문이다. 이에 따라 'ㄹ'을 자음 세기(consonantal strength)가 가장 낮은 것으로 보기도 하고(Vennemann T. 1988), 자음성과 모음성을 공유한 소리로 분류하기도(Chomsky & Halle 1968) 한다. 양순임(2011: 206)에서는 또 유음은 입안에서 공명이 이루어지므로 자음 중 모음에 가장 가까운 특성을 가지며, 이 때문에 유음은 자음의 일종으로 처리되지만 음성학적으로는 비전형적인 자음이라고 해석하기도 한다.

한국어의 음절말 자음은 폐쇄로만 실현되므로 [-continuant] 자질을 가진다. 그런데 음절말 유음의 설측음[l]은 혀 양 옆으로 기류가 흐른다는 속성을 가지므로, [l]에 [continuant] 자질을 부여함에 있어서는 논자들 간에 차이가 있다. 이를테면 김종훈(1988), 이세창(2006), 이진호(2005; 2009)는 설측음[l]에 [+continuant] 자질을 부여하는가 하면 김유범(1995), 강옥미(2003), 신지영·차재은(2003), 신지영(2011)에서는 [-continuant] 자질을 부여하는 것이다. 이 글에

서는 [±continuant]가 구강 중앙에서의 막힘 유무에 따라 결정되는
것으로 보고, [l]은 [−continuant] 자질을 갖는 것으로 본다.

　둘째, 음절말 유음의 미파화(未破化)[1]와 관련된 선행 연구들이 있
다. 미파화는 음절말음이 미파(未破)로 실현되는 조음 기제로서, 고대
국어 시기에 입성 한자음과 함께 유입되어 개구도가 커지는 '파열음
→ 파찰음 → 마찰음 → 유음'의 순으로 확산되었다(김영진 2002). 이러
한 미파화 및 고대국어의 유음 재구와 관련하여 이기문(1972a), 이기
문·이호권(2008)은 미파화가 고대국어에서는 일어나지 않았거나, 일
어났더라도 매우 미약했을 것으로 추정하면서, 고대국어의 유음을
*r, *l로 재구한다. 반면 김무림(1998)은 미파화가 고대국어에서는 이
루어지지 않았으므로 고대국어의 유음은 *r로 재구하는 것이 합리적
이라고 하며, 소신애(2008)는 음절말 유음이 중세국어에서는 '탄설음
[r]'로 실현되다가 중세국어와 근대국어의 교체기에 미파화의 확산으
로 인하여 '[r]>[l]'로 변화되었다고 하는 것이다.

1　'미파화(未破化)'란 음절말에서 자음들이 파열되지 않고 불파음화되는 음성적인 속
　성을 말한다. 즉 파열음은 '폐쇄 → 폐쇄지속 → 파열'의 단계로 조음되는데, '미파
　화'란 세 번째 '파열단계'가 생략되어 'unreleased'로 실현되는 것을 의미한다. 이에
　김완진·도수희(1985), 소신애(2008)에서는 이러한 현상에 '미파화'란 용어를 사용
　하고 있으나, 김무림(1992)에서는 '불파화', 이기문(1972a)과 최임식(1989)은 '내파
　화', 이호영(1996)은 '무파화', 김차균(1998)은 '닫힘소리' 등으로서 다양하게 명명
　하고도 있다. 이 글에서는 '미파화'란 용어를 사용한다. 이러한 '미파화'는 비음과
　유음에서도 마찬가지로 실현된다고 할 수 있다. 단지 비음과 유음은 파열음과는
　달리 음절말에서 구강 내 폐쇄가 지속되는 가운데 비음은 비강으로, 유음은 혀 양
　옆으로 기류가 흐른다는 차이가 있을 뿐이다(음절말에서 파열음과 유·비음의 차이
　는 구강 내 기류 압력의 정도로 인해 후행 장애음에 대한 경음화 실현 유무로 나타
　난다). 이에 따라 이 글에서는 한국어의 음절말 자음 7개(ㄱ·ㄷ·ㅂ·ㄴ·ㅁ·ㅇ·ㄹ)는
　기본적으로 음절말에서 구강 내 폐쇄가 일어나는 것으로 본다.

셋째, 중세국어의 ㄹㅇ형과 근대국어의 ㄹㄴ~ㄹㄹ형에 대한 연구들이 있다. ㄹㅇ형과 ㄹㄴ~ㄹㄹ형은 표기와 관련된 것이므로 이에 대한 연구들은 대부분 이들의 음가가 무엇인가에 대한 논의들이라고 할 수 있다. 먼저 ㄹㅇ형의 음가에 대하여, 문학준(1987)은 [∅$r]로 추정하고, 최현배(1959)는 ㄹㅇ형을 [l$∅]로 추정하면서, 중세국어의 '달아'는 [tala]로서 오늘날의 '달라'라고 한다. 이기문(1985; 1998)에서는 ㄹㅇ형이 [l$ɦ]이었음을 주장하며, 'ㅇ[ɦ]'은 [*g]의 소실 과정에서의 마지막 단계라고 하는 것이다. 한편 소신애(2008)는 15세기 국어에서 'ㅇ[ɦ]'의 분포 환경이 'ㄹ_V, ㅿ_V, y_V'임을 감안할 때, ㄹㅇ형을 ㄹ[l]로 본다면 [l], [z], [y]는 하나의 자연부류로 묶일 수 없으므로 ㄹㅇ형에 대한 ㄹ의 음가는 [r]('ㄹㅇ[r$ɦ]')이어야 함을 논한다. 김혜영(1996)에서도 ㄹㅇ형의 ㄹ은 음절말에서 [r]로 실현되었을 것이라고 하면서[2] 고대국어의 유음을 *r과 *l로 재구하고, 이어 음절말에서의 *r이 12~13세기에 국어의 미파화로 인하여 *l로 합류됨으로써 *r[r]의 흔적이 ㄹㅇ형의 'ㄹ[r]'로 나타난 것이라고 한다.

ㄹㅇ형의 연구는 이렇듯 ㄹㅇ형의 음가를 밝히는 데 초점을 두면서 ㄹㅇ형의 ㄹ을 [l]로 보느냐, 아니면 [r]로 보느냐로 크게 양분되었다. [l]로 보는 견해는 다시 ㄹㅇ형의 음가가 ① [l$∅]≠[l$l](유창돈 1961; 1964; 김중진 1996), ② [l$∅]=[l$l](양주동 1943; 허웅 1956; 최현배 1959;

---

2 김혜영(1996)도 유음과 관련된 통시적 연구라고 할 수 있다. 그의 연구는 고대국어의 유음을 *r, *l로 재구하고, 이 두 유음 음가에 대한 발달 및 음운론적 성격을 규명코자 한 것이다. 반면 이 글은 고대국어의 유음을 *r[r]로 재구한 후, 중세국어와 근대국어의 교체기에 음절말 유음이 '[r]>[l]'로 변화됨을 추정하고, 이를 전제로 유음과 관련된 음운현상들의 변화 과정 및 변화 원인을 다룬 통시적 연구로서 김혜영(1996)과는 차별화된 연구라고 할 수 있다.

임용기 1987), ③[l$ɦ](이기문 1985; 1998; 최임식 1990; 김성규 1996)이라
는 것으로 나눠진다. 그리고 [r]로 보는 견해는 ㄹㅇ형에서 '르[r]'이
[V$r]처럼 어중의 음절초에서 실현되었다는 것(이숭녕 1955; 문학준
1987; 이광호 1995; 김유범 2007b)과 [r$-]처럼 '르[r]'이 음절말에서
실현되었다는 것(김혜영 1996; 소신애 2008)으로 나눠진다.

한편 근대국어 시기에는 ㄹㄴ형과 ㄹㄹ형의 혼기가 장기간 지속되
는데, 이에 대하여 지춘수(1986)는 'ㄹ'과 'ㄴ'이 일정한 환경에서 통용
될 수 있는 음가를 지녔기 때문이라고 한다. 오종갑(1986: 116~119)은
ㄹㄹ에서 선행하는 'ㄹ'의 폐음화로 음절 경계가 생기고, 이로써 후행
하는 'ㄹ'이 마치 어두에 사용된 'ㄹ'과 유사한 환경이 되어 'ㄹ'이 'ㄴ'
으로 바뀐 것이라고 해석한다. 이진호(1997)에서는 또 유음화와 ㄹㄴ
~ㄹㄹ형의 혼기가 서로 관련성을 갖는다며, 이에 ㄹㄴ형은 유음화에
대한 과도교정적인 성격을 띤 것이고, 과도교정에 따른 ㄹㄴ형이 16세
기부터 20세기까지 유지될 수 있었던 것은 표기적 관습에 따른 것이
라고 한다.

표기상의 특징을 갖는 근대국어의 ㄹㄴ~ㄹㄹ형에 대한 연구도 대부
분 ㄹㄴ형의 음가가 무엇이었는지에 대한 논의들로 이뤄지면서, ㄹㄴ
형이 [ll]이라는 견해와 [ll]이 아니라는 견해로 크게 양분된다. 전자는
ㄹㄴ형이 ㄹㄹ[ll]과 같은 음가를 가졌을 것으로 추정하고, ㄹㄴ형은
실제 음성형을 표기한 것이 아니라는 견해이다. 대표적으로 김동언
(1990), 백두현(1992), 김혜영(1996), 이진호(1997), 여은지(2008), 오
정애(2009) 등이 있다. 반면, 후자는 ㄹㄴ형이 실제 음성형을 얼마간
반영하고 있으므로 ㄹㄹ[ll]과는 다른 음가를 가졌다는 견해이다. 대
표적으로 전광현(1978), 지춘수(1986), 오종갑(1986; 1988), 신연희

(1990), 전미정(1991), 김중진(1999), 이광호(2001) 등이 그러하다.

넷째, /ㄹ/-탈락현상과 관련된 연구들이 있다. 이는 크게 두 가지의 논점으로 나눠볼 수 있다. 하나는 /ㄹ/-탈락현상의 발생 시기이다. 이기문(1972a)은 이에 대하여 13~14세기경으로 추정하며, 김혜영(1996)은 12~13세기로 추정하고, 이동석(2002)은 /ㄹ/-탈락현상이 향가 기록 이전 시기에 발생하여 15세기 이전에는 소멸되었을 것이라고 한다. 이진호(2008)에서도 /ㄹ/-탈락현상은 15세기에 이미 '동결화'된 음운현상이라고 한다. 그리고 다른 하나는 /ㄹ/-탈락현상에 대한 통시적 연구이다. 이는 기세관(1990)에 이어 도정업(2007), 박상철(2010), 김성옥(2013) 등에서 볼 수 있다. 김성옥(2013)에서 살핀 바와 같이 /ㄹ/-탈락현상은 근대국어 시기에 많은 변화가 있었다. 그 결과 현대국어에서는 /ㄹ/-탈락현상이 복합어에서는 더 이상 음운규칙으로 존재하지 않는다. 그리하여 오늘날의 복합어에서의 /ㄹ/-탈락형은 언어 화석형들이라고 할 수 있는데, 이는 송철의(1993), 기세관(1994), 조학행·강희숙(2000), 이진호(2008) 등에서 다뤄지고 있다.

다섯째, 유음화 및 /ㄹ/-비음화에 대한 선행 연구들이 있다. 현대국어에서는 'ㄹ'과 'ㄴ'의 연쇄, 'ㄴ'과 'ㄹ'의 연쇄를 허용하지 않는다. /ㄹㄴ/-연쇄에서는 '음소연결제약'이 따르고, /ㄴㄹ/-연쇄에서는 '음절연결제약'이 따른다.[3] 이 때문에 /ㄹㄴ/-연쇄의 경우, 활용에서는 /ㄹ/-탈락현상이 실현되고, 복합어에서는 순행적 유음화가 실현된다. /ㄴㄹ/-연쇄는 형태소 경계 유무에 따라 역행적 유음화와 /ㄹ/-

---

3 이진호(2005; 2009)에서는 음소 및 음절에 대한 연결제약을 '음소배열제약'과 '음절배열제약'으로 명명하였다.

비음화가 실현된다. 이에 오정란(1995a)에서는 유음화를 [설측성]의 확산으로 해석하고, 박선우(2006)는 /nl/의 비음화를 유추적 분석으로 해석하기도 한다. 곽동기(1992)는 유음화와 비음화의 차이를 운율단위로서, 김미자(2001), 김태경(2000)은 형태소 경계에 대한 화자의 인식 유무와 관련지어 논한다. 변용우(2010)는 또 화자의 형태보존의 관점에서, 임현열(2011)은 /ㄴㄹ/-연쇄에서의 자유변이현상을 인지적 접근의 관점에서 해석함을 보게 된다.

한편 /ㄹㄴ/-연쇄의 순행적 유음화와 /ㄴㄹ/-연쇄의 역행적 유음화와 관련하여 김무림(1992), 오정란(1993b), 조성문(1996)에서는 이들을 '거울영상규칙'으로 논하는가 하면, 이동석(2005b), 이진호(2008)는 순행적 유음화와 역행적 유음화를 '거울영상규칙'으로 해석함은 타당하지 않음을 논한다. 또 유음화와 /ㄹ/-비음화에 대한 통시적 연구로서 이동석(2005b), 송철의(2008)는 중세국어에서는 이들이 실현되지 않았음을 밝히고 있으며, 이진호(1998)는 16세기 초에는 유음화만 실현되다가 17세기 이후 비음화가 실현되었음을 추정하고, 유음화의 적용 영역을 비음화가 침범함에 따라 두 음운현상이 오늘날에는 경쟁 관계에 있음을 밝히고 있는 것이다.

이상과 같이 유음과 관련된 음운현상들은 여러 연구자들에 의해 다양한 관점에서 많은 연구들이 이뤄졌다. 그렇지만 이들은 유음 관련 현상들 간의 관련성이 포괄적으로는 논의되지 못한 일면이 있다. 유음과 관련된 현상들은 오랜 기간 생성, 확산, 약화, 소멸의 과정을 거치면서 때로는 서로 경쟁 관계를 이루며 상호 유기적인 관계를 맺고 있는 것이다. 이런 관점에서 유음과 관련된 음운현상들은 통시적 연구를 통해 각 현상들의 변화 과정과 그 동인은 물론이고, 그들 간의 관련성에 대한 심도 있는 연구가 요구되고 있는 것이라고 하겠다.

3. 연구 대상 및 방법

이 글은 유음 및 그와 관련된 음운현상들을 연구 대상으로 한다. 유음은 자음이면서 모음에 가까운 음성적인 속성을 가진다. 이에 유음에는 [+자음성, +모음성]의 자질을 부여하기도 한다. 현대국어의 유음 'ㄹ'은 모음과 모음 사이에서는 '탄설음[r]'[4]로 실현되고 음절말에서는 '설측음[l]'로 실현된다. 이때 모음과 모음 사이라는 것은 외파음의 환경이고, 음절말이라는 것은 미파화의 환경이다.

역사적으로 고대국어의 유음은 미파화가 실현되지 않았거나 일반화되지 않았다고 할 수 있다. 고대국어의 유음은 현대국어와는 달리 외파음인 *r[r]만이 존재하였던 것이고, 설측음[l]은 음절말 유음의 미파화가 확산되면서 후대에 발달하였다고 할 수 있는 것이다. 즉 유음은 [+자음성, +모음성]이라는 특유의 음성·음운론적 속성을 가지면서, 역사적으로는 설측음[l]의 생성이라는 음가상의 변화를 경험한 것이다. 그리고 이러한 음가 변화로 인해 유음과 관련된 음운현상들이 다양하게 발생하면서 그에 따른 많은 변화들을 겪게 된 것이라고 할 수 있다. 이에 이 글의 연구 대상이 되는 유음 관련 음운현상들은 다음과 같다고 하겠다.

---

4   엄밀한 의미에서 국어의 탄설음(flap)은 [ɾ], 전동음(trill)은 [r]로 표기되지만, 이 글에서는 편의상 탄설음은 [r]로, 전동음은 [r̄]로 표기토록 한다.

먼저 /ㄹ/–탈락현상과 유음화이다. 중세국어에서는 /ㄹ/–탈락현
상이 설음과 치음인 'ㄴ, ㄷ, ㅅ, ㅿ, ㅈ'의 환경에서 복합어와 활용
모두 실현되었었다. 그러다가 근대국어에서는 'ㄷ, ㅈ'이 /ㄹ/–탈락
현상의 환경에서 제외되기 시작하고, 복합어에서는 약화·소멸되는
변화를 보인다. 유음화의 경우는 15세기에는 보이지 않다가 16세기
에 간헐적으로 나타나기 시작하여 17세기부터는 생산적으로 실현되
는 등의 변화를 보인다. 그리하여 표기에서도 중세국어에 나타났던
ㄹㅇ형이 근대국어에서는 ㄹㄹ형으로 변화되기도 하고, 복합어와 '어
간말 ㄽ+ㄴ'의 연쇄에서 나타났던 중세국어의 ㄹㄴ형이 근대국어에
서는 ㄹㄹ형으로 변화된다.

중세국어와 근대국어의 유음 관련 음운현상들의 변화로 인해 현
대국어에서는 /ㄹ/–탈락현상이 'ㄴ, ㅅ, ㅂ, ㅗ'의 활용 환경에서만
실현된다. 그리고 이전 시기의 흔적으로 체언말 'ㄹ'이 일부 복합어
에서 탈락되어 나타나는가 하면, 어간말 'ㄹ'이 /ㄹ/–탈락현상의 환
경이 아닌 'ㄷ, ㅈ' 앞에서 탈락되어 나타나기도 한다.[5] 더 나아가 현
대국어는 어간말 'ㄹ'이 'ㄴ' 앞에서는 탈락되어야 함에도 불구하고
'[나르니], [아르니까]'처럼 'ㄹ'과 'ㄴ' 사이에 'ㅡ'가 삽입되어 'ㄹ'이
유지되어 나타나기도 한다. 또한 순행적 유음화의 환경인 /ㄹㄴ/–연
쇄에서는 형태론적 범주에 따라 순행적 유음화와 /ㄹ/–탈락현상이
실현되고, 역행적 유음화의 환경인 /ㄴㄹ/–연쇄에서는 형태소 경계

---

5 'ㄷ, ㅈ' 앞의 /ㄹ/–탈락형은 일례로 경상북도 청송[aːji, aːdᴈra], 칠곡[aːdᴈra],
안동[aːji], 경상남도 거창[aji], 밀양[aji, adᴈra], 울주[ajido, adᴈra] 등에서 나타난
다. 이는 이 글의 4장 1.2.1. '〈표 1〉『한국방언자료집 I ~IX』에서의 '알-'(知)에 대한
방언별 활용형'에서 구체적으로 확인할 수 있다.

유무에 따라 역행적 유음화와 /ㄹ/-비음화가 실현된다.

 이상과 같은 유음 관련 현상들을 연구 대상으로 하여, 이 글에서는 이들의 변화 과정 및 변화 원인, 그리고 이들 간의 상관성을 고찰하려는 바, 이를 위한 연구 방법은 다음과 같다.

 첫째, 이 글에서는 유음과 관련된 음운현상들에 대한 변화 원인을 음절말 유음의 음가 변화와 관련지어 논한다. 이를테면 /ㄹ/-탈락현상이 중세국어에서는 설음과 치음인 'ㄴ, ㄷ, ㅅ, ㅿ, ㅈ' 환경에서 복합어와 활용 모두 실현된다. 근대국어에 들어서는 'ㄷ, ㅈ'이 /ㄹ/-탈락현상의 환경에서 제외되고, 복합어에서는 /ㄹ/-탈락현상이 약화·소멸되는 변화를 보인다. /ㄹ/-탈락현상이 이처럼 근대국어 시기에 변화한 원인을 이 글에서는 중세국어와 근대국어 교체기에 실현된 음절말 유음의 음가 변화([r]>[l])에서 찾는 것이다.

 둘째, 이 글에서는 고대국어의 유음을 *r[r]로 재구한다. 그리고 중세국어와 근대국어의 교체기에 음절말 유음이 외파음[r]에서 유음의 미파화로 인하여 설측음[l]로 변화되었던 것으로 본다. 고대국어의 유음을 *r[r]로 재구함은 이병선(1985; 2012), 도수희(1999; 2003), 이장희(2005)의 연구 등에 기인한다. 그리고 음절말 유음이 외파음[r]로 실현되다가 중세국어와 근대국어의 교체기에 [r]>[l]로 변화되었음은 그 시기 문헌에 나타나는 유음 관련 음운현상들의 분석 등을 통해 밝힌다.

 셋째, 현대국어에서는 유음과 관련된 음운현상들이 상호 관련성을 맺고 있다. 이 글에서는 이들 간의 상관성을 지배음운론을 통해 분석한다. /ㄹㄴ/-연쇄에서 실현되는 순행적 유음화와 /ㄹ/-탈락현상과의 상관성, /ㄴㄹ/-연쇄에서 실현되는 역행적 유음화와 /ㄹ/-비음화와의 상관성, 그리고 /ㄹ/-탈락현상과 /ㅡ/-삽입현상과의

상.관성을 지배음운론의 구성원소 이론과 분석적(analytic)·비분석적(non-analytic) 결합 이론을 통해 밝히는 것이다.

이 글에서 사용된 문헌 목록 및 인용 약호는 다음과 같다.

【중세국어 문헌】[6]

간행 연도	문헌명	약호
1447	龍飛御天歌	〈龍歌〉
1447	釋譜詳節	〈釋譜〉
1447	月印千江之曲	〈月印千〉
1446	訓民正音諺解	〈訓民正音〉
1459	月印釋譜	〈月釋〉
1461	楞嚴經諺解	〈楞嚴經〉
1463	金剛經諺解	〈金剛經〉
1463	法華經諺解	〈法華經〉
1464	永嘉集諺解	〈永嘉集〉
1464	禪宗永嘉集諺解	〈禪宗〉
1464	阿彌陀經諺解	〈阿彌陀〉
1464	般若心經諺解	〈般若心經〉
1465	圓覺經諺解	〈圓覺經〉
1466	救急方諺解	〈救急方〉
1467	蒙山法語略錄諺解	〈蒙山法〉
1475	內訓	〈內訓〉
1481	三綱行實圖	〈三綱行〉
1481	分類杜工部詩諺解	〈杜詩諺解〉
1481	觀音經諺解	〈觀音經〉
1482	杜詩諺解初刊本	〈杜詩初〉
1482	南明集諺解	〈南明集〉
1482	金剛經三家解	〈金剛解〉
1489	救急簡易方諺解	〈救急簡易方〉

6　이 글에서는 훈민정음 창제 이후의 문헌들을 주요 연구 자료로 삼으면서, 고대국어의 문헌 분석에 대해서는 이미 밝혀진 연구들에 기대기로 한다. 정음 창제 이전에는 차자표기 자료들이 있으나, 현재 필자의 능력으로는 그 자료들을 통해 당시의 국어가 어떤 모습이었는지, 그리고 어떠한 변화 과정에 있었는지를 분석 및 해석하기가 쉽지 않기 때문이다.

1496	六祖法寶壇經諺解	〈六祖〉
1496	眞言勸供	〈眞言〉
1514	續三綱行實圖	〈續三綱〉
1517	飜譯朴通事	〈飜朴〉
1517	飜譯老乞大	〈飜老〉
1518	飜譯小學	〈飜小〉
1518	正俗諺解	〈正俗諺〉
1518	呂氏鄕約諺解	〈呂氏鄕〉
1518	二倫行實圖	〈二倫〉
1525	簡易辟瘟方	〈簡易辟〉
1527	訓蒙字會	〈訓蒙〉
1542	分門瘟疫易解方	〈瘟疫易〉
1554	救荒撮要	〈救荒〉
1560	六字神呪	〈六字〉
1569	七大萬法	〈七大〉
1577	誡初心學人文	〈誡初〉
1579	禪家龜鑑諺解	〈禪家龜〉
1583	石峰千字文	〈石峰〉
1588	小學諺解	〈小學諺〉
15xx	順天金氏諺簡	〈順天金氏〉

【근대국어 문헌】

간행 연도	문헌명	약호
1608	痘瘡集要諺解	〈痘瘡集〉
1608	胎産集要諺解	〈胎産集〉
1613	東醫寶鑑	〈東醫〉
1617	東國新續三綱行實圖	〈東國三綱〉
1632	家禮諺解	〈家禮〉
1632	杜詩諺解重刊本	〈杜詩重〉
1636	山城日記	〈山城記〉
1637	勸念要錄諺解	〈勸念要錄〉
1653	辟瘟新方	〈辟新〉
1658	警民編諺解	〈警民解〉
1658	女訓諺解	〈女訓解〉
1670	老乞大諺解	〈老乞諺〉
1670	음식디미방	〈음식디미방〉
1676	捷解新語初刊本	〈捷解初〉
1677	朴通事諺解	〈朴通解〉

1682	馬經抄集諺解	〈馬經抄〉
1690	譯語類解	〈譯語解〉
17세기	癸丑日記	〈癸丑〉
17세기	玄風郭氏諺簡	〈玄風郭氏〉
1700	類合(영장사본)	〈類合〉
1703	淸語老乞大	〈淸語〉
1704	普勸念佛文(예천 용문사본)	〈普勸念〉
1711	痘瘡經驗方諺解	〈痘瘡經〉
1728	靑丘永言	〈靑丘〉
1730	千字文(송광사)	〈千字文〉
1736	御製內訓諺解	〈御製內訓〉
1737	女四書諺解	〈女四書〉
1737	御製內訓諺解	〈御內訓〉
1747	松江歌辭	〈松江〉
1748	同文類解	〈同文解〉
1749	論語栗谷諺解	〈論語栗谷〉
1752	地藏經諺解	〈地藏經〉
1756	闡義昭鑑諺解	〈闡義解〉
1758	種德新編諺解	〈種德解〉
1761	御製經世問答諺解	〈經世問答〉
1763	海東歌謠	〈海東〉
1763	老乞大新釋諺解	〈老新解〉
1765	朴通事新釋諺解	〈朴新解〉
1768	蒙語類解	〈蒙類解〉
1771	南海聞見錄	〈南海錄〉
1774	三譯總解	〈三譯〉
1775	譯語類解補	〈類解補〉
1776	念佛普勸文(海印寺板)	〈念佛普〉
1777	明義錄諺解	〈明義解〉
1777	小兒論	〈小兒〉
1777	八歲兒	〈八歲兒〉
1783	字恤典則	〈字恤〉
1783	諭六道綸音	〈諭六道〉
1783	御製諭咸鏡道南關北關大 小士民綸音	〈御諭咸鏡〉
1785	癸亥反正錄	〈癸亥錄〉
1787	兵學指南(壯營藏板本)	〈兵學〉
1790	蒙語老乞大	〈蒙老乞〉
1790	隣語大方	〈隣語〉
1790	蒙語類解	〈蒙語類〉

1792	增修無冤錄諺解	〈增修解〉
1796	敬信錄諺解	〈敬信解〉
1797	五倫行實圖	〈五倫行〉
18세기	丙子錄	〈丙子錄〉
18세기	빙빙뎐(낙선재본)	〈낙빙빙〉
1840	春香傳(경판본)	〈春香傳〉
1850	쌍쥬긔연(경판 33장본)	〈쌍주긔연〉
1852	太上感應篇圖說諺解	〈太上解〉
1880	韓佛字典	〈韓佛字〉
1861	구운몽(경판32장본)	〈구운몽〉
1864	남원고사	〈남원고사〉
1875	심청전(경판24장본)	〈심청전〉
1875	양산백전(경판24장본)	〈양산백전〉
1883	關聖帝君明聖經	〈明聖經〉
1884	易言諺解	〈易言解〉
1885	숙향전(경판64장본)	〈숙향전〉
1887	별토가(가람본)	〈별토가〉
1894	텬로력뎡	〈텬로력뎡〉
1895	國民小學讀本	〈小學讀〉
1896	독립신문	〈독립신문〉

【현대 방언 조사 자료집】

韓國精神文化硏究院, 『韓國方言資料集』, Ⅰ 京畿道 篇
韓國精神文化硏究院, 『韓國方言資料集』, Ⅱ 江原道 篇
韓國精神文化硏究院, 『韓國方言資料集』, Ⅲ 忠淸北道 篇
韓國精神文化硏究院, 『韓國方言資料集』, Ⅳ 忠淸南道 篇
韓國精神文化硏究院, 『韓國方言資料集』, Ⅴ 全羅北道 篇
韓國精神文化硏究院, 『韓國方言資料集』, Ⅵ 全羅南道 篇
韓國精神文化硏究院, 『韓國方言資料集』, Ⅶ 慶尙北道 篇
韓國精神文化硏究院, 『韓國方言資料集』, Ⅷ 慶尙南道 篇
韓國精神文化硏究院, 『韓國方言資料集』, Ⅸ 濟州道 篇

중세국어의 유음 관련 음운현상

중세국어는 일반적으로 10~16세기 말까지를 일컫는다.[7] 이 글은 음절말 유음이 중세국어와 근대국어의 교체기에 외파음[r]에서 미파화의 확산으로 인하여 설측음[l]로 변화되었던 것으로 본다.[8] 이에 본 장에서는 고대국어의 유음을 *r로 재구하고, 미파화의 진행 과정과 중세국어에서의 음절말 유음이 외파음[r]이었음을 논한다. 그리하여 중세국어에 나타나는 ㄹㅇ형에 대한 실현 양상과 음가 추정, /ㄹ/–탈락현상의 실현 양상 및 원인 등을 고찰한다.

---

7 중세국어는 조선 개국(1392) 또는 훈민정음 창제(1443)를 전·후하여 전기와 후기로 나누기도 한다. 그러나 이 글은 전기와 후기를 구분하지 않고, '후기 중세국어'를 편의상 '중세국어'로 기술하면서, 논지 전개상 전기와 후기를 구분해야 할 경우에만 '전기 중세국어'를 명시하도록 한다.

8 이 글은 현대국어의 유음 'ㄹ'이 외파음의 환경인 모음과 모음 사이의 '(C)V+ㄹV(C)'에서는 '탄설음[r]'로 실현되고, 미파화의 환경인 음절말 '(C)Vㄹ+CV(C)'에서는 '설측음[l]'로 실현됨을 감안하여, 중세국어의 음절말 유음은 외파음인 '[r]'로 표기하고, 근·현대국어의 음절말 유음은 미파음인 '[l]'로 표기한다.

1. 고대국어와 중세국어 유음의 음가와 미파화

1.1. 미파화의 진행 과정

역사적으로 음소와 음운현상의 생성 및 소멸에 있어서, 이들이 모든 환경과 어휘에 일률적으로 적용되는 것이 아님은 주지의 사실이다. 예컨대 'ㆍ'의 비음운화 과정을 보면, 비어두위치의 'ㆍ'는 16세기경에 'ㅡ'로 합류되었고, 어두위치의 'ㆍ'는 18세기경에 'ㅏ'로 합류된 바와 같이 'ㆍ'의 비음운화 과정은 몇 세기에 걸쳐 있다. 구개음화의 발생 및 확산 과정에서도 구개음화는 중세국어 시기에 치음이었던 'ㅈ'이 경구개음으로 조음위치가 변화되는 16세기 후반에서 17세기 초반에 발생하지만, 19세기 초엽까지도 실현형과 미실현형이 혼기되어 나타나기도 한다. 구개음화의 진행 과정 역시 오랜 기간 걸쳐 있는 것이다.

이에 언어변화의 발생 시기와 소멸 시기를 특정하기가 쉽지 않은 것은 이러한 언어 변화 과정의 장기 지속성과도 관련된다고 할 수 있다. 유음과 관련된 음운현상들의 변화도 마찬가지이다. 이들도 언어 변화의 일환으로서 모든 환경과 어휘에 일률적으로 적용되지 않고, 오랜 기간 점진적인 변화의 과정을 겪었던 것이다.

유음과 관련된 표기 및 음운현상들의 통시적 변화를 살펴보면, 이들이 근대국어 시기에 특히 많은 변화가 있었다. 그리고 변화의 원인은 음절말 유음의 음가 변화와 관련되고, 음절말 유음의 음가 변화는 음절말 자음의 미파화 확산과 관련된다고 할 수 있다.

미파화는 국어에 입성 한자음이 유입되면서 시작된 조음 기제로서 오랜 시간에 걸쳐 진행되었다. 개구도가 좁은 자음부터 시작하여 파열음-파찰음-마찰음-유음의 순으로서 점진적으로 진행되었다

고 할 수 있다(김영진 2002: 315~352). 소신애(2008: 37)에서도 파열
음을 포함한 장애음의 미파화가 언어 보편적으로 더 빈번하게 관찰
됨을 볼 때, 미파화는 공명도가 낮은 자음부터 우선적으로 일어났을
것이라고 한다. 그리하여 미파화는 '파열음-파찰음-마찰음'의 순으
로 진행되어 공명도가 가장 높은 유음(liquid)을 끝으로 음절말 자음
의 미파화가 완료되었었다고 하는 것이다.

중세국어의 8종성법이 근대국어 시기에 7종성법으로 변화한 것도
미파화의 진행에 따라 일어난 전형적인 결과로서 중세국어는 미파
화의 진행이 마찰음으로 확산되어 가는 시기라고 할 수 있다. 전기
중세국어를 보면, 그 시기에는 음절말에서 'ㅅ, ㅈ(ㅊ), ㅿ'이 구별되
었음을(박창원 2012: 274) 확인할 수 있다. 12세기 초두에 편찬된 전
기 중세국어의 대표적인 문헌 자료라고 할 수 있는 『鷄林類事』에서
'皮曰渴翅(갗), 面曰㮂翅(낯)'은 음절말의 'ㅊ'을 나타내는 것이라면,
'剪刀曰割子蓋'는 15세기의 'ᄀᆞᅀᅢ〈杜詩初 10:33〉'와 대응됨을 볼 때,
'*ᄀᆞᅀᅢ개[kʌzgɑi]'에서의 음절말 'ㅿ'을 나타내는 것이기(이기문 1998:
111~112) 때문이다. 음절말에서 'ㅅ, ㅈ(ㅊ), ㅿ'이 구별되어 표기되
었다고 하겠는데, 이는 이들의 미파화가 전기 중세국어에서는 일반
화되지 않았음을 의미하는 것이다.

그리고 15세기 국어에서는 마찰음 'ㅅ'과 치조 평파열음 'ㄷ'이 음절
말에서 대립을 이루었는데, 이 또한 음절말에서 마찰음이 미파화되
지 않고, 외파로 실현되었음을 의미한다(소신애 2008: 38).[9]

---

9 그리고 훈민정음이 창제된 15세기에는 어두 초성이나 어중의 초성에 자음군이 존재
하였다. 이는 자음을 외파음으로 조음하던 관습이 부분적으로든 전체적으로든 유

‘ㅅ’과 ‘ㄷ’이 음절말에서 대립되었음은 『訓民正音解例』 終聲解에서 8종성(ㄱ·ㆁ·ㄷ·ㄴ·ㅂ·ㅁ·ㅅ·ㄹ)의 사용을 규정하고 있다는 사실에서도 확인된다고 할 수 있다. 또한 15세기 초엽으로 추정되는『朝鮮館譯語』의 표기에서도 보게 되는데, 이를테면 『朝鮮館譯語』에서는 어말의 ‘ㅅ’을 표기하기 위해서는 ‘化 果思(곳), 夾衣 結臥思(겹옷), 城 雜思(잣), 松子 雜思(잣), 衣服 臥思(옷)’과 같이 ‘思’ 字를 썼다면, 어말 ‘ㄷ’의 경우는 ‘田把(받) 陽 別(볃)’처럼 아무런 방법이 마련되지 않았던 것이다. 이기문(1972a; 1984: 134; 1998: 148)에 의하면『朝鮮館譯語』의 이러한 표기는 ‘ㅅ’과 ‘ㄷ’이 음절말에서 대립되었음을 밝혀 줄 뿐만 아니라, ‘ㅅ’의 발음에 대해서도 중요한 暗示가 되는 것이라고 한다. 즉 ‘思’ 字가 華夷譯語에서 蒙古語, 女眞語 등의 s를 표기하는 데 사용되었다는 사실은 中國人들의 귀에 國語 語末의 ‘ㅅ’이 [s]의 일종으로 들렸음을 의미한다는 것이다.

한편 이러한 ‘ㅅ’과 ‘ㄷ’이 마찰음의 미파화로 인하여 16세기쯤에는 중화되기 시작한다. 15세기 문헌에서의 ‘잇ᄂᆞ니, 이틋날(←이틄날), 믯믯ᄒᆞ다, 낫나치’ 등이[10] 16세기 문헌에서는 ‘읻ᄂᆞ니, 이튿날, 믿믿

지되고 있었음을 의미하는 것이다(박창원 2012: 274).

10 아래는 15세기 문헌에서의 ‘잇ᄂᆞ니, 이틋날, 믯믯ᄒᆞ다, 낫나치’에 대한 용례들이다.

부텨를 맞나 잇ᄂᆞ니〈釋譜 6:7〉

내의 사롬도 ᄯᅩᄒᆞᆫ ᄀᆞᇫ의 잇ᄂᆞ니라〈杜詩初 10:3〉

이틋나래 열원 펴롤 ᄂᆞ리우면 즉재 둗ᄂᆞ니〈救急方 下30〉

이틋나래 姬의 말로 虞丘子 더브러 니ᄅᆞ신대〈內訓 2:21〉

얼의여 믯믯ᄒᆞ미니〈楞嚴經 4:28〉

名色은 識이 처섬 胎예 브터 열원 믯믯ᄒᆞᆫ 相이라〈法華經 3:138〉

낫나치 보물 ᄀᆞ장 물フ물ᄀᆞ시ᄒᆞ야〈月釋 8:8〉

낫나치 覺性에 ᄀᆞᆮᄒᆞ야〈圓覺經 上1-2:15〉

ㅎ다, 난나치' 등으로 나타나기 시작하는 것이다. 이는 16세기쯤에 마찰음이 미파화됨으로써 음절말 'ㅅ'이 [t]로 중화되고, 그 결과 [t]가 'ㄴ' 앞에서 비음으로 동화([t]→[n])되었음을 말해주는 것이라고 하겠다.

이와 같이 15세기에는 'ㄷ'과 'ㅅ'이 음절말에서 서로 변별되다가 16세기에는 이들의 변별이 약화되었다고 할 수 있다. 이는 미파화의 진행이 중세국어에서는 마찰음으로 확산되어 가는 단계임을 의미한다. 그리고 미파화의 진행 과정상 유음의 미파화가 마찰음의 다음 단계라고 한다면, 중세국어의 유음은 미파음이 아닌 외파음으로 실현되었었다고 할 수 있는 것이다.

이 글은 음절말 유음이 중세국어에서는 외파음[r]로 실현되다가 중세국어와 근대국어의 교체기에 유음의 미파화로 인하여 설측음[l]로 변화되었을 것으로 추정한다. 이는 유음에 대한 미파화의 발생 시기를 중세국어와 근대국어의 교체기로 보고, 그 시기에 음절말 유음이 [r]>[l]로 변화된 것으로 보고자 하는 것이다. 그런데 이러한 추정이 성립되기 위해서는 중세국어 시기의 유음뿐만 아니라 고대국어의 유음 역시 외파음이었음이 선행되어야 하므로, 이하 항들에서는 먼저 고대국어의 유음 재구와 중세국어의 음절말 유음에 대하여 톺아보고자 한다.

1.2. 고대국어 유음의 재구

고대국어[11]는 두 개의 유음으로 대부분 재구되고 있다. 김영진(1986;

---

11 고대국어는 중세국어 이전 시기로서 9세기 말까지를 일컫는다.

2002)은 고대국어의 유음을 세 개인 '*r, *l¹, *l²'로 재구하고 있으나, 대부분의 논의들은 두 개인 '*r'과 '*l'로 재구하는 것이다(이기문 1972b; 1998; 2011; 김형규 1983; 이익섭 1986; 2010; 유창균 1991; 오정란 1993; 김혜영 1996; 이기문·이호권 2008).

유창균(1991)은 한자음의 성모체계를 통해 고대국어 유음을 *r, *l 로 재구한다. 이기문(1998: 29)과 이기문·이호권(2008: 22)은 국어와 알타이 제어의 비교를 통해 알타이 제어는 유음이 *r과 *l의 구별을 가진다고 하면서, 국어는 *r과 *l이 합류를 경험한 결과 하나의 유음 (/ㄹ/)만이 가지는 것으로 추정하고, *r과 *l의 합류는 음절말 자음의 미파화와 불가분의 관계에 있다(이기문 1998: 85)고 하는 것이다.

오정란(1993b: 23)은 'ㄹ'음에 대한 두 표기(尸와 乙)의 공존이, 尸와 乙이 /l/로 합류되기 이전의 'ㄹ'의 모습, 즉 /r/과 /l/의 구별 표기에 대한 가능성을 시사하는 것이라고 하였으며, 김혜영(1996)은 『삼국사기지리지』 및 신라와 고려 향가에서 표기된 '尸, 乙'을 통해 고대국어의 유음을 '*r, *l'로 재구하면서, '尸, 乙'은 '*r, *l'을 차자표기한 것이라고 한다.

이렇듯 기존 연구에서는 고대국어의 유음을 대부분 *r, *l로 재구함을 볼 수 있다. 그러나 이러한 유음의 재구(*r, *l)는 다음과 같이 몇 가지가 고려되어야 하는 것이라고 하겠다.

첫째, 기존 연구에서 재구한 *r과 *l에 대한 음가가 만약 [*r]과 [*l]로 추정된다면, [*l]은 음절말 유음의 미파화를 전제하는 것이다. [*l]의 실현은 고대국어 시기에 이미 유음의 미파화가 실현되었음을 의미한다. 하지만 고대국어에서는 유음뿐만 아니라 여타 자음에 대한 미파화의 실현도 일반화되지 않았었다고 할 수 있다. 이에 미파화

가 일반적이지 않았던 고대국어에서는 음절말 자음의 미파화를 전제
하는 경음화 또한 발달되지 않았었다고 하겠다. 고대국어의 자음체
계에서 평음 계열 등은 발달되었어도 경음 계열은 발달되지 않았음
은 이미 여러 연구에서 밝힌 바이기도 하다(박병채 1971: 307~317; 허웅
1982: 378; 이기문 1998: 81~83). 무엇보다 고대국어 시기에 경음 계열
이 존재하였다면 중국 중고음의 전탁 계열이 동음의 경음 계열로
반영되었을 가능성이 클 것이나, 중국 중고음의 전탁은 동음의 평음
으로 반영되었으므로 동음에는 경음 계열이 없었던 것(이기문 1998:
83)이라고 할 수 있다.[12] 이에 고대국어의 유음으로 재구된 *l의 음가
가 만약 [*l]과 관련된다면, [*l]은 미파화와 관련되는 것이므로, 고대
국어에서의 [*l] 실현은 그 시기에 미파화가 일반화되지 않았다는
것과 경음화 및 경음 계열이 발달되지 않았다는 추정과 상충된다.
이러한 상충된 논의는 오정란(1993: 24)이 "/əl/ 표기의 乙은 곧 음절
말에서의 /l/로서의 'ㄹ'음이 고대국어에 존재했음을 보여주는 것이
다. /l/은 /r/이 내파화된 음이라고 볼 수 있으며, 이는 국어사에서
음절말 자음의 내파화와 관련이 있다고 보여진다."라고 기술한 부분
에서도 여실히 드러나고 있다.

  둘째, 기존 연구에서는 고대국어의 유음을 *r, *l로 재구하면서 *r,
*l의 음가에 대해서는 구체적인 논의가 없다. 만약 현대국어의 유음인
'/ㄹ/[r]·[l]'을 감안하여, 고대국어의 유음 '*r, *l'을 각각 '[*r], [*l]'로

---

12 이기문(1998: 109)에서는 경음 계열이 전기 중세국어쯤에 발생한 것으로 추정하였
    으며, 홍윤표(2009: 165)에서는 경음 계열이 어느 시기에 생성된 것인지는 명쾌하
    게 밝히기는 어려우나, 근대국어 시기쯤에 발생한 것으로 추정하고 있다.

추정한다고 해도[13] 이는 전술한 바와 같이 고대국어에서는 유음의 미파화가 실현되지 않았거나 일반화되지 않았기 때문에 '*l'은 [*l]로 추정할 수 없는 것이다. 고대국어의 유음인 *r, *l을 [*r], [*l]로 볼 수 없다면, 기존 연구에서는 '*r, *l'의 음가가 무엇이었는지 밝혀야 한다. 그리고 두 유음(*r, *l)이 어떠한 이유로써 하나의 유음(/ㄹ/)으로 합류되었는지도 설명해야 한다. 만약 두 유음(*r, *l)의 합류 기제가 미파화(이기문 1998: 85)라면, 미파화와 고대국어의 두 유음 '*r, *l', 그리고 현대국어의 단일 유음 '/ㄹ/([r], [l])'이 상호 어떠한 관계 하에 이뤄지게 되었는지 밝혀야 하는 것이다.

셋째, 기존 연구에서는 유음의 차자표기 'ㄹ, 乙'이 문법적으로 각각 관형사형 어미 'ㄹ'과 대격의 'ㄹ'을 차자표기한 것일 뿐만 아니라, 'ㄹ, 乙'은 음운론적으로 *r과 *l을 구분 표기한 것이라고 하였다(오정란 1993; 김혜영 1996). 하지만 'ㄹ, 乙'의 형태론적 차이를 음운론적 차이에까지 결부시켜야 할 필연적인 이유는 없다. 배대온(1987: 34~37)에서는 *r, *l일 것으로 추정되어 왔던 차자표기 'ㄹ, 乙'의 경우, 『삼국사기지리지』의 고유명사 표기자료를 볼 때, '乙'과 함께 'ㄹ'도 동일한 음을 위한 또 다른 차자로 봄이 좋을 것이라고 하면서, 이는 『균여전』소재의 향가에서 'ㄹ, 乙'이 쓰인 경우를 보면, 이들이 동일음을 위한 다른 차자라는 것이 더욱 확실해진다고 하는 것이다. 김무림(1998: 23)에서도 'ㄹ'와 '乙'의 쓰임은 음운론적인 분간 표기

---

13 김혜영(1996: 21)에서는 고대국어의 차자표기 'ㄹ:乙'은 유음 '*r:*l'을 반영하는 것이라고 논하면서, "'ㄹ:乙'은 서로 다른 성격의 유음 음가를 가지는 'r:l'로 추정할 수 있다."라고 하였다. 이때 '서로 다른 성격의 유음 음가'란 현대국어의 '/ㄹ/[r]:[l]'이 아닌가 한다.

라기보다는 오히려 형태론적인 구분 표기에서 온 결과로 해석하는 것이 무방하다고 한다. 특히 '尸'의 음가를 [r]로, '乙'의 음가를 [l]로 이해하게 된 데에는 알타이 제어와의 비교라는 배경이 있으나, 알타이 제어와 고대국어 사이의 역사적 거리는 음운체계의 비교를 논할 수 없을 만큼 현격하다고 하는 것이다.

그리하여 도수희(2003), 이병선(2012)에서는 유음의 차자표기를 'ㄹi' 또는 'ㄹV'로 재구하는 가운데, 특히 이병선(2012: 205~206)은 향가에 나타나는 '尸, 乙'은 [ra], [rə]와 같이 'rV'로 읽어야 함을 밝히고 있다. 'ㄹ'의 차자표기 '尸, 乙'을 'rV'로 읽어야 한다는 것은 이들이 음운론적인 구분 표기가 아님을 시사하는 것이므로, '尸, 乙'이 [ra], [rə]임을 밝힌 이병선(2012)의 연구를 일부 살펴보면 다음 (1)과 같다고 하겠다.

(1) ㄱ. 有隣郡本高句麗于尸郡〈『三國史記』 地理 1, 有隣〉
     ㄴ. 武靈郡本百濟武尸伊郡〈『同』 地理 3, 武靈〉
     ㄷ. 文峴縣(一云斤尸波兮)〈『同』 地理 4, 高句麗〉
     ㄹ. 犁山城本加尸達忽〈『同』 地理 4, 鴨淥水以北悲城〉
     ㅁ. 安賢縣本阿尸縣(一云阿乙兮)〈『同』 地理 1, 聞詔〉

(1ㄱ)에서는 于尸=有隣의 관계를 볼 수 있고, (1ㄴ)에서는 武尸=武靈의 관계를 볼 수 있다. '尸'에 대응하는 '隣'은 현행음이 '린'이며, '靈'은 '령'이다. '隣, 靈'의 韻尾는 위의 표기에 반영되지 않으므로 '尸'는 rV의 표기임을 알 수 있다. (1ㄷ)은 文峴=斤尸波兮의 관계이다. '文'은 15세기 어형이 '글발'이므로(글발〈龍歌 26〉) '文'과 대응하는 '斤尸'는 '글(文)'의 前次形 *그르'의 표기로 추정되는 것이다.

(1ㄹ)은 또 加尸達=犂山의 관계로서 '加尸'는 '犂'(訓 갈-, 耕)과 대
응된다. (1ㄷ)의 '斤尸'가 '*그르'의 표기임과 같이 (1ㄹ)의 '加尸'도
'*가라-'의 표기이다. 이는 삼국통일 이전의 고대국어가 CVCV를 基
調로 하는 개음절이었기 때문으로써, '尸'는 [l]('ㄹ' 終聲)이 아닌
[rV]의 표기로 보아야 하는 것이다. (1ㅁ)은 阿尸=阿乙=安의 관계
(賢과 ᄼᆞ는 접미사로 대응)이다. 이때 '阿尸'는 [ara]의 표기이므로, '阿
乙'도 이와 음이 거의 같은 외파음인 [ara] 혹은 [arə]의 표기라고
할 수 있다(이병선 2012: 205~206).[14]

이로써 고대국어 시기에는 음절말 유음이 외파음으로 실현되었었
다고 할 수 있다. 그 시기에는 미파화가 일반화되지 않았었다(이기문
1998: 85)고 하겠는데, 이에 이 글에서는 고대국어의 유음을 *r로 재
구하는 것이다. 고대국어는 미파화가 일반화되지 않았으므로 미파
화 진행상의 마지막 단계인 유음은 대부분 외파로 조음되어 [*r]로
실현되었을 것으로 추정하는 것이다.[15]

---

14 유음의 차자표기인 '尸'는 고려 향가부터 소멸하게 된다. 이러한 '尸'의 소멸은 '尸'가
'良'의 약체로 생각되기는 하지만(이병선 2012: 210), 후대에는 '尸'의 한자음이 '시'
이고, 훈이 '주검'이므로, '良'에서 온 '尸'라는 정보가 언중들에게서 점점 잊혀졌기
때문일 것이다. 이에 '尸'는 음차와 훈차 표기 어디에도 'ㄹ'과의 관련성이 적어짐으
로써 김혜영(1996: 31~32)에서 논한 바와 같이 고려 향가부터는 유음과 관련하여
'尸'가 더 이상 쓰이지 않고 소멸된 것으로 보인다. 그리고 소멸된 '尸'의 기능을
'乙'이 담당하자 '乙'의 기능 부담량으로 '畱'가 등장한 것이라고 할 수 있다. 한편
'尸'의 소멸과 관련하여 김유범(1996: 215)에서는 '尸'의 이중적 음가([ㄹ], [ㅅ])에
대하여 논하면서 '尸'가 여러 차자표기 자료들에서 [ㄹ]을 나타내는 데 사용될 수
있었던 것은 上古音의 음가, 즉 [*l]이 반영된 것이고, [ㅅ]을 나타내는 데 사용될
수 있었던 것은 中古音의 음가([*s])가 반영된 것이라고 한다. 그리고 차자표기 자료
들에서 '尸'가 언제부터인가 모두 '乙'로 대치되었는데, 이는 '尸'의 上古音 [*l]이
中古音 [*s]의 토착화로 인해 시간이 흐름에 따라 언중들의 의식 속에서 사라졌기
때문이라고 하는 것이다.

　　고대국어의 음절말 유음이 외파음이었음은 이병선(1985)과 이장희(2005)에서도 고대국어의 지명을 통해 심도 있게 다뤄졌음을 보게 된다. 이를테면 이장희(2005: 181~193)에서는 『삼국사기지리지』 권 37의 복수지명을 통해 고대국어에서는 유음이 외파로 조음되었고, 그 외파된 조음이 개음절로 표기된 것이라고 하는데, 이장희(2005)에서 보인 고대국어의 음절말 유음에 대한 분석도 일부 제시하면 다음 (2)와 같다고 하겠다.

(2)　ㄱ. 述尒忽縣(一云首泥忽)〈史記 권37〉
　　　ㄴ. 內乙買(一云內尒米)〈史記 권37〉
　　　ㄷ. 屑夫婁城, 本肖利巴利忽〈史記 권37〉

　　그에 의하면 (2ㄱ)에서 고구려의 '述尒忽縣(一云首泥忽)'은 경덕왕 때 '峯城'으로 바뀌었다.[16] 고구려 지명에서는 '城'과 '忽'의 대응이 분명하므로 述尒·首泥는 '峯'에 대응하는 음차표기로 여겨진다. '尒'는 日母字[nz]이고, 전승 한자음은 'ㅿ'나 '이'지만, 위의 고구려 지명에서는 泥母[n]와 상통한다. 그리고 고구려 지명에서는 尒*[ni]의 '[n]'을 '乙*[r]'로도 표기하는 예가 있으므로[17] 述尒·首泥는 [suri]로

15　김무림(1998)에서도 고대국어의 유음에 대해서는 "고대국어는 불파음화가 이루어지지 않았으므로 고대국어의 유음에 *r과 *l의 두 음소를 상정하는 것은 아직 인정하기 어렵다. 그리고 외파조음을 전제로 한 음절구조의 체계적인 관점에서 [l]은 [r]의 불파음화에 의하여 성립되었다고 하는 것이 합리적이다. 그러므로 고대국어에 *r과 *l의 두 음소 중에서 하나가 있었다면, *r로 설정하는 것이 체계적인 측면에서 합리적이다(김무림 1998: 23)."와 같이 해석하고 있는 것이다.

16　峯城縣 本高句麗 述尒忽縣, 景德王改名, 今因之.

17　'內乙買(一云內尒米)'의 이표기는 '[nurmi](一云[nurimi])'로 옮길 수 있다.

도 볼 수 있다. 이에 '述'에 [ri]가 후행하고, 그 이표기가 '首'임은 '述'의 받침이 유음이면서, 이 유음이 외파되었음을 보여주는 것이라고 할 수 있다.

또 고구려 지명의 복수 이표기에서 '買'는 '川·淵'에 대응하므로 (2ㄴ)의 '內乙買(一云內尒米)'의 買와 米는 '川·淵'에 대한 음차 이표기라고 하겠다. 나머지 부분의 '內乙'은 '內尒'와 대응한다. 삼국의 고유명사 표기에서 '內'는 '奴·弩·惱'와 이표기가 된다. 이때 '內'는 원순성 단모음을 가졌던 것으로 보이며, '乙'은 삼국의 지명표기에서 유음을 표기하므로 '內乙'은 *[nUr] 내지는 '內乙'과 대응되는 '內尒'로서, 이를 독음하면 *[nUri]로 재구될 수 있다. *[nUr]와 *[nUri]가 동일음을 나타내는 것이라면 음절말의 받침 [r]은 외파되었던 것이고, *[nUri]는 *[nUr]를 개음절(內尒)로 표기했다고 봄이 타당하다고 할 수 있다. (2ㄷ)에서는 '屑'과 '肖利'의 대응이다. '屑'은 설내(舌內) 입성 운미를 가진 字이나, [t]>[r]의 변화에 따라 유음 받침을 가진 결과 '肖利'와 이표기 관계를 갖게 된 것으로 보인다. 이에 이도 음절말 받침 [r]이 외파되었고, '肖利'는 이를 개음절로 표기했다고 봄이 타당하다(이장희 2005: 186~187)고 할 수 있다.

이와 같이 이장희(2005)의 고대국어 지명 분석을 통해서도 고대국어의 유음은 *r로 재구됨을 확인할 수 있는데, 이러한 고대국어 유음 *r의 재구는 그 당시 미파화의 실현 유무와 관련된다고 할 수 있다. 그리고 미파화의 실현 유무는 음절말이 외파음의 실현이냐, 미파음의 실현이냐에 따른 것이다. 한자어의 유입과 함께 시작된 미파화는 파열음부터 시작하여 파찰음 및 마찰음에 이어 유음에까지 그 영역을 넓혀 나갔다. 15세기 국어는 음절말에서 'ㅅ'과 'ㄷ'이 변별되었고, 이는 그 시기에 마찰음의 미파화가 일반화되지 않았음을 의미한다. 미파화의 진행 과정상 유음이 마찰음의 다음 단계였다고 한다면, 유음의 미파화는 고대국어에 이어 중세국어에서도 일반화되지 않았었다고 하겠는데, 이러한 중세국어의 유음에 대해서는 다음의 1.3에서 다루도록 한다.

1.3. 중세국어 유음의 음가

본 항에서는 고대국어에 이어 중세국어에서도 음절말 유음이 외파음[r]로 실현되었음을 밝힌다.

중세국어 시기에 음절말 유음이 외파음[r]로도 실현되었음은 여러 연구에서 이미 논의되었었다고 할 수 있다. 먼저 고광모(1996: 33)에서는 /ㄹ/-탈락현상의 음성적 동기를 감안하여, 치조음 앞에서 /ㄹ/-탈락현상이 일어났던 15~16세기는 음절말 유음이 탄설음[r]로 실현되었을 것이라고 한다. 김차균(1986: 34~41)에서는 'ㄹㅇ형'처럼 분철표기 되었던 예들에 한하여 15세기의 'ㄹ'은 음절말 위치에서 [r] (=[rᵊ])과 [l]이 수의 변이했을 것이라고 하면서[18] 음절말의 미파화가 의무적이지 않았던 15세기에는 [XVrᵊ$ØVY]가 /XVr$VY/라는 심리적 음소 연결로 해석되어 /r$Ø/가 'ㄹ$ㅇ'(예. 다ᄅ(異)-+-아 → 달아)로 표기된 것이라고 한다.

곽충구(2007b: 256~257; 2012: 141~142)에서는 또 중국 육진 방언에서 음절말 유음이 탄설음으로 조음되는 사실[19]을 과거 국어의 잔재

---

18 김차균(1986)에서는 'ᵊ'는 약모음(schwa)보다 더 약한 '소모음'을 나타내는 것이라고 한다. 그리하여 김차균(1986)은 미파화가 되지 않은 자음에는 소모음이 붙어 있는 것으로 간주하고, 음절말에서 외파음으로 실현된 [r]을 [rᵊ]로 표기하는 것이다.

19 이는 곽충구(1994: 60~62)에서 이미 밝힌 바이다. 그는 육진 방언은 모음 간은 물

로 이해하고, 국어 유음이 국어사의 어느 단계에서는 탄설음[r] 또는
전동음[r̃]로 실현되었을 것이라고 한다. 소신애(2008: 54~59)에서도
최근 조사한 육진 방언의 음성적 자료 및 중세국어와 근대국어의
문헌 자료 등을 통해 음절말 유음이 중세국어에서는 '탄설음[r]'로
실현되다가[20] 중세국어와 근대국어의 교체기에 미파화의 점진적인
확산으로 인하여 설측음[l]로 변화([r]>[l])되었다고 하는 것이다.

이에 이 글에서도 중세국어의 음절말 유음이 외파음[r]로 실현되
었음을 그 시기에 나타나는 어간말 ㄹ계-자음군의 실현 양상과 /ㄹㄴ/-
연쇄에서의 유음화 실현 유무 등을 통해 좀더 톺아보고자 한다.

자음군단순화는 음절말음의 미파화를 전제하는 음운현상이다. 음
절말음이 만약 외파로 조음된다면 어간말 자음군은 대부분 제 음가
대로 실현되지만, 음절말음이 미파화로 조음된다면 자음군 중 하나
가 탈락되어 자음군단순화가 실현되기 때문이다. 그리고 유음화는
설측음[l]의 양음절성[21]과 관련되는 음운현상으로서, 유음화도 음절
말 유음의 미파화로 인한 설측음[l]의 실현을 전제하게 된다. 이에

론 자음 앞과 어말 위치의 유음이 모두 [r]로 전사되는 가운데, 형태소 내부 혹은
형태소 경계에서의 모음 간 -ㄹㄹ-만이 [ll]로 전사된다고 한다. 그리고 유음에 대
한 이러한 음성 전사 내용을 그대로 신뢰한다면 이 방언에서의 유음 'ㄹ'은 [r]로만
실현되었다고 해야 옳을 것이라고 하였다.

20 소신애(2008: 39)는 "중세국어 시기는 음절말 유음의 변이음으로 설측음과 탄설음
이 모두 있었을 것으로 보되, 탄설음의 출현 분포가 더 넓었을 것으로 추정한다.
후행 음절의 두음이 /ㄹ/인 경우에 한해서 음절말 /ㄹ/이 [l](구개적 환경에서는 [ʎ])
로 실현되고(예, 홀러流[hillə]), 그 밖의 음절말 /ㄹ/은 [r]로 실현되었을 것으로
본다(예: 믈水[mir])."라고 하였다.

21 양음절성이란 두 개의 음절성 분절음 사이에 있는 자음이 선행음절의 coda를 이루
면서, 동시에 후행음절의 onset을 이루는 경우를 말한다(오정란 1993: 29).

중세국어의 어간말 ㄹ계-자음군에서 자음군단순화가 실현되지 않았다고 한다면, 그리고 'ㄹ'과 'ㄴ'의 연쇄에서 유음화가 실현되지 않았다고 한다면, 이는 중세국어의 음절말 유음이 미파화되지 않고, 외파로 조음되었음을 의미하는 것이다.

　중세국어의 어간말 ㄹ계-자음군에서 자음군단순화가 실현되지 않았다는 것과 /ㄹㄴ/-연쇄에서 유음화가 실현되지 않았다는 것은 여러 논의에서 밝혀진 바이기도 하다(이기문 1972a; 송철의 1987; 박기영 1995). 먼저 이들에 대한 실현 양상을 보면 다음 (3)과 같다.

(3)　어간말 ㄹ계-자음군의 실현 양상

　　ㄱ. 'ㄺ': 늙-(老): 내 늙고 病ᄒᆞ야 머므렛노니〈杜詩初 7:12〉

　　　　　　 넑-(讀): 이 經을 넑고〈月釋 9:51〉

　　　　　　 ᄂᆞᆰ-(舊): 오라 ᄂᆞᆰ다 니ᄅᆞ시고〈法華經 2:105〉

　　　　　　 ᄆᆞᆰ-(淸): 色蘊은 뷔여 ᄆᆞᆰ디 몯ᄒᆞ야〈月釋 1:35〉

　　　　　　 ᄆᆞᆰ-(澄): 性이 本來 못ᄀᆞ티 ᄆᆞᆰ거늘(性本淵澄)〈法華經 1:189〉

　　　　　　 븕-(紅): 손과 발왜 븕고 ᄒᆡ샤미〈月釋 2:57〉

　　　　　　 붉-(明): 닛위여 붉게 ᄒᆞ며〈釋譜 9:35〉

　　　　　　　　　　 ᄒᆡ와 ᄃᆞᆯ와 별왜 다 붉디 아니ᄒᆞ며〈月釋 2:15〉

　　　　　　 얽-(纏): 보ᄇᆡ 노ᄒᆞᆯ 섯얽고〈法華經 2:72〉

　　　　　　　　　　 얽디 아니며 벗디 아니ᄒᆞ야〈南明集 下76〉

　　ㄴ. 'ㄻ': 곪-(膿): 모로게 곪게 흘디니〈救急簡易方 3:58〉

　　　　　　　　　　 곪디 아니ᄒᆞ며〈救急簡易方 6:32〉

　　　　　　 옮-(移): 前後에 고텨 옮거든〈圓覺經 上1-2:62〉

　　　　　　　　　　 이롤 다봇 옮ᄃᆞᆺ ᄒᆞ몰 슬노니〈杜詩初 7:16〉

　　ㄷ. 'ㄼ': 굷-(倂): 볼셔 부텻긔 굷건마ᄅᆞᆫ〈楞嚴經 1:36〉

듧-(穿): 짜해 구무 듧고 홁 지여〈法華經 6:154〉

붉-(踏): 짜 붉듯 ᄒᆞ더니〈釋譜 6:34〉

　　　　서리 붉ᄂᆞᆫ 발 가진 千里 가는 駿馬ㅣ〈杜詩初 8:8〉

ᄉᆞᆲ-(사뢰다, 여쭙다): 功德을 國人도 ᄉᆞᆲ거니〈龍歌 72章〉

　　　　數업슬씨 오늘 몯 ᄉᆞᆲᄂᆡ〈月印千 上10〉

엷-(薄): 고히 平코 엷디 아니ᄒᆞ며〈釋譜 19:7〉

　　　　ᄒᆞᆫ 머릴 엷게 갓가 두드려 부드럽고〈救急方 下39〉

(4) 어간말 비ㄹ계-자음군의 실현 양상

　ㄱ. 'ᄡ': 없-(無): 업던 번게를 하ᄂᆞᆳ히 ᄇᆞᆯ기시니〈龍歌 30章〉

　　　　　衆生이 업거ᅀᅡ 菩提心 올〈釋譜 6:46〉

　　　　　측혼 ᄆᆞᅀᆞ미 업거이다〈月釋 10:8〉

　ㄴ. 'ᆪ': 닦-(修): 나못 段은 닷논 幻妄 올〈圓覺經 上2-1:48〉

　　　　　상녜 梵行 닷도소니〈法華經 5:114〉

　　　　　닷디 아니ᄒᆞ면 곧〈金剛經 序8〉

　　cf. 몸 닷기 모ᄅᆞᄂᆞᆫ 둘 슬퍼 너기니〈月印千 上62〉

　　겼-(折): 能히 것디 몯ᄒᆞ며〈法華經 5:8〉

　　　　　長常 것 것더니〈杜詩初 22:8〉

　　cf. 雜草木 것거다가〈月印千 上23〉

　ㄷ. 'ᆹ': 맜-(任): 敎法을 조차 順ᄒᆞᆯ씨 내와 너를 맛노라〈月釋 8:57〉

　　　　　如來ㅅ正法을 네 맛ᄌᆞᆸ란디〈釋譜 23:36〉

　　cf. 맛다 가져 일티 아니ᄒᆞ야〈楞嚴經 8:18〉

　(3)은 15~16세기에 나타나는 어간말 ㄹ계-자음군의 실현 양상이
다. (4)는 비ㄹ계-자음군의 실현 양상으로서, 어간말자음군 'ᆪ'의
예로는 '닦-, 겼-' 외에도 '겪-, 갔-, 겪-, 낚-, 엮-, 섞-, 볶-,

빘-' 등이 더 있으나, 'ㅆ'의 예는 위의 '많-' 외에는 발견되지 않는다 (백두현·이미향·안미애 2013: 328).

　미파화가 필수적인 현대국어에서는 어간말이 ㄹ계-자음군이든 비ㄹ계-자음군이든 상관없이 모두 자음군단순화가 실현된다. 하지만 중세국어에서는 어간말자음군 중 제1자음이 비ㄹ계-자음군이면 (4)와 같이 자음군단순화가 실현되었으나, 어간말자음군 중 제1자음이 ㄹ계-자음군이면 (3)과 같이 자음군단순화가 실현되지 않았음을 볼 수 있다.[22] 한편 또 어간말자음군 중 제1자음이 비ㄹ계-자음군이라도 'ㅉ, ㅄ'의 경우는 다음과 같이 자음군단순화가 실현되지 않는 어형이 나타나기도 함을 본다.

(5)　ㄱ. 'ㅄ': 앉-(坐): 큰 德을 새오ᅀᆞᄫᅡ 앉디 몯ᄒᆞ야〈月印千 上9a〉
　　　　　　　이 善男子 善女人이 앉거나 셔거나〈月釋 17:43b〉
　　　　cf. 坊의 가 안쩌나 셔거나〈釋譜 19:5b〉
　　　　　　비르서 뎌레 드러 안쪼〈釋譜 11:1b〉

　　ㄴ. 'ㅄ': 욻-(縮): 드리디 아니ᄒᆞ며 욻디 아니ᄒᆞ며〈釋譜 19:7a〉
　　　　　　　體 펴며 욻ᄂᆞᆫ가 疑心ᄒᆞ니〈楞嚴經 2:40b〉

　(5ㄱ)의 'ㅄ'은 어간 '앉-'에서 어간말 'ㅄ'의 'ㅈ'이 'ㅅ'으로 표기된 것이다. 이러한 'ㅄ'은 '앉거나 ~ 안쩌나'처럼 'ㅅ'이 어미초로 연철되어 나타나기도 한다. 그리고 (5ㄴ)의 'ㅄ'은 '욻-'에서 어간말 'ㅄ'의

22　이에 김동언(1980: 18)은 "15세기에 발음되던 語中 3字音群에서의 'ㄹ'은 完全한 'ㄹ'이기보다는 모음적 성격이 농후하게 나타나면서 발음된 것이 아닌가 한다. 거의 y에 가깝게 先行 母音의 長母音을 形成하는 한 부분이었을지도 모르는 일"이라고 하는 것이다.

'ㅊ'이 'ㅅ'으로 표기된 것이다. 이때 어간말에 'ㄵ'을 가진 어간은 '앉-, 엱-' 외에는 발견되지 않고, 'ㄻㅊ'을 가진 어간은 '얾ㅊ-' 외에는 발견되지 않는다(안병희 1978: 21~25).

안병희(1978: 21)에서는 'ㄵ, ㄻㅊ'이 자음 앞에서 'ㄴㅅ, ㅁㅅ'으로 교체되는데, 이는 어두의 'ㅺ, ㅼ, ㅽ'과도 연관이 있는 바, '다(皆) : ᄯᅡ(地)'가 구별됨과 같이 '안디(抱) : 앉디(~안ᄶᅵ, 座)' 또한 엄격히 구별된 것이므로, 음절말 'ㄴㅅ, ㅁㅅ'에서는 제2자음의 탈락을 인정할 수 없다고 한다. 하지만 이기문(1984: 132~133)에서는 중세국어는 일반적으로 모음 간 위치에서 두 자음만이 허용되었지만, 자음군의 첫 음이 'ㄹ'일 때는 세 자음이 허용되었다며, 이에 15·16세기의 '넚디-〈月釋 2:48〉'는 '넘ᄶᅵ-〈訓蒙 下11〉'와 混記例가 보이는 것으로써 '넚디-~넘ᄶᅵ-'의 실제 발음은 모음 사이에서 [m]과 [t]만이 발음되었을 것이라고 한다. 그러면서 '넚디-~넘ᄶᅵ-'의 혼기와는 달리 'ㄺ, ㄻ, ㄼ' 말음을 가진 어간은 자음으로 시작된 어미가 오더라도 항상 세 자음이 표기되었으므로, 음절말 자음군의 첫 음이 'ㄹ'일 때는 세 자음이 허용되었다고 하는 것이다. 이기문(1984)의 이러한 해석은 어간말 'ㄵ, ㄻㅊ'에 대한 직접적인 해석은 아니더라도 이에서 다룬 '넚디-~넘ᄶᅵ-'는 '앉거나~안ᄶᅥ나'의 혼기와 어느 정도는 관련된다고 할 수 있겠다.

이 글에서는 ㄹ계-자음군이 후행하는 자음과 함께 언제나 세 자음으로 나타남을 고려하여 중세국어에서는 어간말 'ㄹ'이 외파로 조음되었을 것으로 본다. 이때 '앉디〈月印千 上9a〉, 얾ㅅ디〈釋譜 19:7a〉'처럼 'ㄴㅅ, ㅁㅅ'의 자음군도 간헐적으로 나타나는데, 그렇다면 'ㄴㅅ, ㅁㅅ'의 'ㄴ'도 외파로 조음되었을 것으로 보아야 하는가에 대한 문제가 발생

2章_중세국어의 유음 관련 음운현상 **49**

하게 된다. 하지만 이는 ㄹ계–자음군의 'ㄺ, ㄻ, ㄼ' 등은 이기문(1984)
에서도 밝힌 바와 같이 후행하는 자음과 함께 언제나 세 자음이 표기
되어 나타나는 것이라면, 'ㄳ, ㄸ'은 '앉거나~안쩌나'처럼 'ㅅ'이 어중
의 음절초로 연철된 표기와 혼기되어 나타난다는 차이가 있다. 특히
'ㄳ, ㄸ'은 자음군의 제2자음이 모두 'ㅅ'이다. 'ㅅ'은 훈민정음 체계의
여러 문자 중에서도 유독 그 음가에 구애받지 않고 된소리와 관련되
어 쓰이면서(이기문 1984: 123) '닷가~다까'처럼 'ㅅ'이 음절말에 나타
나기도 하고, 어중의 음절초로 연철되어 나타나기도 하였던 것이다.
이에 ㄹ계 자음군인 'ㄺ, ㄻ, ㄼ'과는 달리 비ㄹ계 자음군인 'ㄳ, ㄸ'은
'앉거나~안쩌나'와 같이 혼기되어 나타나고, 또한 자음군의 제2자음
이 'ㅅ'임을 감안할 때, 'ㄳ, ㄸ'은 두 자음이 모두 실현되었다고는
할 수 없는 것이다. 다만, 'ㄳ, ㄸ'과 관련해서는 'ㅈ, ㅊ'이 중화되어
'ㅅ'으로 표기되고, 이러한 'ㅅ'이 음절말과 어중의 음절초로 혼기되어
나타남을 토대로, 향후 보다 면밀한 연구가 이뤄져야 함을 밝혀 둔
다. 그리고 이 글에서는 ㄹ계–자음군이 자음으로 시작하는 어미와의
연쇄에서 자음군단순화된 어형이 나타나지 않고 언제나 어미와 함께
세 자음이 표기되었음을 중시하여, 이를 중세국어에서는 음절말 'ㄹ'
이 외파음이었다는 또 하나의 논거로 삼는 것이라고 하겠다.

 (6) /ㄹㄴ/–연쇄의 실현 양상
 ㄱ. 솔(松)+닙(葉): 솔닙 ᄀᄂᆞ리 싸ᄒᆞ라〈瘟疫易 9〉
    아둘+님: 아둘님이 나샤 나히 닐구비어늘〈月釋 8:84b〉
    쭐+님: 善友를 빙이ᅀᆞᆸ고 쭐님올 얼이ᅀᆞᄫᅵ니〈月釋 22:18a〉
    둘+님: 文殊普賢둘히 둘넚긔 구름 몯 둧더시니〈月印千 上30b〉

ㄴ. 긇-+-ᄂᆞᆫ: 罪人ᄋᆞᆯ 글ᄂᆞᆫ 가마애 드리티ᄂᆞ니라〈月釋 1:29a〉
    앓-+-ᄂᆞ오니: 둥을 알노니 廣熾陶師ㅣ 지븨 가〈月釋 2:9a〉
    잃-+-ᄂᆞ오니: 불ᄀᆞᆫ 性ᄋᆞᆯ 일논 디라〈楞嚴經 2:98b〉

(6ㄱ)은 복합어에서의 ㄹㄴ에 대한 실현 양상이다. 중세국어에서
는 /ㄹ/-탈락현상이 설음·치음 앞에서 실현되었다. 이때 활용에서
는 필수적으로 실현되었던 반면 복합어에서는 수의적이었다. /ㄹㄴ
/-연쇄를 가진 복합어에서는 체언말 'ㄹ'이 (6ㄱ)처럼 유지되기도 하
면서 '아ᄃᆞᆯ넚긔 衰服 니피ᄉᆞᆸ니〈龍歌 25章〉, 버드나모 션 믌ᄀᆞᅀᅳ
로〈杜詩初 15:10a〉'처럼 '아ᄃᆞᆯ+님, 버들+나모' 등에서의 'ㄹ'이 탈락
되기도 하였던 것이다.

(6ㄴ)은 어간말 ㄹ계-자음군 'ᆶ'과 어미초 'ㄴ'과의 연쇄에서 자음
군단순화로 인하여 'ㅎ'이 탈락된 후의 ㄹㄴ이 그대로 실현됨을 보인
것이다. 앞서 (3)의 용례에서 어간말 ㄹ계-자음군은 (4)의 비ㄹ계-자
음군과는 달리 자음군단순화가 실현되지 않았음을 볼 수 있었다. 그
런데 어간말 'ᆶ'은 ㄹ계-자음군임에도 불구하고 자음군단순화가 실
현되는 것이다. 이는 'ㅎ'이 음절말에서는 실현될 수 없다는 분포상의
제약으로 인하여 ㄹ계-자음군과는 실현 양상을 달리하였기 때문이
다. 그리하여 어간말 'ᆶ'의 경우는 'ᆶ' 다음에 평파열음이 오면 평파
열음과 'ㅎ'이 축약하여 격음화됨으로써 '올타 올타 ᄒᆞ다가〈楞嚴經
5:24b〉'의 '옳-+-다→올타'처럼 실현되었고, 'ᆶ'에 평마찰음이 후행
하면 마찰음이 경음으로 변동되어 'ᄀᆞ장 슬쓰뱌〈釋譜 23:37a〉'의
'슳-+-ᄉᆞ- → 슬쓸-'과 같이 실현되었으며, 'ㄴ'이 후행하면 'ㅎ'이
탈락되면서 '글ᄂᆞᆫ 가마애〈月釋 1:29a〉'의 '긇-+-ᄂᆞᆫ → 글ᄂᆞᆫ' 등으로

실현되었던 것이다.

　미파화가 필수적인 현대국어에서는 /ㄹㄴ/-연쇄를 허용하지 않으므로 /ㄹㄴ/-연쇄에서는 음운변동이 필수적이다. 그 반면 중세국어에서는 /ㄹㄴ/-연쇄가 음운변동 없이 (6)과 같이 실현되었음을 볼수 있다. 이는 'ㄹ'이 외파로 조음되었다는 것과 이로 인해 'ㄹ'과 'ㄴ'이 모두 실현되었음을 의미한다. 음절말에서의 외파조음은 후행하는 음에 대한 제약을 덜 받으므로 음운현상 또한 덜 일어나는 것으로서, 음운변동이 없는 /ㄹㄴ/-연쇄의 실현은 음절말 유음이 외파음으로 실현되었음을 의미하는 것이라고 할 수 있다.

　이상과 같이 고대국어에 이어 중세국어에서도 음절말 유음이 외파음[r]이었음을 살펴보았는데, 이로써 다음은 중세국어의 ㄹㅇ형에 대한 실현 양상과 음가 추정, /ㄹ/-탈락현상의 실현 양상과 원인 등을 톺아보고자 한다.

2. 중세국어의 ㄹㅇ형에 대한 분석

　중세국어는 음소주의 표기를 원칙으로 한다. 실제 음성형을 표기에 반영하는 것으로, '-VC\$ØV-'의 음절구조에서 음절말 자음(C)이 후행하는 음절초로 연음되어 재음절화(-VØ\$CV-)된 음성형이 표기되는 것이다.[23] 그런데 이러한 연철표기와는 달리 분철표기인 ㄹㅇ형

23　현대국어는 '-ㄹ\$Ø-'의 'ㄹ'이 음절말에서 실현되면 설측음[l]의 양음절성으로 인하여 [-l\$l-]로 실현되고, 'ㄹ'이 음절초로 연음되면 [-Ø\$r-]로 실현됨이 일반적이다.

이 중세국어에서 발견되고 있다. 이에 본 절에서는 ㄹㅇ형에 대한 선행 연구를 살핀 후, ㄹㅇ형의 생성 원인 및 음가 등을 추정한다.

2.1. ㄹㅇ형에 대한 선행 연구

ㄹㅇ형은 중세국어의 일반적인 연철표기와는 다른 분철표기이다.[24] 이 때문에 ㄹㅇ형의 음가에 대한 논의 등도 다양하게 이뤄졌다. 먼저 ㄹㅇ형의 음가 문제는 ㄹㅇ의 ㄹ을 [l]로 보느냐, 또는 [r]로 보느냐로 크게 양분된다. [l]로 보는 견해는 다시 ㄹㅇ형의 음가가 ① [1$∅]≠[1$l], ② [1$∅]=[1$l], ③ [1$ɦ]이라는 것으로 나눠진다. [r]로 보는 견해는 ㄹㅇ형의 '리[r]'이 [V$r]처럼 어중의 음절초에서 실현되었다는 것과

---

24 중세국어에서의 분철표기라면 ㄹㅇ형 외에도 ㅿㅇ형이 더 있다. ㅿㅇ형의 'ㅿ'은『訓民正音解例』에서 不淸不濁의 半齒音으로 규정되며, 중국 字母의 日母에 對當되는 것으로써 현실음이 [z]로 추정된다. 그리고 'ㅿ'은『鷄林類事』시대 이전부터 내려오는 것과, 13세기 이후 's>z'의 변화에 따라 나타나는 것으로 나눠진다. 's>z'의 변화에 의한 'ㅿ'의 경우,『訓民正音解例』終聲解에서는 '엿의갗'의 종성들을 'ㅅ'으로 쓸 수 있다고 하였고, 실제로도 '엿이 獅子ㅣ 아니며〈月釋 2:76a〉'와 같은 '엿이'의 표기가 드물게 보이기는 하지만 대체로는 'ㅿ'이 쓰인 '영이, 영은' 등의 표기가 일반적이었다고 할 수 있다. 또한 'ㅿ'은 ㅿㅇ형에 한정되어 쓰였는데, 이는 'ㅿ'이 'ㅅ'과 중화되어 [z]로 실현되었음을 말해 주는 것(이기문 1972a; 1984: 134)이라고 하겠다. 이러한 'ㅿ'은 15세기 후반에서 16세기 전반에 걸쳐 소실되었다. 15세기에는 'ㅅ'과 'ㄷ'이 대립되었는데, 이는 'ㅅ'이 음절말에서 외파로 조음되었음을 의미하므로, 이 글은 'ㅅ'과 함께 'ㅿ'도 음절말에서 외파로 조음되었을 것으로 본다. 그리고 ㄹㅇ형과 ㅿㅇ형은 후행하는 'ㅇ'의 음가 유무에 대한 논의도 주목되는데, 가령 어중의 음절초 'ㅇ'에 음가가 있었다고 한다면 분철표기인 ㄹㅇ형과 ㅿㅇ형의 해석은 어렵지 않으나 이는 (ㄹㅇ형에 대해서는 이 글에서 밝히겠지만) 후음 'ㅇ'에 무음가와 유음가라는 이중의 음가를 부여해야 한다는 부담감을 안게 되는 것이다(김유범 2007a: 182). 이렇듯 ㅿㅇ형을 아울러 논의하려면, 'ㅿ'의 음소 설정 및 음가 문제 등이 함께 다뤄져야 한다. 이 때문에 이 글은 ㄹㅇ형과 ㅿㅇ형과의 관련 논의는 기연구들을 대신하기로 하고, 이 글의 목적이 유음 관련 음운현상들의 통시적 연구이니 만큼 ㄹㅇ형에 대한 'ㄹ'의 음가와 ㄹㅇ>ㄹㄹ형의 변화 등을 중심으로 ㄹㅇ형만을 논의코자 하는 것이다.

2장_중세국어의 유음 관련 음운현상 53

[r$-]²⁵처럼 '르[r]'이 음절말에서 실현되었다는 것으로 나눠진다.

ㄹㅇ형의 '르'을 [l]로 보는 견해에서 첫째, ㄹㅇ형의 음가를 [l$∅]≠ [l$l]로 보는 논의에는 대표적으로 유창돈(1961; 1964), 김중진(1996) 등이 있다. 유창돈(1961: 33~34; 1964: 69)에서는, 정음 초기에는 표기의 분명한 구별을 둔 사실을 인정해야 하므로, 정음 초기에 나타나는 ㅇㄹ형, ㄹㅇ형, ㄹㄹ형의 음가는 각각 '다라: ta-ra, 달아: tal-a, 달라: tal-la'로 구별되었을 것이라고 하였으며,²⁶ 김중진(1996: 68~69)은 ㄹㅇ형의 '르'이 음절말에서의 불파음을 나타내므로 '벌애'는 [pəl-e]로, '골외어나'는 [kʌl-wi-ə-na]로 실현되었을 것이라고 한다. 즉 ㄹㅇ형의 'ㅇ'은 g>ɣ>ɦ>∅로 인하여 이미 ∅로 약화되었으므로 ㄹㅇ형은 'ㅇ[ɦ]' 때문에 된 것이 아니라 종성 '르'의 불파화로 인해 분철표기된 것이라고 하는 것이다.²⁷

---

25 음성형 [r$-]는 ㄹㅇ형의 '르[r]'이 음절말에서 실현됨을 나타내고자 한 것이다. 이 때 ㄹㅇ형의 'ㅇ'을 '-'로 표시한 것은 'ㅇ' 위치에는 논자에 따라 음가를 설정하기도 하고, 설정하지 않기도 하기 때문이다. 또 음가를 설정한다고 해도 'ㅇ' 위치에 어떤 음이 약화되었는가에 따라 그 설정되는 음이 다를 수 있기 때문에, 이를 감안하여 ㄹㅇ형의 'ㅇ'을 '-'로 나타낸 것이다.

26 특히 유창돈(1961: 7~9)은 '살다(生)'의 표기가 ①사라 ②살아 ③살라로 구별되는 가운데, '사라'는 자동사 '살-'의 連用形인 '살아 > 사라'이고, '살아'는 '사르다[使活]'라는 사역동사의 連用形이라 하였다. 즉 '살-'에 파생접미사 'ᄋ'가 접미한 '사르-'에서 'ᄋ'의 탈락으로 '사르아 > 살아'가 되면서 '살아'는 연철표기되지 않고 반드시 분철표기 되었다고 하는 것이다. 그리고 '살라'는 분철표기된 '살아'에 ㄹ이 첨가된 어형으로써 '살아' 이후에 생긴 것이라며, 이러한 ㄹ-첨가형은 불소(不少)하지만, '흘러, 몰라'처럼 정음 초기에도 ㄹㅇ형과 구별되어 쓰였다고 한다. 그리고는 이러한 규칙적인 표기 구분은 단순한 표기상의 문제라고만 단정할 수 없고, 음가의 구별이 존재하였으리라고 보는 것이 타당하므로 ㄹㅇ형은 [l$∅]이었다고 하는 것이다.

27 한편 김중진(1999: 22~23)은 '놀애, 일우시니'처럼 단어 내부의 ㄹㅇ형은 [ɦ]이라고 하였다. 이는 이기문(1972b: 129)의 논의에 따라 ㄹㅇ형의 'ㅇ'은 [k]>[g]>[ɣ]>[ɦ]와 같이 [k]의 약화인 [ɦ]이 표기에 반영된 것이므로 '알외다(告), 말이다(止), 달애다

둘째, ㄹㅇ형을 [l$∅]=[l$l]로 보는 견해에는 양주동(1943), 허웅(1956), 최현배(1959), 임용기(1987) 등이 있다. 양주동(1943)은 "'異, 登, 圍' 等의 連用形을 '다라, 오라, 두러' 等으로 綴하지 않고 반드시 '달아, 올아, 둘어'로 綴하였음은 그 實際發音이 ㄹ伴入形과 逕庭이 없음을 보인다."고 하면서, '달아, 올아, 둘어' 등의 實際音은 '달라, 올라, 둘러'와 같다고 하였다. 이어 "'올이다'形에 대해서도 '올이'를 '오리'로 發音치 말 것. ㄹ尾 用語의 連用形·副詞形은 古綴에 반드시 '올아, 올이'이니 그 實際音은 '오라, 오리'가 아니요 現行語 '올라, 올리'와 가깝다."라고 하여 ㄹㅇ형의 음가는 실제로 ㄹㄹ형과 같다(유창돈 1961: 5 재인용)고 하는 것이다. 임용기(1987: 255~256)에서도 'ㄹ'이 어중의 첫소리에서는 [r]로 실현되고, 음절 경계 앞에서는 [l]로 실현되므로 조선 초기의 ㄹㅇ과 ㅇㄹ형은 발음상 차이는 다소 있었을 것이나, 이들이 구별되지는 않았을 것이라고 한다.

셋째, ㄹㅇ형을 [l$ɦ]로 보는 견해에는 대표적으로 이기문(1985; 1998), 최임식(1990), 김성규(1996: 14~15) 등이 있다. 이기문(1985: 15; 1998: 142~143)에서는 ㄹㅇ형의 'ㅇ'에 초점을 맞춰 ㄹㅇ형은 [l$ɦ]이라고 한다. ㄹㅇ형에서 'ㄹ'을 종성의 위치에 머물도록 막고 있는 힘은 자음의 기능을 하는 'ㅇ'이라며, 'ㅇ'은 음성적으로 성문유성마찰음[ɦ] 또는 이보다 약한 음으로 실현되었을 것이라고 한다. 그러고는 'ㅇ'의 환경이 l_v, z_v, y_v 임을 볼 때, 'ㅇ'은 'ㄱ'([g])에서 변화된 것이고, 이 변화는 대체로 13세기 이후에 일어난 것으로 추정하는 것이다. 그런데 이러한 이기문(1985)의 논의는 일반적으로 받아드려지고 있

(誘), 몰애(沙), 벌애(蟲)' 등도 이와 동일하게 설명된다고 하는 것이다.

는 것이기는 하나, 이는 ㄹㅇ형이 한결같이 [*lg]로 소급되는 것이
아니라는 점이 문제이다. 구체적인 용례로 후술하겠지만 'ㅂ>ㅸ>w'
의 경우나 '-ㅇ/으-'의 탈락으로 인한 ㄹㅇ형에 대해서는 해석할 수
없다는 한계가 있는 것이다.[28] 이에 최임식(1990: 241~245)에서는 또
ㄹㅇ형의 'ㅇ'이 이기문(1985; 1998)의 논의와 같이 [ɦ]로 실현되기는
하였으나, 이는 적극적 기능으로의 'ㅇ'이 아니라 음절말 'ㄹ'의 미파
화로 인한 것이라고 하면서, ㄹㅇ형의 'ㅇ'이 [ɦ]이었다는 견해는 옳은
것이지만, '*g~ɣ>ɦ'에 대한 변화의 결과라는 해석은 재고되어야 함
을 덧붙이고 있는 것이다.[29]

　한편 다음의 견해들은 ㄹㅇ형의 'ㄹ'이 [r]과 관련됨을 주장하는데,
이때 이숭녕(1955), 문학준(1987), 이광호(1995), 김유범(2007b) 등은
ㄹㅇ형의 'ㄹ[r]'이 [V\$r]처럼 어중의 음절초에서 실현되었음을 논하

28　김유범(2007a: 182~183)에서는 ㄹㅇ형의 'ㅇ'을 'ㄱ'이 약화된 후두유성마찰음[ɦ]으
　로 보려는 견해는 타당하지 못함을 아래의 근거들로써 제시하고 있다.
　① 후음 'ㅇ'에 무음가(無音價)와 유음가(有音價)라는 이중의 음가를 부여하게 된다.
　② 'ㄹ-ㅇ'의 표기가 'ㄹ-ㄱ'에만 소급되는 것이 아니라 'ㄹ-ㅂ'에도 소급된다.
　③ 'ㄹ-ㄱ'에서 그 기원을 찾을 수 없는 '르/러' 변칙의 'ㄹ-ㅇ'은 [ɦ]로 볼 근거가
　　없다.
　④ '아ᅀᆞ'(弟)의 곡용형 '앗이, 앗올, 앗온'은 음가 [ɦ]를 상정할 어떤 방언형이나
　　한자 차자표기 용례를 찾아볼 수 없다.
　⑤ '오ᄅᆞ-'(登), 'ᄇᅀᆞ-'(碎), 'ㄱᅳᇫ-'(扮)의 활용형 '올아, 붓아, 긋어, 빗어' 등에서
　　'ㅇ'을 '*ㄱ'로 재구할 수 있는 예를 찾아볼 수 없다.
29　최임식(1990)의 논의와는 달리 김무식(1995)은 15세기 국어의 분철표기 예는 폐음
　화에 따른 것이라기보다 탈락된 음운에 대한 잠재의식의 발로 및 한자어의 영향
　등이 복합적으로 작용한 결과라고 한다. 그리고 이러한 분철표기의 확산이 음절말
　자음의 폐음화를 더욱 조장한 것이라고 하였다. 즉 최임식(1990)은 ㄹㅇ형이 'ㄹ'의
　미파화로 인하여 분철표기된 것이라고 본 반면, 김무식(1995)은 ㄹㅇ형과 같은 분철
　표기로 인하여 미파화가 확산되었다고 본 것이다.

다면, 김혜영(1996), 소신애(2008)는 [r$-]처럼 '리[r]'이 음절말에서 실현되었음을 논하는 것이다. 먼저 ㄹㅇ형의 '리[r]'이 어중의 음절초에서 실현되었다는 논의이다.

이숭녕(1955: 535~537)은 중세국어에서의 ㄹㅇ형은 음운론적으로 해석하려면 안 되고, 유추 및 의미를 고려한 분화와 어형의 유지 등과 같은 심리적 요인으로 해석할 필요가 있다면서, '달아'는 [ta-ra]로 읽었을 것이라고 한다. 그리고 문학준(1987: 110~111)은 중세국어는 'ㄹ'의 음가가 [r]이었으므로 '달아'는 [tara]로 실현되었을 것이라며, ㄹㅇ형의 'ㄹ'을 [l]로 볼 수 없는 이유를 '언중들이 모음 사이에서 [r]:[l]:[ll]의 음성적 대립을 구별할 수 없었다는 것과 중세국어의 ㄹㅇ형이 근대국어에서는 ㅇㄹ형과 ㄹㄹ형으로 각기 달리 변화되어 갔다는 것' 등으로써 밝히고 있는 것이다. 김유범(2007b: 90~91)에서는 또 ㄹㅇ형의 'ㅇ'이 무음가임에도 불구하고, 표기상 형태론적, 형태음운론적 특성을 포착해 주기 위해 당시의 일반적 표기 원리인 연철 표기와 다른 분철이라는 특수한 표기 방식을 채택한 것이라고 한다.

다음은 ㄹㅇ형의 '리[r]'이 음절말에서 실현되었다고 보는 견해로서, 김혜영(1996: 79)은 ㄹㅇ형의 '리[r]'이 음절말에서 실현되었을 것이라며, '다ᄅ-+-V→다르:-+-V'에서 '다르:-'의 음성적 실현은 [tal-]보다 [tar:-](달:)이었을 것이라고 한다. '다ᄅ- → 다르:-'에서 'ᆞ'의 흔적은 기저에 남아 있게 되고, 또 '다르:- → 달-'의 'ㄹ'이 15세기의 음절말 위치라고 하여 전적으로 설측성을 띠는 음가라고는 볼 수 없으므로 '다ᄅ-'에서 모음이 탈락한 공존형 '달-'의 'ㄹ'은 [r]에 가까웠다고 하는 것이다. 그리하여 '달-'은 2음절이었던 통시성을 반영하면서, 탈락된 모음이 음장으로 잔존함에 따라 [tar:-]로 발음되었었다고 하는 것이다.[30] 그런데 윤정남(2001: 29)에서는 이에 대하여 '다ᄅ-'가 '달-'로 축약되었을 때, '달-'의 'ㄹ'이 [r]을 계속 유지하고 있었다는 주장을 검증할 수 없다는 점과 현대국어의 '다르-'는 '달라'의 형태로 실현되는데, 이때의 'ㄹㄹ'은 분명 [r] 소리가 아니라는 점에서 김혜영(1996)의 논의는 수용할 수 없음을 밝히고 있는 것이다.

이에 따라 소신애(2008: 58~59)에서는 또 ㄹㅇ형이 [rɦ]로 실현되었을 것이라고 한다. ㄹㅇ형의 'ㅇ[ɦ]'의 분포 환경이 'ㄹ_V, ㅿ_V, y_V'라는 점을 감안하고, 이때의 'ㅇ[ɦ]'이 'ㄱ(g)'의 약화라는 단일한 음운변화의 결과를 반영한다고 보면, 이 음운변화의 조건 환경은 하나의 자연부류로 명시될 수 있을 것이나, 만약 'ㄹ'을 기존 논의와 같이 미파음[l]로 본다면 '[l], [z], [y]'는 결코 하나의 자연부류로 묶을 수 없다는 것이다. 'ㄹ'을 외파음[r]로 볼 때, 비로소 '[r], [z], [y]'로서 하나의 자연부류로 묶을 수 있으므로[31] ㄹㅇ형이 'ㄱ' 약화의 결

30 　김혜영(1996)은 고대국어의 유음을 °r, °l로 재구하였다. 그리고 미파화로 인하여 전기 중세국어에 °r이 °l로 합류하게 되지만 °l로 합류된 °r의 흔적이 15세기의 ㄹㅇ형으로 나타난 것이라고 한다. 이어 16세기 말엽부터는 ㄹㅇ형이 나타나지 않는데, 그 이유는 ㄹㅇ형의 'ㄹ'이 15세기까지만 [r]로 반영되었고, 16세기 후반부터는 ㄹㅇ형 대신에 l-접자음화가 된 ㄹㄹ형이 나타나면서 17세기부터는 ㄹㄹ형이 일반화되었기 때문이라고 하는 것이다.

31 　소신애(2008)는 ㄹㅇ형의 'ㄹ'이 음절말에서 [r]로 실현되었음을 논하면서, [r]의 자질을 [+continuant]로 부여하였다. 이는 소신애(2008: 55)에서 "음절말 /ㄹ/이 외파 조음되어 호기(呼氣, egressive)의 흐름이 차단되지 않았기에 …"라고 기술한 것과 관련되는 것으로 보인다. 그런데 소신애(2008: 57)는 "외파음인 [r]을 발음하기 위해서는 설단과 치조의 접촉 후 기류의 개방이 이루어져야 하므로 …"라고도 기술하고 있다. 이때 [r]을 설단과 치조에 대한 접촉의 관점에서 본다면 [r]은 [-continuant]가 될 것이나, 소신애(2008)는 외파로 인한 기류의 개방에 초점을 두어 [r]을 [+continuant]로 부여한 것이 아닌가 한다. 일반적으로 탄설음[r]은 조음점과 조음

과를 반영한다면, 이는 [*lg]가 아닌 [*rg]로부터 발달하였다고 보는 것이다. 이로써 ㄹㅇ형의 음가에 대한 이상의 기존 견해들을 도식화하면 다음 (7)과 같다고 하겠다.

(7) 선행 연구: ㄹㅇ형에 대한 'ㄹ'의 음가

ㄹㅇ형의 ㄹ[l]			ㄹㅇ형의 ㄹ[r]	
[lØ](≠[ll])	[lØ]=[ll]	[lɦ]	[V$r]	[r$–]
유창돈(1961, 1964)	양주동(1943)	이기문(1985, 1998)	이숭녕(1955)	김혜영(1996)
김중진(1996)	허웅(1956)	최임식(1990)	문학준(1987)	소신애(2008)
	최현배(1959)	김성규(1996)	이광호(1995)	
	임용기(1987)		김유범(2007b)	

이 글에서는 ㄹㅇ형의 ㄹ[r]이 음절말에서 실현되었다는 입장을 취하면서, ㄹㅇ형은 [r$Ø]이었다고 본다. 이는 중세국어의 음절말 유음이 외파음[r]로 실현되었다는 것과 관련된다. 중세국어는 음절말 유음이 외파음[r]로 실현되었으므로 ㄹㅇ형의 'ㄹ'이 미파화로 인한 설측음[l]로는 실현될 수 없는 것이다. 그리고 ㄹㅇ형의 'ㄹ'이 어중의 음절초로 연음된 [V$r]로도 보지 않는 것은 ㄹㅇ형이 'ㅇ/ㅡ'나 'ㄱ, ㅸ' 음소의 약화·탈락과 관련됨에 따라 탈락음의 흔적을 인정하였기 때문이다. 특히 이 글에서는 중세국어의 [r$Ø]와 [V$r]는 음가상의 유의미한 차이가 있었던 것으로 본다. [r$Ø]는 음절말 유음이 외파로

체의 막음이 순간적임에 따라 '순간음'(이호영 1996: 47)이라고도 한다. 이에 이 글은 조음점과 조음체에 대한 접촉의 관점에서 [r]은 [–continuant] 자질을 갖는 것으로 본다.

실현됨에 따라 음절말에서 'ㄹ[r]'과 함께 아주 약한 'ɨ' 모음(또는 이와 유사한 음)이 실현된 것이다. 이는 김차균(1986)에서도 약모음(schwa)보다 더 약한 '소모음(^{ə})'을 설정하여 ㄹㅇ형의 음절말 ㄹ은 [$r^{ə}$]로 실현되었을 것이라 하고, [V$r]는 '나라[na$ra]'처럼 ㄹ[r]이 후행하는 모음과 한 음절이 되어 발음되었다고 하는 것이다.

따라서 이 글은 중세국어에서는 음절말 유음이 외파음[r]로 실현되었다는 것과 ㄹㅇ형의 'ㅇ'은 음소의 약화·탈락과 관련됨을 근거로써 중세국어의 ㄹㅇ형을 [r$Ø]로 추정하는데, 이에 대한 구체적인 논의는 ㄹㅇ형의 유형과 함께 다음의 2.2에서 다루도록 한다.

2.2. ㄹㅇ형의 유형 및 음가

중세국어의 ㄹㅇ형은 크게 3가지 유형으로 나눠볼 수 있다. 첫째, 체언말 및 어간말 'ᄅᆞ/르'의 'ᆞ/ㅡ'가 탈락되면서 나타난 것. 둘째, 체언말 및 어간말 'ㄹ' 뒤에서 문법형태소의 어두초 'ㄱ'이 탈락되면서 나타난 것. 셋째, 어간말자음군 'ㄼ'의 'ㅂ(ㅸ)'이 약화되면서 나타난 것 등이다. ㄹㅇ형에 대한 3가지 유형을 순차적으로 살펴보면 다음 (8)~(10)과 같다.

(8) 'ᆞ/ㅡ' 탈락으로 인한 ㄹㅇ형

ㄱ. 체언말 'ᆞ/ㅡ' 탈락으로 인한 ㄹㅇ형

노ᄅᆞ(獐)~놀ㅇ: 쫄애山 두 놀이 ᄒᆞᆫ 사래 ᄢᅦ니〈龍歌 43章〉

峻阪ᅀᅢᆺ 놀ᄋᆞᆯ 쏘사〈龍歌 65章〉

cf. 노ᄅᆞ 쟝: 獐 / 노ᄅᆞ 균: 麕〈訓蒙 上18〉

ᄂᆞᄅᆞ(津)~놀ㅇ: 조ᅀᆞᄅᆞ왼 길콰 놀ᄋᆡ〈楞嚴經 5:68〉

비 ᄠᅴ워슈미 다 먼 놀이로다〈杜詩初 24:25〉

cf. 느릇 사룸 두려 다시 무르리오〈南明集 上16〉

즈른(柄)~줄ㅇ: 흰 나모 줄이니〈杜詩初 25:26〉

오래 兵馬ㅅ 줄올 일헷다 ᄒ야〈三綱行 忠16〉

cf. 쇠마치 즈른들 굼기 업스면 뿔 디 업스니〈金剛解 2:12〉

ㄴ. 용언말 'ᄋ/으' 탈락으로 인한 ㄹㅇ형

게으르-(怠)~게을ㅇ: 너무 게을어 便安ᄒ고〈釋譜 6:36〉

게을이 아니 ᄒᄂ니왜〈圓覺經 上1-1:90〉

cf. 고디 드러 막줄오미 져기 게으르거늘〈三綱行 烈11〉

다르-(異)~달ㅇ: 나랏 말ᄊᆞ미 中國에 달아〈訓民正音〉

往生 快樂이 달옴 이시리잇가〈月釋 9:5〉

cf. ᄂᆞ민 뜯 다르거늘〈龍歌 24章〉

도르-(回)~돌ㅇ: 머리 돌아 ᄇ라오니(回首)〈杜詩初 23:55〉

cf. 혼 므리 곳다온 디 비롤 도르놋다〈杜詩初 15:30〉

사르-(活)~살ㅇ: 白龍ᄋᆞᆯ 살아 내시니(白龍使活)〈龍歌 22章〉

cf. 建義臣을 할어늘 구호더 몯 사르시니〈龍歌 104章〉

오르-(上)~올ㅇ: 石壁에 ᄆᆞᄅᆞᆯ 올이샤〈龍歌 48章〉

樓 우희 ᄂᆞ라올아〈釋譜 6:5〉

cf. 노폰 樓우희 오르시고〈釋譜 6:2〉

(8)의 ㄹㅇ형은 체언말 및 어간말 '른/르'의 'ᄋ/으'가 탈락되면서 나타난 유형이다. (8ㄱ)은 '-른/르'로 끝나는 체언과 모음으로 시작하는 조사와의 연쇄에서 체언말 'ᄋ/으'의 탈락으로 인한 ㄹㅇ형이다. 예컨대 '獐'은 후행하는 조사가 자음으로 시작하느냐, 모음으로 시작하느냐에 따라 '노른~놀ㅇ'로 교체되었다. 휴지나 자음으로 시작하는 조사가 후행하면 '노른 쟝'처럼 '노른'로 실현되고, 모음으로 시작하는 조사가 후행하면 '욜애山 두 놀이'처럼 '놀ㅇ'로 실현된 것

이다. (8ㄴ)은 '-르/르'로 끝나는 어간과 모음으로 시작하는 어미와
의 연쇄에서 어간말 '우/으'의 탈락으로 인한 ㄹㅇ형이다. 예컨대 '게
으르-'(怠)는 후행하는 어미에 따라 '게으르-~게을ㅇ-'로 교체되었
는데, 자음으로 시작하는 어미가 후행하면 '게으르거늘'처럼 '게으
르-'로 실현되었고, 모음으로 시작하는 어미가 후행하면 '게을어'
등의 '게을ㅇ-'로 실현되었다. 참고로 김정태(2001: 450)에서는 '게
으르-~게을ㅇ-'의 교체형에서 기본형은 '게으르-'라고 한다.

　(8)의 '우/으' 탈락으로 인한 ㄹㅇ형은 체언말 및 어간말의 '르/르'
와 모음으로 시작하는 조사나 어미와의 연쇄, 즉 두 모음의 연쇄로
인하여 '르/르'의 '우/으'가 탈락되면서 나타난 것이다. 이때 조사나
어미의 모음이 탈락되지 않고 체언말 및 어간말의 '우/으'가 탈락됨
은 하나의 모음으로 이루어진 문법형태소의 모음 탈락은 문법형태
소 자체가 탈락되는 결과를 초래하기 때문이다.

　그리고 '르/르'의 '우/으'가 탈락된 후의 'ㄹ'은 후행하는 조사나 어
미의 어두초로 연음되지 않는다. '다르-+-아[tarʌ-+-a]'에서 어간
말 'ㆍ'가 탈락된 '다르-+-아'가 '다라'가 아닌 '달아'로 되는데, 그
이유는 다음과 같다. 첫째, '우/으'가 탈락된 흔적으로 말미암아 'ㄹ'
이 후행하는 어미초로 연음되지 못하였기 때문이다(탈락음의 흔적과
관련해서는 후술한다). 둘째, 'ㆍ'가 탈락되기 전의 '다르-'의 'ㄹ'과
'ㆍ'가 탈락된 후의 '다르-'의 'ㄹ'이 모두 외파로 조음되었기 때문이
다. 전자인 '다르-'의 'ㄹ'은 'ㆍ'로 인하여 외파로 조음되었고, 후자
인 '다르-'의 'ㄹ'은 그 당시에 음절말 ㄹ이 외파음[r]이었기에 외파
로 조음되었던 것이다. 즉 'ㆍ'가 탈락된 어형 '다르-'와 탈락되기 전
의 어형 '다르-'가 모두 외파음으로서 유사하게 발음되었던 것이다.

그리하여 언중들은 '다ᄅ-'의 'ㄹ'을 구태여 형태소 경계를 넘어 후행하는 문법형태소의 어두초에 표기할 당위성을 느끼지 못했던 것이고, 이로써 '달아'처럼 '다ᄅ-'의 'ㄹ'이 어간말에 표기되면서 중세국어에서의 ㄹㅇ형이 나타나게 된 것이라고 할 수 있다.

다음은 ㄹㅇ형이 체언말 및 어간말 'ㄹ' 뒤에서 문법형태소의 어두초 'ㄱ'이 탈락되면서 나타난 것과 어간말자음군 'ᄙ'의 'ㅂ'이 약화되면서 나타난 것이다. 이 두 유형은 유성음의 환경에서 음소가 약화·탈락되는 것과 관련된다.

(9) 'ㄱ' 탈락으로 인한 ㄹㅇ형

　ㄱ. 곡용에서의 'ㄱ' 탈락으로 인한 ㄹㅇ형

　　글(文)+과: 便安히 ᄒ샨 글와 ᄀᆮᄒ시고〈圓覺經 下1-2:54〉

　　날(日)+과: 날와 둘로 뻐 님금끠 告ᄒ며〈小學諺 2:45〉

　　발(足)+과: 손과 발왜 두루 염그러 됴ᄒ시며〈月釋 2:41〉

　　술(酒)+과: ᄒᆞᆫ 맔 술와 새 그를 ᄆᆞᄎᆞ매〈杜詩初 21:18〉

　　아ᄃᆞᆯ(子)+곰: 그듸내 各各 ᄒᆞᆫ 아ᄃᆞ롬 내야〈釋譜 6:8〉

　　말(語)+곳: 내 말옷 아니 드르시면〈月釋 2:5〉

　　일(事)+곳: 이 일옷 니르면 一切天人 이 다 놀라아〈釋譜 13:44〉

　ㄴ. 활용에서의 'ㄱ' 탈락으로 인한 ㄹㅇ형

　　길-(長)+-고: 톱 길며 엄이 길오〈月印千 上60〉

　　멀-(遠)+-고: 길훈 멀오 도ᄌᆞᆨ 하고〈月釋 10:23〉

　　ᄂᆞᆯ-(飛)+-고져: 누니 ᄂᆞ오져 ᄒᆞ놋다〈杜詩初 8:15〉

　　닐-(起)+-게: 鴛鴦올 다딜어 닐에 ᄒᆞ니〈杜詩初 15:26〉

　　덜-(除)+-게: 邪曲올 덜에 ᄒᆞ쇼셔〈釋譜 6:22〉

　　살-(生)+-게: 너를 빌여 올마 살에코〈杜詩初 7:20〉

　　열(開)+-게: 衆生ᄋᆞ로 부텻 知見을 열에코〈法華經 1:133〉

헐(隳)+-게: 彌戾車를 헐에 ᄒ쇼셔〈楞嚴經 1:77〉

들-(擧)+-거나: 邪曲ᄒᆞᆫ 궛거시 들어나〈釋譜 9:37〉

들-(入)+-거늘: 이베 가 들어늘〈釋譜 11:2〉

술-(燒)+-거늘: 沈水香ᄋᆞᆯ 술어늘〈楞嚴經 5:36〉

알-(知)+-거니: ᄒᆞᆫ번 듣고 곧 알어니와〈金剛經 4:6〉

둘-(懸)+-거든: 門이 나둘어든〈南明集 下1〉

울-(鳴)+-거시늘: 님그미 울어시ᄂᆞᆯ〈龍歌 33章〉

(9ㄱ)은 체언말 'ㄹ'과 'ㄱ'으로 시작하는 조사와의 연쇄에서 'ㄱ'의 탈락으로 인한 ㄹㅇ형이다. '글와'는 '글'(文)과 비교의 부사격조사 '-과'의 연쇄에서 'ㄱ'이 탈락된 것이고, '아ᄃᆞᆯ옴'은 명사 '아ᄃᆞᆯ'과 강세보조사 '-곰'의 연쇄에서 'ㄱ'이 탈락되어 ㄹㅇ형으로 나타난 것이다. (9ㄴ)은 어간말 'ㄹ'과 'ㄱ'으로 시작하는 어미와의 연쇄에서 'ㄱ'의 탈락으로 인한 ㄹㅇ형이다. '길오'는 형용사 어간 '길-'(長)과 연결어미 '-고'의 연쇄에서 'ㄱ'이 탈락된 것이고, 'ᄂᆞᆯ오져'는 동사 어간 'ᄂᆞᆯ-'(飛)과 원망(願望)의 연결어미 '-고져'의 연쇄에서 'ㄱ'이 탈락됨으로써 ㄹㅇ형으로 분철표기된 것이다. 이러한 ㄹㅇ형은 근대국어 이후에는 'ㄱ'이 모두 회복되어 ㄹㄱ형으로 변화된다.

(10) 'ㅂ'의 약화로 인한 ㄹㅇ형

  ᄀᆞᆲ-(>ᄀᆞᆯ봐, ᄀᆞᆯ봉며 … > ᄀᆞᆯ오, ᄀᆞᆯ와 …)

    德이 두려우며 불고매 ᄀᆞᆯ오ᄆᆞᆫ 부텨 ᄀᆞᆮ호미라〈圓覺經 序57〉

    손 主人의 ᄀᆞᆯ오미 아니라〈法華經 5:16〉

  cf. 竝書는 ᄀᆞᆯ봐 쓸 씨라〈訓民正音〉

    圓覺애 ᄀᆞᆲ디 몯ᄒᆞ니〈圓覺經 序79〉

  넓-(>널버, 널버며, 널보디 … > 널오, 널와, 널옴 …)

노폰 빙애 <u>불오몰</u> 스랑ᄒ면〈楞嚴經 2:115〉

발 <u>불오미</u> 漸漸 노픈면 보는 고디〈圓覺經 上1-1:113〉

cf. 즌흙 <u>불볼</u>며 므거본 돌 지ᄃᆺ ᄒ야〈月釋 21:102〉

서리 <u>볿는</u> 발 가진 千里 가는 駿馬〈杜詩初 8:8〉

셟-(>셜바, 별볼, 별본 … > 셜워, 셜움 …)

죽거늘 天下 | <u>셜워</u>ᄒ더라〈三綱行 忠22〉

아라 <u>셜워</u>호ᄆᆫ 아로미 思 | 라〈楞嚴經 8:108〉

cf. 더뷔 치뷔로 <u>셜버</u> ᄒ다가〈釋譜 9:9〉

惱ᄂᆫ ᄆᆞ슴 <u>셜볼</u> 씨오〈月釋 2:22〉

엷-(薄)(>열본, 열보니, 열본 … > 열운, 열우니, 열워 …)

東녁 수프레 댓 그리매 <u>열우니</u>〈杜詩初 7:9〉

<u>열운</u> 風俗 업수믈 니ᄅᆞ시니라〈法華經 3:72〉

cf. <u>열본</u> 어르믈 하ᄂᆞᆯ히 구티시니〈龍歌 30章〉

고히 ᄑᆞ코 <u>엷디</u> 아니ᄒ며〈釋譜 19:7〉

　(10)은 어간말 '래'(굷-, 볿-, 셟-, 엷- 등)과 모음으로 시작하는 어미와의 연쇄이다. '래'의 'ㅂ'이 'ㄹ_V'의 환경에서 '골봐, 불봐, 셜봐, 열본'으로 실현되고, 이어 'ㅸ'이 약화되어 'ㅸ>오/우'로 변화됨으로써 ㄹㅇ형으로 나타난 것이다. 김중진(1996: 15)에서는 'ㅸ'의 약화가 [w]이므로, 제1음절의 'ㄹ'이 연음되지 못하고 ㄹㅇ형으로 표기된 것이라고 한다.

　이상과 같이 중세국어의 ㄹㅇ형은 음소의 약화 및 탈락과 관련된다고 할 수 있다. (8)의 ㄹㅇ형은 체언말 및 어간말의 'ᄅᆞ/르'가 모음으로 시작하는 문법형태소와의 연쇄에서 'ᄅᆞ/르'의 'ᄋᆞ/으'가 탈락된 것이다. (9)의 ㄹㅇ형은 체언말 및 어간말 'ㄹ' 뒤에서 문법형태소의 어두초 'ㄱ'이 탈락된 것이고, (10)의 ㄹㅇ형은 어간말자음군 '래'의

'ㅂ'이 'ㅸ>w'로 약화된 것으로서, ㄹㅇ형은 '٥/으'나 'ㄱ, ㅂ(ㅸ)' 음소의 약화 및 탈락과 관련된다고 하겠다. 이에 이 글에서는 ㄹㅇ형에 대한 원인과 음가를 중세국어는 음절말 유음이 외파음[r]이었다는 것과 ㄹㅇ형은 약화 및 탈락된 음소들의 흔적과 관련됨을 토대로 다음과 같이 밝혀보고자 한다.

ㄹㅇ형이 탈락음의 흔적과 관련됨은 박종희(1979: 1983), 도수희 (1983), 문학준(1987), 김정태(2001), 김무림(2005) 등에서 이미 논의되었었다고 하겠다.[32] 이를테면 박종희(1979: 82)는 탈락음의 흔적이 음운론적 기능을 가지기 때문에 중세국어 문헌에서는 분철된 ㄹㅇ형이 나타나는 것이라며, 이에 모든 음운이 탈락하면 탈락된 음운이 흔적을 남긴다는 공모성(conspiracy)에 의해 탈락된 음운은 연철을 방지하는 부정목적(否定目的, negative target)을 공유하고 있음을 생각해 볼 수 있다고 하였다. 김정태(2001)는 중세국어에서의 교체형 '닐ㅇ-~니르(ㄹ)-(謂), 일ㅇ-~이르-(造), 굴ㅇ-~ㄱᄅ-(韋, 橫), 울ㅇ-~우르-(叫), 딜ㅇ-~디르(ㄹ)-(刺, 打, 叫)' 등의 기본형이 각각 '니르(ㄹ)-, 이르-, ᄀᄅ-, 우르-, 디르(ㄹ)-'임을 밝히면서, '닐ㅇ-, 일ㅇ-, 굴ㅇ-, 울ㅇ-, 딜ㅇ-'에서의 ㄹㅇ형은 탈락음 '-٥/으-'의 잠재기능으로 인하여 분철표기되었다고 하는 것이다. 도수희 (1983: 14)에서는 또 어떤 음운이 변화를 입었을 때에는 보상을 요구하는 경우와(가령 모음축약이 일어났을 때 잔존 모음이 장음으로 변한다든지, 자음 앞에서 중화가 일어난 자음이 후속 자음을 경음 및 격음으로

---

32 탈락음의 흔적이란 어떤 음성적 환경에서 음운이 탈락되었을 경우, 탈락된 음운의 흔적으로 인하여 음운현상이 제약을 받는 경우를 말한다(김무식 1995: 703).

만드는 등) 어느 기간 동안 탈락 음운의 흔적이 기저에 남아 소극적인 기능을 행사하는 공모성을 가지는 경우가 있다고 한다. 그리고 후자의 예로 중세국어의 ㄹㅇ형을 들면서, 이는 탈락 음소의 잠재기능으로 말미암아 음절말 'ㄹ'이 연음되지 못하고 분철표기되었다고 하는 것이다.

이와 같이 선행 연구들에서도 중세국어의 ㄹㅇ형은 탈락음의 흔적과 관련됨을 논하고 있는 것이다. 그렇지만 16세기 후반에서 17세기 초 사이에 ㄹㅇ형이 ㄹㄹ형으로 변화되기도 하는데, 기존 연구들에서는 이를 탈락음 흔적의 약화 및 소멸로 해석(도수희 1983: 14)하면서, 탈락음의 흔적이 왜 약화 및 소멸되었는지에 대한 논의까지는 나아가지 못하였다고 할 수 있다. 이에 이 글은 중세국어의 ㄹㅇ형은 음절말 유음[r] 및 탈락음의 흔적과 관련되고, ㄹㅇ>ㄹㄹ의 변화는 음절말 유음의 음가 변화([r]>[l])와 관련됨을 규명함으로써 기존 연구의 논의들을 보완하고자 한다.

우선 이 글에서는 중세국어의 음절말 유음은 외파음[r]이었고, ㄹㅇ형의 음가는 [r$Ø]이라고 보았다. ㄹㅇ형의 'ㄹ'은 음절말에서의 [r]이 되고, 이 [r]은 모음에 가장 가까우면서, 자음 중에서는 가장 약자음이라는 특징을 가진다. [r]이 가지는 이러한 유성적인 특징으로 인하여 (9)~(10)의 'ㄱ, ㅂ(ㅸ)'들도 'r_V'의 환경에서 약화 및 탈락되기에 용이했던 것이다. 유성음 사이의 환경에서 'ㄱ'은 'k>g>ɣ>ɦ>Ø'의 과정을, 'ㅂ'은 'p>b>ß>w'의 과정을 거치면서 약화·탈락되었던 것이다. 그리고 'ㄱ, ㅂ(ㅸ)'의 약화·탈락된 흔적으로 말미암아 음절말 ㄹ[r]이 후행하는 음절초로 연음되지 못하고 중세국어의 일반적인 연철표기와는 달리 ㄹㅇ형으로 분철표기된 것이라고 할 수

있다.[33]

한편 또 (8ㄴ)의 '오/으' 탈락으로 인한 ㄹㅇ형은 근대국어에서는 ㄹㄹ형으로 변화되기도 한다. (8ㄴ)의 ㄹㅇ형은 두 모음의 연쇄(어간 말 '르/르'의 '오/으'와 모음으로 시작하는 어미와의 연쇄)로 인하여 어간 말 '오/으'가 탈락된 것이다. ㄹㅇ>ㄹㄹ형의 변화를 기존 연구에서는 탈락음이 가지는 잠재기능 및 흔적의 상실(도수희 1983: 14)로 추정하면서 잠재기능 및 흔적이 상실된 원인에 대해서는 논하지 못하였는데, 이러한 잠재기능의 상실은 음절말 유음의 음가 변화와 관련된다고 하겠다. 즉 ㄹㅇ형이 근대국어 시기에 ㄹㄹ형으로 변화됨은 중세국어와 근대국어의 교체기에 음절말 유음이 [r]>[l]로 변화됨에 따라 탈락음의 흔적이 설측음[l] 앞에서는 더 이상 유지될 수 없었기 때문이었다. 특히 설측음[l]은 [r]보다 자음의 강도가 강할 뿐만 아니라 음성학적으로는 두 음절(선행하는 음절말과 후행하는 음절초) 모두에 속하는 양음절성을 가진다. 이러한 설측음[l]의 특성으로 인하여 ㄹㅇ이 [r$∅]>[l$∅]=[ll]로 실현되면서 표기에서도 ㄹㅇ>ㄹㄹ형으로 변화된 것이라고 할 수 있다.

더 나아가 (9)의 'ㄱ' 탈락으로 인한 ㄹㅇ형의 경우는 후대에 'ㄱ'이 회복되어 ㄹ$ㄱ형으로 변화되는데, 이러한 변화도 음절말 유음의 음

---

33 김중진(1999: 22~25)은 중세국어의 ㄹㅇ형을 유성자음의 미파화로 인한 표기라고 하였다. 음절말 'ㄹ'은 파열음, 파찰음, 마찰음과는 달리 미파화로 인하여 氣性이 약화되면서 모음 어미 앞에서 종성으로 발음될 수 있었고, 그것을 표기한 것이 ㄹㅇ 형이라고 하는 것이다. 그런데 미파화로 인한 음절말 '리[l]'은 외파음일 때의 '리[r]' 보다 자음 강도 측면에서는 강한데, 그렇다면 김중진(1999)에서는 '자음 강도'와 '氣性'이 다른 개념으로 쓰인 것인지, 다른 개념이라면 '氣性'이 무엇을 의미하는지에 대한 구체적인 설명이 필요하다고 할 수 있겠다.

가 변화([r]>[l])에 기인한 것이라고 하겠다. 음절말의 'ㄹ'이 [r]이었을 때는 'r__V'의 환경에서 'ㄱ'이 약화·탈락되기에 용이하였지만, 음절말의 'ㄹ'이 [l]로 변화된 'l__V'의 환경에서는 'ㄱ'이 더 이상 약화될 이유가 없으므로 유지될 수 있었던 것이고, 그리하여 'ㄱ'이 다시 회복된 것이라고 할 수 있기 때문이다.

미파화가 국어에 유입될 때, 미파화는 음절말의 모든 자음에 일률적으로 확산된 것이 아니라 오랜 시간에 걸쳐 점진적으로 진행되었다. 유음은 미파화의 마지막 단계로서 중세국어와 근대국어의 교체기에 확산되었다고 할 수 있다. 이 때문에 ㄹㅇ과 ㄹㄹ의 차이는 음절말 유음이 외파음이냐, 또는 미파음이냐에 따른 것이고, ㄹㅇ>ㄹㄹ형은 음절말 유음의 미파화로 인한 표기의 변화라고 할 수 있는 것이다. 어떤 음에 변화가 일어났다면 음소주의 표기에서는 어떤 형식으로든 그 변화된 음이 표기에 반영되어 나타남이 일반적이다. 이에 음절말 유음의 변화([r]>[l])로 인한 ㄹㅇ>ㄹㄹ([r$Ø]>[l$Ø]=[ll])의 변화 역시 표기에 반영(ㄹㅇ형>ㄹㄹ형)됨은 당연하다고 하겠다. 따라서 중세국어에서는 음절말 유음이 외파로 조음됨에 따라 ㄹㅇ형으로 표기되었던 것이고, 이후 중세국어와 근대국어의 교체기에 음절말 유음이 미파화됨으로써 ㄹㅇ형이 ㄹㄹ형으로 변화된 것이라고 할 수 있겠다.

이상으로 이 글에서는 ㄹㅇ형의 음가가 [r$Ø]였음을 밝히면서 중세국어의 ㄹㅇ형을 크게 3가지 유형으로 나눠 분석하였던 것이다. 첫째, 체언말 및 어간말 'ᄅᆞ/르'의 'ᄋᆞ/으'가 탈락되면서 나타난 것. 둘째, 체언말 및 어간말 'ㄹ' 뒤에서 문법형태소의 어두초 'ㄱ'이 탈락되면서 나타난 것. 셋째, 어간말자음군 'ㄼ'의 'ㅂ'이 'ㅸ>w'로 약화되면서 나타난 것 등이 그러하다. 이때 첫째 유형은 두 모음의 연쇄로 인하여 체언말 및 어간말 '른/르'의 '♀/으'가 탈락되면서 나타난 것이고, 둘째와 셋째 유형은 유성음의 환경에서 음소가 약화·탈락됨에 따라 ㄹㅇ형으로 나타난 것이다. 그리고 이 세 유형은 중세국어에서의 음절말 유음[r]과 탈락음의 흔적 등으로 말미암아 그 음가가 모두 'ㄹㅇ[r$∅]'로 실현되었던 것임을 논하였다. 또한 어간말 '른/르'의 '♀/으' 탈락으로 인한 ㄹㅇ형이 근대국어 시기에는 ㄹㄹ형으로 변화되는데, 이는 중세국어와 근대국어의 교체기에 음절말 유음이 [r]>[l]로 변화됨에 따라 ㄹㅇ이 'ㄹㅇ[r$∅]>[l$∅]=[ll]'로 변화되면서 표기에서도 ㄹㅇ형>ㄹㄹ형으로 변화됨을 살펴 논한 것이다.

3. 중세국어의 /ㄹ/-탈락현상

중세국어에서는 /ㄹ/-탈락현상이 'ㄴ, ㄷ, ㅅ, ㅿ, ㅈ'의 환경에서 실현되었다.[34] 본 절에서는 /ㄹ/-탈락현상의 발생 시기를 고대국어로 추정하면서, 중세국어의 /ㄹ/-탈락현상에 대한 실현 양상 및 원인 등을 고찰한다.

---

34 중세국어의 자음체계는 『訓民正音解例』에 따라 牙(ㆁ·ㄱ·ㅋ), 舌(ㄴ·ㄷ·ㅌ), 脣(ㅁ·ㅂ·ㅍ), 齒(ㅅ·ㅈ·ㅊ), 喉(ㅇ·ㆆ·ㅎ)로 나뉜다. 이때 설음과 치음은 조음위치의 차이가 매우 미약하다(이진호 2012: 268). 그리고 중세국어의 치음 중 'ㅅ' 계열은 현대국어에서 '치조음(ㄴ·ㄷ·ㅅ·ㄹ)'으로 구성되고, 'ㅈ' 계열은 경구개음으로 구성된다. 이에 이 글은 중세국어의 /ㄹ/-탈락현상 환경은 'ㄹ과 조음위치가 동일하거나 아주 인접한 음소 또는 설음·치음' 등으로 기술하고, 현대국어의 /ㄹ/-탈락현상은 'ㄹ과 조음위치가 동일한 음소 또는 치조음(ㄴ·ㅅ)' 등으로 기술코자 한다.

3.1. /ㄹ/-탈락현상의 발생 시기

/ㄹ/-탈락현상의 발생 시기는 이기문(1972a)의 연구에 따라 14세기로 봄이 일반적이다. 이기문(1972a: 97~98)은 15세기에 '너삼〈救急簡易方 1:94a〉'으로 나타나는 어형이 『鄕藥救急方』에서는 'ㄹ'이 탈락되지 않은 '널삼/널삼'으로 출현하고, 그리고 15~16세기는 '바늣질'과 '바눌질'의 두 형태가 공존한 것으로 보아 이 음운변화의 연대가 15세기에서 멀지 않았던 것으로 추정하는 것이다. 김영진(2002: 463~465)에서도 /ㄹ/-탈락현상은 13세기에서 15세기에 걸쳐 일어난 것으로 보고 있다.

그런가 하면 이동석(2000: 249~251; 2002: 120~122)에서는 /ㄹ/-탈락현상의 약화 및 소멸 시기를 15세기 이전으로 보고, /ㄹ/-탈락현상의 발생 시기는 향가가 기록되기 이전 시기로 소급된다고 한다. 그러면서 /ㄹ/-탈락현상의 발생 시기를 14세기경으로 볼 수 없음을 『鄕藥救急方』의 분석을 통해 다음과 같이 밝히고 있는 것이다.

(11) ㄱ. 板麻〈鄕藥救急方 中:5〉
　　　·해독: 널삼/널삼.
　　　·중세국어형: 너삼/너삼.
　　天原乙〈鄕藥救急方 中:19, 下:5〉
　　　·해독: *하눌돌/*하눌들/하눌톨/하눌틀.
　　　·중세국어형: 하눐ᄃ래, 하눗ᄃ래, 하눌타리.
　　粘米〈鄕藥救急方 中:13, 方中鄕藥目草部:8〉[35]

---

35 '仁粘米'〈鄕藥救急方 中:16〉도 나타난다. 이를 남풍현(1981: 51)에서는 '仁卽 粘米'의 뜻이 아닐까 추정하고 있다.

·해독: 츨쁠.

·중세국어형: 츨쁠/츳쁠

粘石〈鄕藥救急方 中:1, 中:2, 方中鄕藥目草部:12〉

·해독: 츨돌.

·중세국어형: 츳돌

屈召介〈鄕藥救急方 上:16〉,

屈召介〈鄕藥救急方 方中鄕藥目草部:9〉

·해독: 굴죠개.

·중세국어형: 긇죠개.

猪矣水乃立〈鄕藥救急方 下:7〉

·해독: 도티믈나립.

·중세국어형: 미나리. 싀홋불휘.

山叱水乃立〈鄕藥救急方 方中鄕藥目草部:1〉

·해독: 묏믈나립.

·중세국어형: 미나리. 싀홋불휘.

ㄴ. 冬乙□伊〈鄕藥救急方 中:25〉,

冬沙伊〈鄕藥救急方 方中鄕藥目草部:1〉

·해독: 겨슬사리.

·중세국어형: 겨ᅀᆞ사리/겨으사리.

沙乙木花〈鄕藥救急方 上:14, 方中鄕藥目草部:7〉

·해독: 살나모곶.

·중세국어형: 자괴나모.

이동석(2002)에 따르면 (11)의 『鄕藥救急方』에서는 종성 'ㄹ'을 포함하는 음절들이 모두 '板, 天, 粘, 水'와 같이 훈독자를 이용하여 표시된 것임을 알 수 있다. 이때 이러한 훈독자는 초성·중성·종성 중 음절의 일부가 탈락한 발음을 표기할 수가 없다. 물론 의도적으로

인위적인 표시 등을 사용한다면 불가능하지 않겠지만, 당시 표기자
들은 차자표기에서 /ㄹ/-탈락현상의 적용 여부를 표시해야 할 어떠
한 당위성도 느끼지 못했을 것이다. 이 때문에 차자표기 자료에서는
/ㄹ/-탈락현상을 반영하는 표기가 나타나지 않았던 것이고, 혹 당시
에 /ㄹ/-탈락현상이 존재했었더라도 차자표기 체계에서는 이를 표
기에 반영할 수가 없었던 것이다. 그러므로 차자표기 시기에 /ㄹ/-탈
락현상이 존재하지 않았던 것으로 해석함은 재고의 여지가 있다(이동
석 2002: 121~122)고 하는 것이다.

한편 또 도수희(1999; 2003)에서는 고대국어 시기에 이미 치조음 앞
에서 /ㄹ/-탈락현상이 실현되고 있었음을 다음과 같이 밝히고 있다.

    (12) ㄱ. kur+či>kuØči
       ㄱ′. kəkir+či>kəkiØči
       ㄴ. nuri+či>nurØči>nuØči
       ㄷ. mir+tar>miØtar
       ㄹ. pər+suki>pəØsuki
       ㅁ. mari+nirimu>marØ+niØimu>maØni:m

그에 의하면 (12ㄱ·ㄱ′)은 '-rč-:-Øč-'의 대립형으로 추출할 수도
있으나, 이보다 이는 '-rč->-Øč-'로 가정하여 설단자음 앞에서 'r'
이 탈락된 것으로 볼 수 있다. (12ㄴ)은 신라 제19대 '訥祇麻立干'의
'訥祇'인 '*nurči'로 추정할 수 있고, 이 '訥祇'는 '內只'로 표기되기도
하므로, 이것이 '*nurči>*nuči(內只)'를 충실하게 표기한 것이라면,
이 또한 '-rč->-Øč-'로서 'r'-탈락현상의 예로 추가될 수 있다. (12ㅁ)
의 '마님'의 생성도 어느 시기에서는 'mari+nirimu>marØ+niØimØ>

mar+niim>maØnim>mani:m'의 변화 과정으로 인하여 '–rn–>–Øn–'
처럼 'r'–탈락을 경험하였던 것(도수희 1999: 14~16; 2003: 198~199)이
라고 할 수 있다. 도수희(1999; 2003)의 이러한 연구에 의하면 치조음
앞에서의 /ㄹ/–탈락현상이 고대국어 시기에 이미 실현되었었다고
하겠는데, 이를 감안한다면 /ㄹ/–탈락현상의 발생 시기는 14세기보
다 훨씬 더 이전으로 소급되어야 할 것으로 보인다.

　더 나아가 15세기 국어의 자음 연쇄를 분석한 김현(1997: 3)에서는
형태소 내부의 음운연쇄 중 'ㄹ' 뒤에 설음과 치음이 오는 경우는
잘 발견되지 않는다는 것을 밝히고 있는데, 이는 /ㄹ/–탈락현상으로
인하여 형태소 내부에서는 'ㄹ+설음·치음' 연쇄가 사라졌기 때문이
라고 할 수 있다(이진호 2008: 69). 즉 형태소 내부에서의 /ㄹ/–탈락현
상이 이전 시기부터 실현되었음에 따라 형태소 내부에서는 'ㄹ+설
음·치음>Ø+설음·치음'으로 재구조화되었던 것이라고 하겠다. 그
렇다고 한다면 이는 또 /ㄹ/–탈락규칙이 중세국어 이전에는 형태소
내부와 경계에서 모두 실현되었었다가 중세국어에서는 /ㄹ/–탈락규
칙의 범위가 형태소 경계로 축소되었다고 할 수 있는 것이다.

　규칙의 축소와 관련하여 박창원(1990: 434~435)에서는 음운규칙
이 적용되면 필연적으로 형태소 구조의 변화를 기저구조에서든 표
면구조에서든 초래하게 된다고 한다. 이를테면 규칙의 적용 위치가
형태소 내부일 경우는 형태소 구조 자체가 변화하게 되고, 형태소
경계일 경우는 음운론적 환경의 다름으로 인하여 교체형이 생기게
되는 것이 일반적이라는 것이다. 이에 어떤 규칙의 적용으로 인하여
형태소 내부에서는 재구조화가 일어나고, 경계에서는 그러한 규칙
이 살아 있다는 타당성이 인정될 때, 규칙적용의 범위가 축소되는

현상이 일어나게 되는 것이라고 한다. 그러면서 다음의 /ㄷ/-구개
음화 현상이 이전 시기에는 형태소 경계와 내부 등의 모든 환경에서
일어날 수 있었던 것과는 달리 현대국어는 형태소 경계에서만 실현
된다고 하는 것이다.

(13)	형태소 내부	형태소 경계
15세기 형태	둏-	굳이[36]
/ㄷ/-구개음화	좋-	굳이→[구지]

즉 /ㄷ/-구개음화 규칙이 적용된 후, 형태소 내부의 '좋-'은 그
기저형을 더 이상 '둏-'으로 처리할 필요가 없다. 그리하여 형태소
내부에서는 재구조화가 일어나면서 구개음화 규칙의 적용 영역이
축소되는데, 이러한 사실은 (단모음화 현상 등의) 이어서 일어나는
일련의 음운현상으로 구개음화가 적용될 수 있는 환경이 새로이 생
겨나더라도(예: 드듸->디디-, 견듸->견디- 등) 구개음화 규칙이 적
용되지 않는다는 사실에서 확인할 수 있다(박창원 1990: 435)고 하는
것이다.

그렇다고 한다면 형태소 내부에서의 'ㄹ+설음·치음'이 중세국어
에 나타나지 않음도 오래 전 시기에 설음·치음 앞에서 /ㄹ/-탈락규
칙이 적용됨으로 말미암아 형태소 내부에서는 /ㄹ/-탈락형으로 재

---

36 다음은 15세기 문헌에서의 '둏-(好)'과 '굳이'에 대한 실현 양상이다.
　　부텻 功夫에 <u>됴히</u> 올아가샤〈釋譜 9:3〉
　　졍히 <u>됴히</u> 잡드롫디니〈蒙山法 17〉
　　神通力으로 모골 <u>구디</u> 미니〈月印千 上28〉
　　<u>구디</u> 블로몰 니브니라〈南明集 下16〉

구조화되었기 때문이라고 할 수 있겠다. 그리하여 이진호(2008: 69~
74)에서는 '음운변화의 변천 단계'를 '생성>확산>규칙화>동결>축
소>비규칙화>소멸'로 설정하고, 15세기의 /ㄹ/-탈락현상은 '동결
단계'로 해석하기도 하는 것이다. 만약 /ㄹ/-탈락현상이 15세기에
이미 동결 단계였다고 한다면, 그리고 /ㄹ/-탈락현상의 입력형이
자음군단순화로 인하여 16세기 이후에 새롭게 발생하였어도 /ㄹ/-
탈락현상이 새로운 입력형에서는 더 이상 적용될 수 없었다고 한다
면, /ㄹ/-탈락현상의 발생 시기는 13~14세기가 아닌 훨씬 더 이전
시기로 소급되어야 하는 것이라고 하겠다.

이에 이 글에서는 /ㄹ/-탈락현상의 발생 시기를 향가 기록 이전
시기로 본 이동석(2000: 249~251; 2002: 120~122)의 논의를 비롯하여
치조음 앞의 /ㄹ/-탈락현상이 고대국어 시기에 이미 실현되고 있었
음을 밝힌 도수희(1999: 14~16; 2003: 198~199), 그리고 /ㄹ/-탈락현
상이 생산적이었던 중세국어는 음절말 'ㄹ'의 음가가 [r]이었다는 고
광모(1996: 33~34)의 논의 등에 기대어 /ㄹ/-탈락현상의 발생 시기를
고대국어로 추정한다. 이는 고대 및 중세국어의 음절말 유음이 외파
음[r]이었고, 이러한 음절말 유음[r]이 중세국어와 근대국어의 교체
기에 [r]>[l]로 변화된 것으로 보는 본 연구에 있어서는 시사하는
바가 매우 크다고 할 수 있다. 특히 이 글은 고대국어에 이어 중세국
어는 음절말 유음이 외파음[r]임에 따라 설음·치음 앞에서의 /ㄹ/-
탈락현상이 생산적이었던 것으로 보는데, 만약 /ㄹ/-탈락현상의 발
생 시기를 13~14세기로 본다면, 설음·치음 앞에서 /ㄹ/-탈락현상을
경험하지 않았던 13세기 이전의 또 다른 유음의 음가를 설정해야
하는 모순에 부딪힐 수도 있었기 때문이다. 이로써 이 글은 /ㄹ/-탈

락현상의 발생 시기를 고대국어로 추정하면서, 중세국어의 /ㄹ/-탈
락현상에 대하여는 다음의 3.2에서 톺아보고자 한다.

3.2. /ㄹ/-탈락현상의 실현 양상

중세국어의 /ㄹ/-탈락현상은 어간말 'ㄹ'이 'ㄴ, ㄷ, ㅅ, ㅿ, ㅈ'[37]을
두음으로 하는 어미 앞에서 다음 (14)와 같이 실현되었다.[38]

(14) 놀-(遊): 이제 져믄 저그란 안죽 ᄆᆞ숌ᄭᆞ장 <u>노다가</u>〈釋譜 6:11a〉
　　 ᄂᆞᆯ-(飛): 긔ᄂᆞᆫ 거시며 <u>ᄂᆞᄂᆞᆫ</u> 거시며〈月釋 1:11a〉
　　 덜-(損): ᄯᅩ 日天子ㅣ 어두ᄫᅩᆷ믈 能히 <u>더듯</u>ᄒᆞ야〈月釋 18:48a〉
　　 돌-(巡): 올ᄒᆞᆫ 녀그로 닐굽 볼 <u>도숩고</u>〈釋譜 23:43a〉
　　 들-(擧): ᄒᆞᆫ 소놀 <u>드숩거나</u>〈釋譜 13:53b〉
　　 말-(勿): 머리 셰드록 서르 ᄇᆞ리디 <u>마져</u> ᄒᆞ더라〈杜詩初 16:18a〉
　　 빌-(禱): 길홀 몯 녀아 天神ㅅ긔 <u>비더니이다</u>〈月印千 上31b〉
　　 불-(吹): 숪 ᄇᆞᄅᆞ미 기리 <u>부ᄂᆞ니</u> 프른 쥐 녯 디샛〈杜詩初 6:1a〉
　　　　　 旋嵐風이 <u>부니</u> 불휘 ᄲᅡ혀 ᄣᅡ해 다 ᄇᆞ아디니〈月印千 上58a〉
　　 살-(生): 어ᄉᆡ 아ᄃᆞᆯ이 입게 <u>사노이다</u>〈月印千 上52a〉
　　　　　 눌와 다ᄆᆞᆺ 議論ᄒᆞ리오 <u>사져</u> 죽져 ᄒᆞ야〈杜詩初 23:49b〉
　　 알-(知): 涅槃ᄒᆞ신 고둘 <u>아ᄉᆞᆸ게</u>〈釋譜 上23:39b〉
　　　　　 방 알ᄑᆡ셔 수흐줌 자며 안부를 <u>아더라</u>〈二倫 15a〉

37　중세국어의 자음체계에서 'ㄴ·ㄷ'은 설음(舌音)으로, 'ㅅ·ㅿ·ㅈ'은 치음(齒音)으로
　분류되었다. 경구개음은 존재하지 않았다. 이후 근대국어 시기에 'ㅈ'의 조음위치가
　치음에서 경구개음으로 변화됨에 따라 현대국어에서는 'ㅈ' 계열이 경구개음으로
　분류되면서 'ㅈ' 계열을 제외한 중세국어에서의 설음과 치음은 치조음으로 분류되
　는 것이다.
38　경음·격음 앞에 나타나는 중세국어의 /ㄹ/-탈락현상에 대해서는 간략히나마 3장
　〈각주 44〉에서 필자의 견해를 밝힌다.

울-(鳴): 저믜 늘구믈 <u>우슸붗니</u>〈月印千 上12a〉

　　　　가마괴 <u>우눗다</u> 가지예셔 <u>우는</u> 곳고리는〈杜詩初 3:25b〉

열-(開): 干戈ㅣ 마가 <u>여디</u> 아니ᄒᆞ얏더라〈杜詩初 3:7b〉

어딜-(賢): ᄀᆞ장 <u>어디도다</u> ᄒᆞ고 다 주어 보내니라〈二倫 12b〉

　　　　ᄀᆞ장 <u>어디닌</u> 後子孫이 ᄆᆞᄎᆞ매 陵遲ᄒᆞ니〈杜詩初 8:16b〉

(14)에서의 '부ᄂᆞ니'는 '불-(吹)+-ᄂᆞ-(현재시제 선어말어미)+-니
(연결어미)'의 구성으로 'ㄴ' 앞에서 'ㄹ'이 탈락된 것이다. '아슙게'는
'알-(知)+-숩-(객체존대 선어말어미)+-게(보조적 연결어미)'의 구
성으로 'ㅿ' 앞에서 'ㄹ'이 탈락된 것이며, '아더라'는 '알-(知)+-더-
(회상법 선어말어미)+-라(종결어미)'의 구성으로 'ㄷ' 앞에서 'ㄹ'이
탈락된 것으로서, 중세국어에서의 /ㄹ/-탈락현상은 다음 (15)와 같
이 규칙화할 수 있는 것이다.

(15) 중세국어의 /ㄹ/-탈락규칙

　　ㄹ → Ø/ ＿]st + /ㄴ, ㄷ, ㅅ, ㅿ, ㅈ/

　　(용언의 어간말 'ㄹ'이 'ㄴ, ㄷ, ㅅ, ㅿ, ㅈ' 앞에서 탈락된다.)

한편 (15)의 규칙 설정에서는 용언의 어간말이라는 형태론적 정보
를 넣어 복합어에서는 /ㄹ/-탈락현상이 규칙화되지 않았음을 보이
고 있는데, 이는 /ㄹ/-탈락현상이 복합어에서는 다음 (16)·(17)과
같이 /ㄹ/-탈락형과 /ㄹ/-유지형으로서 수의적으로 실현되었기 때문
이다.

(16) 복합어에서의 /ㄹ/-탈락형

　ㄱ. 나돌(날+돌): <u>나돌</u>을 조초 고티며〈小學諺 5:62a〉

      무쇼(말+쇼): <u>무쇼</u> 머기는 아히〈杜詩初 7:18b〉

      버드나모(버들+나모): <u>버드나모</u> 션 믌ㄱ쇽로〈杜詩初 15:10a〉

      벼둘(별+둘): <u>벼드리</u> 虛空애 둘인듯ᄒᆞ야〈月釋 8:7b〉

      소나모(솔+나모): <u>소나못</u> 것 스론 지 두 돈〈救急方 下11a〉

      소두듥(솔+두듥): <u>소두듥</u> 松原〈龍歌 5章〉

      소진(솔+진): <u>소진</u> 흔 되롤 술 서 되예〈救急簡易方 1:91a〉

      여나믄(열+남은): 뫼헤 드러가 <u>여나믄</u> 히롤〈二倫 2a〉

      프서리(플+서리): <u>프서리</u>에 아ᄃ록 나호니〈月釋 10:24a〉

      화살(활+살): <u>화사리</u> 江海예 어드워셔〈杜詩初 6:39b〉

   ㄴ. 바ᄂ질(바눌+질): <u>바ᄂ질</u> 자호로는 스므대 자히니〈飜老 下28b〉

      아ᄃ님(아둘+님): 묻ᄌᆞᆸ고 釋迦如來시고〈釋譜 2:1a〉

                     <u>아ᄃ닚긔</u> 袞服 니피ᅀᆞᆸ니〈龍歌 25章〉

(17) 복합어에서의 /ㄹ/-유지형

   ㄱ. 날(日)+둘(月): <u>날ᄃ래</u> 龍ㅅ 소갯 새오〈杜詩初 8:15b〉

      ᄆᆞᆯ(馬)+쇼(牛): <u>ᄆᆞᆯ쇼</u> 주겨 軍士롤 이바ᄃ며〈三綱行 忠28a〉

      바눌+실: <u>바눌실</u> 자최 업게 ᄒᆞ놋다〈杜詩初 25:50a〉

      스믈(二十)+다섯: 東土앤 周昭王 <u>스믈다ᄉᆞᆺ찻</u> 히〈月釋 2:18a〉

      열(十)+넷(四): 穆王 <u>열네찻</u> 히 癸巳ㅣ라〈釋譜 6:43a〉

      열(十)+다섯(五): 七月ㅅ <u>열다쐀</u> 날〈月釋 2:18a〉

      열+두: <u>열두</u> 힐 그리다가 오눐ᅀᅡ 드르샨돌〈月印千 上42a〉

      열+둘: 어마님 短命ᄒᆞ시나 <u>열둘</u>이 ᄌᆞ랄ᄊᆡ〈月印千 上12a〉

      활+살: <u>활살</u> ᄎᆞ시고 창 자ᄇᆞ시고〈月釋 10:27b〉

      활+시울: 쟚간 우는 <u>활시울</u> 둘이야 손ᄃᆞ시〈杜詩初 20:11b〉

   ㄴ. 둘+님: 文殊普賢둘히 <u>둘닚긔</u> 구룸 몯 듯더시니〈月印千 上30b〉

      아둘+님: <u>아둘님</u>이 나샤 나히 닐구비어늘〈月釋 8:84b〉

      ᄯᆞᆯ+님: 선애를 빗이ᅀᆞᆸ고 <u>ᄯᆞᆯ님</u>올 얼이ᅀᆙᆸ니〈月釋 22:18a〉

(16ㄱ)은 합성어에서의 /ㄹ/-탈락현상이고, (16ㄴ)은 파생어에서
의 /ㄹ/-탈락현상이다. ‘소나모’는 ‘솔+나모’의 구성으로 ‘나모’의 어
두초 ‘ㄴ’ 앞에서 ‘ㄹ’이 탈락된 것이고, ‘바ᄂ질’은 ‘바늘+-질’의 구성
으로 접미사 ‘-질’의 ‘ㅈ’ 앞에서 ‘ㄹ’이 탈락된 것이다. 그런데 복합어
에서는 체언말 ‘ㄹ’이 설음·치음 앞에서 (17)과 같이 유지되기도 하는
것이다. (17ㄱ)은 합성어의 경우이고, (17ㄴ)은 파생어의 경우이다.
　중세국어의 /ㄹ/-탈락현상이 활용에서는 필수적으로 실현되었으
나, 복합어에서는 이렇듯 수의적으로 실현되었던 것이다. 그리고 이
러한 복합어에서의 수의적 양상은 사잇소리 ‘ㅅ’ 앞에서도 다음 (18)
과 같이 빈번하게 나타남을 보게 된다.

(18)　ㄱ. 믈(水)+ㅅ+ᄃᆞᆰ(鷄): 믓ᄃᆞᆰ 계:鸂 / 믓ᄃᆞᆰ 틱:鷘〈訓蒙 上17〉
　　　　　믈(水)+ㅅ+결: 曹植의 믓겨리 어윈 듯고〈杜詩初 11:7b〉
　　　　　바ᄅᆞᆯ(海)+ㅅ+믈(水): 八方ㅅ 바롯므를 업뎌〈杜詩初 6:50b〉
　　　　　발(足)+ㅅ+가락: 밧가라ᄀᆞ로 ᄧᅡ홀 누르시니〈釋譜 6:39a〉
　　　　　　　　　　　　　밧가락ᄋᆞ로 大千界롤 뮈워〈法華經 4:141b〉
　　　　　발(足)+ㅅ+바당: 想ᄒᆞ면 밧바다애 시요미〈楞嚴經 10:79a〉
　　　　　발(足)+ㅅ+돕: 大地로 밧돕 우희 연저〈法華經 4:143a〉
　　　　　이틀+ㅅ+날(日): 이틋날 드듸여 게셔〈飜朴 上65a〉
　　　　　　　　　　　　　이틋나래 釋種ㅅ 中에〈釋譜 3:21a〉

　　　ㄴ. 둘(月)+ㅅ+빛: 므레 ᄉᆞᄆᆞ촌 ᄃᆞᆳ비치 ᄀᆞᆮᄒᆞ야〈蒙山法 43a〉
　　　　　믈(水)+ㅅ+결: 고기 잡ᄂᆞᆫ 믌겨롤 타〈南明集 上41a〉
　　　　　발(足)+ㅅ+가락: 고개예 다ᄃᆞ라 밠가락올 ᄎᆞ고〈南明集 上50a〉
　　　　　발(足)+ㅅ+등: 跌ᄂᆞᆫ 밠등이오 坐ᄂᆞᆫ 안줄씨니〈法華經 1:55a〉
　　　　　발(足)+ㅅ+바당: 밠바다이 시자리ᄂᆞ니〈楞嚴經 2:115b〉
　　　　　블(火)+ㅅ+빛: 븘비ᄎᆞ로 莊嚴ᄒᆞ미 日月라와 느러〈月釋 9:15a〉

오늘+ㅅ+날: 오눐낤 ㄱ장 혜면〈月釋 6:37b〉

오눐날 一切 諸天이 願ᄒᆞᅀᆞᄫᅩ디〈釋譜 3:26b〉

이틀+ㅅ+날(日): 이틄나래 모딘 거슬 다〈救急方 下57a〉

(18ㄱ)은 체언말 'ㄹ'이 사잇소리 'ㅅ' 앞에서 탈락됨을 보인 것이고, (18ㄴ)은 'ㄹ'이 유지됨을 보인 것이다.

기존 연구에서는 사잇소리 'ㅅ' 앞에서 'ㄹ'이 탈락되는 원인을 크게 두 가지로 해석함을 볼 수 있다. 하나는 자음군단순화로 인한 /ㄹ/-탈락이라는 것이고, 다른 하나는 동기관적 이화현상으로 인한 /ㄹ/-탈락이라는 것이다. 전자의 해석은 이병근(1981: 245)에서 다뤄졌다. 그는 '이튿날, 사흗날'에서의 '날'(日)이 제2의 구성요소를 가지는 복합어임에 따라 '이튿날'의 경우는 '이틀ㅅ날→이트ㅅ날→이튼날'과 같이 속격형을 남기고 자음군단순화에 의해 'ㄹ'이 탈락되었다고 하는 것이다.[39] 그런데 이러한 해석은 어간말 'ㅭ'을 제외한 중세국어의 ㄹ계-자음군에서는 자음군단순화가 실현되지 않았음을 감안할 때, 이는 통시적인 변화를 포괄적으로 다루지는 못한 것이라고 할 수 있겠다.

그리고 후자의 해석으로는 구본관(2000: 28~29)에서 논의되었는데, 그는 자음군의 제1자음이 'ㄹ'이면 자음군단순화가 실현되지 않

---

39 '이튿날, 섣달, 숟가락'의 'ㄷ' 말음 표기는 '이틀ㅅ날, 설ㅅ달, 술ㅅ가락'의 語境界에서 이중자음 '-ㄥ-'이 자음군단순화에 의해 남겨진 'ㅅ'을 'ㄷ'으로 잘못 표기한 것이다. 이때 남겨진 'ㅅ'의 발음이 [s]가 아니라 미파음 [t˺]이므로, 현대어에서는 '이튿-, 섣-, 숟-'으로 표기된 것이다. 그러므로 現代正書法은 마땅히 사잇소리 원칙에 맞게 'ㅅ' 말음으로 환원되어야 한다. 또 사이시옷의 음가표기인 'ㅅ→ㄷ'의 변화를 'ㄹ→ㄷ'(이틀→이튿)의 변화인 양 오인하여 속칭 'ㄹ~ㄷ 互轉'으로 다뤄지면서 비판 없이 학습되는 것 등도 시정되어야 하는 것이다(김종훈 1988: 35).

았다는 송철의(1987: 331~344)의 논의를 받아들여, (18ㄱ)의 /ㄹ/-탈
락현상은 자음군단순화에 의한 것이 아니라 사잇소리에 의한 동기관
적 이화현상이라고 하는 것이다. 그렇지만 이 또한 도정업(2007)에서
는, 중세국어는 사잇소리 'ㅅ' 앞에서 'ㄹ'이 탈락되는 경우도 있지만,
사잇소리 'ㅅ' 앞에서 'ㅂ'이 탈락되는 경우도 있다며 구본관(2000)의
논의는 수용하기 어렵다고 한다.

(19) ㄱ. 그 짓 ᄯᆞ리〈釋譜 6:14a〉
　　　 뉘 짓 ᄯᆞ리〈月釋 22:56a〉
　　　 ᄒᆞᆫ 짓 사ᄅᆞ미며〈飜老 下7b〉
　　　 네 짓 담은〈飜朴 上9b〉(도정업 2007: 35)

ㄴ. 그 짓 ᄭᅩᆯ 븳 죠ᅌᆞᆯ 맛나니〈月釋 8:98a〉
　　 글 짓는 例 우리 짓 그레 미츠니〈杜詩初 24:30b〉
　　 이웃 짓 브른 바미 깁ᄃᆞ록 볼갯도다〈杜詩初 7:6b〉
　　 비출 ᄇᆞ리고 뉘 짓 門을 向ᄒᆞ야 가려뇨〈杜詩初 10:44b〉

(19)는 사잇소리 'ㅅ' 앞에서 'ㅂ'이 탈락된 예로서,[40] '짓'은 '집+ㅅ'
의 구성으로 'ㅅ' 앞에서 'ㅂ'이 탈락된 것이다. (19ㄱ)은 도정업(2007)
이 제시한 용례이고, (19ㄴ)은 이 글에서 조사한 용례이다. 도정업
(2007: 35)은 사잇소리 'ㅅ' 앞에서의 /ㅂ/-탈락과 /ㄹ/-탈락을 만약
별개의 현상으로 볼 수 있다면, 사잇소리 앞에서의 /ㄹ/-탈락현상
은 동기관적 이화현상으로 해석될 수 있으나, 이들은 별개의 현상으

---

40 '그 짓 ᄯᆞ리'(그 집 딸이)와 같은 예를 통해 '집'의 어간 말음이 기원적으로는 'ㅸ'이
었을 가능성도 제기되기는 하였으나(김완진 1974), 문헌상으로는 그러한 어형이 분
명하게 확인되지는 않는다(송철의 2008: 15~16).

로 볼 수 없기 때문에 문제가 된다며, 사잇소리 'ㅅ' 앞에서의 /ㅂ/-탈락은 'ㅅ'이 치음이고, 'ㅂ'이 양순음이므로 동기관적 이화현상으로 해석될 수 없다는 것이다.

이에 따라 임홍빈 외(2005: 539~555)에서는 (19)의 현상을 'ㅅ'에 대한 음가의 특징과 관련지어 해석함을 보게 된다. 사잇소리 'ㅅ' 앞에서 'ㅂ'과 'ㄹ'이 탈락되는 것은 사잇소리 'ㅅ'이 선행 체언의 종성을 입성으로 만들어 약한 휴지를 표시했을 가능성이 높으므로 사잇소리 'ㅅ'은 선행 체언과 후행 체언 사이의 형태소 경계를 표시하는 기능을 가진 것이라고 한다. 그리고 15세기 국어에서 종성 'ㅄ'의 'ㅂ'이 탈락하는 것과 종성 'ㄽ'의 'ㄹ'이 탈락하여 'ㅅ'이 유지되는 것은 'ㅅ'의 음가가 무엇이었는지는 알 수 없으나, 후기 중세국어의 표기 원칙이 음소적 표기였음을 상기할 때, 상당히 강한 소리였기 때문이라고 하는 것이다. 그러나 이 또한 'ㅅ'이 강한 소리였기 때문에 종성 'ㅄ'에서는 'ㅂ'이 탈락되고, 종성 'ㄽ'에서는 'ㄹ'이 탈락되었다는 임홍빈 외(2005)의 해석은 '업던〈龍歌 30章〉, 업거이다〈月釋 10:8〉' 등의 '없-'의 종성 'ㅄ'에서는 'ㅂ'이 남고 'ㅅ'이 탈락되는 현상은 간과한 것이라고 할 수 있겠다.

그리하여 이 글에서는 사잇소리 'ㅅ' 앞의 /ㄹ/-탈락은 복합어에서의 /ㄹ/-탈락현상과 관련되고, 사잇소리 'ㅅ' 앞의 /ㅂ/-탈락은 어간 말자음군 'ㅄ'에서의 자음군단순화 현상과 관련된 것으로 보고자 한다. 임홍빈 외(2005)와 도정업(2007)에서는 이들을 동일 범주로 해석하고 있으나, 이 글은 'ㄹ+ㅅ' 연쇄에서의 /ㄹ/-탈락과 'ㅂ+ㅅ' 연쇄에서의 /ㅂ/-탈락을 동일 범주로 보지 않는 것이다.

중세국어에서는 /ㄹ/-탈락현상이 활용에서는 필수적이었던 반면, 복합어에서는 수의적이었다. 그러니 사잇소리 'ㅅ' 앞에서의 체언말 'ㄹ'에 대한 수의적 현상도 복합어에서의 체언말 'ㄹ'에 대한 수의적 현상과 관련되는 것이라고 할 수 있겠다. 즉 사잇소리 'ㅅ' 앞의 /ㄹ/-탈락현상은 동기관적 이화현상으로 음운론적 관점에서 해석될 수 있고, 사잇소리 'ㅅ' 앞의 /ㄹ/-유지현상은 체언의 속성(자립성 및 어형 변화를 지양하려는 속성)과 관련하여 비음운론적 관점에서 해석될 수 있는 것이다. (18ㄱ)처럼 음운론적 관점인 동기관적 이화현상으로 인한 사잇소리 'ㅅ' 앞의 /ㄹ/-탈락현상과 (18ㄴ)처럼 비음운론적 관점인 체언의 속성으로 인한 /ㄹ/-유지현상이, 비록 체언과 체언 사이에 삽입된 음일지라도 그 삽입음이 'ㄹ'을 탈락시키는 환경이라면 복합어와 동일한 음운현상으로 실현될 수 있다는 것이다. 이에 복합어에서의 /ㄹ/-탈락현상에 대한 수의적 양상과 사잇소리 'ㅅ' 앞에서의 /ㄹ/-탈락현상에 대한 수의적 양상은 3.3에서 후술할 음운론적 동기와 비음운론적 동기에서 비롯된 수의적 현상이라고 할 수 있겠다.

한편 사잇소리 'ㅅ' 앞에서의 /ㅂ/-탈락은 '업던 번게를〈龍歌 30章〉, 측호 ᄆᅀᆞ미 업거이다〈月釋 10:8〉' 등의 어간말자음군 'ㅄ'이 자음군단순화로 실현된 것과 같이 사잇소리 'ㅅ'의 삽입으로 인한 'ㅄ'에서도 자음군단순화가 실현된 것이라고 하겠다. 이때 어간말자음군 'ㅄ'에서는 'ㅅ'이 탈락되고, 사잇소리 'ㅅ'의 삽입으로 인한 'ㅄ'에서는 'ㅂ'이 탈락되기도 하는데, 이는 'ㅄ'에서는 자음군단순화가 형태론적 범주에 따라 그 방향을 달리하기도('ㅂ' 탈락 혹은 'ㅅ' 탈락) 하고, 또 그 적용 속도를 달리하기도 하였기 때문이다(박창원 1991: 26).

따라서 사잇소리 'ㅅ' 앞에서의 /ㄹ/-탈락현상은 복합어에서의 /ㄹ/-

탈락현상과 관련하여 해석되는 것이고, 사잇소리 'ㅅ' 앞에서의 /ㅂ/-탈락은 어간말자음군 'ㅄ'의 실현 양상과 관련한 자음군단순화로 해석되는 것이라고 할 수 있겠다.

3.3. 음절말 'ㄹ[r]'과 /ㄹ/-탈락현상

중세국어의 /ㄹ/-탈락현상은 현대국어와는 달리 비교적 생산적이었으며 적용 환경도 넓었다. 현대국어의 /ㄹ/-탈락현상은 활용의 'ㄴ, ㅅ' 환경에서만 실현되면서 'ㄷ, ㅈ'의 환경과 복합어에서는 실현되지 않지만, 중세국어에서는 'ㄴ, ㄷ, ㅅ, ㅿ, ㅈ'의 환경에서 활용뿐만 아니라 복합어에서도 실현되었던 것이다.

이 글은 이러한 /ㄹ/-탈락현상에 대한 변화의 원인을 음절말 유음의 음가 변화([r]>[l])에서 찾았다. 음절말 유음이 중세국어에서는 외파음[r]로 실현되다가 중세국어와 근대국어의 교체기에 음절말 유음의 미파화로 인하여 설측음[l]로 변화됨과 관련지은 것이다. 이에 중세국어의 음절말 유음[r]과 [r]>[l]로 변화된 근·현대국어의 음절말 유음[l]에 대한 조음과정을 설정하면 다음 (20ㄱ)·(20ㄴ)과 같다고 하겠다.

(20) ㄱ. 중세국어 음절말 유음[r]의 조음과정

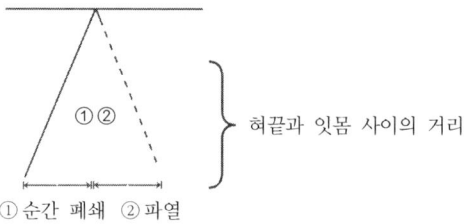

혀끝과 잇몸 사이의 거리

① 순간 폐쇄 ② 파열

ㄴ. 근·현대국어 음절말 유음[l]의 조음과정

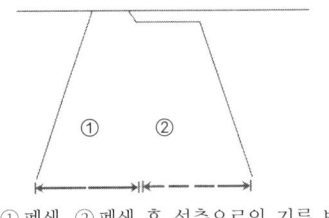

① 폐쇄 ② 폐쇄 후 설측으로의 기류 방출

　(20ㄱ)은 중세국어의 음절말 유음인 '외파음[r]'에 대한 조음과정을 보인 것이다. 이때 ②단계에서 외파(파열)되는 과정을 대부분 점선으로 표시하였다. 이는 ㄹ[r]이 조음될 때, 혀끝이 잇몸에 순간 닿았다가 중립 위치로 되돌아가는 과정에서, 혀끝과 잇몸 간의 거리가 후행 자음의 조음위치에 따라, 그리고 후행하는 형태소에 따라 일률적이지 않음을 나타내기 위함이다. (20ㄴ)은 근·현대국어의 음절말 유음인 '[l]'에 대한 조음과정이다. [l]은 ②단계에서, 잠시 폐쇄된 후 혀의 양 옆으로 기류가 흐르는 설측음의 속성을 가짐을 보인 것이다.

　중세국어는 미파화의 진행이 마찰음으로 확산되어 가는 시기이다. 음절말 유음의 미파화는 마찰음 다음에 진행되었으므로 중세국어의 음절말 유음은 대부분 외파음[r]로 실현되었던 것이다. 그러다가 중세국어와 근대국어의 교체기에 미파화의 확산으로 인하여 음절말 유음이 [r]>[l]로 변화되었다.

　중세국어의 음절말 유음이 외파음[r]이었음을 주장한 고광모(1996)에서는 /ㄹ/-탈락현상에 대한 해석을 "[r]을 발음할 때 혀끝을 중립 위치로 미처 되돌리지 못한 채 뒤의 치조음을 발음하기 위한 준비, 즉 접촉 또는 접근을 미리 한다면 [r]의 조음이 불완전해질 수밖에 없다. '르' 탈락은 이와 같이 후행하는 치조음의 조음을 너무 일찍 시작함으로써 [r]의 '르' 조음이 불완전해진 결과로 이해할 수 있다. (고광모 1996: 34)"라고 한다. 이는 소신애(2008)에서도 "[r]의 최종 개방이 미처 이루어지기 전에 후행 자음의 조음이 시작될 경우에는 [r]의 음성 실현이 불완전해지며(소신애 2008: 57)" 등과 같이 대동소이하게 해석하고 있음을 보게 된다.

이 글 역시 중세국어는 음절말 유음이 외파음[r]이었고, 중세국어의 /ㄹ/-탈락현상은 음절말 유음[r]과 관련된 것으로 본다. 그렇지만 이러한 동인만으로는 /ㄹ/-탈락현상에 대한 통시적인 변화까지는 논할 수가 없다. /ㄹ/-탈락현상을 음절말 'ㄹ[r]'이 혀끝을 중립 위치로 미처 되돌리기 전에 후행 자음의 조음이 실현됨에 따라 [r]의 음성 실현이 불완전해진 것이라는 등의, 음절말 'ㄹ[r]'의 음가만으로의 해석은 /ㄹ/-탈락현상에 대한 특정 시기의 공시적인 현상은 설명이 가능할 수 있으나 중세국어에서 근·현대국어에 이르는 /ㄹ/-탈락현상에 대한 변화 과정들까지는 아우를 수가 없는 것이다.

/ㄹ/-탈락현상을 동기관적 이화현상이라는 음성적 제약으로써 해석하는 송철의(1987: 328)의 논의도 마찬가지이다. 이 또한 특정 시기의 공시적 해석으로는 타당할 수 있으나 통시적인 관점에서의 /ㄹ/-탈락현상의 변화, 일테면 'ㄷ'이 'ㄹ'과 동일 조음위치임에도 불구하고 중세국어에서는 /ㄹ/-탈락현상의 환경이었다가 근대국어 이후에는 그 환경에서 제외되는 등의 규명은 어렵다고 할 수 있다.

/ㄹ/-탈락현상의 발생 및 변화 원인을 밝히기란 쉽지 않다(이동석 2005: 130). 'ㄹ'의 음가만으로 찾을 수도 없고, 후행하는 자음의 조음 위치만으로도 그 원인을 찾을 수가 없기 때문이다. 이에 (20ㄱ)·

(20ㄴ)에서 중세국어의 음절말 유음[r]과 근·현대국어의 음절말 유음[l]에 대한 조음 과정을 제시한 바와 같이 이 글에서는 음절말 유음의 음가 변화([r]>[l])로써 중세국어의 /ㄹ/-탈락현상과 근·현대국어의 /ㄹ/-탈락현상에 대한 변화 동인을 앞서 밝힌 것이다. 그리고 중세국어의 /ㄹ/-탈락현상에 대해서는 음절말 유음[r]과 후행하는 자음과의 조음 과정 등을 통해 다음과 같이 그 해석의 실마리를 찾고자 한다.

중세국어의 /ㄹ/-탈락현상은 'ㄹ'이 자신과 조음위치가 동일하거나 아주 인접한 설음·치음과의 연쇄에서 실현되었다. 이는 중세국어의 /ㄹ/-탈락현상이 후행하는 조음위치와 밀접하게 관련됨을 의미한다. 그리고 중세국어의 /ㄹ/-탈락현상은 가장 약자음인 'ㄹ'이 음절말에서 외파로 조음됨과 관련된다. 중세국어의 음절말 유음이 외파음[r]이었음은 앞서 밝힌 바이다. 이때 이 글은 음절말 유음[r]은 어중의 음절초 '외파음[r]'과는 (혀끝이 잇몸에 닿은 후 중립 위치로 되돌아갈 때, 잇몸과 혀끝 간의 거리에서) 차이가 나는 것으로 본다. 즉 음절말 유음 '[r]'은 혀끝이 잇몸에 닿았다가 떨어지면서 후행 자음을 실현시키기 위한 준비를 하는 것이라면, '(C)V\$ㄹV(C)'에서의 어중의 음절초 'ㄹ[r]'은 혀끝이 잇몸에 닿았다가 중립 위치로 되돌아간 후, 후행 모음을 실현시키기 위한 준비를 하는 것이다. 혀끝이 잇몸에 닿았다가 떨어질 때, 잇몸과 혀끝 간의 거리 차이가 크면 클수록 'ㄹ[r]'의 외파 조음은 더욱 효과적으로 실현된다. 이 때문에 '(C)V\$ㄹV(C)'처럼 어중의 음절초인 '외파음[r]'은 후행하는 모음과의 조음 간 거리 차이로 인해 탈락되는 예가 거의 발견되지 않는다면, 음절말의 'ㄹ[r]'은 'ㄹ[r]'과 조음 위치가 동일하거나 아주 인접한 설음·치음과의 연쇄에서는 조음 간 거리 차이가 없어 '르[r]'이 탈락되어 실현되는 것이라고 할 수 있다.

한편 또 이러한 중세국어의 /ㄹ/-탈락현상이 활용에서는 생산적이었음에 반해 복합어에서는 수의적이었던 것이다. 음절말에서의 '르[r]'이 형태론적 범주에 따라 '르[r]'의 탈락 정도가 달랐던 것인데, 이는 체언과 용언이 갖는 문법적 차이에서 그 동인을 찾을 수 있다고 하겠다.

우선 [r]은 혀끝과 잇몸이 순간적인 접촉에 이어 혀끝이 잇몸으로부터 떨어져 중립 위치로 되돌아감으로써 그 음성적 효과를 얻을 수 있는 소리이다(고광모 1996: 34). 혀끝이 잇몸에 닿은 후 중립 위치로 되돌아가는 과정에서 혀끝과 잇몸 간의 거리가 멀어지면 멀어질수록 [r]의 음성 실현은 더욱 효과적이다. 이는 역으로 만약 혀끝이 잇몸에 닿은 후 떨어지기는 하였으나 혀끝과 잇몸과의 거리가 아주 미세하다면, 비록 [r]이 외파로 조음되었다 할지라도 그 음성형의 인식은 쉽지 않을 수 있음을 의미한다.

이러한 상황에서 중세국어의 /ㄹ/-탈락현상이 활용에서는 필수적으로 실현되었다고 하겠다. 활용에서의 용언 어간은 비자립적이며, 어미와의 연쇄를 통해 자립성을 얻는데, 이는 어간과 어미가 상대적으로 긴밀하다는 것을 말한다. 그리고 긴밀한 만큼 이들의 연쇄에서는 어간말과 어미초가 동시적으로 실현될 가능성이 높다고 할 수 있다. 중세국어의 /ㄹ/-탈락현상은 'ㄹ'에 후행하는 자음이 'ㄹ'과 조음위치가 동일하거나 아주 인접한 설음·치음이었고, 거기다가 선행하는 음절말음이 자음 중 가장 약자음에 속하는 ㄹ[r]이었던 것이다. 이에 활용에서의 /ㄹ/-탈락현상은 자음 중에서 가장 약자음에

속하는 '르[r]'이 음절초보다는 기능부담량이 적은 음절말의 위치에
있었던 것이고, 이러한 어간말 '르[r]'과 조음위치가 동일하거나 아주
인접한 자음이 후행한 어미초와의 연쇄, 즉 '르[r]'과 '설음·치음'의
연쇄가 동시적으로 실현되었던 것이다. 그리하여 '르[r]+설음·치음'
연쇄에서는 어간말 '르[r]'이 비록 외파로 조음되었을지라도 혀끝과
잇몸 간의 거리가 인식되지 못할 만큼 미세하여, 조음위치가 동일한
두 자음 중 음절말음이면서 약자음인 '르[r]'이 탈락된 것이라고 할
수 있다. 만약 후행하는 어미초가 어간말 '르'과 조음위치가 다른 자
음이라면, 어간말과 어미초가 거의 동시적으로 실현된다 하더라도,
그리고 잇몸과 혀끝의 거리가 미세하다 하더라도, 외파된 혀끝이 후
행 자음의 조음 위치로 이동하는 과정에서 그 이동하는 거리로 말미
암아 '르[r]'이 유지될 수 있었던 것이라고 하겠다.

반면 중세국어의 /르/-탈락현상이 위 활용과는 달리 복합어에서
는 수의적으로 실현되었다. 복합어에서는 '르'이 탈락될 환경임에도
불구하고 '르'이 유지되어 나타나기도 하였던 것인데, 이는 체언의
자립성과 관련된다고 할 수 있을 것이다. 체언의 자립성으로 인하여
선행하는 체언말 '르[r]'이 혀끝을 중립 위치로 되돌린 후, 후행하는
설음·치음을 실현시킴으로써 /르/-유지형으로도 나타나는 것인데,
이는 복합어를 이루는 두 형태소 사이에 경계를 두어 발화한다면,
체언말 '르[r]'의 외파 조음은 더욱 효과적으로 실현될 수 있기 때문
이라고 하겠다.

더욱이 체언은 음운탈락으로 체언의 어간이 손상되면 그 어간이
표상하는 의미 기능 수행에 장애가 발생할 수 있다. 그래서 체언의
경우는 역사적으로도 체언말음의 탈락을 지양하는 방향, 즉 어형을

유지하려는 방향으로 변화되었다. 이에 반해 용언의 어간은 비자립적이며, 어미와의 연쇄를 통해 자립성을 얻는다. 이 때문에 용언 어간말음의 경우는 탈락을 해도 체언 어간보다는 의미 표상 기능에 손상을 덜 받게 되므로, 용언의 어간은 어미와의 연쇄 실현에서 어간 말음이 탈락된 방향으로 변화되었던 것이다. 그리하여 중세국어의 /ㄹ/-탈락현상에서도 활용에서는 다음 (21ㄱ)의 도식과 같이 필수적으로 실현되었던 것이라면, 복합어에서는 (21ㄴ)의 도식처럼 /ㄹ/-유지형으로도 나타날 수 있었던 것이라고 하겠다.

(21) ㄱ. 활용의 조음작용: '알-(知)+-니'의 예

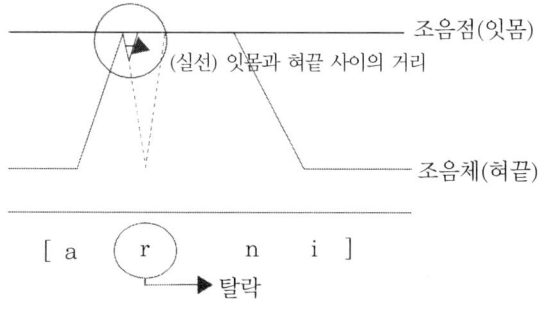

ㄴ. 복합어의 조음작용: '둘+님'의 예

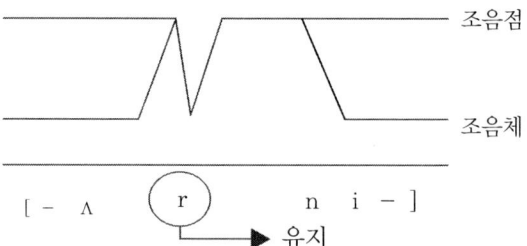

이상과 같이 2장에서는 고대국어의 유음을 *r로 재구하고, 중세국어의 음절말 유음도 외파음[r]이었음을 그 시기의 어간말 ㄹ계−자음군에서 자음군단순화가 실현되지 않았다는 것과 /ㄹㄴ/−연쇄에서 유음화가 실현되지 않았다는 자료 분석 등을 통해 밝혀 논하였다. 그리고 중세국어에 나타나는 ㄹㅇ형의 음가가 [r$Ø]임을 밝히면서, ㄹㅇ형을 크게 세 가지 유형으로 나눠 살폈다. 첫째, 체언말 및 어간말 '르/르'의 'ㅇ/으'가 탈락되면서 나타난 것. 둘째, 체언말 및 어간말 'ㄹ' 뒤에서 문법형태소의 어두초 'ㄱ'이 탈락되면서 나타난 것. 셋째, 어간말자음군 'ㄹㅸ'의 'ㅂ'이 'ㅸ>w'로 약화되면서 나타난 것 등이다. 이때 첫째 유형은 두 모음의 연쇄로 인하여 '르/르'의 'ㅇ/으'가 탈락되면서이고, 둘째와 셋째 유형은 유성음의 환경에서 음소가 약화·탈락됨에 따라 ㄹㅇ형으로 나타난 것으로서, 이 세 유형은 중세국어에서의 음절말 유음[r]과 탈락음의 흔적 등으로 말미암아 그 음가가 모두 'ㄹㅇ[r$Ø]'였음을 밝혀 논한 것이다. 더 나아가 2장에서는 /ㄹ/−탈락현상의 발생 시기를 고대국어로 추정하고, 중세국어의 /ㄹ/−탈락현상은 후행하는 자음의 조음위치가 'ㄹ'과 동일하거나 아주 인접하다는 것과, 가장 약자음인 'ㄹ'이 음절말에서 외파로 조음되었다는 것과 관련하여 밝혀 논한 것이다.

근대국어의 유음 관련 음운현상

본 연구는 음절말 유음이 중세국어와 근대국어의 교체기에 외파음[r]에서 미파음[l]로 변화되었음을, 그리고 음절말 유음의 변화([r]>[l])로 인하여 근대국어에서는 유음과 관련된 표기 및 음운현상에 많은 변화가 있었음을 밝히고자 한 것이었다. 이에 본 장에서는 임진왜란부터 갑오개혁까지를 일컫는 근대국어 시기에 음절말 유음의 음가 변화([r]>[l])로 말미암아 표기 및 음운현상들에 있어 어떠한 변화의 특징을 보이는지에 대하여 톺아보고자 한다.

1. 근대국어의 /ㄹ/-탈락현상

/ㄹ/-탈락현상이 중세국어 시기에는 'ㄴ, ㄷ, ㅅ, ㅿ, ㅈ'의 환경에서 실현되었으나, 근대국어에서는 그 환경이 축소됨을 볼 수 있다. 이를테면 근대국어는 중세국어와 달리 'ㄷ, ㅈ' 앞에서 'ㄹ'이 유지되면서, 'ㄷ, ㅈ'이 /ㄹ/-탈락현상의 환경에서 제외되기 시작한다. 그리고 근대국어에서는 /ㄹ/-유지형의 확산과 함께 /ㄹㄴ/-연쇄에서 유음화가 새롭게 실현되고, 복합어에서는 /ㄹ/-탈락현상이 약화·소멸

되는 변화를 보인다.[41] 이처럼 /ㄹ/-탈락현상은 근대국어 시기에 여러 변화를 경험하게 되는데, 이 글에서는 이러한 변화의 동인을 음절말 유음의 음가 변화([r]>[l])에서 찾는 것이다.

1.1. 복합어에서의 /ㄹ/-탈락현상

중세국어와 현대국어를 비교해 보면, 두 시대 간에는 /ㄹ/-탈락현상에 대한 분명한 차이를 발견할 수 있다. 복합어의 경우, 중세국어 시기에는 /ㄹ/-탈락현상이 탈락형과 유지형으로의 수의적인 양상을 보이지만, 오늘날은 /ㄹ/-탈락현상이 복합어에서는 소멸되어 더 이상 실현되지 않는다. /ㄹㄴ/-연쇄를 가진 복합어의 경우는 또 중세국어에서는 'ㄹ'이 탈락되거나, 'ㄹ'과 'ㄴ'이 모두 실현되었으나, 현대국어에서는 'ㄴ'이 'ㄹ'로 변동되는 등의 유음화가 필수적으로 실현된다.

/ㄹ/-탈락현상은 이렇듯 중세국어에서 현대국어에 이르는 동안 많은 변화가 있었다. 이러한 변화에는 변화를 발생시킨 원인과 변화의 과정이 있었을 것이고, 변화 과정에서의 과도기적 양상은 두 시대를 잇는 근대국어 시기에 나타나게 되었을 것이다. 그리고 이를 고려한다면 복합어에서의 /ㄹ/-탈락현상은 근대국어에서도 중세국

---

41 이진호(2008: 74~75)에서는 경쟁 변화의 출현, 체계 내적 뒷받침의 소멸, 인위적인 교육 등이 음운현상의 축소 이유가 된다고 한다. 특히 경쟁관계의 출현은 입력형을 두고 두 개의 음운현상이 서로 경쟁해야 하므로 어느 하나의 음운현상이 축소됨은 당연하다고 하는 것이다. 박창원(1990: 430)에서도 언어가 통시적으로 변화하게 되는 가장 기본적인 요인은 존재하지 않던 새로운 규칙의 생성이라며, /ㄹ/-탈락현상이 축소되는 변화 과정 역시 동일한 입력형에 적용되는 순행적 유음화가 새롭게 생성된 영향을 배제할 수 없다고 하는 것이다.

어와 같이 수의적(/ㄹ/-탈락형과 /ㄹ/-유지형)으로 실현되기는 하나, 근대국어의 수의성은 중세국어의 수의성과는 분명 어떠한 차이를 발견할 수 있을 것이다.

다음 (22)는 복합어의 /ㄹ/-탈락현상에 대한 근대국어에서의 실현 양상이다.

(22) ㄱ. <u>버드나모</u> 아리 이셔〈朴新解 3:01b〉

　　　　프른 <u>소나못</u> 불휘예 주거므로〈杜詩重 2:31a〉

　　　　梅花와 <u>버드남기</u>여 서르 보니〈杜詩重 11:2a〉

　　　　<u>소남근</u> 엇지ᄒ여 겨을 녀름업시 프르고〈小兒 10b〉

　　　　米雪 <u>쓰눈</u>〈類解補 2b〉

　　　　ᄒᆞᆫ 물 툰 도적이 이셔 <u>화살</u> 츠고〈老乞諺 上26a・27a〉

　　　　冬靑子 <u>겨으살이</u>〈類解補 51a〉

　　　　冬靑子 <u>겨ᄋᆞ사리</u>〈譯語解 41a〉

　　　　<u>바ᄂᆞ실로</u> ᄢᅦ여 ᄇᆞ람 구석에 ᄃᆞ라〈朴新解 2:40a〉

　　　　오늘 져녁의 네 내 <u>니부자리롤</u>〈朴新解 2:31a〉

　　　　天弓 <u>므지게</u>〈類解補 1b〉

　　　　裁縫錢 <u>바ᄂᆞ질</u> 갑〈類解補 41b〉

　　ㄴ. 柳樹 <u>버들나모</u>〈譯語解 43a, 同文解 下43a〉

　　　　竈嗉 <u>불넘기</u>〈類解補 14a〉

　　　　ᄀᆞᄅᆞ맷 <u>버들니피</u> ᄢᅵ니 아닌 저긔 펫고〈杜詩重 14:24a〉

　　　　환희원에 가 <u>아들님</u> 보쇼셔〈地藏經 上1a〉

　　　　松針 <u>솔닙</u> 松毛〈類解補 50b〉

　　　　<u>칼놀을</u> 므슴 쇠로 치이려 ᄒᆞᄂᆞ뇨〈朴新解 1:18a〉

　　　　繫絲箭 <u>줄살</u>〈類解補 16a〉

　　　　火絨草 <u>불살오개</u> 穰草〈類解補 32a〉

　　　　기셰 드로리라 ᄒᆞᄂᆞᆫ <u>물새</u> 어즈러우니〈杜詩重 12:38a〉

치위옛 고존 어즈러운 플서리예 그윽ᄒ고〈杜詩重 11:44a〉
水牛 믈쇼〈類解補 48b〉
搭連 니블집〈譯語解 15a〉
칼집은 실 돗친 花梨木으로 ᄒ고〈朴新解 1:18a〉

(23) 솔립 ᄀ롤게 ᄀ르 밍그라〈辟新 14a〉
    ᄒ 광명이 열레 가리 ᄂ화〈勸念要錄 14a〉
    칼롤 가온대 ᄃ라드러〈東國三綱 孝7:29b〉

(22ㄱ)은 체언말 'ㄹ'이 'ㄴ, ㄷ, ㅅ, ㅈ' 앞에서 탈락된 용례들이고,[42]
(22ㄴ)은 'ㄹ'이 (22ㄱ)과 동일 환경임에도 불구하고 유지되는 용례들
이다. 『杜詩諺解(重)』에서는 '솔+나모(>나무)'나 '믈(>물)+지게'는
'소나모 수프를〈14:20a〉, 소나못 수프른〈14:23b〉, ᄀ르맷 므지게ᄂ
〈12:36a〉, 구룸 밧긧 므지게로다〈13:18b〉' 등과 같이 'ㄹ'이 탈락된
어형으로 나타나는가 하면, '버들+닢(>잎)'이나 '물+새'는 또 'ᄀ르
맷 버들니피〈14:24a〉, 물새 어즈러우니〈12:38a〉, 물새 이제 니르리
〈17:4b〉'와 같이 체언말 'ㄹ'이 'ㄴ, ㅅ' 앞에서 유지되어 나타남을 보
게 된다. 그리고 이 시기에는 중세국어에서는 보이지 않았던 '칼+집,
불+넘기' 등의 복합어가 출현하면서, 이들이 '칼집은 실 돗친〈朴新解
1:18a〉, 竈嗓 불넘기〈類解補 14a〉' 등의 /ㄹ/-유지형으로 출현함을
발견할 수 있는데, 만약 '칼+집, 불+넘기' 등이 근대국어 시기에 생긴
복합어라고 한다면, 이를 통해 근대국어에는 복합어에서의 /ㄹ/-탈

---

42 근대국어 시기에는 중세국어와 비교했을 때 'ㅿ' 앞에서의 /ㄹ/-탈락현상도 발견되
지 않는다. 이는 'ㅿ'이 16세기경에 비음운화가 되었기 때문인데, 이와 관련해서는
3장 1.2.3에서 다시 논한다.

락현상이 약화·소멸되어가는 과정에 놓여 있었음을 예측해 볼 수
있는 것이다.

복합어에서의 /ㄹ/-탈락현상이 근대국어 시기에 약화·소멸되어
가는 과정이었음은 18세기 중반 이후 처음 나타나기 시작한 접미사
'-스럽-'의 실현 양상을 통해서도 확인된다(이기문 1972a: 207; 기주
연 1991: 222; 강은국 1993: 419). 체언말 'ㄹ'에 후행하는 '-스럽-'이
/ㄹ/-탈락현상의 환경임에도 불구하고 '말 만코 익술스레〈남원고사
20b〉, 혹 이물스러온 놈이라고도〈텬로력뎡 109a〉, 감으스롬혼 얼골
이 독살스럽게 되고〈고목화 下135〉, 할만혼 밍셰를 하지 영졀스럽
게〈귀의성 上66〉'와 같이 이에서는 /ㄹ/-탈락현상이 실현되지 않는
것이다. 체언말 'ㄹ'이 접미사 '-스럽-'과의 연쇄에서는 /ㄹ/-유지
형으로만 실현되는데, 이는 18세기 중반 이후에는 /ㄹ/-탈락현상이
복합어에서는 실현되지 않았음을 의미한다.

더 나아가 근대국어 시기에는 (23)과 같이 /ㄹㄴ/-연쇄에서 유음
화의 실현형이 발견된다. /ㄹㄴ/-연쇄에서의 유음화는 중세국어와
근대국어의 교체기에 음절말 유음이 외파음[r]에서 유음의 미파화로
인하여 설측음[l]로 변화됨에 따라 새롭게 생성된 음운현상이다. 그
리하여 후술하겠지만 근대국어에서는 (22)의 /ㄹ/-탈락형인 'Øㄴ형'
과 /ㄹ/-유지형인 'ㄹㄴ형', (23)의 유음화로 인한 'ㄹㄹ형'이 혼기되
어 나타나는 것이라고 할 수 있다.

언어는 늘 변화한다. 현대국어의 언어 모습은 중세국어와 근대국
어에서의 변화에 대한 결과물이라고 할 수 있다. 현대국어에 나타나
는 음운현상들은 중세국어와 근대국어 시기에 크고 작은 변화 과정
을 거친 것이다. 그리고 중세국어와 근대국어의 교체기에 음절말 유

음이 변화([r]>[l])됨에 따라 근대국어는 /ㄹ/-탈락현상의 변화에 대한 과도기적 시기였다고도 할 수 있다. 이동석(2002: 125)은 복합어에서의 /ㄹ/-탈락과 유지에 대한 수의적 양상이 중세국어와 근대국어를 비교했을 때, 표면적 차이는 비록 없어 보일지라도, 또한 중세국어와 근대국어의 /ㄹ/-탈락과 유지의 수의적 양상이 결코 동일하지 않음을 증명할 근거는 발견되지 않을지라도, 두 시기의 수의적 성격은 다르다고 하였다. 이는 복합어에서의 /ㄹ/-탈락현상이 중세국어에서는 수의적으로 실현되다가 현대국어에서는 소멸되었음을 볼 때, 근대국어는 현대국어에 보다 가까운 모습으로 중세국어와는 다른 복합어에서의 수의적 양상이었음을 의미한다. 그러므로 근대국어에 나타나는 복합어에서의 /ㄹ/-탈락현상은 보다 더 약화·소멸되어가는 과정에서의 수의적 양상이었다고 할 수 있을 것이다.

1.2. 활용에서의 /ㄹ/-탈락현상

활용에서의 /ㄹ/-탈락현상에 대한 변화는 다음의 몇 가지로 나눠 볼 수 있다. 첫째, 'ㄷ, ㅈ' 앞의 'ㄹ'이 중세국어에서는 규칙적으로 탈락되었으나, 근대국어에서는 유지되기 시작한다. 둘째, 주체존대 선어말어미 '-ᄋᆞ시/으시-' 앞의 어간말 'ㄹ'이 중세국어에서는 유지되었으나, 근대국어에서는 탈락되어 나타난다. 셋째, 16세기에 보이기 시작한 선어말어미 '-ᄋᆞᆸ/옵-' 앞에서의 어간말 'ㄹ'이 근대국어에서는 탈락되어 나타난다는 것 등이다.

먼저 'ㄷ, ㅈ' 앞의 어간말 'ㄹ'에 대한 실현 양상을 살펴보자.

1.2.1. /ㄷ, ㅈ/ 앞에서의 /ㄹ/-탈락현상

근대국어 시기에는 /ㄹ/-탈락현상의 환경이 축소된다. 중세국어는 'ㄹ'이 'ㄴ, ㄷ, ㅅ, ㅿ, ㅈ'으로 시작하는 어미 앞에서 탈락되었으나, 근대국어는 'ㄷ, ㅈ' 앞에서 'ㄹ'이 유지되기 시작하면서 'ㄷ, ㅈ'이 /ㄹ/-탈락현상의 환경에서 제외되는 것이다.

(24) ㄱ. 掛上 거다〈類解補 55a〉
　　　외가의가 훈 가지로 노더니〈閑中錄 16〉
　　　능히 긔록ᄒᆞ고 외오ᄂᆞᆫ 글이 드므더니〈易言解 自序01a〉
　　　머다 북노에 사롬들아〈御諭咸鏡 8b〉
　　　민퉁ᄉᆞ란 졀에 머므더니〈五倫行 忠61a〉
　　　들히 밧가더니〈五輪行 忠7b〉
　　　벗아 네 콩 숨기롤 아디 못ᄒᆞᄂᆞᆫ 둣ᄒᆞ다〈老乞諺 上18a〉
　　　開了 여다〈蒙類解 上26b〉
　　　唐 僧이 듯고 우더니 行者ㅣ 듯고〈朴新解 3:27b〉

　　ㄴ. 山田을 갈더니〈增修解 3:38a〉
　　　近日에 훈 川邊에 놀더니〈小學讀 11a〉
　　　덕을 굠초지 못홈을 가히 알더니〈明義解 卷首下어제윤음 9a〉
　　　益훈 바롤 可히 알디며 … 可히 알디니〈論語栗谷 1:19a〉
　　　지금의 문을 열다 무솜 히로오미 잇스리오〈太上解 5:66a〉

(24)는 근대국어에 나타나는 'ㄷ' 앞의 어간말 'ㄹ'에 대한 실현 양상으로서, (24ㄱ)은 'ㄷ' 앞에서 'ㄹ'이 탈락되는 현상이고, (24ㄴ)은 'ㄹ'이 유지되는 현상이다. 어간말 'ㄹ'이 'ㄷ'으로 시작하는 어미 앞에서 규칙적으로 탈락되었던 중세국어와는 달리 근대국어는 'ㄷ' 앞에서 'ㄹ'이 유지되기 시작하는 것이다.

이에 대하여 기세관(1992: 53)은 /ㄷ/-전부화(前部化)로 해석한
다.[43] 그리고 송철의(1977: 66)는 'ㄷ'이 /ㄹ/-탈락현상의 환경에서 제
외되는 원인에 대해, 이는 기본형 '알다'처럼 종결어미 '-다' 앞에서
'ㄹ'이 탈락되지 않음에 유추한 것이라며, 다음 (25)와 같이 해석하는
것이다.

(25) 'ㄷ'의 경우는 音韻論的인 說明이 어렵다. 音韻論的이 아닌 한 가지
　　이유를 찾아본다면 현대 국어에서 '-다'가 붙는 형식을 용언의 기본형
　　으로 잡고 있다는 것을 지적해 볼 수 있겠다. '-다'가 붙는 형식이
　　기본형이라면 '불다, 울다, ……' 등에서 'ㄹ' 을 脫落시켜서는 안 된다.
　　이런 연유로 해서 'ㄷ' 앞에서는 'ㄹ'이 脫落하지 않게 되고 여기에 유추
　　되어서 다른 경우(놀다가, 울다가, ……)들에서도 'ㄷ' 앞에서는 'ㄹ'이
　　脫落되지 않게 된 것으로 생각해 볼 수 있겠다(송철의 1977: 66~67).

그런데 박상철(2010: 24)에서는 이러한 송철의(1977)의 논의는 타
당하지 않음을 다음 (26)의 자료를 통해 밝히고 있음을 또 보게 된다.

(26) ㄱ. 開門 門 여다〈譯語解 上18b〉
　　　　習染 므드다〈蒙類語 上24b〉

　　 ㄴ. 열다 開〈韓佛字 30〉
　　　　무들다 染〈韓佛字 259〉

---

43 한편 기세관(1992: 53)에서는 'ㄴ, ㅅ'은 이들이 'ㄹ'과 동일한 조음위치를 유지하고
　　있었기 때문에 변화를 겪지 않고 현대국어의 공시적인 규칙으로 살아남을 수 있었
　　다고 한다.

즉 기본형 '열다, 믈들다'에서의 /ㄹ/-탈락형이 (26ㄱ)과 같이 확인되므로 송철의(1977)의 논의는 문헌자료를 고려하지 못하였다고 하는 것이다. 이동석(2002: 151)에서도 송철의(1977)의 논의는 무리가 있다고 보았는데, 이를테면 17세기 말엽의 『譯語類解』(1690)에서는 용언의 기본형인 어미 '-다'를 취한 것이 발견되고, 그중 종결어미 '-다' 앞에서 어간말 'ㄹ'의 탈락이 다음 (27)과 같이 발견되기 때문이라는 것이다.

(27)   ᄇᆞ람 니다(起風)〈上1b〉   ᄀᆞᄆᆞ다(天旱)〈上2a〉
        코 프다〈上40a〉   겨집의 집의셔 사다〈上41b〉
        ᄇᆞ람 드다(傷風)〈上61a〉   드위드다(中署)〈上62b〉
        염그다(實了)〈上9b〉   빗돗 드다(掛蓬)〈上21a〉

한편 도정업(2007: 50~51)에서는 또 'ㄷ'과 'ㅈ'이 /ㄹ/-탈락현상의 환경에서 제외되는 시기가 매우 비슷하므로, 'ㄷ, ㅈ' 앞에서 'ㄹ'이 유지되는 음운변화는 'ㄷ'과 'ㅈ'이 지닌 공통점에서 기인한 것이라고 한다. 'ㄷ, ㅈ'의 가장 큰 공통점은 무성파열음이라며, 이러한 'ㄷ, ㅈ'은 'ㄹ'과 자음강도 체계에서 가장 먼 곳에 위치하므로, 'ㄷ, ㅈ'은 /ㄹ/-탈락규칙의 환경에서 제외될 가능성이 높았다고 하는 것이다.
하지만 도정업(2007)의 이러한 해석도 수용이 쉽지 않다. 'ㄷ'은 무성파열음이고, 'ㅈ'은 무성파찰음이다. 무성파열음은 폐쇄 이후 파열단계에서 한꺼번에 터지는 속성을 가지지만, 무성파찰음인 'ㅈ'은 파열단계에서 마찰의 속성을 가지기 때문에 'ㄷ, ㅈ'의 공통점이 무성파열음이라는 도정업(2007)의 해석은 성립되지 않는 것이다.[44]

이에 따라 구현옥(1995: 197)에서는 어간말 'ㄹ'이 'ㄷ' 앞에서 유지
되는 현상을 발음의 심한 단절을 피하려는 노력에서 비롯된 것이라
고 한다. 그에 의하면 'ㄹ'과 'ㄴ'은 [공명성]으로서 홀소리와 공통된
성격을 지니고 있고, 'ㅅ'은 [+지속성]으로서 홀소리가 가지는 길이

---

44 아울러 도정업(2007)에서는 'ㄹ'이 'ㄷ, ㅈ' 앞에서 탈락되다가 유지되는 등의 변화가
   중세국어 시기에 격음과 경음 앞에서 'ㄹ'이 탈락되지 않고 유지되었던 현상과 같은
   선상의 문제라고 하는 것이다. 그러나 이러한 해석 또한 중세국어 시기에 격음·경음
   앞에서의 /ㄹ/-탈락형이 다음과 같이 발견되고 있음을 간과한 것이라고 할 수 있
   다. 아래의 용례는 이동석(2002: 136~142)에서 보인 것이다.

   바톱(距)〈杜詩諺解-初刊本 17:13b〉
   鱧 가모티 례〈訓蒙字會-督山本 上11a〉
   하ᄂ타리〈牛馬羊猪染疫病治療方 12a〉
   츠쩍 즈(鴌)〈訓蒙字會-督山文庫本 中10b〉

   중세국어 당시, 격음·경음 앞의 /ㄹ/-탈락현상과 관련하여 고광모(1996), 도정업
   (2007)은 /ㄹ/-탈락현상이 격음·경음 앞에서는 실현되지 않았다는 입장을 취하는
   반면, 구본관(2000), 이동석(2002)은 그 반대의 입장을 취한다. 이 글은 음절말 'ㄹ'
   이 중세국어에서는 외파음[r]로 실현되었고, 이 ㄹ[r]이 자신과 조음위치가 동일하거
   나 아주 인접한 음소들과 연쇄됨으로써 /ㄹ/-탈락현상이 실현된 것으로 보았다.
   중세국어의 /ㄹ/-탈락현상은 후행음소의 조음위치가 'ㄹ'과 동일하거나 인접한 설음
   및 치음일 때 실현되는 것으로서, 그 환경이 평음이냐, 격음 및 경음이냐의 문제가
   아니라 후행하는 자음의 조음위치가 'ㄹ'과 얼마나 인접하느냐에 따른 문제라는 것이
   다. 이에 이 글은 격음과 경음의 발달 시기가 상이함을 고려하여 격음 앞의 /ㄹ/-탈
   락현상은 중세국어 시기에 실현되었을 가능성이 높았을 것으로 본다. 반면 경음은
   격음보다는 상대적으로 실현 가능성이 낮았을 것으로 보는데, 이는 격음은 전기
   중세국어 이전에 국어의 자음체계로 형성되었지만, 경음은 전기 중세국어 이후에
   발달하였기 때문이다. 참고로 경음의 발생을 이기문(1998: 109)에서는 전기 중세국
   어로 추정하고, 홍윤표(2009: 165)에서는 근대국어 정도로 추정하고 있다.
   그리고 중세국어에는 격음·경음 앞에서의 /ㄹ/-탈락형이 아주 드물게 나타나는
   데, 이는 어두초에 격음·경음을 가진 어미 등이 없었기 때문이다. 그리하여 복합어
   에서만 나타날 수 있었는데, 복합어 또한 /ㄹ/-탈락현상이 수의적으로 실현되는
   가운데 경음은 그 발달 시기가 늦었고, 격음은 평음과는 비교도 안 될 만큼 어휘
   수가 적었기(이기문 1984: 122) 때문에 중세국어에서는 격음·경음 앞에서의 /ㄹ/-
   탈락형이 쉽게 발견되지 않았던 것이라고 할 수 있다.

를 공유하고 있기 때문에 'CV ㄹ+ㄴ, ㅅ'의 연쇄에서는 'ㄹ'이 탈락하여
도 'ㄴ, ㅅ'이 음성적으로 앞 음절의 홀소리와 자연스럽게 연결될 수
있다고 한다. 그러나 같은 혀끝자리지만 'ㄷ'은 홀소리와 공유할 수
있는 자질을 가지지 못한 채, 가장 닿소리적인 자질만 가지므로 만약
'CV ㄹ+ㄷ'의 연쇄에서 홀소리와 닿소리를 이어주는 'ㄹ'이 탈락된다
면 그 발음은 자연스럽지 못하다는 것이다. 이 때문에 'CV ㄹ+ㄷ'의
연쇄에서는 발음 노력의 절감으로 어간말 'ㄹ'이 'ㄷ' 앞에서 유지될
수 있었다고 하는 것이다.

그렇지만 이러한 구현옥(1995: 197)의 논의는 어간말 'ㄹ'이 'ㄷ' 앞
에서 중세국어 시기에는 탈락되다가 근대국어 시기에 유지되는 변
화의 원인까지는 밝히지 못한다고 하겠다. 어간말 'ㄹ'이 'ㄴ, ㅅ' 앞
에서는 탈락되고, 'ㄷ' 앞에서는 유지되는 등의 현대국어의 /ㄹ/-탈
락현상에 대한 기술로는 타당할 수 있으나, 'ㄷ' 앞의 'ㄹ'이 중세국어
에서는 탈락되다가 근·현대국어에서는 유지되는 등의 통시적인 변
화까지는 밝히지 못하는 것이다.

'ㄷ' 앞의 'ㄹ'이 유지되는 변화 원인에 대하여는 이렇듯 다면적으
로 논의되었음에도 불구하고, 그에 대한 이렇다 할 해답은 아직도
찾지 못한 상태라고 할 수 있다. 이는 아마도 그 원인을 'ㄷ'에서 찾
으려 했기 때문일지도 모르겠다. 이에 이 글은 음절말 'ㄹ'에 방점을
두어 그 원인의 실마리를 찾고자 한다. 음절말 유음이 중세국어와
근대국어의 교체기에 외파음[r]에서 설측음[l]로 변화되었고, 그러
한 변화로 말미암아 근대국어에서는 'ㄹ'이 'ㄷ' 앞에서 유지될 수 있
었다고 보는 것이다.[45]

(28) 중세국어와 근대국어의 음절말 유음(예. '알-(知)+-디')

ㄱ. 중세국어 음절말 /ㄹ/[r]　　　>　　　ㄴ. 근대국어 음절말 /ㄹ/[l]

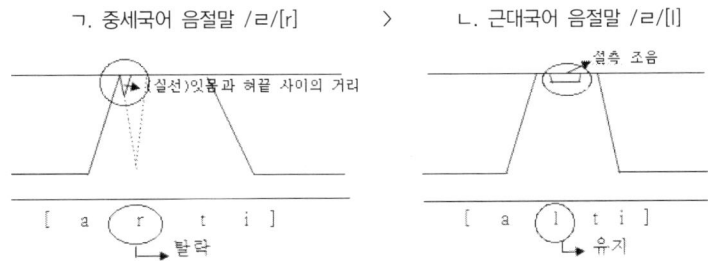

(28ㄱ)은 중세국어 시기에 어간말 'ㄹ'이 'ㄷ' 앞에서 탈락됨을 보인 것이다. 중세국어는 음절말 'ㄹ'이 외파음[r]이었다. 중세국어의 /ㄹ/-탈락현상은 자음 중에서 가장 약자음에 속하는 'ㄹ[r]'이 음절초보다는 기능부담량이 적은 음절말의 위치에 있었던 것이고, 이러한 'ㄹ[r]'과 조음위치가 동일하거나 아주 인접한 설음·치음이 후행하면서, 'ㄹ[r]+설음·치음'이 동시적으로 실현되었던 것이다. 그리하여 (28ㄱ)과 같이 'ㄹ[r]+설음[t]' 연쇄에서는 어간말 'ㄹ[r]'이 비록 외파로 조음되었을지라도, 혀끝과 잇몸 간의 거리가 인식되지 못할 만큼 미세하여 조음위치가 동일한 두 자음 중 음절말음이자 약자음이었던 'ㄹ[r]'이 탈락되었던 것이라고 할 수 있다.

반면 (28ㄴ)은 (28ㄱ)과 동일한 환경임에도 불구하고 어간말 'ㄹ'이

45　영어의 경우도 자음과 휴지 앞에서 'r'이 탈락하는 현상(postvocalic r-drop)은 일반적인 반면, 'l'이 탈락하는 현상은 관찰되지 않는다(소신애 2008: 58). 그리고 음절말 유음이 외파음[r]로 실현되었던 중세국어에서는 /ㄹ/-탈락현상이 생산적인데 반해, 음절말 유음이 설측음[l]로 실현되는 현대국어에서는 /ㄹ/-탈락현상이 비생산적이라는 점 등은 치조음 앞에서의 [r]은 탈락할 음성적 동기가 강한 반면, [l]은 탈락할 음성적 동기가 미비하다는 사실을 보여주는 것이라고 할 수 있다.

‘ㄷ’ 앞에서 유지됨을 보인 것이다. (28ㄱ)과 (28ㄴ)의 도식은 ‘ㄷ’ 앞에서의 ‘ㄹ’이 중세국어에서는 탈락되다가 근대국어에서는 유지되는 변화를 보인 것인데, 이러한 변화는 음절말 ‘ㄹ’의 음가 변화([r]>[l])와 관련되는 것으로서, 중세국어와 근대국어의 교체기에 음절말 ‘ㄹ’이 외파음[r]에서 유음의 미파화로 인하여 설측음[l]로 변화됨에 따라 ‘ㄹ[l]’이 ‘ㄷ’ 앞에서 유지될 수 있었기 때문이라고 하겠다.

설측음[l]은 폐쇄 후 혀의 양 옆으로 기류가 흐르면서 [r]보다는 자음의 강도가 강하다는 속성을 가진다. 그 뿐만 아니라 설측음[l]은 선행음절의 coda를 이루면서, 동시에 후행음절의 onset을 이루는 양음절성을 가진다. 이에 음절말 ‘ㄹ’이 외파음[r]이었던 중세국어에서는 ‘ㄷ’ 앞에서 ‘ㄹ[r]’이 ‘ㄹ[r]+ㄷ[t]→[Øt]’처럼 탈락되었으나, 음절말 ‘ㄹ’이 설측음[l]로 변화된 이후에는 설측음[l]의 속성으로 말미암아 ‘ㄷ’ 앞에서 ‘ㄹ[l]’이 ‘ㄹ[l]+ㄷ[t]→[lt]’와 같이 유지될 수 있었던 것이다.[46]

즉 근대국어의 /ㄹㄷ/-연쇄는 ‘ㄹ[l]’의 설측성이 실현된 후 후행하는 [t]가 실현됨으로써 (28ㄴ)처럼 ‘ㄷ’ 앞에서 ‘ㄹ’이 유지되기 시작한 것이다. 중세국어의 /ㄹㄷ/-연쇄에서는 ‘ㄹ[r]’이 탈락되었으나, 중세국어와 근대국어의 교체기에 음절말 유음이 [r]>[l]로 변화됨에 따라, 근대국어에서는 ‘ㄷ’ 앞에서 ‘ㄹ[l]’이 유지되기 시작한 것이라고 하겠다.

---

46 /ㄹㄷ/-연쇄에서는 ‘ㄹ[l]’과 ‘ㄷ[t]’이 모두 실현된다. 이때 설측음[l]의 실현 후 [t]의 폐쇄지속 시간이 길어진다면 ‘발동[발똥]’과 같이 ‘ㄷ’이 경음화되어 [-l$t'-]로 실현되고, 만약 음절말의 설측음[l]이 길어진다면 ‘알다[알:다], 달다[달:다]’처럼 [-l:t-]로 실현된다.

다음은 'ㅈ' 앞의 어간말 'ㄹ'에 대한 실현 양상이다.

(29) ㄱ. <u>머무지</u> 몯ᄒᆞ게 되엿습기의〈隣語 1:28a〉
예셔 <u>머지</u> 아니니 내 그저 여긔 기ᄃᆞ리쟈〈蒙老乞 5:1b〉
공경ᄒᆞ여 <u>밧드지</u> 아니ᄒᆞ며〈敬信解 83b〉
<u>베푸지</u> 말지라〈敬信解 77b〉
무샹은 사ᄅᆞᆷ이 오래 <u>사지</u> 못ᄒᆞᄂᆞᆫ 말이라〈普勸念 29a〉
긔틀을 <u>아지</u> 못ᄒᆞ면〈明聖經 11b〉
쥬인의 곡식 도적ᄒᆞ여 <u>파지</u> 말려〈敬信解 65b〉
네게 <u>ᄑᆞ지</u> 아니ᄒᆞ리라〈朴新解 1:17b〉

ㄴ. 이웃 밧도랑 경계롤 침념ᄒᆞ야 <u>갈지</u> 말며〈敬信解 29b〉
가히 <u>살지</u> 못ᄒᆞ리라〈敬信解 29b〉
그 쥬인이 갑슬 더 달나 ᄒᆞ여 <u>팔지</u> 아니 ᄒᆞ거ᄂᆞᆯ〈太上解 3:54b〉
ᄯᅩ회 ᄲᅥ러져 능히 <u>날지</u> 못ᄒᆞ고〈太上解 5:34a〉
붓그러워 머리롤 <u>들지</u> 못ᄒᆞ더니〈뎐로력뎡 12a〉
거긔셔 졔 집이 <u>멀지</u> 아니ᄒᆞᆫ지라〈뎐로력뎡 3b〉

중세국어 시기에는 '서르 ᄇᆞ리디 <u>마져</u>〈[말-(勿)+-져] 杜詩(初) 16:18a〉, <u>사져</u> 죽져 ᄒᆞ야〈[살-(生)+-져] 杜詩(初) 23:49b〉'처럼 어간말 'ㄹ'이 'ㅈ' 앞에서 탈락되었으나 근대국어에서는 (29ㄱ)의 /ㄹ/-탈락형과 함께 /ㄹ/-유지형이 (29ㄴ)과 같이 출현하는 것이다.

곽충구(1980), 박상철(2010: 20)은 'ㅈ' 앞에서의 /ㄹ/-유지형이 『敬信錄諺解』(1796)에서부터 출현한 것이라고 하고, 기세관(1990: 34~35)은 'ㄷ, ㅈ' 앞에서 'ㄹ'이 유지되는 현상을 'ㄹ'의 회복이라며, 이러한 'ㄹ'의 회복현상은 『敬信錄諺解』(1796)에서 발견되는 듯하지만, 이 시기에는 'ㄹ'의 회복이 상당히 진전되었을 것이라고 한다. 어떤 해석이든 18세기 말엽은 'ㅈ' 앞의 'ㄹ'이 탈락에서 유지되는 변화의 시기였음을 밝히고 있는 것이다.

근대국어 시기에는 이렇듯 어간말 'ㄹ'이 'ㅈ' 앞에서 유지되기 시작하는데, 이러한 변화는 음절말 유음의 변화([r]>[l])와도 무관치는 않을 것이나 이보다 더 직접적인 동인은 근대국어 시기에 'ㅈ'의 조음위치가 변화됨에 따른 것이라고 할 수 있다. /ㄹ/-탈락현상은 후행하는 자음의 조음위치와 밀접하게 관련되는데, 근대국어 시기에 'ㅈ'의 조음위치가 치음에서 경구개음으로 변화되었기 때문인 것이다.[47]

중세국어의 /ㄹ/-탈락현상은 'ㄹ'이 자신과 조음위치가 동일하거나 아주 인접한 설음·치음이 후행할 경우에 실현되었다. 그리고 중세국어의 자음체계는 『訓民正音解例』에 따라 牙(ㆁ·ㄱ·ㅋ), 舌(ㄴ·ㄷ·ㅌ), 脣(ㅁ·ㅂ·ㅍ), 齒(ㅅ·ㅈ·ㅊ), 喉(ㅇ·ㆆ·ㅎ)로서, 경구개음은 존재하지 않았다. 'ㅈ'이 치음이었던 중세국어에서는 'ㅈ'이 'ㄹ'과 아주 인접한 조음위치였으므로, 'ㄹ'과 'ㅈ'의 연쇄에서는 /ㄹ/-탈락현상이 실현되었던 것이다. 그러다가 'ㅈ' 계열의 조음위치가 근대국어 시기에 치음에서 경구개음으로 변화되는데, 이러한 'ㅈ'의 조음위치 변화는 17세기경에 나타나는 ㄷ-구개음화의 발생과 관련된다고 하겠다.[48] ㄷ-구개음화의 발생은 'ㅈ'이 치음에서 경구개음으로 변화되

---

47 중세국어에서는 'ㄷ·ㅌ·ㄸ·ㄴ·ㄹ'은 설음, 'ㅅ·ㅿ·ㅆ·ㅈ·ㅊ·ㅉ'은 치음이었다. 경구개음은 존재하지 않았다. 이후 'ㅈ' 계열이 근대국어 시기에 경구개음으로 변화됨에 따라 현대국어에서는 'ㅈ·ㅊ·ㅉ'이 경구개음이 되고, 'ㅈ' 계열을 제외한 중세국어의 설음과 치음은 치조음이 된 것이다. 치음과 설음의 조음위치 차이는 상대적으로 경구개음과 치조음의 조음위치 차이와 비교할 때 매우 미약하다(이진호 2012: 268). 이에 김차균(1984: 77)에서는 중세국어의 설음과 치음을 각각 잇몸(1)·(2)로 나누고도 있는 것이다.

었음을 말한다. 'ㄷ' 계열이 경구개 위치의 'i/y'에 동화되어 'ㅈ'으로
변동된다는 것은 'ㅈ'이 경구개 위치의 'i/y'와 인접한 조음위치였음
을 의미하는 것이다. 이에 근대국어 시기에 'ㅈ'의 조음위치가 치음에
서 /ㄹ/-탈락현상의 환경이 아닌 경구개음으로 변화됨에 따라 근대국
어 시기에는 'ㅈ' 앞에서 'ㄹ'이 유지되기 시작한 것이라고 할 수 있다.

즉 중세국어의 /ㄹㅈ/-연쇄에서는 'ㄹ'이 탈락되었으나, 중세국어
와 근대국어의 교체기에 음절말 유음이 [r]>[l]로 변화되고, 또 근대
국어 시기에 'ㅈ'의 조음위치가 치음에서 경구개음으로 변화됨에 따
라 근대국어 시기에는 'ㅈ' 앞에서 'ㄹ'이 유지되기 시작한 것이라고
하겠다.

1.2.2. 주체존대 선어말어미 '-ㅇ시/으시-' 앞에서의 /ㄹ/- 탈락현상

중세국어에서는 어간말 'ㄹ'이 주체존대 선어말어미 '-ㅇ시/으시-'
앞에서 유지되었으나, 근대국어에서는 'ㄹ'이 탈락되기 시작한다.

(30) 므를 조차셔 <u>노로시다가</u>〈飜朴 71a〉
  거즛 이룰 <u>더르쇼셔</u>〈月釋 2:72b〉
  ㅂ얌 서린 둧ᄒᆞ야 두려버 올히 <u>도로시며</u>〈月釋 2:58a〉
  겨지븨 양ᄌᆞ룰 <u>밍ᄀᆞ로시고</u>〈釋譜 3:10b〉

---

48 'ㄷ-구개음화'의 발생 시기는 논자들마다 해석이 다소 상이하다. 백두현(1991)에서
는 16세기 후반에 간행된 남부방언 및 동북방언을 반영한 문헌들에서 처음으로 나
타난다고 한다. 허웅(1964), 안대현(2009)은 'ㄷ-구개음화'의 발생 시기를 18세기
초로 추정하고, 이기문(1972b)은 17세기 말에서 18세기 초 문헌에서 나타나는 것으
로 본다. 김주필(1994), 김주원(2000)은 또 남부방언에서 중앙어로의 구개음화 확
산 시기를 16세기 후반이나 17세기로 추정하는 것이다.

(31) ㄱ. 션인이 발을 <u>드르시는디</u> 도포을 닙으시고〈閑中錄 22〉

　　　　등싱을 분별 <u>마르쇼셔</u>〈地藏經 上17a〉

　　　　즉지 슉명을 <u>아르샤</u>〈地藏經 上3b〉

　　　　스도게셔 <u>아르시고</u> 엄칙중치ᄒ시면〈春香傳 6b〉

　　　　문명지치롤 <u>여르시고</u> 졔후를 봉ᄒ여〈易言解 1:03a〉

　　　　집사롬다려 니르시고 <u>우르시며</u> 셩은이 이 ᄀᆺ트시니〈閑中錄 38〉

　　ㄴ. 원슈 갑프러 왓다가 주그니 부디 셜워 <u>마시소</u>〈普勸念 35a〉

　　　　황뎨의 <u>머무시던</u> 곳이라〈山城記 146〉

　　　　학업의 유익ᄒ시리니 편이 <u>머무쇼셔</u>〈쌍주긔연 09b〉

　　　　어지러온 거슬 <u>아시샤</u> 날을 명ᄒ사〈明聖經 14a〉

　　　　거문 식과 금식이 어리 <u>여시니</u>〈閑中錄 33〉

　　　　미양 션인 니마를 어르ᄆ지시며 <u>우셔</u> 갈오샤디〈閑中錄 6〉

(30)은 중세국어 시기에 어간말 'ㄹ'이 주체존대 선어말어미 '-ᄋ시/으시-'와의 연쇄에서 유지됨을 보인 것이다. (31)은 근대국어의 실현 양상으로서, (31ㄱ)은 어간말 'ㄹ'이 중세국어와 마찬가지로 주체존대 선어말어미 앞에서 유지되는 양상을 보인 것이라면, (31ㄴ)은 탈락됨을 보인 것이다.[49] 근대국어에서는 주체존대 선어말어미 앞에서 'ㄹ'의 탈락형과 유지형이 수의적으로 나타나는 것이다.

근대국어에 나타나는 이러한 수의적 양상과 관련하여 김성화(1992: 105~108)에서는 일찍이 주체존대 선어말어미 '-시-'는 주체에 대한

---

49 도정업(2007: 53)에서는 주체존대 선어말어미 '-ᄋ시/으시-' 앞에서 'ㄹ'이 탈락되는 현상이 『보권염불문』(1704)에서 처음으로 발생하였다고 한다. 그리고 이러한 현상이 경상도 방언을 반영한 문헌들에서 자주 나타나는 것으로 보아 경상도 방언에서 다른 방언으로 영향을 미쳤을 것이라고 해석한다.

직접적인 높임을 나타내는 문법형태소이므로 그 형태가 온전히 보존되어야 함을 전제하면서, 중세국어와 근·현대국어에 나타나는 주체존대 선어말어미와 관련된 음운현상의 차이를 문법형태소 '-시-'에 대한 형태보존의 방법 차이로 논함을 보게 된다. 이를테면 중세국어 시기에는 '-ᄋ/으-'를 삽입하여 '-시-'의 형태를 보존하는 것이라면, 현대국어는 어간말 'ㄹ'을 탈락시킴으로써 '-시-'의 형태를 보존하는 것인데, 이때 현대국어는 형태소 경계에서 약자음 'ㄹ'과 약모음 'ㅡ'가 이어짐으로써 생기는 불안정한 음성실현을 허용하지 않기 때문에 'ㄹ'이 탈락되는 것임을 덧붙이고 있는 것이다.

그런데 형태 보전의 방법이 다르게 적용되는 것으로 이해되는 이러한 김성화(1992)의 논의는 시대에 따라 형태보존의 방법이 다르게 되는 이유가 먼저 설명되어야 한다. 중세국어는 불안전한 음성실현을 허용하고, 현대국어는 불안정한 음성실현을 허용하지 않는다는 논의에서도 시대에 따른 음성실현의 허용 여부에 대한 해석이 선결되어야 하는 것이다.

이에 이 글에서는 중세국어 시기에는 어간말 'ㄹ'이 주체존대 선어말어미 '-ᄋ시/으시-' 앞에서 유지되다가 근대국어에서는 'ㄹ'이 탈락되는 등의 변화의 동인을 성조의 소멸에서 찾고자 한다(김성옥 2013: 58~59).

(32) ㄱ. 左右一點則去聲 二則上聲 無則平聲 入聲加點同而促急〈예의편〉
　　　(왼쪽에 점 하나를 찍으면 거성이고, 점 두 개를 찍으면 상성이며, 점이 없으면 평성이다. 입성은 점을 찍는 것은 같으나 촉급하다.)
　　　平聲安而和 上聲和而擧 去聲擧而壯 入聲促而塞〈합자해〉
　　　(평성은 편안하고 부드러우며, 상성은 부드럽고 높으며, 거성은

높고 씩씩하며, 입성은 빠르고 막힌다.)

ㄴ. :말ㅆ·물슬·붚·리 :하·디〈龍歌 4章〉

　　그·리 :다모·다부텻敎·쭝授·쓩듣ㅈ·봐〈釋譜 6:46b〉

　　·태太 :ㅈ子·눈여·쉰 :네·글·을아·니빈·화〈月印千 上13b〉

(32ㄱ)은 『訓民正音解例』에 제시된 방점 표기와 四聲(평성·상성·거성·입성)에 대한 설명이다. (32ㄴ)은 성조를 나타내는 방점이 각 음절의 왼쪽에 표시되었음을 보여주는 것으로서, 15세기에는 이러한 성조의 발달로 말미암아 동형의 문법형태소들이 변별될 수 있었던 것이라고 할 수 있다.

한편 이러한 성조와 관련하여 15세기 국어에서 '-ㅇ시/으시-'의 '시'는 일반적으로 고정적인 거성이었다. 그리고 '-ㅇ/으-'는 선행하는 형태소의 성조에 따라 달리 적용되었었기에 '-ㅇ시/으시-'는 '평거' 또는 '거거'로 실현되었다. '-ㅇ시/으시-'의 '-ㅇ/으-'가 자음 앞에서는 상성으로 실현되고, 모음 앞에서는 평성으로 실현됨에 따라 '-ㅇ시/으시-'는 '-ㅇ/으-'에 의해 성조가 유동적이었던 것이다. 반면 매개모음 '-ㅇ/으-'는 인접한 요소와 상관없이 기본 성조가 항상 '거성'으로서 고정적인 성조를 가졌다. 이 때문에 15세기 국어에서 '-ㅇ니/으니, -ㅇ며/으며, -ㅇ리/으리, -ㅇ면/으면'과 같은 '-ㅇ/으-' 계 어미의 '-ㅇ/으-'는 '머그니[평거거], 지브니[평거거]'처럼 항상 거성으로 실현되었던 것이다(김성규 1994: 112~124). 이로써 15세기 국어에서는 동형이었던 '-ㅇ시/으시-'의 '-ㅇ/으-'와 매개모음 '-ㅇ/으-'가 성조로 인하여 변별될 수 있었던 것이라고 하겠다.[50]

그런데 근대국어에 들어 이러한 성조가 약화·소멸되면서(김완진

1973; 정연찬 1981; 김차균 1989; 김성규 1994; 이기문 1998),[51] 주체존대 선어말어미 '-으시/으시-'의 '-으/으-'와 매개모음 '-으/으-'의 변별이 어렵게 된 것이다. 이를 김성규(1994: 112~124)에서는 16세기에 들어와서 '-으시/으시-'의 '-으/으-'는 유동적인 성조이면서도 변화의 예가 적었던 반면, 매개모음 '-으/으-'는 고정적인 거성이었음에도 불구하고 성조가 변화된 예들이 빈번하게 발견됨을 밝히고 있다. 그러고는 매개모음 '-으/으-'의 성조가 동요된 원인에 대하여 "첫째, 매개모음 '-으/으-'가 '-으시/으시-'의 '-으/으-'와 형태상 유사하기 때문에 성조가 변했을 것이다. 둘째, '-으시/으시-'의 '-으/으-'와 매개모음 '-으/으-'가 기원적으로 다를지라도 어간말이

---

50 이 글은 중세국어의 주체존대 선어말어미 '-으시/으시-'의 '-으/으-'를 매개모음 '-으/으-'로 본 것이 아니라 '-으시/으시-' 자체를 기본형으로 보았다. 이는 '-으시/으시-'가 용언 어간 '이시-'에서 기원한 것(양주동 1965; 1983: 193; 이승욱 1973: 152~154; 이동석 2002: 134)에 기인한다. 그리고 '-으시/으시-'의 '-으/으-'와 매개모음 '-으/으-'는 성조로써 구별된 것으로 추정하였다. 참고로 김차균(1989: 68)에서는 '-으시/으시-'의 '-으/으-'와 '-으니/으니-'의 '-으/으-'가 다른 것으로 보고, '-으시/으시-'의 '-으/으-'는 '-으/으- 어미2'로 설정하고, '-으니/으니-'의 '-으/으-'는 '-으/으- 어미1'으로 설정함을 보게 된다.

51 『訓蒙字會』(1527)의 방점 표기에는 성조체계가 무너진 흔적을 전혀 찾아볼 수 없다. 15세기 문헌에서는 방점 표기가 매우 정연하였던 것이다. 그러다가 16세기 말엽으로 갈수록 방점 표기가 점차 문란해지면서, 校正廳의 小學·四書諺解에서는 거의 아무런 규칙성을 찾아볼 수 없게 된다. 이에 이기문(1972a; 1984: 143; 1998: 155)에서는 성조 체계가 16세기 말엽에는 완전히 소멸된 것으로 추정하고, 김완진(1973: 125)에서는 완전 소멸 단계는 아니나 16세기 전반에 붕괴되기 시작하여 16세기 후반에는 성조가 대개 소멸되었던 것이라고 한다. 그런가 하면 정연찬(1981)에서는 보다 후대인 17세기 중엽에 성조가 소멸된 것으로 보기도 하고, 문효근(1974)은 성조가 16세기 후반 宣祖初 壬辰倭亂까지 존속한 것으로 보기도 한다(김성규 1994: 6). 김차균(1989: 54~82)에서는 또 방점이 찍힌 최후의 문헌인 『小學諺解』의 방점 분석 자료와 경남 방언 자료와의 대응 관계를 통해 성조체계가 훨씬 더 후대에까지 유지되었을 것이라고도 한다.

'ㄹ'일 때를 제외하면 탈락 양상이 같기 때문에 '-ㅇ시/으시-'의 '-ㅇ/으-'에 유추되어 매개모음 '-ㅇ/으-'의 성조가 동요했을 것이다."(김성규 1994: 122) 등으로 추정하고 있는 것이다.

이로써 근대국어 시기에는 성조가 약화·소멸되고, 이에 따라 성조로 변별되었던 동일 어형의 '-ㅇ시/으시-'의 '-ㅇ/으-'와 매개모음 '-ㅇ/으-' 또한 그 변별이 어렵게 되었다고 할 수 있다. 그리하여 언중들은 이들을 통합하여 인식하게 되었던 것이고, 어간말 'ㄹ'이 주체존대 선어말어미 '-시-' 앞에서 탈락되기 시작한 것이라고 할 수 있다. '알-(知)+-ㅇ시/으시-'가 성조의 소멸로 인하여 '알-(知)+-시-'로 실현됨에 따라 '-시-' 앞에서 'ㄹ'이 탈락되기 시작한 것이다.

어간말 'ㄹ'과 자음으로 시작하는 어미와의 연쇄에서는 매개모음 '-으-'가 삽입되지 않는다. 이는 자음으로 시작하는 어미 앞에서 매개모음 '-으-'가 삽입되는 음절말 'ㄹ' 외의 자음과는 다른 양상이다('먹으며'와 '알며'의 활용에서 알 수 있는 것이다). 따라서 중세국어 시기에 주체존대 선어말어미 '-ㅇ시/으시-' 앞에서 유지되었던 어간말 'ㄹ'이 근대국어 시기에 성조의 소멸로 인하여 '-ㅇ시/으시-'의 '-ㅇ/으-'와 매개모음 '-ㅇ/으-'가 동일하게 인식되었고, 이 때문에 주체존대 선어말어미는 어간말 'ㄹ'과의 연쇄에서 '-ㅇ시/으시-'가 아닌 '알-+-시-'처럼 '-시-'가 결합된 것이다. 그리고 '알-+-시-'에서의 /ㄹㅅ/-연쇄는 /ㄹ/-탈락현상의 환경이므로, 근·현대국어에서는 어간말 'ㄹ'이 주체존대 선어말어미 '-시-' 앞에서 탈락되어 나타나는 것이라고 하겠다.

1.2.3. 선어말어미 '-읍/옵-' 앞에서의 /ㄹ/-탈락현상

근대국어에서는 어간말 'ㄹ'이 선어말어미 '-읍/옵-' 앞에서도 탈락되는 양상을 보인다.

(33) 올흔 녀그로 닐굽 볼 도숩고〈釋譜 23:43a〉
　　　 흔 소늘 드숩거나〈釋譜 13:53b〉
　　　 스승의 恩澤을 아숩고〈禪家龜 63a〉
　　　 저의 늘구믈 우ᅀᆞᆸ니〈月印千 上12a〉

(34) 현마 먼 디 혼인 마읍쇼셔〈玄風郭氏 46-4〉
　　　 그 사름을 비옵고져〈小學諺 6:42b〉
　　　 ᄀᆞᆺ흔 줄노 아옵고〈明義解 2:6b〉
　　　 애돌온 이리 업스와 무흔 우옵노이다〈玄風郭氏 81-5〉

(33)은 중세국어 시기에 어간말 'ㄹ'이 객체존대 선어말어미 '-숩-' 앞에서 탈락된 용례이다. 객체존대 선어말어미 '-숩-'은 환경에 따라 '-숩/줍/ᅀᆞᆸ-'으로 교체되었었다.[52] 그리고 (34)는 근대국어 시기에 선어말어미 '-읍/옵-' 앞에서 'ㄹ'이 탈락됨을 보인 것이다.

근대국어의 '-읍/옵-'은 중세국어의 '-숩-'에 기원한 것으로서, 이는 'ᅀᅠ'의 비음운화[53]에 따른 문법형태소라고 할 수 있다. 그러므로

---

52 공손법 선어말어미의 대표형은 |-습-|이다. 이는 앞·뒤의 음운론적 환경에 따라 '-숩/습/줍/ᅀᆞ/줄-'으로 실현되었다. 어간 말음이 'ㄱ·ㅂ·ㅅ·ㅎ'이면 '-숩-'이, 어간 말음이 'ㄷ·ㅈ·ㅊ'이면 '-줍-'이 쓰였다. 어간 말음이 모음이나 유성음이면 '-ᅀᆞ-'이 쓰였는데, 이때 유성음 'ㄹ' 뒤에 '-숩-'이 쓰일 경우는 'ㄹ'이 탈락되었다. 그리고 뒤에 오는 어미가 자음으로 시작되면 'ᄫᅠ'이 'ㅂ'으로 교체되었던 것이다.

53 비음운화는 새로운 대립 관계가 형성되는 '음운화'와는 반대로서, 존재하던 대립 관계가 사라지는 음운 변화를 말한다. 이 때문에 비음운화는 음운의 소멸과 함께 발생하

(34)의 현상은 비음운화된 'ㅿ'의 흔적으로 말미암아 '-옵/옵-' 앞에서 'ㄹ'이 탈락된 것이라고 하겠는데, 이는 기세관(1990), 조학행·강희숙(2000: 19~20)에서 논의되었던 바이기도 하다. 기세관(1990: 29~30)에서는 선어말어미 '-오/옵-'이 중세국어의 소급형 '-습/즙/습-'으로서, 중세국어 시기에는 어간말 'ㄹ'이 'ㄴ, ㄷ, ㅅ, ㅿ, ㅈ'으로 시작하는 어미 앞에서 필수적으로 탈락된 사실과 함께 어떤 음소가 음운론적 과정(phonological process)을 거쳐 탈락되더라도 탈락된 자리에는 본래 그 음이 갖는 잠재적 기능이 유지되는 경우가 많다고 하는 것이다.[54]

이에 이 글에서도 근대국어 시기에 어간말 'ㄹ'이 '-옵/옵-' 앞에서 탈락됨은 중세국어 시기에 선어말어미 '-습-' 앞에서 'ㄹ'이 탈락된 현상으로 소급되는 것으로 본다. 중세국어에서는 어간말 'ㄹ'이 'ㅿ' 앞에서 탈락된 바와 같이 'ㅿ'은 /ㄹ/-탈락현상의 환경이었다. 그러다가 16세기 이후에 'ㅿ'이 'ㅿ>∅'와 같이 비음운화된 것이다. 이 때문에 표면적으로는 'ㄹ'이 (34)와 같이 '옵/옵' 앞에서 탈락된 것처럼 보이지만, 'ㅿ'이 탈락된 자리에는 'ㅿ'의 흔적이 존재함으로써 근대국어는 '-옵/옵-' 앞에서 'ㄹ'이 탈락되어 나타나는 것이라고 할 수 있겠다.

이상과 같이 근대국어 시기에 나타나는 /ㄹ/-탈락현상의 변화들에 대하여 살펴보았는데, 이를 정리하면 다음과 같다. 첫째, 복합어

게 된다(이진호 2008: 48).

54 탈락 음운의 잠재적 기능은 박종희(1979: 52; 1983: 48~85), 도수희(1986: 86~103) 등에서 논의되었으며, 이 글의 2장 2.2에서도 다뤄졌다.

에서의 /ㄹ/-탈락현상은 중세국어와 마찬가지로 /ㄹ/-탈락형과 유
지형이 수의적으로 실현되었다. 하지만 근대국어 시기에 형성된 '칼
+집, 불+넘기' 등의 복합어가 /ㄹ/-유지형으로만 나타나고, /ㄹㄴ/-
연쇄에서는 유음화의 실현으로 ㄹㄹ형이 나타남을 볼 때, 근대국어는
복합어에서의 /ㄹ/-탈락현상이 약화·소멸되어 가는 시기임을 논하
였다.

둘째, 활용에서는 'ㄷ, ㅈ'이 /ㄹ/-탈락현상의 환경에서 제외되기
시작함을 살폈다. 그리고 이러한 변화의 원인으로 'ㄷ'은 음절말 유
음의 음가 변화([r]>[l])와 관련하여, 'ㅈ'은 치음에서 경구개음으로
의 조음위치 변화와 관련하여 밝힌 것이다.

셋째, 중세국어에서는 주체존대 선어말어미 '-ᄋᆞ시/으시-' 앞에
서 유지되었던 어간말 'ㄹ'이 근대국어에서는 탈락되어 나타남을 살
피면서, 이러한 변화는 근대국어 시기에 성조의 소멸과 관련됨을 논
하였다. 그리고 근대국어는 어간말 'ㄹ'이 선어말어미 '-ᅌᆞ/옵-'에
서도 탈락되어 나타나는데, 이는 '-ᅌᆞ/옵-'이 중세국어의 객체존대
선어말어미 '-ᄉᆞᆸ-'에 소급되는 것으로서 'ㅿ'의 비음운화와 관련하
여 밝혀 논한 것이다.

2. 유음화의 발생 및 확산

/ㄹㄴ/-연쇄에서 실현되는 유음화는 17세기부터 본격적으로 나타
난다.[55] 물론 유음화의 발생에 대한 정확한 시기는 논자에 따라 이견
이 있으나, 근대국어가 본격화되는 17세기에는 완성되었다는 것이

대체적인 시각이다(이진호 2012: 276).

중세국어에서는 어간말자음군 'ㅀ'이 'ㄴ'으로 시작하는 어미와 결합할 때, 'ㅎ'이 탈락된 후의 'ㄹㄴ' 연쇄로서 (35ㄱ)의 '/ㅀ+ㄴ/→ㄹ∅+ㄴ→[ㄹㄴ]'처럼 실현되었다. 그리고 중세국어는 복합어에서의 /ㄹㄴ/-연쇄가 /ㄹ/-탈락형과 유지형으로 나타남에 따라 /ㄹ/-유지형에서의 ㄹㄴ이 (35ㄴ)처럼 실현되기도 하였다. 이에 송철의(2008: 252)에서는 훈민정음 창제 초기 문헌에서는 전혀 보이지 않았던 유음화의 예가 근대국어 시기에는 중세국어의 ㄹㄴ형이 (36)과 같이 ㄹㄹ형으로도 나타나기 시작한다고 하는 것이다.

(35) ㄱ. 罪人올 글논 가마애 드리티ᄂ느니라〈月釋 1:29a〉
　　　　내 슬노라 늘근 누네〈杜詩初 3:23b〉
　　　　둥을 알노니 廣熾陶師이 지븨가 춤기름 어더와〈月釋 2:9a〉
　　　　쫑 무딧 우희 겨를 구버 할놋다 ᄒ거늘〈月釋 9:36a〉

　　ㄴ. 文殊普賢둘히 둘넜기 구룸 몯 둣더시니〈月印千 上30b〉
　　　　그제 公이 ᄀ 열나몬 서리러니〈內訓 3:16b〉
　　　　남녀긔 열나몬 히롤 수멧더시니〈六祖 序4b〉
　　　　열남은 설이러니 안호로논〈小學諺 6:4b〉

(36) ㄱ. 내 슬로라 늘근 누네〈杜詩重 3:23b〉
　　　　ᄀᄅ 반 잔을 ᄯᆯ론 믈에 플어〈痘瘡集 上36b〉

---

55 /ㄹㄴ/-연쇄에서의 유음화는 16세기에 드물게 나타나기는 하지만, 17세기부터 본격적으로 실현되었다고 할 수 있다. 1510년대 문헌에서 출현하는 '열라믄〈(열나믄) 飜小 9:5〉, 열릴구베〈(열닙굽) 續三綱 孝29〉' 외에는 대부분 17세기 이후 문헌들에서 나타나기 때문이다(이진호 1998: 84).

쌤과 입시울이 블그며 머리과 몸을 <u>알ᄅ니라</u>〈痘瘡集 上10b〉

달혀 머그면 훗비 <u>알ᄅᆫ</u> 더 ᄀ장 됴ᄒ니라〈胎産集 51a〉

비 <u>알ᄅᆫ</u> 더 곳티ᄂ니라〈馬經抄 下7b〉

cf. 늘그매 다ᄃᆞ랏는 넉술 ᄀᄆ니 <u>슬노라</u>〈杜詩重 1:28a〉

머리 도라 ᄇ라셔 ᄒ 번 ᄆ음올 <u>슬노라</u>〈杜詩重 2:24a〉

혹 목이 브어 <u>알ᄂ니</u>〈痘瘡集 下51b〉

ㄴ. <u>솔립</u> ᄀ롤게 ᄀ라 밍그라〈辟新 14a〉

스므근에 <u>열량</u>이니〈老乞諺 下53a〉

믈 흐르돗 ᄒ 광명이 <u>열레</u> 가리 ᄂ화〈勸念要錄 14a〉

크게 브ᄅ고 <u>칼롤</u> 가온대 ᄃ라드러〈東國三綱 孝7:29b〉

cf. <u>열냥</u>애 서돈식 ᄒ니〈老乞諺 下16b〉

ᄯ롤의 런이 <u>열네</u>히라〈勸念要錄 28a〉

<u>칼놀</u>〈東國三綱 孝3:39b, 孝6:8b, 忠1:10b, 烈4:80b, 烈7:81b〉

(35)는 중세국어에서의 ㄹㄴ에 대한 실현 양상이다. (35ㄱ)은 자음
군단순화에 의해 'ㅎ'이 탈락하면서 ㄹㄴ으로 실현된 것이고, (35ㄴ)
은 복합어에서의 /ㄹㄴ/-연쇄가 ㄹㄴ으로 실현된 것이다. 중세국어
에서는 /ㄹㄴ/-연쇄 시, 활용에서는 /ㄹ/-탈락현상이 필수적이었으
나, 복합어에서는 /ㄹ/-탈락형과 유지형이 수의적이었으므로, (35ㄴ)
처럼 /ㄹ/-유지형에 의한 ㄹㄴ형이 출현하였던 것이다.

그런데 (35)의 ㄹㄴ이 근대국어에서는 (36)과 같이 ㄹㄴ과 함께 'ㄴ'
이 유음화된 ㄹㄹ로도 나타난다. (36ㄱ)은 자음군단순화에 의해 ㄹㄴ
으로 나타났던 어형들이 ㄹㄹ로도 실현되는 것으로서, 이에 『杜詩諺
解(重)』에서는 '슳-'의 활용형이 '<u>슬노라</u>〈2:67a, 4:35a, 7:3b, 7:28a,
8:62a, 10:29a, 12:22a〉~<u>슬로라</u>〈3:23b, 11:38a, 11:47b, 11:48b, 12:27b,

13:9a〉'와 같이 ㄹㄴ과 ㄹㄹ이 비슷한 빈도로 나타남을 보게 된다. 『馬經抄集諺解』에서는 '앓-'의 활용형이 많이 발견되는데, 이에서도 '<u>알는</u>〈馬經抄 上67a, 上105b, 下12b, 下69b, 下71a, 下112a〉~<u>알론</u>〈馬經抄 下7b, 下69a, 下73b, 下111b, 下113a〉'과 같이 ㄹㄴ과 ㄹㄹ이 비슷한 빈도로 혼기되는 것이다. (36ㄴ)의 복합어에서도 /ㄹㄴ/-연쇄가 ㄹㄴ형으로 출현하던 중세국어와는 달리 ㄹㄴ과 함께 ㄹㄹ로도 나타난다고 하겠다.

이와 같이 중세국어의 ㄹㄴ이 근대국어에서는 ㄹㄴ과 함께 ㄹㄹ로도 출현한다. 이러한 ㄹㄴ>ㄹㄹ의 변화는 유음화의 발생으로 인한 변화라고 할 수 있다(ㄹㄴ과 ㄹㄹ에 대한 음가는 후술토록 한다). 이는 유음화의 발생 및 확산과 ㄹㄴ~ㄹㄹ 혼기의 출현 및 이들의 확산 시기가 일치하기 때문이기도 하고, 또 ㄹㄹ[ll]로 발음되는 음 연쇄는 실제로 /ㄹㄴ/-연쇄에서 유음화의 적용을 받아 나온 것이기 때문이다(이진호 1997: 463). 이에 이 글은 유음화의 발생 원인 또한 음절말 유음의 음가 변화([r]>[l])에서 찾는다. 그리고 유음화의 발생으로 말미암아 ㄹㄴ>ㄹㄹ형과 같이 표기에서도 변화가 있었던 것으로 본다.

이 글에서는 중세국어의 음절말 유음이 외파음[r]이었음을 앞서 밝혔다. 음절말에서의 [r]은 유음화를 실현시킬 수 없으므로 15세기 문헌에서는 유음화 또한 발견되지 않았음을 확인하였다. 이후 중세국어와 근대국어의 교체기에 유음에까지 미파화가 확산되면서 음절말 유음의 음가가 '[r]>[l]'로 변화되었고, 이로써 설측음[l]의 실현으로 /ㄹㄴ/-연쇄에서 유음화[ll]가 나타나기 시작한 것이다. 유음화는 음절말 'ㄹ'의 설측음[l] 실현과 관련되고, 설측음[l] 실현은 음절말 'ㄹ'의 미파화와 관련되므로, 음절말 유음의 미파화와 유음화의 발생은 거의 동시대에 나타난 것이라고도 할 수 있다.

    음절말 유음의 음가 변화([r]>[l])는 오랜 시간 변화의 과정을 거치게 된다. 그리하여 변화 전의 표면형과 변화 후의 표면형이 혼용됨으로써 표기에서도 ㄹㄴ형과 ㄹㄹ형이 몇 세기에 걸쳐 혼기되어 나타나게 되는데, 이러한 두 표기(ㄹㄴ형~ㄹㄹ형)의 혼기에 대해서는 다음의 2.1에서 다루도록 한다.

2.1. ㄹㄴ~ㄹㄹ형에 대한 분석

    근대국어의 대표적인 논의로는 ㄹㄴ형과 ㄹㄹ형의 혼기를 들 수 있다. 이러한 혼기는 16세기에도 '흘너〈續三綱 烈4:8b〉~흘러〈續三綱 三烈2b,孝6:2b〉, 블너〈續三綱 忠1:10b,烈4:52b〉~블러〈續三綱 孝2:1a,孝4:70b〉'와 같이 드물게 보이기는 하지만, 주로 17세기부터 본격화되었다고 할 수 있다.

    중세국어는 전술한 바와 같이 /ㄹㄴ/-연쇄가 음운변동 없이 실현되기도 하였다. 하지만 현대국어는 /ㄹㄴ/-연쇄를 허용하지 않기 때문에 /ㄹㄴ/-연쇄를 가진 복합어에서는 유음화[ㄹㄹ]가 필수적으로 실현된다. 이 글에서는 이러한 ㄹㄴ>ㄹㄹ의 변화가 음절말 유음의 음가 변화([r]>[l])와 관련되는 것으로 본다. 그리고 근대국어는 ㄹㄴ형과 ㄹㄹ형이 혼기되는데, 그 혼기 역시 음절말 유음의 음가 변화([r]>[l])와 관련되는 것으로 보고자 한다. 근대국어는 음절말 유음의 변화([r]>[l])로 말미암아 유음화 실현의 과도기적 시기였다고 할 수 있다. 이에 그 시기는 유음화의 실현이 수의적이었을 것이고, 이로써 표기에서도 유음화의 미실현형인 ㄹㄴ형과 실현형인 ㄹㄹ형이 혼기되어 나타나는 것이라고 할 수 있겠다. 한편 ㄹㄴ>ㄹㄹ형의 변화 과정을 고려한다면 후대로 갈수록 ㄹㄹ형의 확산 및 정착이 예측되는데, 예측과는 달리 ㄹㄴ형이 ㄹㄹ형과 혼기되면서 오랜 기간 출현함을 또 보게 된다.

2.1.1. ㄹㄴ~ㄹㄹ형의 실현 양상과 그 해석

다음 (37)은 근대국어에서의 ㄹㄴ형과 ㄹㄹ형에 대한 실현 양상이다.

(37) ㄱ. 근대국어의 ㄹㄴ형

　　　위률이 놀나붓들고〈五倫行 忠12a〉

　　　ᄆᆞᆯ 나조히 놀나온 ᄇᆞᄅᆞ미 디나가ᄂᆞ니〈杜詩重 12:36a〉

　　　자시고 물녀 근신 당보ᄒᆞ더〈癸丑 上7b〉

　　　婦人이 믈너나 댱안희 들거든〈家禮 5:34b〉

　　　뉴희분ᄃᆞ려 날을 믈니라 ᄒᆞᄂᆞᆫ다라〈癸丑 上6b〉

　　　이틀 몰뇌여야 쓰지〈隣語 1:21b〉

　　　옷 불에 몰늬오다〈類解補 29a〉

　　　廟中의셔 피롤 흘녓더니〈女四書 4:30a〉

　　　빅셩이 경동으로 흘너 오거ᄂᆞᆯ〈種德解 中24a〉

　　ㄴ. 근대국어의 ㄹㄹ형

　　　놀라 씨시게 말고〈女四書 2:18a〉

　　　遠客ㅣ 놀라ᄒᆞ노라〈杜詩重 1:24b〉

　　　朝會 믈러나다〈譯語解 上9a〉

　　　呂布ㅣ 셩내여 크게 벼로고 집의 믈러가니라〈三譯 1:10b〉

　　　쐬야 몰뢰오다〈同文解 上60a〉

　　　블에 몰뢰여〈胎産集 5a〉

　　　업의 어딜믈 듯고 블러〈五倫行 忠20a〉

　　　흐디 버므려 블뢰디 못홀소냐〈朴通解 下44b〉

　　　머리 글구믈 샐리 ᄒᆞ고〈杜詩重 20:2b〉

　　　믈 흘리다〈同文解 上8b〉

(37ㄱ)은 근대국어의 ㄹㄴ형에 대한 용례이고, (37ㄴ)은 ㄹㄹ형에 대한 용례이다. 이때 17세기 초엽의 『東國新續三綱行實圖』(1617)에 서는 '흘너〈烈4:8b〉~흘러〈孝6:2b〉'처럼 ㄹㄴ형과 ㄹㄹ형이 혼기되기 는 하지만, ㄹㄴ형은 '흘너〈烈4:8b〉' 외에는 발견되지 않는 반면, 'ㄹㄹ' 형은 '흘러'〈東國三綱 烈2b, 孝6:2b, 忠1:4b, 烈2:83b, 烈6:69b〉 등 으로 발견된다. '블너~블러'(呼)도 'ㄹㄴ'형은 〈東國三綱 忠1:10b, 烈 4:52b〉에서만 보인다면, 'ㄹㄹ'형은 〈東國三綱 孝2:1a, 孝4:70b, 孝 5:52b, 孝6:26b, 孝6:27b, 孝8:1b, 忠1:21b, 忠1:23b, 忠1:42b, 忠 1:55b, 忠1:57b, 忠1:61b, 忠1:63b, 忠1:84b, 烈2:11b, 烈3:22b, 烈 4:6, 烈5:27b, 烈5:55b〉 등에서 두루 발견되는 것이다. 『杜詩諺解(重)』 (1632)에서는 또 '흘ㄴ'형은 전혀 발견되지 않고, '흘ㄹ'형만 100회가 넘는 출현을 보인다.[56]

한편 18세기 문헌에서의 '流, 退, 勿, 驚, 呼'에 대한 ㄹㄴ형과 ㄹㄹ형

---

56 『杜詩諺解(重)』에서의 '흘ㄹ'형에 대한 출현은 다음 표와 같다.

활용형	출처
흘리-	1:2b, 2:1b, 2:67b, 3:42b, 4:32b, 7:22b, 8:17b, 8:30b, 9:26b, 10:41b, 11:6a, 11:14b, 11:38a, 14:1b, 14:14a, 15:40b, 16:18b, 16:50b, 16:71b, 17:5a, 20:4a, 20:8a, 20:17a, 21:37b, 22:35a, 23:11b, 24:32a, 24:19b, 24:46b, 25:7b, 25:13a, 25:14a 등.
흘러~흘려	1:27a, 1:38a, 1:53b, 3:1b, 4:5b, 7:9b, 7:39b, 9:16b, 10:6a, 10:27b, 10:29b, 11:20a, 11:39a, 12:11a, 14:17b, 15:4a, 15:18b, 16:67a, 19:35b, 20:33a, 21:2a, 22:6b, 22:27a, 23:47b, 24:48a, 24:59a, 25:7b, 25:9a, 25:16a 등.
흘러가-	2:7b, 8:30a, 8:34b, 12:19b, 13:21b, 13:26a, 13:27b, 14:10a, 24:45a, 24:46a, 25:6a, 25:42b 등.
흘루-~흘로-	4:5b, 4:10b, 5:54b, 7:39b, 14:3b 등.
흘류-~흘료-	1:13b, 2:39b, 3:24a, 6:2b, 8:45a, 17:4a, 21:5a, 24:53b 등.

의 출현을 살펴보면 『闡義昭鑑諺解』(1756), 『種德新編諺解』(1758), 『南海聞見錄』(1771), 『明義錄諺解』(1777), 『癸亥反正錄』(1785), 『增修無冤錄諺解』(1792), 『敬信錄諺解』(1796) 등에서는 대개 ㄹㄴ형이 출현한다면, 『御製內訓』(1736), 『同文類解』(1748), 『地藏經諺解』(1752), 『老乞大新釋諺解』(1763), 『朴通事新釋諺解』(1765), 『三譯總解』(1774), 『兵學指南』(1787), 『蒙語老乞大』(1790) 등에서는 ㄹㄹ형이 대부분 출현함을 확인할 수 있다.

즉 18세기 문헌들을 살펴보면[57] ㄹㄴ형과 ㄹㄹ형이 문헌에 따라서는 ㄹㄴ형이 많은 것이 있는가 하면, ㄹㄹ형이 많은 것이 있고, 또 ㄹㄴ형과 ㄹㄹ형이 비슷한 빈도인 문헌들도 있다. 그리고 '믈너〈家禮 5:34〉~믈러〈譯語解 上9〉, 놀나〈闡義解 2:44b, 4:6a〉~놀라〈女四書 2:18a〉'와 같이 동일 어형에서, '블너〈女四書 2:8b, 2:9a〉~블러〈女四書 2:25b, 4:42a〉, 흘너〈增修解 2:16b, 3:12b〉~흘러〈增修解 3:59a〉'와 같이 동일 문헌 및 동일 어형에서 ㄹㄴ형과 ㄹㄹ형이 혼기되어 나타나기도 하는 것이다.

그리하여 근대국어에서는 ㄹㄴ형과 ㄹㄹ형이 혼기됨에 따라 이들의 음가에 대한 논의들이 주목되기도 함을 본다. 기연구들에서는 ㄹㄴ형이 ㄹㄹ[ll]과 동일한 음가를 가진 것으로 보면서, ㄹㄴ형은 실제 음성형을 반영한 것이 아니라는 논의와, ㄹㄴ~ㄹㄹ형의 혼기가 17세기에 이어 20세기까지 나타남을 볼 때, ㄹㄴ형은 실제 음성형을 얼마

---

57 필자는 현재 17~19세기 문헌을 중심으로 ㄹㄴ~ㄹㄹ형의 출현을 조사 중에 있다. 이를 바탕으로 향후 근대국어에 나타나는 ㄹㄴ~ㄹㄹ형의 출현 양상 및 빈도 등을 밝힐 계획이다.

간 반영함으로써 ㄹㄹ[ll]과는 다른 음가를 가졌을 것으로 보는 논의
로 크게 양분된다.

ㄹㄴ형과 ㄹㄹ형에 대한 논의는 대표적으로 전광현(1978), 지춘수
(1986), 오종갑(1986; 1988), 김동언(1990), 신연희(1990), 전미정(1991),
백두현(1992), 김혜영(1996), 이진호(1997), 김중진(1999), 이광호(2001),
여은지(2008), 오정애(2009) 등이 있는데, 이를 정리하면 다음 (38),
(39)와 같다.

(38) ㄹㄴ=[ll]	(39) ㄹㄴ≠[ll]
김동언(1990)	전광현(1978)
백두현(1992)	지춘수(1986)
김혜영(1996)	오종갑(1986, 1988)
이진호(1997)	신연희(1990)
여은지(2008)	김중진(1999)
오정애(2009)	이광호(2001)

(38)은 ㄹㄴ형이 ㄹㄹ[ll]과 같은 음가를 가졌을 것으로 보고, ㄹㄴ
형은 실제 음성형을 표기한 것이 아니라는 논의이다. 반면 (39)는
ㄹㄴ형이 실제 음성형을 얼마간 반영하고 있으므로 ㄹㄹ[ll]과는 다
른 음가를 가졌다고 보는 것이다. 이들에 대한 구체적인 해석은 다
음과 같다. 먼저 (39)에 대한 것이다.

김동언(1990)과 백두현(1992)에서는 근대국어 시기에 ㄹㄹ형이 ㄹㄴ
형으로 나타나는 이유를 유음화와 관련지어 논한 것이다. 특히 백두
현(1992: 320~323)에서는 ㄹㄴ형이 유음화[ll]로 인하여 표기된 것이
므로 현실 발음을 반영한 것으로는 보기 어렵다고 한다. 그러고는

'길 려는 사룸(行人)〈杜詩重 12:10b〉'처럼 유음화는 단어 경계를 넘어서까지 일어나는 강력한 음운규칙이었기에 유음화가 ㄹㄹ>ㄹㄴ 표기의 변화를 유발시킨 요인이 된 것이라고 하였다. 그리고 김혜영 (1996: 112)에서는 근대국어의 ㄹㄴ은 [ll]로 실현되었을 것임을 논하면서, 그 이유를 '①현대국어에서는 ㄹㄴ이 모두 ㄹㄹ로 표기되면서 [ll]로 발음된다, ②'ㄹ'과 'ㄴ'은 음연결제약을 받기 때문에 ㄹㄴ연쇄는 [ln]으로 실현될 수 없다, ③ ㄹㄴ은 [ll]로 실현되므로 ㄹㄹ[ll]을 ㄹㄴ으로 표기하였다고 해서 그 음가가 [ln]을 가지는 것은 아니다' 등으로 밝힘을 보게 된다. 김혜영(1996: 112)의 논의는 오정애(2009: 55)로도 이어지는데, 이들의 논의는 사실 현대국어의 관점에서 근대국어를 온전히 해석할 수 없음에도 불구하고 현대국어의 음운론적 관점에서 근대국어의 음운현상을 해석한 것이라고 할 수 있다.

이진호(1997: 464~465)에서는 ㄹㄴ형이 16세기부터 나타나기 시작한 것으로서, 이는 유음화의 발생 시작과 거의 일치하는 것임을 밝힌다. 그리고 ㄹㄴ형의 확산은 유음화의 확산 시기와 맞물려 유음화의 과도교정 일환으로 해석하였다. 일반적으로 과도교정은 개별적이고 부분적인 범위에 한정해서 나타나며, 특정한 변화가 계속적인 확산을 거듭할 때 주로 나타난다. 이에 음 변화가 거의 완성되면 과도교정의 빈도는 현저히 낮아지게 되는데, 그럼에도 4세기 동안 이어지는 ㄹㄴ~ㄹㄹ 표기를 과도교정의 일환으로 볼 때, 이는 특수한 상황임은 분명하다고 한다. 그리고 이어서 만약 ㄹㄹ을 ㄹㄴ으로 적는 것이 하나의 표기적인 전통으로 굳어져 있었다고 가정한다면, 이러한 특수성은 이해될 수 있으므로 4세기 동안 ㄹㄴ~ㄹㄹ 표기는 가능한 일이라고 하는 것이다.

이에 반하여 (39)의 논의들은 ㄹㄴ형이 실제의 음성형을 얼마간 반영한 것으로 보고, ㄹㄴ형은 ㄹㄹ[ll]과는 다른 음가를 가졌음을 주장하는 것이다. 전광현(1978: 4)은 ㄹㄹ형에서 후행하는 'ㄹ'은 음운론적으로 [l]이 아니라 [r]에 가까우므로 동위치의 설단음 [n]과 중화되는 과정을 표시해 준 것이 ㄹㄴ형이라고 하고, 지춘수(1986)는 'ㄹ'과 'ㄴ'이 일정한 환경에서 통용될 수 있는 음가를 가졌기 때문에 ㄹㄹ과 ㄹㄴ형이 공존할 수 있었다고 한다(이진호 1997: 452).[58]

오종갑(1986: 116~119)은 또 ㄹㄹ에서 선행하는 'ㄹ'의 폐음화로 인해 음절경계가 생김으로써 후행하는 'ㄹ'이 마치 어두에 사용된 'ㄹ'과 유사한 환경이 되어 'ㄹ'이 'ㄴ'으로 바뀐 것이며, 이에 18세기 후기의 ㄹㄴ형은 선행 음절말 'ㄹ'의 폐음화로 인하여 후행 음절 'ㄹ'에 'ㄹ→ㄴ/[-released]__'의 규칙이 적용되었음을 의미하는 것이라고 한다.

더 나아가 김중진(1999: 122, 152)은 근대국어의 ㄹㄴ형은 ㄹㄹ음과의 발음 차이에 따른 것으로서 ㄹㄴ형은 현실음 표기의 반영이라 하고, 이광호(2001: 89~92)에서는 중세국어와 현대국어의 언중들은 'ㄹ-ㄹ' 연쇄를 '[l]-[L]'이나 '[l]-[r]' 정도로 인식한 반면, 근대국어의 언중들은 'ㄹ-ㄹ' 연쇄를 '[ʎ]-[n]'로 인식한 것이라고 한다. 근대국어의 언중들은 후행하는 [L]을 설측음[l]이나 탄설음[r]보다는 [n]에 가깝게 인식하였고, 이것이 적극적으로 표기에 반영된 것이 근대

---

58 이와는 달리 지춘수·김종(1983: 123)에서는 ㄹㄹ과 ㄹㄴ의 혼기가 근대국어 문헌에 새로이 나타나는 것임을 논하면서, 음절 간 ㄹㄹ의 연쇄는 ㄹㄴ과 발음상 등식을 이루는 것이라고 한다.

국어의 'ㄹ-ㄴ'형이라고 하는 것이다. 그러면서 역사적으로 동일한 음소 'ㄹ-ㄹ' 연쇄를 시대에 따라 표기에만 각각 다르게 나타낸 것이 아님을 덧붙이고 있음을 보게 된다.

위와 같이 근대국어의 ㄹㄴ형과 ㄹㄹ형의 음가에 대하여 크게 양분되는 두 견해들을 다각도로 살펴보았다. 그럼에도 (38)의 견해(ㄹㄴ= ㄹㄹ[ll])는 여전히 ㄹㄴ형이 ㄹㄹ형과 동일한 [ll]의 음가를 가졌다면 실제 [ll]의 음성형의 표기인 ㄹㄹ형이 존재함에도 불구하고 ㄹㄴ형이 20세기까지 표기될 수 있었는가에 대한 해석이 요구되고 있다. (39)인 ㄹㄴ≠ㄹㄹ[ll]의 견해에서는 또 대부분의 논의들이, ㄹㄴ형이 ㄹㄹ[ll]과 다른 표면형을 반영하고 있다고는 하지만 이광호(2001) 외에는 ㄹㄴ형에 대한 구체적인 음가가 제시되지 않고 있어 이 역시 온전한 해석이라고는 할 수 없는 것이다. 이는 결국 근대국어의 ㄹㄴ~ㄹㄹ형에 대한 해석이 그리 녹록지 않음을 시사하는 것이라고도 할 수 있다. 이에 이 글에서도 ㄹㄴ~ㄹㄹ형에 대한 필자 나름의 견해를 2.1.2에서 밝히겠지만, 이 역시 ㄹㄴ형에 대한 또 하나의 해석이 될 수 있다는 것에 만족하고자 한다.[59]

2.1.2. ㄹㄴ~ㄹㄹ형의 음가론

이 글에서는 근대국어의 ㄹㄴ~ㄹㄹ형을 외파로 조음되었던 음절말 유음('외파음[r])의 영향 및 표기의 보수성과 관련하여 밝힌다. 이를

---

[59] 이기문(2006: 45)에서 "모든 역사가 그런 것처럼 국어의 역사도 하나의 虛構입니다. 국어사를 쓰는 일은 헛집을 짓는 일입니다."라고 함은 아마도 이와 같은 통시적 연구에 대한 어려움을 토로한 것이 아닌가 한다.

테면 음절말 유음의 변화([r]>[l]) 과정에서는 외파로 조음되었던 음절말 유음(외파음[r])의 영향이 관여하였고, 유음의 미파화가 완료되어 설측음[l]이 정착된 이후에는 표기의 보수성이 관여함으로써 ㄹㄴ형과 ㄹㄹ형이 오랜 기간 혼기될 수 있었음을 밝혀 보고자 한다(김성옥 2016b: 158~163).

근대국어는 규정된 표기법이 없어 중세국어와 현대국어에 비하면 상대적으로 표기의 혼란이 가중되었던 시기라고 할 수 있다. 하지만 그렇다고 하여 근대국어 시기 내내, 약 4세기 동안 지속되었던 ㄹㄴ~ㄹㄹ형의 혼기를 표기의 측면으로만 해석할 수는 없을 것이다. 이들의 음가를 단순히 [ll]로만 단정 짓기란 더욱 어려울 것이다. 만약 ㄹㄴ형의 음가도 [ll]이었다면 [ll]의 음가를 가진 ㄹㄹ의 표기가 후대에 갈수록 정착될 가능성이 더 높았을 것이기 때문이다. 이진호(1997: 464~465)에서는 ㄹㄴ형이 과도교정으로 인한 표기이기는 하지만 ㄹㄴ형이 표기적 관습으로 굳어졌기 때문에 4세기 동안 지속될 수 있었다고 보았다. 그러나 ㄹㄴ형의 음가가 처음부터 [ll]이었다면 ㄹㄴ형으로 표기가 굳어질 것이 아니라 실제 음성형의 표기인 ㄹㄹ형이 굳어질 가능성이 더 높다. 그리고 백두현(1992: 320~323)에서는 ㄹㄴ이 [ll]로 실현되었음은 확실하지만 어떤 변수(예컨대 style 혹은 발화의 속도)에 기인한 소수의 변이음으로 [ln]이 실현되었을 가능성을 완전히 배제할 수는 없다고도 하였다. 만약 그 변수의 범위를 인정한다면 ㄹㄴ형은 표기자에 따라 [ll]을 표기한 것일 수도 있지만 또 한편으로는 [ll]과 다른 음가를 표기한 것일 수도 있다.

이에 이 글은 음절말 유음의 변화([r]>[l]) 과정에서는 외파로 조음되었던 음절말 유음(외파음[r])의 영향으로 표기자의 발화 경향에

따라 ㄹㄴ형과 ㄹㄹ형이 혼기된 것으로 본다. 이는 '-ㄹ$ㄹ-'의 음절
초 'ㄹ'이 음운론적으로 [l]이 아니라 [r]에 가깝다(전광현 1978: 4)는
것과 'ㄴ'과 'ㄹ'은 일정한 환경에서 통용이 가능하다(지춘수 1986:
150; 김혜영 1996: 115~117)는 것, 그리고 다음 (40)과 같이 근대국어
시기에는 어중의 음절초에서 'ㄹ'과 'ㄴ', 'ㄴ'과 'ㄹ'의 교체가 빈번하
게 발견된다는 사실 등에 기인한다고 하겠다.

(40) ㄱ. <u>구눔</u>(雲)〈杜詩重 11:17b〉
　　　　<u>계난</u>(鷄卵)〈閨是 8b〉
　　　　<u>오히녀</u>〈東國三綱 孝8:15b〉

　　 ㄴ. 보내여 <u>너눌</u> 주마〈老乞諺 下17a〉
　　　　<u>삿기눌</u> 스므나믄 번식ᄒ면〈痘瘡經 29a〉
　　　　어버이 <u>셤기기눌</u> 지극히 효하여〈嶺三 3:26a〉
　　　　<u>자최눌</u>〈杜詩重 15:46a〉

　　 ㄷ. <u>나랄</u>(日日)〈杜詩重 11:19b〉
　　　　<u>마롤</u>〈閨是 10b〉
　　　　<u>서를케</u> ᄒ놋다〈杜詩重 6:45a, 7:16a, 13:4b〉
　　　　<u>하롤</u>(天)〈杜詩重 13:9a, 類合 1b〉

　　 ㄹ. 어미 <u>병들거롤</u> 쫑을 만보고〈東國三綱 孝1:36b〉
　　　　그 형 덕슌이 <u>죽거롤</u>〈東國三綱 孝5:4b〉
　　　　짒대예 올아서 계금을 <u>혀거롤</u> 드로라〈樂詞.靑山別曲〉

　　(40ㄱ)은 '구룸'이 '구눔'으로, '계란'이 '계난'으로 표기됨과 같이
단어 내부에서 어중의 음절초 'ㄹ'이 'ㄴ'으로 교체된 것이다. (40ㄴ)의

'너놀'은 '너+롤'에서 목적격 '롤'이 '놀'로 표기된 것으로, 이는 형태소 경계에서 ㄹ→ㄴ으로 교체된 것이다. (40ㄷ, ㄹ)은 'ㄴ'이 'ㄹ'로 교체된 것으로서, (40ㄷ)은 '나날-'이 '나랄'로, '마늘'이 '마롤'로 표기된 것이고, (40ㄹ)은 '먹-+-거늘'의 활용에서 어미 '-거늘'이 '-거를'로 표기된 것이다.

근대국어 시기에는 이렇듯 'ㄹ'과 'ㄴ', 'ㄴ'과 'ㄹ'이 어중의 음절초에서 서로 교체되어 나타나기도 하였다. 이에 대하여 김혜영(1996: 115~117)에서는 [r]→[n]과 [n]→[r]의 교체를 두 음의 음성적 유사성으로 논한 바 있는데, 그의 논의를 간략히나마 보이면 다음과 같다.

[r]과 [n]은 조음 위치상으로 치경(apico-alveolar)에서 조음되는 전방음이지만, 국어의 화자들은 비음을 치경음보다 치음으로 발음하는 사람들이 많다.[60] 또 조음 방법상으로 [r]은 혀끝(설첨)으로 치경을 두드리는(flap) 음이고, [n]은 비강에서 울리는(nasal) 음이다. 국어의 화자들은 [n]을 치경보다 치음으로 많이 발음하기 때문에 사실 조음 위치상으로 설단이 아닌 혀끝이 충실하게 치경 쪽에 닿는다면 [r]로 조음될 가능성이 커진다. 이로써 [r]과 [n]의 조음 교체는 화자에 따라 수의성을 띠는 것으로서, [anterior]의 조음 정도가 '+'와 '-' 중 어느 쪽으로 우세하게 작용하느냐에 따라 각각 [r]→[n]의 실현과 [n]→[r]의 실현이 결정되는 것이다. 또한 같은 조음위치에서 조음되더라도 비강에서의 음이 부가되는 정도가 높다면 [n]의 실현이 우세해진다. 그러므로 모음 간에 유음과 비음의 교체는 [+anterior]과 [+nasal] 자질이 우세하면 [n]으로, 그렇지 않으면 [r]로 실현되는 것이다. 이

---

60 이는 이기문·김진우·이상억(1984)을 참조할 수 있다.

러한 [r]→[n]과 [n]→[r]의 교체 양상은 오늘날 방언에서도 다음 (41)
과 같이 나타나고 있음을 보게 된다(김혜영 1996: 115~117).

(41) [r]과 [n]의 교체에 대한 방언별 실현 양상(김혜영 1996: 114).
　　ㄱ. [r]→[n]: 가리마→ 가늠베(경북), 하루살이 → 하내사리(전남),
　　　　　　　　싸라기 → 싸내기(충남), 노래기 → 노내기(경남, 경북).

　　ㄴ. [n]→[r]: 가늠→ 가름(경북, 충남, 강원), 그늘→ 그름지(경남, 경북),
　　　　　　　　대님→다림(제주, 경북, 경기, 강원), 하늘 → 하룰(강원).

　　그리고 (40)에서 ㄹ→ㄴ이나 ㄴ→ㄹ의 교체 환경을 볼 때, 이는 어
중의 음절초 'ㄹ'과 'ㄴ' 앞에 대부분 개음절이 온다는 사실 또한 주목
된다. 개음절 다음의 음절초가 [r]→[n] 또는 [n]→[r]로 교체되는 것
으로서, 이는 근대국어 시기에 ㄹㄴ~ㄹㄹ형의 혼기 양상과도 관련되
기 때문이다. 만약 '-ㄹ$ㄴ-'과 '-ㄹ$ㄹ-'에서 음절말 'ㄹ'이 외파로
조음되었던 음절말 유음의 영향으로 인하여 외파음[r]로 실현되었
다면, 어중의 음절초 'ㄴ'과 'ㄹ'은 각각 [n]과 [r]로 실현될 것이고,
어중의 음절초 [n]과 [r]이 또 음성적 유사성을 가진다고 본다면, 이
들은 서로 교체될 가능성이 높은 것이다. 이에 근대국어의 ㄹㄴ과
ㄹㄹ은 '[rn]~[rr]'로도 실현될 수 있었을 것이고, 이때 [rn]의 실현
이 대부분 ㄹㄴ형으로 표기되었던 것이라고 할 수 있다.
　　한편 또 근대국어는 음절말 유음의 미파화가 완성되는 시기이다.
이에 ㄹㄴ과 ㄹㄹ의 음절말 'ㄹ'이 미파화된 설측음[l]로 실현되었다
면, ㄹㄴ과 ㄹㄹ은 모두 [ll]로 실현된다. 이때 설측음[l]이 정착된 이
후에도 ㄹㄴ형이 계속적으로 나타나는데, 이는 문자언어가 가지는

표기의 보수성으로 인하여 ㄹㄴ[ll]의 실현 이후에도 ㄹㄴ형이 표기
될 수 있었기 때문이라고 할 수 있다.

따라서 근대국어의 ㄹㄴ형은, 음절말 유음의 변화([r]>[l]) 과정에
서는 외파로 조음되었던 음절말 유음(외파음[r])의 영향으로 인한
음성형 [rn]의 실현을 표기한 것이다. 그리고 음절말 유음의 음가
변화가 완료되어 설측음[l]이 정착된 이후에는 문자의 보수성으로
인하여 음성형 [ll]의 실현에도 표기되었던 것이다. 다시 말해 근대
국어는 음절말 유음의 음가 변화([r]>[l])에 따른 과도기적 시기였
고, 이에 음절말 유음의 변화([r]>[l]) 과정에서의 ㄹㄴ형은 외파로
조음되었던 음절말 유음(외파음[r])의 영향으로 인한 음성형 'ㄹㄴ
[rn]'의 표기였던 것이다. 또한 음절말 유음의 변화가 완료되어 설측
음[l]이 정착된 이후에는 ㄹㄴ과 ㄹㄹ이 모두 [ll]로 실현되었지만, ㄹ
ㄴ형에 대한 표기 관습으로 인해 ㄹㄴ형이 ㄹㄹ형과 함께 오랜 기간
표기되었던 것이라고 할 수 있다.

이를 정리하면 다음 (42)의 도식과 같다.

(42) 음절말 'ㄹ[r]>[l]'에 따른 ㄹㄴ>ㄹㄹ형의 변화 과정

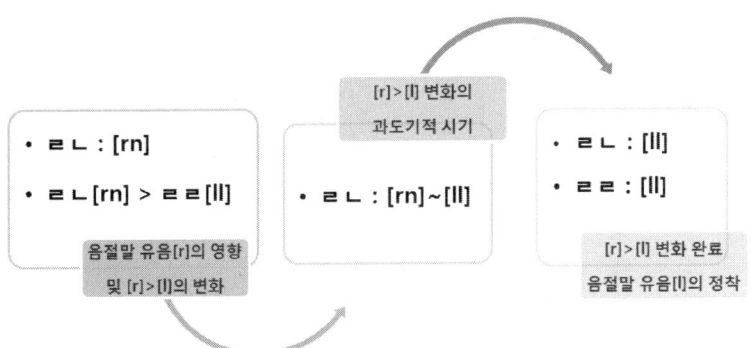

더 나아가 중세국어와 근대국어의 교체기에 음절말 유음이 [r]>[l]로 변화된 이후에도 외파음[r]의 실현이 한동안 계속될 수 있었던 것은 '어휘확산이론'으로 해석될 수 있다.[61]

음운변화의 진행은 모든 환경 및 어휘에 일률적으로 적용되는 것이 아니다. 언어 변화는 점진성을 가지므로 어느 한 시점을 두고 볼 때, 어느 환경 및 어휘에서는 변화를 수용하고 있지만, 또 어느 환경 및 어휘에서는 그 변화를 수용하지 않는 모습을 보이기도 한다. 그리고 이러한 변화과정 중에는 변화 전과 변화 후의 중간단계의 음이 발생할 수도 있으며, 중간단계의 음은 변화 전의 음과도 변화 후의 음과도 완전히 일치하지 않을 수도 있다.

신승용(2000)은 변화 과정에 나타나는 소리를 변화 전의 소리도, 변화 후의 소리도 아닌 '전이단계 소리 x'로 설정한 바 있다. '변화 과정'이란 '變化(사물의 성질·모양·상태 따위가 바뀌어 달라짐)'와 '過程(일이 되어 가는 경로)'으로 무엇이 바뀌어 가는 경로를 의미한다. 언어 상태 A가 다음 시기에 언어 상태 B로 변화가 일어났다면, 변화 전의 단계와 변화 후의 단계 사이에는 당연히 변화 과정에 해당하는 전이 단계가 존재하기 마련이다(신승용 2000: 14). 이에 근대국어에서의 ㄹㄴ~ㄹㄹ형의 혼기도 음절말 유음의 변화([r]>[l]) 과정에서 나타나는 혼기 양상이라고 할 수 있을 것이다. 그리고 음절말 유음의 변화([r]>[l])가 완료된 이후에는 표기의 보수성으로 인하여 오랜 기간

---

61 어휘 확산 개념은 언어 변화가 단어에서 다른 단어로의 전파뿐만 아니라, 화자에서 다른 화자로, 한 지역에서 다른 지역으로 확산되는 과정도 포함된다. 따라서 이러한 언어 변화의 수행에는 개별적인 단어들의 차원과 오랜 내적 시간의 차원을 필수적으로 요구하게 되는 것이다(Chen 1978[최전승 2004: 144 재인용]).

두 표기형(ㄹㄴ~ㄹㄹ형)이 혼기되어 나타난 것이라고 할 수 있다.

그리하여 음절말 유음의 변화([r]>[l]) 과정에서는, 즉 설측음[l]이 정착되기 전까지의 ㄹㄴ~ㄹㄹ형은 음절말 유음에 대한 표기자의 발화가 외파음이냐 또는 미파음이냐는 것과 후행하는 음의 조음점이 어디냐에 따라 ㄹㄴ형과 ㄹㄹ형으로 표기되었던 것이다. 이에 음절말 유음의 변화([r]>[l]) 과정에서의 ㄹㄴ형은 실제 음성형을 얼마간 반영한 표기라고 할 수 있다. 그리고 문자언어란 그 특성상 표기의 보수성을 가지기 때문에 설측음[l]이 정착된 이후에도 ㄹㄴ형이 계속적으로 표기될 수 있었던 것이다. 이로써 근대국어에서의 ㄹㄴ형은 음절말 유음의 음가 변화([r]>[l])와 관련하여 실제 음성형을 어느 정도 반영한 것과 음절말 유음이 [l]로 정착된 이후에는 표기자의 표기 관습 등이 복합적으로 작용하여 ㄹㄴ형이 ㄹㄹ형과 함께 오랜 기간 나타날 수 있었던 것이라고 하겠다.

4장

현대국어의 유음 관련 음운현상

현대국어의 유음 관련 음운현상들은 그 어느 현상들보다 복잡다
단하다. 순행적 유음화의 환경인 /ㄹㄴ/-연쇄에서는 형태론적 범주
에 따라 순행적 유음화와 /ㄹ/-탈락현상이 실현되고, 역행적 유음
화의 환경인 /ㄴㄹ/-연쇄에서는 형태소 경계 유무와 관련하여 역행
적 유음화와 /ㄹ/-비음화가 실현된다. 또한 현대국어는 복합어에서
의 /ㄹ/-탈락현상이 소멸되었음에도 불구하고 'ㄹ'이 탈락된 어형이
존재하기도 하고, 활용에서는 'ㄴ' 앞에서 'ㄹ'이 필수적으로 탈락되
어야 함에도 불구하고 'ㄹ'과 'ㄴ' 사이에 'ㅡ'가 삽입되어 'ㄹ'이 유지
되어 나타나기도 한다. 이에 본 장에서는 현대국어에서의 이러한 유
음 관련 음운현상들을 고찰하고자 한다.

1. 현대국어의 /ㄹ/-탈락현상

음운현상 중에는 이전 시기부터 오늘날까지 효력을 유지하는 것
이 있는가 하면, 적용 영역이 축소·소멸되어 더 이상 효력을 갖지
못하는 것도 있다. 중세국어 시기에는 복합어와 활용에서 모두 실현

되었던 /ㄹ/-탈락현상이 오늘날에는 활용에서만 생산성을 유지하고, 복합어에서는 효력을 상실한 것 등이 그러하다.

그리고 음운현상이 /ㄹ/-탈락현상의 변화처럼 형태론적 범주에 따라 달리 변화되기도 하는데, 이는 체언과 용언이 가지는 각각의 속성과 관련된다고 하겠다. 체언은 자립적이며, 형태를 유지하려는 속성이 강하다. 이에 체언은 역사적인 일련의 변화에서도 단순화 및 고정화를 지향하면서, 복합어의 형성 및 조사와의 연쇄에서는 형태소 교체를 최소화하려는 방향으로 변화되었다. 반면 용언의 어간은 비자립적이다. 어미와의 연쇄를 통해 자립성을 얻으므로, 용언은 어미와의 결합된 형태로 변화를 지향하였다(송철의 2008: 19, 30~34). 이 때문에 체언과 용언에 따라 음운현상이 달리 나타나기도 하는 것이다. 이병근(1975; 1981: 224)에서도 일찍이 체언은 자립형식이고, 용언의 어간은 비자립형식이라는 차이로 말미암아 체언과 용언이 동일한 음성적 환경에서 음운현상을 달리하는 것이라고 한 바 있다.

복합어와 활용에서의 /ㄹ/-탈락현상도 체언과 용언이 가지는 각각의 속성으로 인하여 달리 변화된 것이다. 그 결과 현대국어는 어간말 'ㄹ'과 'ㄴ, ㅅ'으로 시작하는 어미와의 연쇄에서는 어간과 어미와의 긴밀성으로 인하여 /ㄹ/-탈락현상이 실현되고, 복합어는 체언의 형태 유지 및 자립성으로 인하여 체언말 'ㄹ'이 'ㄴ'과의 연쇄에서는 'ㄴ'을 유음화시키고, 'ㅅ'과의 연쇄에서는 'ㅅ'을 경음화시킨다. 이에 본 절에서는 현대국어의 /ㄹ/-탈락현상을 복합어와 활용으로 나누어 다음과 같이 톺아본다.

1.1. 복합어에서의 /ㄹ/-탈락현상

어느 시기엔가 생성되었던 음운규칙이 후대에서는 소멸되기도 한다. 음운규칙이 소멸되는 것은 크게 두 가지의 유형으로 나눠 볼 수 있다. 하나는 음운규칙이 작용하다가 그 작용을 그만 두면서 원형태가 회복되는 경우이다(/ㄱ/-탈락현상에서 /ㄱ/-회복현상으로). 또 하나는 원순모음화나 구개음화처럼 형태소 내부에서의 음운규칙이 모든 영역에 확대되어 재구조화됨으로써 그 적용 영역이 없어지는 경우이다(박창원 1990: 436). 복합어에서의 /ㄹ/-탈락규칙은 전자에 속하는 경우로서 현대국어에서는 소멸된 규칙이다. 이 때문에 다음 (43)과 같이 복합어에서 보이는 /ㄹ/-탈락형들은 이전 시기의 음운규칙 적용으로 인한 언어 화석형[62]들이라고 할 수 있다.

(43) ㄱ. 합성어에서의 /ㄹ/-탈락형
　　　① 'ㄴ' 앞: 무논, 나날이, 소나무, 버드나무, 부나비 등.
　　　② 'ㄷ' 앞: 차돌, 마되, 다달이, 여닫-, 미닫- 등.
　　　③ 'ㅅ' 앞: 겨우살이, 부삽, 마소, 부손, 화살, 푸서리 등.
　　　④ 'ㅈ' 앞: 부젓가락, 부지깽이, 싸전, 차조, 이부자리, 우짖- 등.

---

62 언어 화석은 '언어가 변화하는 과정에서 남긴 유흔이나 흔적'이다. 이러한 유흔이나 흔적은 공시적으로 설명되지 않는다. 이 때문에 언어 화석이란 공시태 속에 남아 있는 통시태적인 요소를 의미한다. 여기서 '공시태 속에 남아 있는 언어'라는 것은 현대국어를 의미하는 것이 아니라 공시적 기술이 행해지고 있는 시기를 기준으로 한 공시태를 의미한다. 화석은 현대국어에만 존재하는 것이 아니라 어떤 시기의 언어에도 존재할 수 있기 때문이다. 그리고 언어 화석은 유형별로 크게 단위 화석과 규칙 화석으로 분류된다. 단위 화석은 다시 언어 단위의 유형으로 음운화석·형태소화석·단어화석으로 분류된다. 규칙 화석은 현대국어에 존재하지 않는 규칙과 관련되는 것으로써 형태규칙화석과 음운규칙화석으로 나눌 수 있다. 이때 '바느질, 싸전' 등의 단어형성에서의 /ㄹ/-탈락형은 음운규칙화석의 예가 될 수 있다(송철의 2008: 383~404).

ㄴ. 파생어에서의 /ㄹ/-탈락형
① 'ㄴ' 앞: 겨우내, 가으내, 하느님, 따님, 아드님 등.
② 'ㄷ' 앞: 기다랗다, 가느다랗다 등.
③ 'ㅅ' 앞: 푸성귀 둥그스름하다 등.
④ 'ㅈ' 앞: 바느질, 마질, 마지기 등.

(43)은 복합어에서의 체언말 'ㄹ'이 'ㄴ, ㄷ, ㅅ, ㅈ' 앞에서 탈락됨을 보인 것이다. (43ㄱ)은 합성어에서의 /ㄹ/-탈락형이고, (43ㄴ)은 파생어에서의 /ㄹ/-탈락형이다. 한편 다음의 (44)는 (43)과 동일한 형태론적 범주와 환경임에도 불구하고 /ㄹ/-탈락형이 아닌 /ㄹ/-유지형으로 나타나는 것이다.

(44) ㄱ. 합성어에서의 /ㄹ/-유지형
① 'ㄴ' 앞: 불놀이, 달놀이, 줄넘기 등.
② 'ㄷ' 앞: 달동네, 발등, 말다툼, 말동무 등.
③ 'ㅅ' 앞: 별사탕, 발소리, 술시중, 살색 등.
④ 'ㅈ' 앞: 발자취, 발자국, 별자리, 불자동차, 줄자 등.

ㄴ. 파생어에서의 /ㄹ/-유지형
① 'ㄴ' 앞: 아들네, 딸네, 달님, 별님 등.
② 'ㄷ' 앞: 날도둑놈, 실도랑 등.
③ 'ㅅ' 앞: 심술스럽-, 익살스럽-, 게걸스럽-, 호걸스럽- 등.
④ 'ㅈ' 앞: 날짐승, 솔질, 칼질 등.

복합어에서의 /ㄹ/-탈락규칙은 소멸된 규칙이다. 이는 복합어에서의 /ㄹ/-탈락형이 오늘날에는 언어 화석형으로서 어휘 개별적인 모습을 보일 뿐만 아니라, 외래어에서는 /ㄹ/-탈락규칙이 적용되지 않는다는 사실 등을 통해 알 수 있다(이동석 2000: 149~150). 그리고 (44ㄴ③)의 '심술+-스럽-'에서의 접미사 '-스럽-'의 경우에도, 이는 18세기 중반 이후에 처음 나타난다. 체언말 'ㄹ'에 후행하는 '-스럽-'은 /ㄹ/-탈락현상의 환경임에도 불구하고 '심술스럽다. 게걸스럽다, 익살스럽다'처럼 /ㄹ/-탈락규칙이 적용되지 않는다. 접미사 '-스럽-'이 체언말 'ㄹ'과 연쇄하여 /ㄹ/-유지형으로만 실현되는 것으로서 복합어에서의 /ㄹ/-탈락현상이 18세기 중반 이후에는 더 이상 실현되지 않았음을 의미한다. 따라서 체언말 'ㄹ'이 'ㄴ, ㄷ, ㅅ, ㅈ' 앞에서 비록 (43)의 /ㄹ/-탈락형과 (44)의 /ㄹ/-유지형이 수의적인 양상을 보이기는 하지만, (43)의 /ㄹ/-탈락형은 현대국어의 음운규칙에서는 찾아 볼 수 없는 언어 화석형들이라고 할 수 있는 것이다.

복합어에서의 /ㄹ/-탈락형은 이렇듯 현대국어의 공시적인 음운규칙에 의해 형성된 것이 아닌 언어 화석형이라고 할 수 있는데(기세관 1990; 송철의 1993; 2008; 이동석 2000; 조학행·김희숙 2000), 이러한 복합어에서의 언어 화석형이 오늘날에는 다음【한글맞춤법 제28항】과 같이 규정되었음을 보게 된다.

(45)【한글맞춤법 제28항】
끝소리가 'ㄹ'인 말과 딴 말이 어울릴 적에 'ㄹ' 소리가 나지 아니하는 것은 아니 나는 대로 적는다.

다달이(달-달-이)　　따님(딸-님)　　마되(말-되)
마소(말-소)　　무자위(물-자위)　　바느질(바늘-질)
부나비(불-나비)　　부삽(불-삽)　　부손(불-손)
소나무(솔-나무)　　싸전(쌀-전)　　여닫이(열-닫이)
우짖다(울-짖다)　　화살(화-살)

그리고 【한글맞춤법 제28항】의 어형 중에는 'ㄹ'이 다시 회복되어 /ㄹ/-유지형으로 나타나면서[63] 이러한 /ㄹ/-유지형이 /ㄹ/-탈락형과 함께 복수표준어로 규정되기도 한다. 가령 '불+나비'의 경우, 'ㄹ'이 탈락된 '부나비'가 표준어 및 표준 발음으로 규정되었음에도 불구하고, /ㄹ/-유지형에서 실현되는 유음화의 발화 경향에 따라 '불나비[불라비]'도 표준어 및 표준 발음으로 규정하고 있는 것이다. 필자의 직관에 의하면 '불+나비' 외에도 '바늘+질, 열-+닫이, 딸+님' 등의 복합어는 '[바느질], [여닫이], [따님]'처럼 /ㄹ/-탈락형의 발화가 자연스럽다면, '쌀+전, 물+자위' 등의 복합어는 또 '[쌀전], [물자위]'처럼 /ㄹ/-유지형의 발화가 더 자연스럽다. 이를 감안한다면 '불+나비'가 '부나비'와 '불나비[불라비]' 모두 표준어로 인정됨과 같이 '불+나비' 외 【한글맞춤법 제28항】의 어형들도 개별 어휘에 따른 차이는 다소 있지만 'ㄹ'이 회복되는 변화의 과정에 있음을 예측해 볼 수 있을 것이다.[64]

---

63 이진호(1998: 88)는 복합어에서의 /ㄹ/-탈락형인 '소나무, 부나비' 등은 이전 시기의 언어 사실을 화석처럼 지닌 것으로서, 통시적으로 굳어진 어형이라고 한다. 그리고 '솔+나무→[솔라무], 불+나비→[불라비]'처럼 유음화로 실현되는 어형들은 합성어의 구성 성분이 공시적으로 새로이 결합함으로써 /ㄹ/-탈락현상이 아닌 순행적 유음화의 적용을 받은 것이라고 한다.

64 논자에 따라서는 '不'과 관련된 아래 (ㄱ)의 한자어들을 /ㄹ/-탈락현상과 관련하여 해석하기도 한다(기세관 1992: 27). 그러나 이 글에서는 이들을 /ㄹ/-탈락현상의 실현형으로 보지 않는다. 이유는 다음과 같다.

(ㄱ) 부덕(不德), 부당(不當), 부실(不實), 부족(不足), 부조리(不條理) 등.
(ㄴ) 불능(不能), 불소(不少), 불소급(不遡及), 불상(不祥), 불성실(不誠實) 등.

(ㄱ)은 '不'이 'ㄷ, ㅅ, ㅈ' 앞에서 [부]로 나타나는 것이고, (ㄴ)은 [불]로 나타나는 것이다. 이 때문에 (ㄱ)의 예들 또한 /ㄹ/-탈락현상의 실현형으로 생각하기 쉽다.

1.2. 활용에서의 /ㄹ/-탈락현상

활용에서의 /ㄹ/-탈락현상은 복합어에서의 /ㄹ/-탈락현상과는 달리 'ㄴ, ㅅ'으로 시작하는 어미 앞에서는 여전히 생산성을 유지하고 있다. 다만 'ㄷ, ㅈ' 앞에서의 어간말 'ㄹ'이 일부 방언에서는 탈락되어 나타나기도 하는데, 이는 중세국어 시기에 실현되었던 /ㄹ/-탈락현상과 무관하지 않다고 하겠다. 이에 활용에서의 /ㄹ/-탈락현상도 언어 화석형으로 인한 /ㄹ/-탈락형과 /ㄹ/-탈락규칙 적용으로 인한 /ㄹ/-탈락형으로 나누어 살피고자 한다.

1.2.1. 활용에서의 언어 화석형

/ㄹ/-탈락현상이 중세국어에서는 'ㄴ, ㄷ, ㅅ, ㅿ, ㅈ'의 환경에서

그러나 '不'는 [부]와 [불]로 이원화된 것으로서 (ㄱ)의 예들은 /ㄹ/-탈락현상이 실현된 어형이라고 할 수 없다. '不'는 원래부터 두 발음을 모두 가지고 있어 (ㄱ)의 [부]와 (ㄴ)의 [불]로 이원화된 것이지 '不[불]'에서 'ㄹ'이 탈락되어 '不[부]'로 나타남이 아닌 것이다(이동석 2002: 113~114). 이는 조학행·강희숙(2000)에서도 '不'는 다음과 같이 中古漢音을 반영하는 대표적인 韻書인 『廣韻』에서 '不'의 反切이 두 가지 음으로 반영되어 있다는 사실에서도 확인할 수 있다고 한다.

(ㄷ) 分勿切[pįuət] 弗也〈廣韻五 15a〉
(ㄹ) 甫救切[pįəu] 弗也〈廣韻五 39b〉

그에 의하면 (ㄷ)은 '不'의 운미가 입성의 [t]를 가지고 있는 것이고, (ㄹ)은 평성의 [u]를 운미로 가지고 있는 것이다. 이때 (ㄷ)의 [t]는 (ㄴ)에서 보이는 말음 'ㄹ'과 관련시킬 수 있고, (ㄹ)의 [u]는 'ㄹ'이 나타나지 않는 (ㄱ)과 관련시킬 수 있다. 이에 (ㄴ)은 본래의 [t]가 [r]로 약화됨으로써 '불'처럼 말음에 'ㄹ'을 가지게 된 것이고, (ㄱ)은 'ㄹ'이 탈락한 것이 아니라, 본래부터 [u]만을 운미로 가지고 있었던 것이 반영된 것이라고 할 수 있다. 그러므로 '不'의 음 [pu]는 /ㄹ/-탈락현상이 적용된 결과가 아니라 (ㄹ)이 그대로 반영된 결과라고 보는 것이 타당하다(조학행·강희숙 2000: 636). '不'은 '부'와 '불'이 이원화된 것으로써 위 (ㄱ)의 어형들은 /ㄹ/-탈락현상과 무관하다고 할 수 있는 것이다.

실현되었으나, 현대국어에서는 환경이 축소되어 'ㄴ, ㅅ'에서만 실현
된다. 'ㄷ, ㅈ'에서는 더 이상 실현되지 않는데, 다만 일부 방언에 한하
여 'ㄷ, ㅈ' 앞의 /ㄹ/-탈락형이 오늘날에도 발견되고 있는 것이다.

<표 1> 각 지역별 '알-(知)+-지/-더라/-면'의 활용형

지역	Ⅲ. 08 C 알-(知)+-지 / -더라 / -면
경기도	알지/알더라, 알드라/알면, 알먼, 알믄, 알으면 연천aːlʲi/aːldɨra/aːlmyən　　파주aːlʲi/aːldɨra/aːlmyən 포천aːlʲi/aːldira/aːlmyən　　강화 aːlʲi/aːldira/aːlmyən 김포alʲi/aldira/almyən　　고양aːlʲi/aːldira/aːlmyən 양주aːlʲi/aːldəra/aːlmin　　남양주aːlʲi/aːldəra/aːlmyənin 가평aːlʲi/aːldəra/aːlmyən　　옹진aːlʲi/aldira/almyən 시흥aːlʲi/aːldəra/aːlmən　　광주aːlʲi/aːldE/aːnyi 양평aːlʲi/aːldəra/aːlmyən　　화성aːlʲidu/aːldəra/aːlmyənin 용인aːlʲidu/aːldE/aːlmyən　　이천alʲi/aldəra/almyən 여주aːlʲi/aːldəra　　평택aːlʲi/aːldəra/aːlmyən 안성aːlʲi/aːldəra/arimyən
강원도	알지, 아지 / 알드라, 알더라 / 알면, 알먼 철원aːʲi/aldira/almyən　　화천aːlʲidu/aːldəra/aːlmyən 양구aːlʲi/aːldəra　　인제aːlʲi/ aːldəra　　고성aːlʲi/ aːldəra 춘성aːlʲi/ aːldəra　　홍천aːlʲi/ aːldəra　　양양aːʲi/△ 횡성aːlʲi/ aːldəra　　평창aːlʲidu/ aːldəra /aːlmən 명주aːlʲi/ aːldəra　　원성aːlʲi/ aːldəra　　영월aːlʲi/ aːldəra 정선aːnda/aːldo/almin　　삼척aːlʲi/ aːldəra
충청북도	알ː지, 알ː도, 알ː두 / 알ː더라, 알ː드라/ 알ː면, 알면, 알ː면, 알ː믄, 알ː문 진천aːlʲi/aːldəra/aːlmyən　　음성aːlʲi/aːldəra/aːlmyən 중원aːlʲi/aːldəra/aːlmyən　　제원aːlʲi/aldəra/almyənsə 단양aːldo/aːldəra/aːlmyənsə　　청원aːldu/aːldəra/aːlmyən 괴산aːlʲi/aːldəra/aːlmɨn　　보은aːlʲi/aːldəra/aːlmən 옥천aːlʲi/aːldəra/aːlmɨn　　영동aːlʲi/aːldira/aːlmin, *aːnda
충청남도	알지 / 알더라, 알드라 / 알면, 알문, 알먼, 알으면, 알으믄 서산aːlʲi/aːldəra/aːlmyən　　당진aːlʲi/aːldəra/aːlmən 아산aːlʲi/aːldəra/aːlmyən　　천원aːlʲi/aːldəra/aːlmyən

예산aːlʲi/aːldəra/aːlmin	홍성aːlʲi/aːldəra/aːlmyən
청양aːlʲi/aːldəra/aːlmən	공주aːlʲi/aːldɨra/arimyən
연기aːlʲi/aːldɨra/aːlmyən	보령aːlʲi/aːldəra/aːlmyən
부여aːlʲi/aːldəra/aːlmyən	서천aːlʲi/aːldɨra/arimʉn
논산aːlʲi/aːldɨra/arimən	대덕aːlʲi/aːldɨra/aːlmʉn
금산aːldo/aːldɨra/aːlmyən	

전라북도

알지, 알제, 알도 / 알드라 / 알면, 알면, 알으면
옥구aːlʲi/aːldɨra/arimən[cf. aːnda, ariŋge]
익산aːlʲi, aːldo/aːldɨra/aːlmən   고창aːlʲi/aːldɨra/aːlmən
진안aːlʲi/aːldɨra/*aːnda 무주aːlʲi/aːldɨra/aːlmən
김제aːlʲi/aːldɨra/aːlmən   부안aːlʲi/aːldɨra aːlmən
정읍aːlʲi/aːldɨra/*aːmnyida[cf. aːnda]
임실aːlʲi/aːldɨra/ aːlmən   장수aːlʲi/aːldɨra/aːlmən
완주aːlʲi, aːldo/aːldɨra/aːlmən
순창 aːlʲe/aːldɨra/aːlmən   남원aːlʲe/aːldɨra/aːlmən

전라남도

알지, 아지 / 알드라 / 알면, 말문, 알면
영광aːlʲi/aːldɨra/aːlmən   장성aːlʲi/aːldɨra/aːlmən
담양aːlʲi/aːldɨra/aːlmən   곡성aːlʲi/aːldɨra/aːlmən[cf.aːnda]
구례aːlʲi/aːldɨra/aːlmən   함평aːlʲi/aːldɨra/aːlmən[cf.aːnda]
광산aːlʲi/aːldɨra/aːlmən[cf.aːnda] 고흥aːlʲi /aːldɨra/aːlmən
신안aːlʲi/aːldɨra/aːlmən[cf.aːnda] 나주aːlʲi/aldɨra/almən
무안*aːlʲiya/aːldɨra/aːlmən   화순aːlʲi/aldɨra/almən
승주aːʲi/aːldɨra/aːlmən[cf.aːnda] 광양aːlʲi/aːldɨra/aːlmʉn
영암aːlʲi/aːldɨra/aːlmən   완도alʲi/aːldɨra/aːlmən
진도aːlʲi /aldɨra/aːlmən   해남aːlʲi/aːldɨra/aːlmən[cf.aːnda]
강진aːlʲdoi/aːldɨra/aːlmən[cf.aːlʲE]
장흥aːʲi, aːlʲi/aːldɨra/aːlmən   보성aːlʲiya/aːldɨra/aːlmən
여천aːlʲi/aːldɨra/ aːlmʉn[cf.aːnda]

경상북도

아지, 알지, 알지도 / 아더라, 알더라 /
어면, 어머, 알면, 알어면, 알몬, 알면, 알만, 아모, 알머
영풍aːdɜra/aːmɜn   봉화aːdɜra/aːmɜn
예천aːldɜra/aːmɛ   문경aːdɜra   상주aːldɜra
청도aːdɜra/aːlmɛ/aːdɜra   울진aːdɜra/aːmɛ
영양aːldɜra/aːlman   의성aːlʲi/aːldɜra/ármɜm
청송aːʲi/aːdɜra/aːlmon   칠곡aːdɜra/aːlmɜn
영덕aːldɜra/aːlmɜn   선산aːldɜra/áːlmam
군위aːdɜra/aːlmam   안동aːʲi/aːldɜra/aːlman
영일aːdɜra/aːmo   성주aːdɜra/aːlmɜn
경산aːdɜra/ɛːmɜ   영천aːdɜra/aːlmɛ

	고령a:dƐra/a:lmƐ 달성a:dƐra/a:lmƐn	금릉a:lJido/a:ldƐra/a:lmƐn 월성a:dƐra/a:mƐn
경상남도	알지, 아지 / 알더라, 아더라 / 알면, 알멘, 알먼, 알몬, 말모, 알메는, 알무 /almo 산청alJi/aldƐra/almƐnƐn 하동alJi/aldƐra/almƐn 함안alJi/aldƐra/almyƐn 김해alJi/aldƐra/almEn 사천alJi/aldƐra/ almun 남해alJi/aldƐra/almEnƐn 거제alJimanƐn/aldƐra/almun	함양alJi/aldəra/almyən 의령aJi/aldƐra/almen 진양aJi/adƐra/almo 의창aJi/adƐra/almo 양산aJi/adƐra/almyƐn 고성alJi/aldƐra/almen 통영alJi/aldƐra/almon
제주도	알지: 남제주alJi	북제주alJi

〈표 1〉은 『한국방언자료집Ⅰ∼Ⅸ』(한국정신문화연구원 발행)에서 추출한 '알-'(知)에 대한 방언별 활용형을 제시한 것이다. 이때 〈표 1〉에서는 'ㄷ, ㅈ' 앞의 /ㄹ/-탈락형들이 발견되고 있다. 이를테면 강원도 철원과 양양에서는 'ㅈ' 앞의 /ㄹ/-탈락형이, 경상북도 대부분의 지역에서는 'ㄷ' 앞의 /ㄹ/-탈락형이, 경상남도 밀양, 울진, 진양, 양산, 의창 등에서는 'ㄷ'과 'ㅈ' 앞의 /ㄹ/-탈락형이 발견되고 있는 것이다.[65]

중세국어 시기에는 어간말 'ㄹ'이 'ㄷ, ㅈ' 앞에서 탈락되었다. 그러다가 근대국어 시기에 'ㄷ'은 음절말 'ㄹ'의 음가 변화로 인하여, 'ㅈ'은 경구개음으로의 조음위치 변화로 말미암아 'ㄷ, ㅈ'이 /ㄹ/-탈락현상

---

65 이 글은 현대국어의 언어 화석형을 논하기 위해 방언에서의 'ㄷ, ㅈ' 앞의 /ㄹ/-탈락형들을 '알-'(知)의 활용형을 통해 분석하였다. 어간말 'ㄹ'을 가진 '알-'(知) 외의 어간에 대한 분석은 어간별 실현 양상의 차이, 그리고 동일 지역에서의 용언별 활용 양상 간의 차이 등을 중심으로 후속 연구에서 다룰 계획이다.

의 환경에서 제외되기 시작하여 18세기 이후에는 'ㄹ'이 'ㄷ, ㅈ' 앞에서 유지됨이 일반적이었던 것이다. 그리하여 현대국어에서는 '알-(知), 들-(擧), 달-(縣)' 등의 어간말 'ㄹ'을 갖는 용언의 어간과 '-지만, -도록' 등의 어미와의 연쇄에서는 'ㄹ'이 유지된 '알지만, 알도록, 들지만, 들도록, 달지만, 달도록'으로 실현되는 것이다. 이에 일부 방언에서 보이는 'ㄷ, ㅈ' 앞의 /ㄹ/-탈락형은 공시적인 음운규칙에 의한 것이 아닌 이전 시기의 언어 화석형들이라고 할 수 있겠다.

한편 다음 밑줄 친 어형들도 활용에서의 언어 화석형들이라고 할 수 있다.

(46)[66] ㄱ. 행복하게 <u>사옵소서</u>.
저는 잘 <u>사오니</u> 염려 놓으세요.

ㄴ. 그 소식은 들어서 <u>아오</u>
그 사람은 어디 <u>사오</u>?
이리로 <u>드오</u>

ㄷ. 어느 곳에 가든지 잘 <u>사마</u>.
이건 내가 <u>드마</u>.

(46ㄱ)의 '사옵소서'는 '살-(生)+-옵소서'의 구성이며, '사오니'는 '살-(生)+-오니'의 구성이다. 이들은 어간말 'ㄹ'이 공손법 선어말어미 '-오/옵-' 앞에서 탈락된 것이다. 중세국어에서는 '아웁고〈알-(知), 月釋 10:85〉, 드웁거나〈들-(擧), 釋譜 13:53〉'처럼 어간말 'ㄹ'이

---

66 (46)의 용례들은 의고적인 표현이다. 사용 대상이 제한적이며, 현대국어에서는 소멸되어 가는 표현이라고 할 수 있다.

'ㅿ' 앞에서 탈락되었다. 그리고 (46ㄱ)의 공손법 선어말어미 '-오/옵
-'은 중세국어의 객체존대 선어말어미 '-ᅀᆞᆸ-(/-ᅀᆞᆸ/줍-)'으로 소급
되는 것이므로, (46ㄱ)은 'ㅿ'의 흔적이론과 관련된 언어 화석형들이
라고 할 수 있다. 'ㅿ'이 16세기경에 비음운화되어 '-ᅀᆞᆸ/ᅀᆞᆸ->-오/옵
-'으로 변화됨에 따라 'ㅿ'의 흔적이 언어 화석형으로서, 오늘날 '사옵
소서, 사오니'와 같은 /ㄹ/-탈락형으로 존재하는 것이라고 하겠다.

  (46ㄴ)의 평서형 '아오'는 '알-(知)+-오'의 구성이다. 의문형 '사
오?'는 '살-(生)+-오?'의 구성이며, 명령형 '드오'는 '들-(入)+-오'
의 구성이다. 이들은 모두 어간말 'ㄹ'이 '하오체'의 종결어미 '-오'
앞에서 탈락된 것이다. 현대국어의 공시적인 음운규칙으로는 설명되
지 않는 것으로서, '하오체'의 종결어미 '-오'가 갖는 음운론적 기능을
이해하기 위해서는 통시적인 정보가 요구되는 것이라고 할 수 있다.[67]

  이에 고광모(2000)에서는 현대국어의 종결어미 '-소/오'계의 소급
형을 16세기에 나타나는 명령법 종결어미 '-소, -쇼, -오, -조'와
18세기에 나타나는 서술법 및 의문법 종결어미 '-소/오' 등과 관련
지어 논하고 있음을 보게 된다. (이들의 기원은 일반적으로 객체존
대 선어말어미 {-ᅀᆞᆸ-}으로 본다.) 이를테면 16세기의 명령법 종결어
미 '-소, -쇼, -오, -조'에서 '-오'는 모음 뒤에 나타나는 '-소'로부
터 변화된 것이고, 이 '-오'가 오늘날 명령형 종결어미 '-오'로 나타
나는 것이라고 한다. 그리고 나머지 '-소, -쇼(ㄴ, ㅁ 뒤에 나타나는

---

67 김종훈(1988: 29~30)에서도 '-오' 앞의 /ㄹ/-탈락형에 대한 원인을 '-오'에 부여된
   음성자질의 특성과 의미론적 기능으로 논하면서, '-오'가 '하오체'에서 굳어진 형태
   소라는 사적(史的)인 측면도 그 원인으로 포함해야 함을 언급하고 있다.

-쇼), -조'는[68] 'ㅿ'이 소멸되는 시점에 이들이 '-소'로 단일화됨에
따라 오늘날에는 명령형 종결어미 '-소'로 나타나는 것이라고 한다.
즉 현대국어의 명령법 종결어미 '-소/오'계는 16세기의 명령법 종결
어미 '-소, -쇼, -오, -조'에 의한 것이고, 현대국어의 서술법 및
의문법 종결어미 '-소/오'계는 18세기에 나타난 서술법 및 의문법의
종결어미 '-소/오'에 의한 것이라는 말이다. 이는 조학행·강희숙
(2000: 641~643), 강희숙(2009: 49)에서도 이어지는데, 이러한 견해
들에 의하면 '하오체'의 종결어미 '-오'는 '-쇼'로 소급되는 문법형
태소가 된다. 그리고 'ㅿ'은 중세국어 시기에 /ㄹ/-탈락현상의 환경
이었으므로, 오늘날 '아오, 사오?, 드오' 등의 /ㄹ/-탈락형은 'ㅿ' 앞
에서 실현되었던 /ㄹ/-탈락현상의 흔적이 언어 화석형으로 존재하
는 것이라고 할 수 있겠다.

(46ㄷ)의 '사마'는 '살-(生)+-마'의 구성이며, '드마'는 '들-(擧)+
-마'의 구성이다. 이들은 어간말 'ㄹ'이 약속법 종결어미 '-마' 앞에
서 탈락된 것이다. 이진호(2008: 317~318)에서는 '-마' 앞의 /ㄹ/-탈
락형이 개별 어휘적인 성격을 지니므로 음운규칙에 이용되는 일반적
인 정보와는 거리가 멀기 때문에 '-마' 앞의 /ㄹ/-탈락형은 음운규칙
을 이용해서는 적용될 수 없다고 한다. 이병근(1981: 239)에서도 어간
말 'ㄹ'이 '-마' 앞에서 탈락되는 현상은 동기관적 이화현상과는 성격

68 김정수(1984: 134), 허웅(1989: 173)은 16세기의 명령법 종결어미 '-소/-쇼/-조'가
객체존대 선어말어미 {-ᅀᆸ-}과 명령법 어미 '-ᄋᆞ쇼셔'의 통합체인 '-소오쇼셔/-ᅀᅮ
오쇼셔/-ᅀᅮ오쇼셔'에서 '-쇼셔'가 절단됨으로써 '*-소오/*-ᅀᅮ오/*-ᅀᅮ오'가 되고,
이것들이 변화하여 '-소/-쇼/-조'가 되었으리라고 보았다. 그리고 고광모(2000:
8)에서는 이러한 해석이 최선이라고 하는 것이다.

이 다르므로 구별되어야 함을 언급하고 있는데, 이는 결국 '–마' 앞의
/ㄹ/–탈락형이 공시적으로는 설명되지 않는다는 것과 '–마' 앞의
/ㄹ/–탈락형에 대한 원인 분석이 쉽지 않음을 의미하는 것이라고
할 수 있다.

　더욱이 '–마' 앞의 /ㄹ/–탈락형은 /ㄹ/–탈락현상에 대한 확대 적
용의 관점이나 /ㄹ/–탈락현상과 관련된 언어 화석형의 관점으로도
온전히 해석될 수 없다. 전자의 경우는 약속법 종결어미 '–마'가 일부
방언 및 계층에서만 실현되면서 오늘날은 그 표현이 일반적이지 않
으므로, '–마' 앞의 /ㄹ/–탈락형을 /ㄹ/–탈락현상의 확대 적용으로
도 해석할 수 없는 것이다. 후자의 해석도 난점이 있기는 마찬가지이
다. 강희숙(2009: 49)에서는 종결어미 '–마'가 15세기에는 '내 너드려
ᄀᆞᆯ쵸마〈飜朴 上10〉, 네손더 프로마〈飜老 上25〉'처럼 의도법 선어
말어미 '–오/우–'를 수반한 형태로서, 이는 '–오/우–+–마'의 형식
으로만 존재하였다고 한다. 이에 근대국어 시기에 어간말 'ㄹ'이 '–마'
앞에서 탈락됨을 이러한 의도법 선어말어미 '–오/우–'가 16세기 말
엽에 소멸됨과 관련되는 것으로 보고, 오늘날 '–마' 앞의 /ㄹ/–탈락
현상은 특수한 환경에서 수행된 통시적 성격의 'ㄹ' 탈락이 오늘날까
지 언어 화석으로 존재하는 것이라고 하였다.

　그렇지만 이러한 해석도 사실 'ㅁ'의 경우는, 현대국어는 물론 이
전 시기에도 /ㄹ/–탈락현상의 환경이 아니었기 때문에 약속법 종결
어미 '–마' 앞에서의 /ㄹ/–탈락형을 언어 화석형으로 다루기에는 무
리가 따른다고 할 수 있다. 그럼에도 '–마' 앞의 /ㄹ/–탈락형에 대한
원인 분석이 현재로서는 쉽지 않으므로, 이 글에서도 이들을 잠정적
으로는 언어 화석형의 범주에 우선 두는 것으로 한다.

1.2.2. 활용에서의 /ㄹ/-탈락현상

현대국어의 /ㄹ/-탈락현상은 (47), (48)과 같이 실현되므로 (49)
와 같이 규칙화할 수 있다.

(47) /ㄹ/-탈락현상의 음운과정[69]

표면형 \ 기저형	알-+-는	알-+-니	알-+-시고	알-+-ㅂ니다[70]	알-+-오
/ㄹ/-탈락	아는	아니	아시고	압니다	아오
표면형	아는	아니	아시고	압니다	아오

(48) 용언의 활용 양상

　ㄱ. 어간말 'ㄹ'[71]

　　　알-(知):　아는　　안　　아시고　　　압니다　　아오
　　　살-(生):　사는　　산　　사시고　　　삽니다　　사오

---

69 이 글에서는 '(47) /ㄹ/-탈락현상의 음운과정'에서 어간 '알-'에 후행하는 어미들의
기저형을 '-니, -시고, -ㅂ니다, -오'로 설정하였다. 이는 어미들이 '-으니, -으시
고, -으ㅂ니다, -으오'로 교체되는 현상을 '/ㅡ/-삽입현상'으로 본 것이다. 그러나
논자에 따라서는 'ㅡ'가 삽입된 어미들을 기저형으로 설정하여, '-니, -시고, -ㅂ니
다, -오'의 실현을 '/ㅡ/-탈락현상'으로 다루기도 하고, 또 어미의 기저형을 '-으X'와
'-X' 둘 다 설정하여 다루기도 한다. 그리하여 매개모음 'ㅡ'에 대한 연구는 '/ㅡ/-삽
입설', '/ㅡ/-탈락설', '쌍형설'로 크게 나눠지는데, 이에 대한 연구는 김완진(1972),
강창석(1982), 신승용(1999), 임석규(2002), 강희숙(2009) 등을 참조할 수 있다.

70 '알-+-ㅂ니다'에서 '-ㅂ니다'는 어간말 'ㄹ'을 제외한 자음이 올 경우에는 '-습니다'
로 교체된다. 즉 어간말이 모음과 'ㄹ'일 때는 '-ㅂ니다'로 실현되고, 어간말이 'ㄹ'을
제외한 자음일 때는 '-습니다'로 실현된다. 이때 '-습니다'는 맞춤법이 '-읍니다'에
서 개정된 것이다. '-읍니다'의 경우는 '먹-+-읍니다→[먹습니다]'처럼 표기와 음
성형의 차이가 현격하기 때문에 실제 음성형에 가깝도록 '-습니다'로 개정된 것이
라고 할 수 있다.

71 활용에서의 /ㄹ/-탈락현상은 동사의 어간말 'ㄹ'뿐만 아니라 형용사의 어간말 'ㄹ'에
서도 '① 가늘-(細): 가느니, 가늡니다, 가느오, ② 달-(甘): 다니, 답니다, 다오'처
럼 실현되지만, 이 글의 (47)·(49ㄱ)에서는 논의의 편의상 동사의 활용형만 제시한
것이다.

ㄴ. 어간말 'V'

　보-(見):　보는　　본　　　보시고　　　봅니다　　　보오
　쓰-(用):　쓰는　　쓴　　　쓰시고　　　씁니다　　　쓰오

ㄷ. 어간말 'C(/ㄹ/제외)'

　잡-(執):　잡는　　잡은　　잡으시고　　잡습니다　　잡으오
　찾-(搜):　찾는　　찾은　　찾으시고　　찾습니다　　찾으오

(49) 현대국어의 /ㄹ/-탈락규칙

　ㄹ → Ø / __]st + {음운론적: ㄴ, ㅅ
　　　　　　　　　　형태론적: -ㅂ-, -오}

　현대국어에서의 어간말 'ㄹ'은 어간말이 폐음절인 (48ㄷ)과는 달리 어간말이 개음절인 (48ㄴ)과 같은 양상으로 활용한다. /알-+-는/→[아는] 및 /알-+-니/→[아니]는 어간말 'ㄹ'이 'ㄴ' 앞에서 탈락된 것이고, /알-+-시고/→[아시고]는 'ㅅ' 앞에서 'ㄹ'이 탈락된 것이다. 'ㄴ, ㅅ' 앞에서의 /ㄹ/-탈락현상은 'ㄴ, ㅅ'과 'ㄹ'이 동일한 조음위치이므로 동기관적 이화현상이라는 음운론적인 동기를 가진다. 반면 /알-+-ㅂ니다/→[압니다], /알-+-오/→[아오]는 'ㄹ'이 'ㅂ, ㅗ' 앞에서 탈락된 것이다. /알-+-ㅂ니다/에서 '-ㅂ-'은 중세국어의 객체존대 선어말어미 '-숩-'으로 소급되고, /알-+-오/에서 '하오체'의 '-오'는 이전 시기의 '-쇼/소'로 소급되는 것이므로, 'ㅂ, ㅗ'는 언어화석형으로서 어휘 개별적인 특성을 가진다고 할 수 있다.[72]

---

72 '/알-+-ㅂ니다/[압니다]'를 현대국어의 공시적인 관점에서만 본다면, 이는 음절말 위치에서는 하나의 자음만이 올 수 있다는 음절구조제약으로 인한 자음군단순화가

이로써 현대국어는 /ㄹ/-탈락현상의 환경이 'ㄴ, ㅅ, ㅂ, ㅗ'이지만, 이러한 환경은 공시적 및 통시적인 기술이 모두 요구되는 것으로서, 현대국어의 /ㄹ/-탈락규칙은 (49)와 같이 음운론적 환경인 'ㄴ, ㅅ'과 형태론적 환경인 'ㅂ, ㅗ'로 나눠지게 되는 것이라고 하겠다.

1.2.3. 방언별 /ㄹ/-탈락현상

현대국어는 /ㄹ/-탈락현상이 'ㄴ, ㅅ, ㅂ, ㅗ'의 환경에서 실현된다. 그런데 이러한 환경은 어디까지나 표준어를 기준으로 했을 때이고, 일부 방언에서는 /ㄹ/-탈락현상이 보다 다양한 환경에서 나타나고 있다. 특히 경상북도의 여러 지역어에서는 'ㄷ, ㅈ' 앞에서뿐만 아니라 '들-+-마→[드마]'처럼 약속법 종결어미 '-마' 앞과 '알-+-면→[아면]'처럼 연결어미 '-면' 앞에서도 'ㄹ'이 탈락되어 나타나는 것이다. 이는 다음 〈그림 1〉의 지역별 'ㄷ, ㅈ, ㅁ' 앞의 /ㄹ/-탈락형에 대한 분포도에서 확인된다.

〈그림 1〉은 어간 '알-'의 활용형인 '알-+-더라, 알-+-지, 알-+-면'에 대한 지역별 실현 분포도이다. 지도에 표시된 ●는 'ㄷ', ▲는 'ㅈ', ■는 'ㅁ'으로 시작하는 어미 앞에서 '알-'의 어간말 'ㄹ'이 탈락된 지역을 표시한 것이다. 표시되지 않은 지역은 /ㄹ/-유지형이다.

'ㄷ, ㅈ' 앞에서의 /ㄹ/-탈락형은 중세국어 시기에 실현되었던 언어 화석형임을 앞서 밝혔다. 어미초 'ㅁ' 앞에서의 /ㄹ/-탈락형은 대표적으로 경상북도 '영풍[aːmɛn], 봉화[aːmɛn], 예천[aːmɛ], 울진

실현된 것으로 해석될 수도 있다.

●: 'ㄷ' 앞의 /ㄹ/-탈락형, ▲: 'ㅈ' 앞의 /ㄹ/-탈락형, ■: 'ㅁ'의 /ㄹ/-탈락형.

〈그림 1〉 'ㄷ, ㅈ, ㅁ' 앞 /ㄹ/-탈락형의 지리적 분포

[a:mㄢ], 월성[a:mㄢn]'에서 '알-+-면'이 [a:mㄢ]이나 [a:mㄢ] 등으로 실현되는 것인데, 이러한 'ㅁ' 앞의 /ㄹ/-탈락형은 약속법 종결어미 '-마' 앞의 /ㄹ/-탈락형에 유추된 것이라고도 할 수 있다. 그런데 전술한 바와 같이 이 글에서는 약속법 종결어미 '-마' 앞의 /ㄹ/-탈락형에 대한 원인을 제대로 밝히지 못한 채, 이들을 언어 화석형으로 잠정적인 결론을 내린 바 있다. 이 때문에 '알-+-면→[아면]'처럼 연결어미 '-면' 앞의 /ㄹ/-탈락형도 현재로서는 그 원인 규명이 쉽지 않다. 다만 'ㄷ, ㅈ, ㅁ' 앞의 /ㄹ/-탈락형이 유독 경북지역어를 중심으로 분포됨을 볼 때, 이 지역어의 속성과 관련되는 것이 아닌가 한다.

　그리고 오늘날은 /ㄹ/-탈락현상 대신 매개모음 'ㅡ'가 삽입되어,

'ㄹ'이 유지되는 현상 또한 폭넓게 나타나는데, 이는 다음의 1.2.4에서 살핀다.

1.2.4. /ㄹ/-탈락현상과 /ㅡ/-삽입현상

활용 시, 어간말 'ㄹ'과 어미초 'ㄴ'과의 연쇄에서는 /ㄹ/-탈락현상이 필수적이다. 그런데 'ㄹ'과 'ㄴ' 사이에 'ㅡ'가 삽입되어 'ㄹ'이 유지되는 현상이 최근 빈번하게 발견되면서, 다음 〈그림 2〉와 같이 다소 넓은 분포를 보이고 있다.

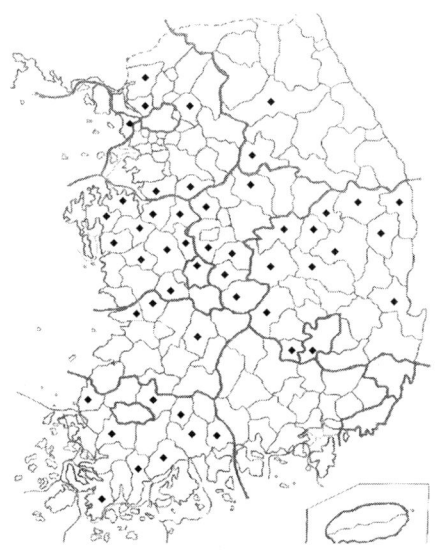

〈그림 2〉 '들으니까' 방언형의 지리적 분포

〈그림 2〉는 '들-+-니까→들으니까'에 대한 실현 분포도이다. 어간말 'ㄹ'과 어미초 'ㄴ'과의 연쇄에서 /ㄹ/-탈락현상이 아닌 /ㅡ/-삽입현상이 실현된 지역을 ◆로 나타낸 것이다.[73]

어미초 'ㄴ'은 /ㄹ/-탈락현상의 대표적인 환경이므로, 어간말 'ㄹ'
과 어미초 'ㄴ'과의 연쇄에서는 다음 (50ㄴ)과 같이 'ㄹ'이 탈락됨이
일반적이다. 그런데 〈그림 2〉에 표시된 지역들은 (50ㄴ')처럼 매개모
음 'ㅡ'가 삽입되어 'ㄹ'이 유지되는 것으로서, 이는 어간말 'ㄹ'이 어간
말 'ㄹ' 외 자음들의 활용형인 (50ㄱ)과 같은 양상인 것이다.

(50) ㄱ. 먹으니까, 잡으니까, 담으니까, 찢으니까 등.
　　 ㄴ. 날-(飛): 나니,　　알-(知): 아니까,　　살-(生): 사니까 등.
　　 ㄴ' 날으니[나르니],　 알으니까[아르니까],　 살으니까[사르니까] 등.
　　 ㄷ. 알-(知): 아시고,　　　살-(生): 사시니 등.
　　 ㄷ' 알으시고[아르시고],　 살으시니[사르시니] 등.

(51) '알-(知)+-시-+-고'의 변천 과정

ㄱ. 중세국어	ㄴ. 근대국어	ㄷ. 현대국어
아ᄅ시고	아ᄅ시고 ~ 아시고	아시고(~알으시고)

(50ㄷ)은 어간말 'ㄹ'이 주체존대 선어말어미 '-시-' 앞에서의 실현
양상이다. 이 또한 공시적으로는 (50ㄷ)의 '아시고'와 (50ㄷ')의 '알으
시고'가 수의적인 양상을 보이는데, 이때 (50ㄷ, ㄷ')의 수의성은 (50
ㄴ, ㄴ')의 수의성과는 달리 해석되어야 하는 것이다. 즉 주체존대
선어말어미 '-시-'의 경우, 중세국어는 어간말 'ㄹ'이 '-ᄋ시/으시-'

---

73 '들-(擧)+-니까'의 실현 양상은 다음과 같이 매우 다양한 가운데, 〈그림 2〉는 어간
　 말 'ㄹ'이 유지되는 지역을 모두 표시한 것이다.
　 -. '들-(擧)+-니까' 실현 양상: 들으니까, 들으니깐, 들으닝깨(께), 들으니깨(께),
　　 들응개(께), 덜엉끼내, 덜엉이깨, 덜어잉깨, 덜어니까, 덜엉깨.

앞에서 (51ㄱ)처럼 유지되었다. 그러다가 근대국어 시기에 성조의 소멸로 인하여 '-ᄋ시/으시-'의 '-ᄋ/으-'와 매개모음 '-ᄋ/으-'의 변별이 없어지면서 어간말 'ㄹ'이 '-ᄋ시/으시-' 앞에서도 탈락되기 시작하고, 이로써 (50ㄷ, ㄷ′)처럼 현대국어에서는 /ㄹ/-탈락형인 [아시고]와 /ㄹ/-유지형인 [아르시고]가 공존하는 것이기 때문이다.

/ㄹㄴ/-연쇄에서는 이전부터 /ㄹ/-탈락현상이 필수적으로 실현된 가운데, 최근 들어 /ㄹ/-유지형이 나타남에 따라 수의성을 보이는 것이라면, /ㄹㅅ/-연쇄에서는 중세국어 시기에 어간말 'ㄹ'이 '-ᄋ시/으시-' 앞에서 유지되다가 근대국어 시기에 'ㄹ'이 탈락되기 시작하면서 오늘날은 '-시-' 앞에서의 /ㄹ/-탈락형과 유지형으로의 수의성을 보이는 것이다. 그러므로 /ㄹㅅ/-연쇄에서의 수의성은 통시적인 변화에 기인한 것으로서 /ㄹㄴ/-연쇄에서의 수의성과는 그 해석이 달리 이뤄져야 하는 것이라고 하겠다.

한편 또 활용에서의 /ㄹㄴ/-연쇄는 국립국어원의 언어정보 나눔터 말뭉치에서 추출한 다음 (52)의 용례들처럼 /ㄹ/-탈락현상보다 /ㅡ/-삽입현상이 더욱 빈번하게 실현되고 있음을 보게 된다.

(52) 어느 강가 하늘을 <u>나르는</u> 물새떼들 …….
　　　(TV드라마 바로보기, 바로쓰기, 전자 파일)
　　　동지섣달 <u>나르는</u> 매서운 새가 그걸 알고 …….
　　　(한국어 은유 연구, 2000, 고려대학교 출판부)
　　　허공을 <u>나르는</u> 화살은 현재라는 시점에 정지해 있는 것이다.
　　　(박정규, 1996, 로암미들의 겨울, 한국문학도서관.)
　　　허공을 <u>나르는</u> 손오공도 기껏 부처님 손바닥 …….
　　　(한승원, 1986, 폭군과 강아지(한국장편대표선3), 문학사상사)

용이 <u>나르는</u> 상서로운 꿈을 꾸었는데 …….
(이성무, 2001, 조선왕조사 제2권, 동방미디어)

　그리고 박기영(1995: 58~62)에서는 이를 패러다임의 규칙화로 해석하고 있는 것이다. 패러다임 규칙화는 규칙과의 관계 변화에서 얻어질 수 있으며, 어떤 음운규칙은 그 적용 범위를 줄이거나 넓히면서 패러다임을 고정시켜 나가는데, 어간말 /ㄹ/-탈락현상이 이러한 패러다임 규칙화의 대표적인 경우라고 하는 것이다. 그러고는 어간말 /ㄹ/-탈락현상이 /ㄹ/-유지현상으로 실현됨은 화자가 심리적으로 이형태 수를 줄이고 통일시킴으로써 화자 자신의 기억 부담량을 감소시키려는 노력의 결과라고 한다. 예컨대 '날-'(飛)의 활용형은 '날고, 날면, 나니'처럼 어간이 '날-'과 '나-'로 교체하는데, 이때 '날-+-니→[나니]'가 (50ㄴ´)처럼 '날-+-니→[나르니]'로 활용한다면, 어간은 '날-'(飛)로 단일화가 된다. 이를 박기영(1995)에서는 패러다임 규칙화와 이에 따른 화자의 기억 부담량 감소라는 형태론적 관점에서 해석한 것이다.

　그런데 (52)의 현상은 형태론적으로는 기억 부담량의 감소일지 몰라도 음운론적으로는 음소의 삽입으로서 화자의 조음적 노력이 더해지는 현상이라고도 할 수 있다. '날-+-니→[나니]'를 '[나르니]'로 발화함은 두 개의 음소('ㄹ'과 'ㅡ') 또는 하나의 음절이 더해지는 현상이다. /ㄹ/-탈락현상 대신 /ㅡ/-삽입현상을 실현시킴으로써 어간말 'ㄹ'의 원형을 유지시켜 발화하는 것이다. 일반적으로 /ㄹ/-탈락현상과 같은 음운탈락현상은 음소의 소실이 불가피하다. 음소의 소실은 어형의 변화로 이어지고, 이는 결국 의사소통에 있어서 장애

요인이 될 수 있다. 이에 화자는 청자에게 의미 전달을 보다 명확히 하고자 /ㄹ/-탈락현상 대신 /ㅡ/-삽입현상을 실현시킨 것이라고도 할 수 있다. 화자는 청자에게 자신이 의도하는 바를 보다 명확하게 전달하기 위해, (탈락규칙을 적용시켜 음소가 소실된 어형보다) 'ㅡ'를 삽입하여 원형을 유지시키는 발화를 선택한 것이라고 하겠다.

더 나아가 양순임(2011: 216)에서는 위와 같은 /ㅡ/-삽입형에 'ㄹ'이 첨가된 발화형이 최근 주목된다며, 이를 유추현상으로 해석하고 있음을 또 보게 된다. '날다'의 활용형에 'ㅡ'가 삽입된 [나르는, 나르니, 나른, 나르시고, 나릅니다]에 'ㄹ'이 더 첨가되어 [날르는, 날르니, 날른, 날르시고, 날릅니다] 등으로도 실현된다는 것이다. 그리고 이러한 [날르는, 날르니, ……]는 'ㄹ'-불규칙 동사에 해당하는 중부 방언형인 '모르다, 다르다'류가 [몰라, 달라]류에 의해 [몰르다, 달르다]와 같이 활용하는 등과 유사한 현상으로서 일종의 유추현상이라고 하는 것이다. 그런데 이러한 /ㅡ/-삽입형에 'ㄹ'이 첨가된 어형인 [날르는, 날르니, 날르시고, ……] 등은 언중들에게 아직은 어색한 발화형이 아닌가 싶기도 하다. /ㅡ/-삽입현상에 'ㄹ'이 첨가된 어형들은 이들에 대한 언어 변화 양상을 좀 더 지켜본 후에 논의되어야 할 것으로도 보인다.

2. 유음화와 /ㄹ/의 비음화

유음과 관련된 음운현상에는 대표적으로 /ㄹ/-탈락현상, 순행적 유음화 및 역행적 유음화, /ㄹ/-비음화 등이 있다. 이에 본 절에서

는 'ㄹ'과 'ㄴ', 'ㄴ'과 'ㄹ'의 연쇄에서 실현되는 유음화와 /ㄹ/-비음화
에 대하여 톺아보고자 한다.

현대국어에서는 /ㄹㄴ/-연쇄와 /ㄴㄹ/-연쇄를 허용하지 않으므로
'ㄹ'과 'ㄴ', 'ㄴ'과 'ㄹ'의 연쇄에서는 'ㄴ'이 'ㄹ'로 변동됨이 일반적이
다. 이에 'ㄴ'이 유음화됨을 '거울영상규칙'으로 논하기도 한다(김무림
1992: 106; 오정란 1993a: 100; 조성문 1996: 231; 강옥미 2003: 229; 김무
림·김옥영 2009: 189). 유음화 현상이 단선음운론의 경상규칙(=거울영
상규칙 mirror image rule)[74]으로 기술된다며, '천리[철리], 설날[설랄]'
의 예로서, 'ㄴ'이 'ㄹ'로 변동됨을 (53ㄷ)과 같이 규칙화하는 것이다
(김무림·김옥영 2009: 189).

   (53) ㄱ. /ㄹㄴ/-연쇄에 따른 /ㄴ/-유음화

         [+nas +ant +cor] → [+lat] / [+lat] ___

         cf. 설날[설랄]

      ㄴ. /ㄴㄹ/-연쇄에 따른 /ㄴ/-유음화

         [+nas +ant +cor] → [+lat] / ___ [+lat]

         cf. 천리[철리]

      ㄷ. 경상규칙에 의한 유음화 분석

         [+nas +ant +cor] → [+lat]%[+lat]

강옥미(2003: 229)에서도 /ㄹㄴ/-연쇄와 /ㄴㄹ/-연쇄에서의 유음

---

74 경상규칙(=거울영상규칙 mirror image rule)은 분절음 A가 변항 X 앞에서 B로 변
   하거나, X 뒤에서 B로 변할 때, 두 환경을 합한 규칙을 말한다(강옥미 2003: 228).

화는 (53ㄷ)의 경상규칙으로 통합될 수 있다고 하였다. 조성문(1996:
231) 또한 유음화는 거울영상성으로 설명될 때 자연스럽다고 하는
데, /ㄹㄴ/-연쇄와 /ㄴㄹ/-연쇄에서의 유음화를 이렇듯 '거울영상규
칙'으로 보는 데에는 표준발음법에서 다음과 같이 다루고 있다는 사
실과도 무관하지 않다고 하겠다.

(54) 【표준발음법 제20항】
    'ㄴ'은 'ㄹ'의 앞이나 뒤에서 [ㄹ]로 발음한다.
    (1) 난로[날:로] 신라[실라] 광한루[광:할루] 대관령[대:괄령]
    (2) 칼날[칼랄] 물날리[물랄리] 줄넘기[줄럼기], 할는지[할른지]

  (54)의【표준발음법 제20항】에서는 /ㄹㄴ/-연쇄와 /ㄴㄹ/-연쇄에
서의 유음화 실현에 대하여 'ㄴ'이 'ㄹ'과 연쇄하면 [ㄹ]로 변동된다는
음성형 외에는 어떠한 설명이 없다. 단지 /ㄴㄹ/-연쇄에서의 유음화
와 /ㄹㄴ/-연쇄에서의 유음화에 대한 용례를 (1)·(2)로 나누어 기술
하고 있을 뿐이다. 이는 자칫 /ㄴㄹ/-연쇄에서의 역행적 유음화와
/ㄹㄴ/-연쇄에서의 순행적 유음화가 동일 범주의 현상이라는 것으로
비춰질 수 있다고도 하겠는데, 중요한 것은 이러한 /ㄹㄴ/-연쇄와
/ㄴㄹ/-연쇄에서의 유음화를 '거울영상규칙'으로 통합하여 기술하는
것은 타당하지 못하다(이동석 2005b: 121~122; 이진호 2008: 176~177)
는 데에 있다. 그 이유는 다음과 같다고 하겠다.
  첫째, /ㄹㄴ/-연쇄에서의 순행적 유음화는 단어와 단어 사이에서
도 적용되지만, /ㄴㄹ/-연쇄에서의 역행적 유음화는 한 단어 내부에
서만 적용되기 때문이다. 즉 /ㄹㄴ/-연쇄에서의 순행적 유음화는 음
운론적 단어보다 큰 영역인 억양구절의 영역에서도 적용되는 반면,

/ㄴㄹ/-연쇄에서의 역행적 유음화는 음운론적 단어의 영역 안에서만 적용되는 것이다.

둘째, 순행적 유음화는 /ㄹ/-탈락현상과 경쟁관계에 있으나, 역행적 유음화는 /ㄹ/-비음화와 경쟁관계에 있기 때문이다. 이를테면 /ㄹㄴ/-연쇄에서는 형태론적 범주에 따라 복합어에서는 순행적 유음화가 실현되고, 활용에서는 /ㄹ/-탈락현상이 실현되면서 두 음운현상이 서로 경쟁관계를 이룬다. 반면 /ㄴㄹ/-연쇄에서는 형태소 경계 유무에 따라 형태소 경계를 인식하면 /ㄹ/-비음화가 실현되고 경계를 인식하지 못하면 역행적 유음화가 실현되면서 역행적 유음화는 /ㄹ/-비음화와 서로 경쟁관계에 있는 것이다.

셋째, /ㄹㄴ/-연쇄에서 실현되는 순행적 유음화는 '음소연결제약'과 관련되고, /ㄴㄹ/-연쇄에서의 역행적 유음화는 '음절연결제약'과 관련되기 때문이다. /ㄹㄴ/-연쇄는 두 자음의 연쇄가 공명도 원리($C_1 \geqq C_2$)를 만족함에도 불구하고 현대국어에서는 'ㄹ'과 'ㄴ'의 연쇄를 허용하지 않기 때문에 음소연결제약에 따라 순행적 유음화가 실현되는 것이다. 이에 반해 /ㄴㄹ/-연쇄는 두 자음의 연쇄가 공명도 원리에 어긋남으로써 그 조정 과정에서 음절연결제약에 의해 역행적 유음화가 실현되는 것이라고 할 수 있다.

이로써 /ㄹㄴ/-연쇄에서의 순행적 유음화와 /ㄴㄹ/-연쇄에서의 역행적 유음화를 '거울영상규칙'으로 기술함은 타당하지 못하므로, 이 글에서는 순행적 유음화와 역행적 유음화를 구별하여 다음의 2.1과 같이 논하고자 한다.

2.1. /ㄹㄴ/-연쇄와 /ㄴㄹ/-연쇄에서의 유음화

2.1.1. /ㄹㄴ/-연쇄에서의 순행적 유음화

한국어의 음절구조는 일반적으로 'CVC' 구조이다. 이때 두 음절 사이에는 'CVC$_1$\$C$_2$VC'처럼 음절 경계(\$)가 놓인다. 그리고 음절 경계를 중심으로 C$_1$과 C$_2$ 사이에는 음절연결제약이 따른다. 음절연결제약과 관련된 언어보편적인 원리는 공명도 원리(C$_1$≧C$_2$)이지만, 논자에 따라서는 공명도 원리와 반비례 관계인 자음강도 원리(C$_1$≦C$_2$)로 설명하기도 한다.[75]

그런데 /ㄹㄴ/-연쇄에서의 순행적 유음화는 공명도 및 자음강도 원리로 설명되지 않는 현상이다. /ㄹㄴ/-연쇄는 공명도가 큰 'ㄹ'이 'ㄴ'을 선행하므로 공명도 원리에 어긋나지 않으며, 공명도와 반비례 관계인 자음강도에서도 자음강도가 약한 'ㄹ'이 'ㄴ'을 선행하므로 자음강도 원리에도 어긋나지 않기 때문이다. 음운변동은 C$_1$과 C$_2$의 연쇄가 공명도나 자음강도 원리에 어긋날 때 실현되는 것이다. 이에 두 원리를 만족하는 /ㄹㄴ/-연쇄에서는 음운변동이 일어나지 않을 것이 예측되지만, 예측과는 달리 순행적 유음화[11]가 실현되는 것이다.

그리고 어중의 음절초(C$_2$)는 일반적으로 자음의 강도가 강화되는 음운현상을 선호한다. 이 때문에 '강화'라고 알려진 음운과정은 언제나 음절 첫소리에서 일어나고, '약화'의 일종인 동화현상은 음절 첫소리보다 음절 끝소리에서 일어나는 것이다(오정란 1995: 266~267). 그리하여 음절말 C$_1$은 점점 닫힘(점약), 노력 절약, 중화의 위치가 되고, 음절초 C$_2$는 점점 열림(점강), 의사전달 기능 강화, 분화의 위치가

---

75 공명도 및 자음강도 원리는 4장 2.2.1에서 다룬다.

된다(김차균 1998: 86). 그런데 순행적 유음화는 음절초(C_2)의 'ㄴ'이
자신보다 강도가 약한 'ㄹ'로 변동되는 것으로서 음절 첫소리의 강도
가 더 약화되는 현상이다.

즉 /ㄹㄴ/-연쇄의 순행적 유음화는 공명도 및 자음강도 원리를
비롯하여 음절 내 위치(음절말·음절초)에 따른 자음의 속성과도 무관
한 현상인 것이다.[76] 이에 권경근(2010)에서는 순행적 유음화를 한
소리의 조음제스처(gesture)가 다른 소리의 조음제스처와 겹치게 되
는 '조음제스처 현상'으로 해석하기도 하고, 양순임(2011: 172)은 또
순행적 유음화를 앞소리의 잔상이 뒷소리에 영향을 미치면서 일어
나는 현상으로 해석하기도 한다.

이러한 순행적 유음화에 대한 실현 양상을 보면 다음 (55)~(57)과
같다.

(55) ㄱ. 찰나(刹那)[찰라], 실내(室內)[실래], 불능(不能)[불릉],
길년(吉年)[길련], 월남(越南)[월람], 질녀(姪女)[질려].

ㄴ. 신출내기[신출래기], 달님[달림], 별님[별림], 실눈[실룬],
겨울날[겨울랄], 과일나무[과일라무], 하늘나라[하늘라라],
설날[설랄], 물난리[물랄리], 줄넘기[줄럼기], 달나라[달라라],
불놀이[불로리], 저울눈[저울룬], 칼날[칼랄].

(56) ㄱ. 아들 녀석[아들려석], 홍할 놈[홍할롬], 사고를 내다[사고를래다],

'칼날[칼랄]'과 같은 /ㄹㄴ/-연쇄는 공명도 원리를 만족하는 적형이다. 그럼에도 순
행적 유음화 등의 음운변동이 일어나는 것은 공명도 원리의 예외적 현상이 아닐
수 없다. 이에 김차균(1983)에서는 공명도 원리로 설명할 수 없는 동화현상의 유일
한 예가 /달노리/→[달로리]와 같은 순행적 유음화라고 하는 것이다.

일할 남재[일할람자], 잘 누워래[잘루워라], 겨울 나그네[겨울라그네],
잘 나왔네[잘라완네], 여행갈 나라[여행갈라라].

ㄴ. 올 나이트[올라이트], 테이블 넘버[테이블럼버].

(57) 닳는[달른], 뚫는[뚤른], 앓는다[알른다].

(55ㄱ)은 한자어에서의 순행적 유음화이고, (55ㄴ)은 복합어에서
의 순행적 유음화이다. (56)은 구 구성에서의 순행적 유음화로서
(56ㄱ)은 고유어의 구 구성이고, (56ㄴ)은 외래어의 구 구성이다. 이
때 (56)의 용례들은 두 어절이 한 음운론적 단위로 발화함에 따라
순행적 유음화가 실현된 것이다. (57)은 어간말자음군 'ㅀ'의 자음군
단순화에 따른 순행적 유음화이다. /ㅀ+ㄴ/→ㄹØ+ㄴ→[ㄹㄹ]인 것이
다. 특히 (57)은 어간말 'ㄹ'과 어미초 'ㄴ'과의 연쇄에서 'ㄹ'이 탈락
되는 현상(/ㄹ+ㄴ/→[Øㄹ])과는 음운현상을 달리하는데, 이는 다음
과 같은 역사적인 사실에 기인한다고 할 수 있다.

중세국어 시기에는 /ㄹ/-탈락현상이 활용에서는 필수적으로 실
현됨에 따라 어간말 'ㄹ'과 어미초 'ㄴ'과의 연쇄에서는 모두 /ㄹ+ㄴ/
→[Øㄴ]으로 변동되었다. 이에 16세기 이후에 유음화가 발생되었어
도 활용에서는 유음화의 동화주인 'ㄹ'을 갖지 못하므로 유음화가
실현될 수 없었다. 새로 생긴 유음화도 다른 음운변화와 마찬가지로
표면형에 적용되므로 이미 /ㄹ/-탈락현상이 적용된 어형은 유음화
와는 무관한 것이었기 때문이다(이진호 2008: 187~188). 반면 어간말
자음군 'ㅀ'은 'ㅎ'이 탈락된 후의 '-ㄹØ+ㄴ-' 연쇄가 중세국어에서
는 실현되었었기에, 이러한 '-ㄹØ+ㄴ-' 연쇄에서는 유음화가 실현

될 수 있었던 것이다.

　유음화는 음절말 유음의 음가 변화([r]>[l]) 이후에 생성된 음운현상으로서, 설측음[l]의 실현과 관련된다. 음절말 유음이 외파음[r]로 실현되었던 중세국어에서는 유음화가 실현될 수 없었으므로, 어간말 'ㄹ'과 어미초 'ㄴ'과의 연쇄에서는 [Øㄴ]으로, 어간말자음군 'ㅀ'과 어미초 'ㄴ'과의 연쇄에서는 [ㄹㄴ]으로 실현되었던 것이다. 그러다가 중세국어와 근대국어의 교체기에 유음에까지 미파화가 확산되면서 음절말 유음이 '[r]>[l]'로 변화되었다. 이때 설측음[l]은 치조 비음[n]과의 연쇄 실현이 쉽지 않다.[77] [l]은 설단이 치조에 닿은 상태에서 혀의 양옆으로 기류가 흐르는 소리이고, [n]은 설단이 치조에 닿아 구강으로의 기류 흐름을 막은 상태에서 비강으로 기류가 흐르는 소리이기 때문이다. 즉 [l]과 [n]의 연쇄에서는 설단이 치조에 닿은 후 혀 양 옆으로의 기류 흐름에서 비강으로의 기류 흐름을 실현시키기가 쉽지 않기 때문인 것이다. 이에 [l]과 [n]의 연쇄 실현이 쉽지 않은 상황에서 설측음[l]이 가지는, 선행음절의 coda를 이루면서 동시에 후행음절의 onset을 이루는 양음절성으로 말미암아 /ㄹㄴ/-연쇄를 가진 (55)~(57)의 환경에서는 순행적 유음화([ll])가 실현되는 것이라고 할 수 있다.

2.1.2. /ㄴㄹ/-연쇄에서의 역행적 유음화

/ㄴㄹ/-연쇄에서의 역행적 유음화는 한자어 및 외래어(이하 '한자

---

[77] /ln/-연쇄는 영어의 'Alnwick, illness, Elnino'나 독일어의 'Köln' 등에서 간헐적으로 나타나고는 있으나, 허용(2004: 204)에서는 [l]과 [n]의 연쇄는 일반적으로 발음하기 쉽지 않기 때문에 인간 언어에서 [l]과 [n]이 연속해서 실현되는 경우는 극히 드물다고 한다.

어'를 중심으로 논의한다.)에서 실현된다.[78] 고유어는 어두에 'ㄹ'을 가
진 어형이 거의 발견되지 않으므로 /ㄴㄹ/-연쇄형 또한 발견되지 않
는다.[79] /ㄹㄴ/-연쇄에서의 순행적 유음화가 한자어, 고유어, 구 구성
모두에 실현됨과는 달리 /ㄴㄹ/-연쇄에서의 역행적 유음화는 한자어
에서만 실현된다. 그중에서도 단일어로 인식되는 한자어에 한해서이
다. 만약 한자어를 단일어로 인식하지 않고, 한자어 내부에 형태소
경계를 두어 복합어로 인식한다면, 이때는 /ㄹ/-비음화가 실현되는
것이다. 그리고 이러한 /ㄴㄹ/-연쇄는 공명도 또는 자음강도 원리에
어긋남으로써 음절연결제약에 따라 역행적 유음화와 /ㄹ/-비음화가
실현되는 것이라고 할 수 있다.

그러므로 /ㄴㄹ/-연쇄에서의 역행적 유음화를 논하기 위해서는
음절연결제약과 /ㄹ/-비음화가 함께 논의되어야 하기에, 이 글에서
는 음절연결제약과 /ㄹ/-비음화를 먼저 살핀 후, /ㄴㄹ/-연쇄에서
의 역행적 유음화와 /ㄹ/-비음화를 고찰해 나가고자 한다.

2.2. /ㄹ/의 비음화

/ㄹ/-비음화는 'ㄴ+ㄹ'의 연쇄에서뿐만 아니라 'ㄱ, ㄷ, ㅂ, ㅁ, ㅇ'

---

78 /ㄴㄹ/-연쇄는 '관료, 선릉, 음운론, 임진란' 등의 한자어뿐만 아니라 '원룸, 스킨로
션, 다운로드, 선루프' 등의 외래어에서도 실현되나, 이 글에서는 논의의 편의상
한자어를 중심으로 한다.

79 이진호(2012: 409)는 15세기의 고유어에서 어두 위치에 'ㄹ'을 가진 단어가 『訓民正
音解例』用字例에 나오는 '러울' 외에는 찾아볼 수 없다고 한다. 그리고 이 '러울'도
한자어로부터 비롯되었을 가능성이 높아서 실제로는 고유어에 어두 'ㄹ'을 가진 어형
이 중세국어에서는 없었다고 해도 무방하다고 하는 것이다. 이기문(1972a; 1984:
131)에서는 또 'ㄹ'이 어두에 올 수 없음은 아마도 고대로부터 현대에 이르기까지
변함이 없는 듯하다고 한다.

과 'ㄹ'의 연쇄에서도 실현된다. 그리고 이들 연쇄체는 음절연결제약
에 의해 /ㄹ/-비음화가 실현된다. 일반적으로 음절연결제약은 다음
2.2.1과 같이 공명도 원리($C_1 \geqq C_2$) 또는 자음강도 원리($C_1 \leqq C_2$)로 나
타낸다.

2.2.1. 음절연결제약과 두 원리

음절이 CV\$CV\$CV와 같이 배열된다면 음운변동은 거의 일어나지
않는다. 그러나 CVC$_1$\$C$_2$VC처럼 배열된다면 C$_1$과 C$_2$ 사이에서의 제
약으로 인하여 음운변동이 일어나게 된다. 음절배열 시, 언어보편적
인 제약은 공명도 원리($C_1 \geqq C_2$) 또는 자음강도 원리($C_1 \leqq C_2$)로 나타낸
다. 공명도 원리는 김차균(1976; 1983; 1995; 1998)을, 자음강도 원리
는 오정란(1993; 1995)의 논의를 중심으로 제시하면 다음 (58)과 같다.

(58) ㄱ. 공명도 위계[80]

　　← 순수 자음성　　　　　　　순수 모음성 →

　　　1°　2°　3°　4°　5°　6°　7°　8°　9°

　강 ←――――――→ 약 ←―――――→ 강

　　1°: 무성파열음·파찰음　　2°: 무성마찰음　　3°: 비음
　　4°: 설측음　　　　　　　5°: 탄설음　　　　6°: 반모음
　　7°: 고모음　　　　　　　8°: 중모음　　　　9°: 저모음

---

[80] 김차균(1998: 30~31)에서는 음절의 구성은 울림도나 열림도에 의해 설명될 수 있
다며, 열림도를 9등급으로 나누어 제시하였다. 이 글은 이를 공명도 위계 9등급으
로 재구성한 것이다. 참고로 김차균(1976: 115)에서는 'C$_1$\$C$_2$'의 관계는 'sonority'
로 논하였음을 보게 된다.

ㄴ. 자음의 강도체계(오정란 1993: 95)

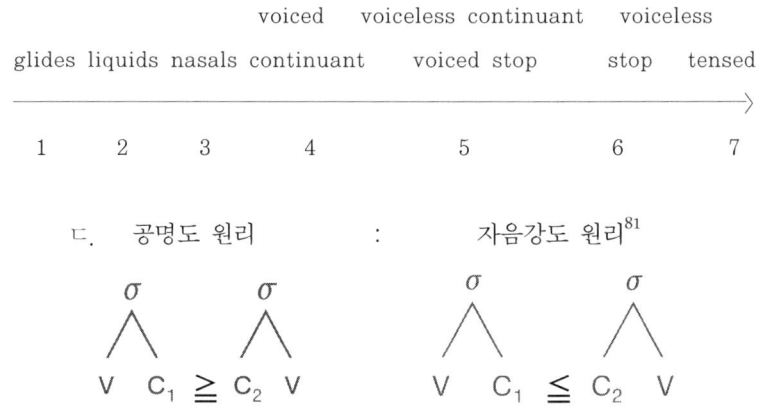

(58ㄱ)은 공명도의 위계이다. 이에서는 공명도가 낮을수록 순수 자음성을 가진 분절음이 되고, 공명도가 높을수록 순수 모음성을 가진 분절음이 됨을 보이고 있다. (58ㄴ)은 자음의 강도 체계로서, 'glides'부터 'tensed'까지의 강도를 보여주고 있다. 이때 (58ㄱ)과 (58ㄴ)에서는 'ㄹ'이 모음에 가장 가까우면서 자음 중에서는 가장 약자음의 위치에 있음을 확인할 수 있다. (58ㄷ)은 음절말 C_1과 음절초 C_2 사이에서의 공명도 및 자음강도 원리를 보인 것이다. 즉 공명도 원리는 C_1의 공명도가 C_2의 공명도보다 크거나 같아야 함을, 자음강도 원리는 C_2의 자음강도가 C_1의 자음강도보다 크거나 같아야 함을 보이고 있는 것이다.

---

81 음절두음의 강도 강세 $C_f(s) \leq C_i(s)$
"(C)VC$_f$\$C$_i$V(C)의 구조에서 음절두음 C_i는 음절말음 C_f보다 자음강도에서 같거나 강하려는 속성을 가지고 있다."(오정란 1993: 96)

2.2.2. /ㄹ/-비음화와 음운론적 제약

두 음절 사이에는 'CVC$_1$$C$_2$VC'처럼 음절 경계($)가 놓인다. 그리고 음절 경계를 중심으로 C$_1$과 C$_2$ 사이는 음절연결제약으로 인하여 (58ㄷ)의 공명도 원리(C$_1$≧C$_2$) 또는 자음강도 원리(C$_1$≦C$_2$)(이하 '공명도 원리'를 중심으로 논한다.)를 만족해야 한다. 다음 (59)는 두 자음의 연쇄가 공명도 원리(C$_1$≧C$_2$)에 어긋남으로써 /ㄹ/-비음화가 실현되는 것이다.

(59) ㄱ. ㄱㄹ 연쇄: 책략(策略)[챙냑], 백리(百里)[뱅니], 백로(白露)[뱅노], 막론(莫論)[망논], 박력(迫力)[방녁], 독립(獨立)[동닙].
　　　 ㄷㄹ 연쇄: 확인할 수 없음[82]
　　　 ㅂㄹ 연쇄: 급락(急落)[금낙], 압력(壓力)[암녁], 협력(協力)[혐녁], 급료(給料)[금뇨], 답례(答禮)[담녜], 납량(納凉)[남냥].

　　 ㄴ. ㅁㄹ 연쇄: 음란(淫亂)[음난], 삼라(森羅)[삼나], 담력(膽力)[담녁], 침략(侵掠)[침냑], 염려(念慮)[염녀], 점령(占領)[점녕].
　　　 ㅇㄹ 연쇄: 종로(鐘路)[종노], 중력(重力)[중녁], 공로(公路)[공노], 강릉(江陵)[강능], 항로(航路)[항노], 궁리(窮理)[궁니].
　　　 ㄴㄹ 연쇄: 음운론[음운논], 의견란[의ː견난], 생산량[생산냥], 결단력[결딴녁], 횡단로[횡단노], 입원료[이붠뇨].

(59ㄱ)은 파열음(ㄱ·ㄷ·ㅂ)과 'ㄹ'의 연쇄에서 /ㄹ/-비음화가 실현

82　역사적으로 한자어의 말음 'ㄷ'은 'ㄹ'로 변천되었다(이기문 1972a). 이 때문에 /ㄷㄹ/-연쇄의 한자어는 존재하지 않는 것이다. 허웅(1985: 270)에서도 조선 한자음의 'ㄷ' 끝소리는 'ㄹ' 끝소리로 모두 변화됨으로써 /ㄷㄹ/-연쇄는 순 한자말에서는 찾을 수 없다고 하는 것이다.

된 용례들이다. 이때 /ㄷㄹ/-연쇄는 음절말에 'ㄷ'을 가진 한자어가 발견되지 않으므로 그 용례 또한 발견되지 않는다. 만약 /ㄷㄹ/-연쇄의 한자어가 존재하였다면, 이 역시 여타 파열음과 'ㄹ'의 연쇄처럼 음운변동이 일어났을 것으로서, 이는 고유어와 외래어의 구성인 '옷로비 → 온로비 → 온노비 → 온노비'의 도출 과정을 통해 확인할 수 있다고 하겠다. 그리고 (59ㄴ)은 비음(ㅁ·ㅇ·ㄴ)과 'ㄹ'의 연쇄에서 /ㄹ/-비음화가 실현된 것이다.

(59)의 어형들은 두 음의 연쇄가 공명도 원리에 어긋남으로써 음절연결제약에 따라 /ㄹ/-비음화가 실현된 것이다. 이에 이들은 다음과 같은 두어 가지의 음운론적 제약으로의 해석이 가능하다고 하겠다. 하나는, /ㄹ/-비음화는 '상대적으로 공명도의 정도가 모음에 인접한 ㄹ은 어두 및 음절초에 적합하지 않다'는 'ㄹ의 분포상 제약'으로의 해석이다. 공명도 원리에 따르면 음절말(C_1)의 위치는 공명도가 높은 자음이 적합하고, 음절초(C_2)의 위치는 공명도가 낮은 자음이 적합하다. 어두 및 음절초에는 공명도가 가장 높은 'ㄹ'이 적합하지 않다고 하겠는데, 이에 (59)와 같은 두 자음의 연쇄체는 자음 중 공명도가 가장 높은 'ㄹ'이 음절초(C_2)에 위치함으로써 'ㄹ'이 'ㄴ'으로 변동되는 것이라고 할 수 있다.

또 하나는 'ㄹ 앞에는 ㄹ만이 올 수 있다'는 'ㄹ 앞 C(ㄹ제외) 제약'으로의 해석이다. 이 제약은 음절초(C_2)의 위치에 'ㄹ'을 실현시키고자 한다면, '공명도 원리'에 의해 음절말(C_1) 위치는 'ㄹ' 외에 그 어떠한 자음도 올 수 없음을 의미한다. 'C+ㄹ→[ㄹㄹ]'만이 가능하다는 것인데, 이는 'ㄹ' 외에 'ㄹ'보다 공명도가 같거나 높은 자음이 없기 때문이다. 그리고 /ㄹ/-비음화는 음절초에 적합하지 않는 'ㄹ'이 음절초에 실현됨을 막기 위해 'ㄹ 앞 C(ㄹ제외) 제약'보다 'ㄹ의 분포상 제약'이 우선 적용되어 (59)와 같이 어중의 음절초 'ㄹ'이 'ㄴ'으로 변동되는 것이라고 할 수 있다.

  따라서 '파열음+ㄹ'의 연쇄에서는 'ㄹ의 분포상 제약'으로 인하여 'ㄹ'이 'ㄴ'으로 변동되고, 이어 '파열음+ㄴ'의 연쇄에서 비음동화가 실현됨으로써 /ㄹ/-비음화를 보이는 것이다. 이때 비음동화현상이란 음절초(C_2)가 비음일 경우, 음절말(C_1)의 파열음이 음절초(C_2)의 비음에 동화되어 자신과 조음위치가 동일한 비음으로 변동되는 현상이다. 이러한 비음동화는 '파열음+비음(ㅁ, ㄴ)[83]'의 연쇄에서는 필수적으로 적용되는 강력한 동화현상이므로 '파열음+ㄹ→파열음+ㄴ' 연쇄에서도 예외 없이 실현되는 것이다.

  그리고 이는 '비음+ㄹ' 연쇄에서도 'ㄹ의 분포상 제약'으로 인하여 'ㄹ'이 'ㄴ'으로 변동되어 /ㄹ/-비음화가 실현된다. 그런데 /ㄴㄹ/-연쇄에서는 /ㄹ/-비음화뿐만 아니라 역행적 유음화로도 실현되는데, 이러한 /ㄴㄹ/-연쇄에서의 역행적 유음화와 /ㄹ/-비음화의 실현은 형태소 경계 인식 유무와 관련된다고 할 수 있다. 즉 /ㄴㄹ/-연쇄에서 형태소 경계를 인식하면 '/ㄹ/의 분포상 제약'이 우선 적용되어 /ㄹ/-비음화가 실현되고, 형태소의 경계를 인식하지 못하면 한자어를 하나의 음운론적 단위로 발화함에 따라 역행적 유음화가 실현되는 것으로서, 이러한 /ㄴㄹ/-연쇄에서의 역행적 유음화와 /ㄹ/-비음화에 대한 논의는 다음 2.2.3에서 좀더 살펴보고자 한다.

---

[83] 비음에는 'ㅁ·ㄴ·ㅇ'이 있으나, 그중 'ㅇ'은 공시적으로 음절초에 실현될 수 없다는 분포상의 제약을 가지므로 음절초에서의 비음은 'ㅁ·ㄴ'으로 설정된다.

2.2.3. /ㄴㄹ/-연쇄에서의 역행적 유음화와 /ㄹ/-비음화

/ㄴㄹ/-연쇄는 한자어에서 나타난다. 그리고 /ㄴㄹ/-연쇄에서는 형태소 경계 인식 유무에 따라 역행적 유음화와 /ㄹ/-비음화가 실현된다. 즉 한자어 내부에서 형태소 경계를 인식하면 /ㄹ/-비음화가 실현되고, 그렇지 않으면 역행적 유음화가 실현되는 것이다. 이때 /ㄹ/-비음화는 형태소 경계라는 비음운론적 정보가 요구됨에 따라 /ㄴㄹ/-연쇄에서는 비음화보다 유음화가 음운론적인 일반성을 가진다고 할 수 있다.

이에 일부 논의에서는 두 음운현상에 대하여 규칙성을 설정하기도 한다. 이를테면 서보월(1995: 128~130)에서는 보편적 현상인 유음화는 단어 경계의 제약이 따르는 특수한 현상인 비음화보다 뒤에 실현되어야 함을 주장하기도 하고, 김진우(1976: 69)와 허웅(1985: 269~270)에서는 유음화가 비음화보다 우선 적용되어야 함을 주장하기도 한다. 허웅(1985: 269~271)에서는 /ㄴㄹ/-연쇄가 '/ㄴ/의 /ㄹ/ 되기' 규칙에 따라 [ㄹㄹ]로 바뀌지만, 때로는 '/ㄹ/의 /ㄴ/ 되기' 규칙의 적용을 받는 경우도 있는데, 이때 '/ㄴ/의 /ㄹ/ 되기' 규칙은 '/ㄹ/의 /ㄴ/ 되기' 규칙보다 앞섬이 원칙이라고 하는 것이다.

이처럼 논자에 따라서는 /ㄴㄹ/-연쇄에서의 두 음운현상에 대하여 선후 차이는 있지만 규칙순을 설정하기도 한다. 그러나 이러한 규칙순의 설정은 성립되기가 어렵다. 규칙순이 설정되는 것이라면 두 현상이 동일한 환경에서 실현될 때, A현상이 실현되는 어형에는 B현상이 실현될 수 없고, B현상이 실현되는 어형에는 A현상이 실현될 수 없기 때문이다. 다시 말해 유음화가 적용된 한자어에서는 비음화가 적용될 수 없고, 비음화가 적용된 한자어에서는 유음화가 적용될 수 없는 것이다. 하나의 한자어에 유음화와 비음화가 모두 나타나기도 하는 혼용현상(음운론→[으물론]~[으문논])에 대해서는 설명할 수 없으므로 성립될 수 없다는 것이다(이진호 1998: 106).

그리고 유·비음화에 대한 규칙순의 설정은 비음화가 확산되어 가는 과정 또한 설명할 수 없으므로 더욱 그러하다고 하겠다. 어휘에 따라 [nn] 또는 [nn]~[ll]로 실현되는 '공권력, 구근류, 동원령, 생산량, 이원론, 횡단로' 등의 표면형을 현행 표준발음법에서는 대부분 [nn]으로 제시하고, 한국어 표준발음사전에서는 [nn]~[ll]로 제시하고 있다. 이는 비음화[nn]의 실현이 확산되어 가는 경향을 보이는 것(서보월 1995: 125)이라고 할 수 있다. 그런데 만약 유·비음화에 대하여 규칙순을 설정한다면 이러한 발화 경향의 변화 등도 단연 설명할 수 없게 된다.

이에 이 글은 /ㄴㄹ/-연쇄에서의 역행적 유음화와 /ㄹ/-비음화의 실현은 규칙순의 문제가 아니라 형태소 경계에 따른 인식의 문제인 것으로 본다. 이를 위해 먼저 역행적 유음화와 /ㄹ/-비음화에 대한 실현 양상을 보이면 다음 (60)과 같다.

(60) ㄱ. 관료[괄료], 곤란[골란], 인력[일력], 간략[갈략],
　　　논리[놀리], 문란[물란], 윤리[율리], 연령[열령].

　　ㄴ.[84] 손료(損料)[솔료~손뇨], 춘란(春蘭)[출란~춘난],
　　　선릉(宣陵)[설릉~선능], 군란(軍亂)[굴란~군난].

---

84 2음절 한자어들에 대한 '표준국어대사전'에서의 발음정보는 다음과 같다.
손료(損料)[솔:료], 춘란(春蘭)[출란], 선릉(宣陵)[설릉], 군란(軍亂)[굴란].

ㄷ. 광한루[광할루], 대관령[대괄령], 삼천리[삼철리].

ㄹ.[85] 경신록[경실록~경신녹], 공권력[공꿜력~공꿘녁], 음운론[으물론~으문논], 이원론[이월론~이원논], 임진란[임질란~임진난], 의견란[의결란~의견난], 여민락[연밀락~여민낙].

ㅁ. 시인론[시인논], 사전류[사전뉴], 결단력[결딴녁], 실천력[실천녁], 횡단로[횡단노], 이전료[이전뇨], 개헌론[개헌논].

(60ㄱ)은 2음절 한자어가 역행적 유음화로 실현된 것이다. (60ㄴ)은 2음절 한자어이지만 대체로 [ll]~[nn]와 같이 유·비음화가 수의적으로 실현되는 것이다. 이를 두고 서보월(1995: 131)에서는 '춘란/춘#란, 손료/손#료'처럼 이는 내부단어경계(#)의 차이에 따른 것이라고 한다. 2음절의 한자어일지라도 후속하는 한자어 형태소를 강하게 인식하려는 의도가 음운론적 과정상 내부단어경계에 의해 실현되었다고 보는 것이다.

(60ㄷ·ㄹ·ㅁ)은 3음절로 구성된 한자어들이다. 3음절 한자어는 2음절 한자어에 비하면 상대적으로 형태소 경계 인식의 가능성이 높다. 이 때문에 비음화의 실현 가능성 또한 높다고 할 수 있다. 그런데 (60ㄷ)은 3음절 한자어이지만 대부분 유음화로만 실현된다. (60ㄹ)은 단어 내부에서 형태소 경계를 인식하는 화자는 비음화를, 경계를 인식하지 못하는 화자는 유음화를 실현시킴으로써 유·비음화가 수의

---

85 3음절 한자어들에 대한 '표준국어대사전'에서의 발음정보는 다음과 같다.
산란기[살:란기], 경신록[경:신녹], 공권력[공꿘녁] 음운론[으문논], 의전례[의절례], 면류관[멸:류관], 임진란[임:진난], 의견란[의:견난], 이원론[이:원논].

적으로 실현되는 것이다. (60ㅁ)은 비음화로 실현된 3음절 한자어들
로서, 이들 한자어 대부분은 [[시인][론]], [[사전][류]], [[결단][력]],
[[실천][력]]과 같은 구조이다. 선행하는 자립형태소가 언중들에게
익숙한 한자어들로 구성됨으로써 한자어 내부('ㄴ'과 'ㄹ' 사이)에 형태
소 경계를 인식하여 비음화가 실현된 것이라고 할 수 있다.

　/ㄴㄹ/-연쇄에서의 역행적 유음화[ll]와 /ㄹ/-비음화[nn]의 실현
은 이렇듯 형태소 경계 인식 유무와 관련된다고 할 수 있다(노명희
1997; 정연찬 1997; 김태경 2000; 고성연 2002; 신지영·차재은 2003; 김경
아 2004). 이는 정연찬(1997: 193)에서도 3음절 한자어가 주로 [nn]으
로 실현됨을 주목하여 형태론적 경계의 차이가 유·비음화의 실현을
선택하는 것이라고 한다. /ㄹ/-비음화가 실현되는 '회빈루[회빈누]'
의 경우는 [[회빈]루]와 같이 한자어 내부에 단어 경계가 존재하지만,
역행적 유음화가 실현되는 '광한루[광할루]'는 내부에 단어 경계가
존재하지 않는다는 것이다. 노명희(1997: 316~317)에서도 한자어 내
부에서 경계를 인식하지 못하면 '유음화'가 실현되고, 경계를 인식한
다면 '비음화'가 실현된다고 한다. 이에 '음운론'에서는 '음운'의 자립
성 정도에 따른 화자의 인식이 두 가지의 양상인 [으물론]~[[으문]
[논]]으로 나타난다고 하는 것이다.

　이상과 같이 /ㄴㄹ/-연쇄에서의 유·비음화는 형태소 경계 인식
유무와 관련하여 경계를 인식하면 /ㄹ/-비음화가 실현되고, 경계를
인식하지 못하면 역행적 유음화가 실현된다고 하겠다. 이 글에서는
이를 좀더 구체화하기 위해 '한국로봇보쉬기전'의 직원 100여 명을
대상으로 '연락선, 산림청, 관리인, 근로자, 생산량, 보관료, 실천
력, 정신력'에 대한 발화형을 지면 조사하였다.[86] 그리하여 /ㄴㄹ/-

연쇄에서의 유·비음화가 형태소 경계 인식 유무와 관련됨을 확인하였는데, 다음 〈표 2〉는 발화형을 기저형과 동일하게 표기한 7명을 제외한 93명에 대한 분석 결과이다.

〈표 2〉 /ㄴㄹ/-연쇄에서 유·비음화에 대한 실현 양상

	ㄴㄴ(건/%)	ㄹㄹ(건/%)	ㄴㄹ(건/%)	ㄹㄴ(건/%)	ㄴㅇ(건/%)	ㅇㄴ(건/%)
연락선	11/11.8%	74/79.6%	8/8.6%	–	–	–
산림청	14/15.1%	67/72.0%	12/12.9%	–	–	–
관리인	8/8.6%	74/79.6%	11/11.8%	–	–	–
근로자	11/11.8%	75/80.7%	7/7.5%	–	–	–
생산량	54/58.1%	3/3.2%	8/8.6%	1/1.1%	24/25.8%	3/3.2%
보관료	64/68.8%	4/4.3%	9/9.7%	2/2.1%	14/15.1%	–
실천력	57/61.3%	9/9.7%	8/8.6%	–	19/20.4%	–
정신력	62/66.7%	4/4.3%	10/10.7%	–	17/18.3%	–

〈표 2〉에서의 '연락선, 산림청, 관리인, 근로자'는 역행적 유음화인 ㄹㄹ형이 4개의 한자어 모두 65~70% 이상 나타나고 있다. 이는 '[[연락][선]], [[산림][청]], [[관리][인]], [[근로][자]]'의 구조로서, /ㄴㄹ/-연쇄를 이루는 두 음절을 하나의 발화 단위로 인식하여 대부분 역행적 유음화로 표기한 것이라고 할 수 있다.

---

86 필자는 현재 /ㄴㄹ/-연쇄에서의 유·비음화에 대한 실현 양상을 '관료, 연락선, 선릉, 보관료, 산란기' 등을 비롯한 40여 개의 어휘로써 조사 중에 있다. 그중 '한국로봇보쉬기전'의 직원 100여 명을 대상으로 한 지면 조사가 이루어진 상태이다. 앞으로 더 많은 피실험자들에 대한 조사와 그에 따른 40여 개의 어휘 분석, 그리고 피실험자들의 실제 발화 조사 등이 이뤄져야 하므로, 조사에 대한 종합적인 결과는 후일을 기약하고자 한다.

한편 '생산량, 보관료, 실천력, 정신력'은 /ㄹ/-비음화인 ㄴㄴ형이 4개의 한자어 모두 55~60% 이상이다. 이는 '[[생산][량]], [[보관][료]], [[실천][력]], [[정신][력]]'의 구조로서, 'ㄴ'과 'ㄹ' 사이에 형태소 경계를 인식하여 /ㄹ/-비음화가 표기된 것이라고 하겠다. 다만 이들 한자어에서는 ㄴㅇ형이 15~20%가량 나타나고 있음이 좀 특징적인데, 이는 단순하게는 지면 조사의 한계이기도 한, 표기자가 음운·음성학적 지식이 없어 실제 발음을 정확하게 표기하지 못한 표기형이라고 해석할 수도 있을 것이다. 그러나 또 한편으로는 ㄴㅇ형이 역행적 유음화가 우세한 '연락선, 산림청, 관리인, 근로자'에서는 전혀 나타나지 않음을 고려해 본다면, ㄴㅇ형도 형태소 경계 인식과 관련된 표기형이라고 해석해 볼 수 있다고 하겠다. ㄴㅇ형은 'ㄴ'과 'ㄹ' 사이에 형태소 경계를 강하게 인식하여 '생산량, 보관료, 실천력, 정신력'의 후행하는 형태소 '량, 료, 력, 력'에 두음법칙을 적용시킨 '[양], [요], [역], [역]'의 발화 인식이 표기에 반영된 것으로 해석해 볼 수도 있기 때문이다.

이렇듯 본 조사에서도 세부적인 해석을 요하는 표기형들이 있기는 하였지만 /ㄴㄹ/-연쇄에서의 유·비음화는 대체로 형태소 경계 인식 유무와 관련됨을 확인할 수 있었다. 형태소 경계가 인식되는 3음절 한자어에서는 /ㄹ/-비음화가 우세하고, 형태소 경계를 인식하지 못하면 역행적 유음화가 우세하게 나타나는 것이다. 즉 본 조사에서는 3음절 한자어 중에서도 형태소 경계가 비교적 뚜렷한 4개의 한자어와 그렇지 않은 4개의 한자어를 조사하여 유·비음화의 실현이 형태소 경계 인식 유무와 관련됨을 확인하였던 것이다. 그럼에도 〈표 2〉에서 보듯 /ㄹ/-비음화가 우세한 3음절 한자어에서 역행적 유음화가 나타나기도 하고, 역행적 유음화가 우세한 3음절 한자어에서 /ㄹ/-비음화가 다소 나타나기도 하였는데, 이러한 결과는 형태소 경계가 인식될 수도 있고, 그렇지 않을 수도 있는 한자어에서는 (60ㄹ)처럼 유·비음화의 실현에 대한 범주화가 쉽지 않다는 것을 시사한다고 하겠다.

그리하여 임현열(2011: 50)에서는 화자에 따라 유음화를 선호하는 화자와 비음화를 선호하는 화자로 구분된다는 것과 유음화를 선호하는 화자라도 익숙지 않은 단어일 때는 비음화를 적용하려는 속성이 강하다는 것, 비음화를 선호하는 화자는 형태소 경계가 분명한 경우에 비음화를 더 많이 적용하려는 속성이 있다는 것 등을 밝히고 있는 것이다. 그리고 역행적 유음화와 /ㄹ/-비음화와의 실현을 지역적으로 조사한 정영숙(1998: 343~346)에서는 남부방언에서는 역행적 유음화의 경향이 강하고, 중부 방언에서는 비음화의 경향이 강하다는 것 또한 밝히고 있는 것이다.

이에 /ㄴㄹ/-연쇄에서의 비음화 실현을 종합해 본다면, 이는 지역·세대·화자에 따라 그 실현 양상이 유동적으로 나타나는 것이라고 하겠다(김경아 2004: 20). /ㄴㄹ/-연쇄에서의 유·비음화는 화자의 형태소 경계 인식의 정도에 따라 (60)과 같이 비음화의 실현이 우세한 한자어가 있는가 하면, 유음화의 실현이 우세한 한자어도 있고, 유·비음화가 수의적으로 실현되는 한자어 또한 있는 것이라고 할 수 있겠다.

이상과 같이 4장에서는 현대국어에서의 /ㄹ/-탈락현상, 순행적 유음화 및 역행적 유음화, /ㄹ/-비음화 등을 살펴보았다. 현대국어에서의 /ㄹ/-탈락현상은 음운론적 환경인 'ㄴ, ㅅ'과 형태론적 환경인

'ㅂ, ㅗ'에서 실현된다는 것과, 현대국어에 나타나는 복합어에서의 /ㄹ/-탈락형, 'ㄷ, ㅈ' 앞의 /ㄹ/-탈락형, 공손법 선어말어미 '-오/옵-' 앞의 /ㄹ/-탈락형, '하오체'의 종결어미 '-오' 앞의 /ㄹ/-탈락형 등은 /ㄹ/-탈락현상과 관련된 이전 시기의 언어 화석형임을 논하였다. 그리고 /ㄹㄴ/-연쇄에서의 순행적 유음화와 /ㄴㄹ/-연쇄에서의 역행적 유음화는 '거울영상규칙'으로 기술될 수 없다는 것과 /ㄹ/-비음화는 '음절연결제약'에 이어 '/ㄹ/의 분포상 제약'으로 해석될 수 있다는 것, /ㄴㄹ/-연쇄에서의 /ㄹ/-비음화와 역행적 유음화는 형태소 경계 인식 유무와 관련된다는 것 등을 밝혀 논한 것이다.

5장

유음 관련 현상들의 역사적 추이와
그들 간의 상관성

1. 유음 관련 음운현상에 대한 역사적 추이와 그 의미

유음과 관련된 음운현상들을 통시적으로 살펴보면, 이들이 근대
국어 시기에 많은 변화가 있었음을 알 수 있다. 이 글에서는 그 변화
의 원인을 중세국어와 근대국어의 교체기에 음절말 유음의 음가 변
화([r]>[l])에서 찾았다. 본 절에서는 앞서 2·3·4장에서 시대별로
살피고 논한 /ㄹ/-탈락현상의 변화 과정, 유음화의 발생 및 확산과
그로 인한 표기의 변화 등을 정리하면서 유음 관련 현상들에 대한
역사적 추이를 갈음해 보고자 한다.

중세국어는 /ㄹ/-탈락현상이 'ㄴ, ㄷ, ㅅ, ㅿ, ㅈ'의 환경에서 실현
되었다. 이때 활용에서는 필수적이었던 반면, 복합어에서는 /ㄹ/-
탈락형과 /ㄹ/-유지형이 수의적이었다. 중세국어의 /ㄹ/-탈락현상
은 'ㄹ'의 음가만으로, 또는 후행하는 자음의 조음 위치만으로는 그
원인을 분석할 수 없다. 이 때문에 이 글은 중세국어의 /ㄹ/-탈락현
상은 후행하는 자음의 조음위치가 'ㄹ'과 동일하거나 아주 인접하다

는 것, 그리고 가장 약자음인 'ㄹ'이 음절말에서 외파로 조음되었다는 것 등과 관련하여 밝혔다.

외파음[r]은 혀끝과 잇몸이 순간적인 접촉에 이어 혀끝이 잇몸으로부터 떨어져 중립 위치로 되돌아감으로써 그 음성적 효과를 얻을 수 있는 소리이다. 혀끝이 잇몸에 닿은 후 중립 위치로 되돌아가는 과정에서 혀끝과 잇몸과의 거리가 멀수록 [r]의 음성 실현은 더욱 효과적이다. 이는 역으로 혀끝이 잇몸에 닿은 후 떨어지기는 하였으나 혀끝과 잇몸과의 거리가 미세하다면, [r]의 음성 인식은 쉽지 않을 수도 있음을 의미한다.

이 때문에 중세국어의 /ㄹ/-탈락현상이 활용에서는 필수적이었던 것이다. 용언의 어간은 비자립적이며, 어미와의 연쇄를 통해 자립성을 얻으므로, 어간과 어미가 상대적으로 긴밀하다. 또 긴밀한 만큼 이들의 연쇄에서는 어간말과 어미초가 동시적으로 실현될 가능성이 높다. 중세국어의 /ㄹ/-탈락현상은 'ㄹ'에 후행하는 자음이 'ㄹ'과 조음위치가 동일하거나 아주 인접한 설음·치음이었으며, 선행하는 음절말음이 자음 중에서 가장 약자음에 속하는 ㄹ[r]이었다. 그리하여 'ㄹ[r]+설음·치음' 연쇄에서는 어간말 ㄹ[r]과 어미초가 동시적으로 실현되었던 것이고, 이로써 어간말 'ㄹ[r]'이 비록 외파로 조음되었을지라도, 혀끝과 잇몸 간의 거리가 인식되지 못할 만큼 미세하여 조음위치가 동일한 두 자음 중 음절말음이자 약자음인 'ㄹ[r]'이 탈락된 것이다. 그리고 활용과는 달리 복합어에서는 /ㄹ/-탈락현상이 수의적으로 실현되었는데, 이는 자립성 등의 체언의 특성으로 말미암아 두 형태소 사이에 경계를 두어 선행하는 체언말 'ㄹ[r]'이 혀끝을 중립 위치로 되돌린 후, 후행하는 설음·치음을 실현시킴으로써 /ㄹ/-유지형으로도 나타날 수 있었던 것이다.

한편 /ㄹ/-탈락현상의 환경이 'ㄴ, ㄷ, ㅅ, ㅿ, ㅈ'이었던 중세국어
와는 달리 근대국어에서는 'ㄷ, ㅈ'이 그 환경에서 제외되기 시작한
다. 'ㄹ'이 'ㄷ, ㅈ' 앞에서 유지되기 시작한 것이다. 'ㄷ' 앞의 'ㄹ' 변화
는 중세국어와 근대국어의 교체기에 음절말 'ㄹ'이 외파음[r]에서 미
파화된 설측음[l]로 변화됨에 따라 'ㄹ[l]'이 'ㄷ' 앞에서 유지될 수
있었다. 설측음[l]은 [r]보다 자음의 강도가 강할 뿐만 아니라 양음
절성을 가지기 때문에 음절말 'ㄹ'이 외파음[r]이었던 중세국어에서
는 'ㄷ' 앞에서 'ㄹ[r]'이 'ㄹ[r]+ㄷ[t]→[Øt]'처럼 탈락되었으나, 설측
음[l]로 변화된 이후에는 'ㄹ[l]+ㄷ[t]→[lt]'와 같이 'ㄹ[l]'이 'ㄷ' 앞에
서 유지될 수 있었던 것이다.

'ㅈ' 앞에서 'ㄹ'이 유지되는 변화는 'ㅈ'의 조음위치가 /ㄹ/-탈락현
상의 환경이었던 치음에서 그 환경이 아닌 경구개음으로 변화되었기
때문이다. 중세국어에서의 /ㄹ/-탈락현상은 'ㄹ'이 자신과 조음위치
가 동일하거나 아주 인접한 '설음·치음'이 후행할 경우에 실현되었
다. 이 때문에 'ㅈ'이 치음이었던 중세국어에서는 'ㅈ'이 'ㄹ'과 아주
인접한 조음위치였으므로, 이들 연쇄에서는 /ㄹ/-탈락현상이 실현
되었으나 'ㅈ' 계열의 조음위치가 근대국어 시기에 치음에서 /ㄹ/-탈
락현상의 환경이 아닌 경구개음으로 재음운화됨으로써 근대국어 시
기에는 'ㅈ' 앞에서 'ㄹ'이 유지되기 시작한 것이다.

그리고 근대국어 시기에는 복합어에서의 /ㄹ/-탈락현상이 약화·
소멸되는 변화를 보인다. 이는 음절말 유음의 음가 변화([r]>[l])로
인한 유음화[ll]의 발생과 자립성 및 형태 보존성 등의 체언의 특성과
관련된다고 하겠는데, 이러한 변화들로 말미암아 현대국어에서는

/ㄹ/-탈락현상이 'ㄴ, ㅅ'의 활용 환경에서만 실현되면서, 'ㄷ, ㅈ' 앞에서의 /ㄹ/-탈락형, 'ㅿ'의 흔적으로 인한 /ㄹ/-탈락형, 복합어에서의 /ㄹ/-탈락형 등의 언어 화석형들이 공존하는 것이다.

/ㄹ/-탈락현상에 이어 유음화의 발생 및 확산 과정을 보면 유음화는 16세기에 간헐적으로 나타나다가 17세기부터 본격화되었다. 이러한 유음화의 발생 원인도 음절말 유음의 음가 변화([r]>[l])와 관련된다. 음절말 유음이 중세국어와 근대국어의 교체기에 외파음[r]에서 설측음[l]로 변화되자, 설측음[l]과 치조 비음[n]과의 연쇄 실현이 쉽지 않은 상태에서 설측음[l]이 가지는 양음절성으로 말미암아 유음화가 실현된 것이다.

그리고 유음화는 복합어에서만 실현되고 활용에서는 실현되지 않는다. 중세국어는 /ㄹ/탈락현상이 활용에서는 필수적이었으므로 활용에서의 /ㄹㄴ/-연쇄는 그 표면형이 '/ㄹㄴ/→[∅ㄴ]'으로 예외 없이 변동되었다. 그 결과 근대국어 시기에 유음화가 발생되었어도 활용에서는 유음화의 동화주인 'ㄹ'을 갖지 못함으로써 유음화가 실현될 수 없었던 것이다. 반면 복합어에서는 /ㄹ/-탈락현상이 중세국어 시기에는 /ㄹ/-탈락형과 /ㄹ/-유지형으로 수의적이었기에 /ㄹ/-유지형이었던 -ㄹㄴ-이 유음화의 환경을 제공함으로써 복합어에서는 유음화가 실현될 수 있었다. 그리하여 /ㄹㄴ/-연쇄의 경우, 복합어에서는 오늘날 순행적 유음화가 실현되고, 활용에서는 /ㄹ/-탈락현상이 실현되는 것이다.

이러한 유음화의 발생은 표기에서도 여러 변화를 불러일으켰다. 중세국어 시기에는 /ㄹㄴ/-연쇄가 표면에 나타나는데, 유음화의 발생으로 인하여 ㄹㄴ형이 ㄹㄹ형으로 변화되고, 중세국어에 특징적으

로 나타났던 ㄹㅇ형 또한 근대국어에서는 ㄹㄹ형으로 변화되기도 하
는 것이다.

중세국어의 ㄹㅇ형은 크게 3가지 유형인 ① 체언말 및 어간말 '륵/르'
의 '익/으'가 탈락되면서 나타난 것. ② 체언말 및 어간말 'ㄹ' 뒤에서
문법형태소의 어두초 'ㄱ'이 탈락되면서 나타난 것. ③ 어간말자음군
'ㄼ'의 'ㅂ'이 'ㅸ>w'로 약화되면서 나타난 것 등으로 분류된다. 첫째
유형은 두 모음의 연쇄(체언말 및 어간말의 '륵/르'와 모음으로 시작하는
조사나 어미와의 연쇄)로 인한 것이고, 둘째와 셋째 유형은 유성음의
환경에서 음소의 약화·탈락으로 인하여 ㄹㅇ형이 된 것으로서, 이들
은 중세국어의 음절말 유음[r]과 탈락음의 흔적 등으로 말미암아 그
음가가 모두 'ㄹㅇ[r$∅]'로 실현되었던 것이다. 그리고 어간말 '륵/르'
의 '익/으' 탈락으로 인한 ㄹㅇ형은 근대국어 시기에 ㄹㄹ형으로 변화
되는데, 이는 중세국어와 근대국어의 교체기에 음절말 유음이 [r]>[l]
로 변화됨에 따라 ㄹㅇ이 [r$∅]>[l$∅]=[ll]로 실현되면서 표기에서도
ㄹㅇ>ㄹㄹ형으로 변화됨에 따른 것이다. 'ㄱ' 탈락으로 인한 ㄹㅇ형은
또 후대에 'ㄱ'이 회복되어 ㄹ$ㄱ형으로 변화되는데, 이 역시 음절말
유음이 [r]>[l]로 변화되었기 때문이다. 음절말의 'ㄹ'이 [r]이었을 때
는 'r_V'의 환경에서 'ㄱ'이 약화·탈락되기에 용이하여 ㄹㅇ형으로
실현 및 표기되었으나, 음절말의 'ㄹ'이 [l]로 변화된 'l_V'의 환경에
서는 'ㄱ'이 더 이상 약화·탈락될 이유가 없으므로 'ㄱ'이 다시 회복된
것이다.

이상과 같이 유음과 관련된 표기 및 음운현상들에서는 중세국어와
근·현대국어를 거치는 동안 /ㄹ/-탈락현상의 환경 축소, 복합어에서
의 /ㄹ/-탈락현상의 약화·소멸, 유음화의 발생 및 확산과 그로 인한

표기의 변화(ㄹㅇ>ㄹㄴ형, ㄹㄴ>ㄹㄹ형) 등등의 많은 변화를 보게 된다. 그리고 이러한 변화들로 말미암아 현대국어에서는 유음과 관련된 음운현상들이 서로 밀접하게 관계를 맺고 있다.

/ㄹㄴ/-연쇄에서는 형태론적 범주에 따라 활용에서는 '날-+-니→[나니]' 등의 /ㄹ/-탈락현상이 실현되고, 복합어에서는 '달+-님→[달림]' 등의 순행적 유음화가 실현된다. /ㄴㄹ/-연쇄에서는 형태소 경계 유무에 따라, 만약 두 형태소를 하나의 음운론적 단위로 발화한다면 '음운론→[으물론]'처럼 역행적 유음화가 실현되나, 그렇지 않고 형태소 경계를 인식한다면 '[[음운][론]]→[으문논]'과 같이 /ㄹ/-비음화가 실현된다. 이 때문에 현대국어의 유음화를 분석하기 위해서는 순행적 유음화와 /ㄹ/-탈락현상과의 상관성, 역행적 유음화와 /ㄹ/-비음화와의 상관성이 함께 논의되어야 하는 것이다. /ㄹ/-탈락현상과 /ㄹ/-비음화를 분석함에 있어서도 마찬가지이다. /ㄹ/-탈락현상을 분석하기 위해서는 통시적인 관점에서 순행적 유음화와의 상관성이 함께 논의되어야 하고, /ㄹ/-비음화를 분석하기 위해서는 공시적으로 역행적 유음화와의 상관성이 함께 논의되어야 하는 것이다.

더 나아가 현대국어에서는 어간말 'ㄹ'과 어미초 'ㄴ'과의 연쇄에서 'ㅡ'가 삽입되어 'ㄹ'이 유지되는 현상 또한 넓은 분포를 보이고 있다. 어간말 'ㄹ'과 어미초 'ㄴ'과의 연쇄에서는 /ㄹ/-탈락현상이 필수적으로 실현되어야 하는 환경임에도 불구하고 /ㄹ/-탈락현상이 아닌 'ㅡ'가 삽입되어 'ㄹ'이 유지되는 것으로서 '날-+-니→[나니], 살-+-니까→[사니까]'가 '날-+-니→[나르니], 살-+-니까→[사르니까]'로도 실현되는 것이다.

현대국어의 유음 관련 음운현상들은 이렇듯 현상들 간에 서로 관련성을 가지면서, 또 때로는 경쟁관계를 이루기도 한다. 이에 이하 절에서는 현대국어의 유음 관련 현상들 간의 상관성을 지배음운론의 관점에서 해석해 보고자 한다.

2. 유음 관련 음운현상들의 상관성에 대한 지배음운론적 해석

현대국어에서는 유음 관련 음운현상들이 상호 관련성을 맺고 있다. 본 절에서는 이들 간의 상관성을 지배음운론의 구성원소 및 분석적·비분석적 결합 이론을 통해 다음과 같이 분석 및 해석하고자 한다. 첫째, 활용의 /ㄹㄴ/-연쇄에서는 /ㄹ/-탈락현상이 실현되고, 복합어의 /ㄹㄴ/-연쇄에서는 순행적 유음화가 실현되는데, 이처럼 형태론적 범주에 따라 달리 나타나는 /ㄹ/-탈락현상과 순행적 유음화와의 상관성은 지배음운론의 구성원소 이론으로 해석한다. 둘째, 어간말 'ㄹ'과 어미초 'ㄴ'과의 연쇄로서, 동일한 환경에서 실현되는 /ㄹ/-탈락현상과 /ㅡ/-삽입현상과의 상관성은 지배음운론의 분석적·비분석적 결합 이론으로 해석한다. 셋째, /ㄴㄹ/-연쇄를 가진 한자어의 경우, 이를 하나의 음운론적 단위로 발화하면 역행적 유음화가 실현되고, 한자어 내에 형태소 경계를 둔다면 /ㄹ/-비음화가 실현되는데, 이러한 /ㄴㄹ/-연쇄에서의 역행적 유음화와 /ㄹ/-비음화와의 상관성은 지배음운론의 구성원소 이론 및 분석적·비분석적 결합 이론으로 해석한다.

그리하여 동일 환경에서의 두 음운현상이 어떠한 차이로서 실현되는지, 형태론적 범주에 따라, 또는 형태소 경계에 따라 음운현상이 어떻게 달리 실현되는지 등을 지배음운론으로 밝혀 보려는 것이다. 더 나아가 현대국어에서의 유음 관련 현상들이 복잡한 양상을 띰에 따라 이에 대한 논의들도 다소 복잡하고 산발적인 인상을 지울수 없는데, 이를 지배음운론의 구성원소 이론 및 분석적·비분석적 결합 이론으로 도식화함으로써 논의되는 현상들만이라도 그 체계성을 갖춰 보고자 한다.

2.1. 지배음운론의 이해[87]

지배음운론(Government Phonology)은 Kaye et al.(1985; 1990)을 바탕으로 시작된 이론이다. 이 이론은 보다 논리적인 방법으로써 보편문법을 추구함을 목적으로 한다. 그리고 생성음운론에서 제안하는 변별자질 대신 구성원소(element)를 바탕으로 여러 음운현상들을 분석하는 것이다.

2.1.1. 음운론적 지배(Phonological government)

지배음운론에서는 음절구조의 형태 및 음운의 분포적 제약이 구성성분의 지배관계에 의해서 결정된다. 형태소를 구성하는 음운의 연쇄들은 무작위적인 배열이 아닌 주위 환경에 의해 제약을 받는다. 이를 '음운의 분포적 제약'(distributional constraints)이라고 한다.

---

87 '지배음운론의 이해'는 허용·이상직(1996), 이상직·허용(1998), 이상직(2004; 2010), 김선정(1996; 1999)의 연구 등을 참조한 것이다.

지배음운론에서는 이러한 서로 다른 두 소리의 연쇄관계를 지배관계의 방향성인 한쪽이 다른 쪽을 지배하는 것으로 파악하고, 지배관계가 성립되기 위한 조건을 다음 (61)과 같이 제시한다.

(61) ㄱ. 엄밀인접성(The Strict Adjacent Condition)
　　　　지배 관계에 있는 두 위치는 반드시 인접해 있어야 한다.
　　ㄴ. 엄밀방향성(The Strict Directionality Condition)
　　　　골격층위에서 형성된 지배영역 내의 지배관계는 항상 일정하다.
　　　　① 구성성분 내의 지배: 구성성분 내에서의 지배관계는 항상 왼쪽
　　　　　　　　　　　에서 오른쪽으로 지배관계가 설정된다.
　　　　② 구성성분 간의 지배: 구성성분 간에서의 지배관계는 항상 오른
　　　　　　　　　　　쪽에서 왼쪽으로 지배관계가 설정된다.

　지배음운론에서 제안한 지배관계의 설정은 결국 구성성분 내에서 또는 구성성분 사이에서 이루어진다. 그리고 음절구조를 이루는 구성성분은 음절초(Onset), 운모(Rhyme), 음절핵(Nucleus)으로 설정되며, 이는 또 다음 (62)와 같이 최대 양분지할 수 있다.

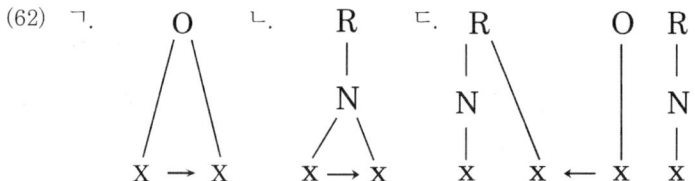

　(62ㄱ)은 음절초가 자음의 연쇄로 이루어진 구조이며, (62ㄴ)은 음절핵이 모음의 연쇄로 이루어진 구조이다. (62ㄱ)과 (62ㄴ)에서의 두 분절음의 지배방향은 엄밀방향성 (61ㄴ①)에 따라 구성성분 내의 지

배방향인 왼쪽에서 오른쪽으로 진행된다. (62ㄷ)은 어중의 자음연쇄
에 따른 구조로서, (62ㄷ)의 지배방향은 엄밀방향성 (61ㄴ②)에 따라
구성성분 간의 지배방향인 오른쪽에서 왼쪽으로 진행된다. 한국어
에서는 (62ㄱ)과 (62ㄴ)의 연쇄를 허용하지 않으므로 (62ㄷ)과 같은
어중의 자음연쇄에서만 지배관계가 성립된다.

2.1.2. 승인원리 및 공범주원리(Empty Category)

음절구조를 결정하는 지배음운론의 기본 개념에는 위에서 기술한
'지배(government)'와 다음 (63)의 '승인(licensing)'이 있다. '승인'은
음절구조를 이루는 각 구성요소 간의 관계를 나타내는 원리이다.[88]

(63) 승인원리(Licensing Principle: Kaye 1990a: 306)[89]
　　머리 음절핵(head nucleus)을 제외한 모든 음절요소는 승인을 받아야
　　만 한다.

(63)의 '승인 원리'란 음절의 모든 요소들이 음절구조에 나타나기
위해서는 반드시 음절핵으로부터 승인을 받아야 한다는 것이다. 이때
'모든 음절요소'란 음소와 골격을 포함하는 구성요소(constituent)를
말하는 바, (63)은 음절핵을 제외한 모든 구성요소가 승인되어야 함
을 의미한다. 승인은 머리가 되는 음절핵(head nucleus)에서부터 나오

---

88 지배음운론은 음절을 이루는 구성성분 중에 음절초, 음절핵 및 운모만을 인식한다.
　　지배음운론에서의 '승인원리'는 음절말 자음(coda)을 인정하지 않는 것이다. 생성
　　음운론에서 음절말 자음(coda)을 인정하지 않는 것과 관련된다고 할 수 있다.
89 Licensing Principle
　　All phonological positions save one must be licensed within a domain. The
　　unlicensed position is the head of this domain (Kaye 1990a: 306).

는 것으로 본다. 이에 머리가 아닌 음절핵이나 음절머리는 음절핵으
로부터 승인을 받게 된다. 이러한 논리는 모든 음절구조가 '음절머리
-음절핵'의 연속으로 이루어져야 함을 말해준다. 이로써 '집'이나
'cat'과 같이 자음으로 끝나는 낱말은 마지막 음절머리(기존 이론에서
의 'coda'를 의미한다.) 다음에 빈 음절핵(empty nucleus: 이하 '빈핵'이라
한다.)이 오게 된다. 그리고 빈핵은 음성적 해석을 받지 않고(즉 발음되
지 않고), 그 앞에 오는 음절머리를 승인하는 역할을 하게 된다(허용·
이상직 1996: 421~422). 빈핵이 나타나는 현상은 다음 (64)의 '공 범주
원리(Empty Category Principle)'로 설명된다.

   (64) 공 범주 원리(Kaye, 1990a)[90]
      ㄱ. 승인된 빈핵은 발음되지 않는다.
      ㄴ. 빈핵은 다음과 같은 경우에 승인된다.
         ① 적정지배를 받는 경우[91]
         ② 영역말 빈핵을 승인하는 언어에서의 영역말 빈핵인 경우

   (64)의 '공 범주 원리'에 따르면 빈핵은 두 가지의 경우에 승인을

---

90 Empty Category Principle (Kaye 1990b)
      ㄱ. A licensed empty nucleus has no phonetic realisation
      ㄴ. An empty nucleus is licensed if
      ① it is properly governed or
      ② if it is domain-final in languages which license domain-final empty nuclei
91 Proper Government (Charette 1991: 83)
      A nucleus α properly governs an empty nucleus β
      (음절핵 α는 빈핵 β를 다음과 같은 경우에 적정지배 한다.)
      ㄱ. α governs β (α가 β를 지배할 때)
      ㄴ. α is not itself licensed (α가 승인된 빈핵이 아닐 때)

받는다. 첫째, (64ㄴ①)에 따라 빈핵에 후행하는 음절핵(Non-Empty Nucleus)이 빈핵이 아닐 경우와 음절핵이 선행하는 빈핵을 적정지배(Proper Government)할 경우에 빈핵은 후행하는 음절핵에 의해 승인을 받게 된다. 승인을 받은 빈핵은 선행 자음을 승인하는 자격을 갖는다. 그런데 승인하는 힘의 관점에서 볼 때, 빈핵은 비어 있지 않은 음절핵보다 훨씬 제한된 힘을 갖게 된다. 이 때문에 빈핵에 선행하는 자음은 빈핵에 의하여 승인을 받을 수 있도록 적절한 음운으로 변동된다. 대표적인 예가 한국어의 중화현상(Neutralisation process)이라고 할 수 있다.

둘째, (64ㄴ②)에 따라 영역말 빈핵을 승인하는 여부는 언어에 따라 다르다. 그러므로 빈핵은 영역말 빈핵을 승인하는 언어의 경우에 후행하는 음절핵으로부터 승인을 받게 된다. 영역말 빈핵을 승인하는 언어는 음절말 자음을 허용하는 언어로 'CV(C)'와 같은 음절구조를 가지게 된다. 대표적으로 한국어, 영어, 프랑스어 등이 있다. 반면 영역말 빈핵을 승인하지 못하는 언어는 음절말 자음을 허용하지 않으므로 'CV'와 같은 음절구조를 가지게 된다. 대표적으로 이태리어와 하와이어 등이 있다.

2.1.3. 구성원소 이론 및 국어 자음의 내적구조

지배음운론에서 음소들 간의 지배관계를 실현시키는 것은 분절음의 내재된 속성에 의해서 결정된다. 분절음의 속성은 분절음의 최소단위인 구성원소(Element)로 설정된다(Harris 1990; Kaye et al. 1990). 이는 이원적인(binary) 변별자질로 분절음의 최소단위를 설정하는 기존의 생성음운론과는 달리 분절음의 대립 관계가 해당 구성원소의 유무에 따라 결정된다는 것이다.

지배음운론의 구성원소 이론은 구성원소가 그 자체만으로도 음성 실현(realizational autonomy)이 가능하다는 특징을 가진다. 이에 따라 분절음은 하나의 구성원소로 이루어지기도 하고(단일 분절음: simplex segment), 구성원소 간의 융합 또는 결합(fusion)을 통해서 두 개 이상의 구성원소로 이루어지기도 한다(복합 분절음: complex segment). 구성원소 이론을 바탕으로 한국어의 분절음 표시에 필요한 구성원소 8개와 이러한 구성원소들이 가지고 있는 일차적 속성 (saliant property)을 제시하면 다음 (65)와 같다.

(65) 국어 분절음 표시에 필요한 구성원소 8개(이상직 2010: 8)

A: non-high	I: palatality	U: labiality
R: coronality	@: velarity	?: occlusion (non-continuant)
L: nasality, slack vocal folds (voicing)		H: noise, stiff vocal folds

그리고 위 8개의 구성원소에 대한 속성은 다음과 같다고 하겠다. (65)의 구성원소들은 독립된 분절음으로서 자체적인 음성적 실현이 가능하다(autonomous interpretation hypothesis: Harris and Lindsay 1995). 이를테면 A, I, U, R, H, ?가 독립적으로 나타날 경우에는 각각 [a], [i], [u], [r], [h], [?]로 실현되는 것이다. 그리고 구성원소 A, I, U는 모음표시뿐만 아니라 자음의 조음장소 표시로도 사용된다 (A: 인두, I: 경구개, U: 양순). R과 @는 각각 조음장소인 치조와 연구개를 표시한다. 조음방법과 관련된 구성원소인 ?, H, L은 각각 폐쇄성 (occlusion), 소음성(noise), 비음성(nasality)을 표시한다.

이에 따라 파열음은 조음장소 구성원소를 비롯하여 H와 ?의 결합
으로 이루어지고, 마찰음은 조음장소 구성원소와 H의 결합으로, 비
음은 조음장소 구성원소를 비롯한 L과 ?의 결합으로 이루어진다.
그리고 한국어는 H가 후두마디에 존재하면 H는 후두속성을 가지면
서 경음과 격음을 표시하게 된다. 이러한 8개의 구성원소를 토대로
한 한국어 자음의 내적구조는 다음 (66)과 같다(이상직 2010: 8~9).[92]

(66) ㄱ. 유음: [r](R), [l](R.?)

　　ㄴ. 비음: /m/(U.L.?),　/n/(R.L.?),　/ŋ/(@.L.?)

　　ㄷ. 평음: /p/(U.H.?),　/t/(R.H.?),　/k/(@.H.?)

　　　　　/s/(R.H),　/č/(〈R.I〉.H.?)

　　ㄹ. 경음: /p'/(U.?.(H̲)),　/t'/(R.?.(H̲)),　/k'/(@.?.(H̲))

　　　　　/s'/(R.(H̲)),　/č'/(〈R.I〉.?.(H̲))

　　ㅁ. 격음: /ph/(U.?.H.(H̲)),　/th/(R.?.H.(H̲))

　　　　　/kh/(@.?.H.(H̲)),　/čh/(〈R.I〉.?.H.(H̲))

(66ㄱ)은 유음의 내적 구성원소이다. 유음의 경우는 탄설음[r]과
설측음[l]을 구분하여 [l]은 [r]보다 구성원소(?)를 더 가지는 것으로
설정되었다.[93] 이는 음절말에 실현될 수 있는 7개의 분절음은 모두

---

92 이상직(2010)에서는 /h/가 설정되진 않았으나, /h/는 '/h/(H)'와 같이 단일 구성원
소(H)를 취하는 것으로 설정할 수 있다고 한다. 구성원소(H)는 자체적으로 독립된
분절음 /h/로 음성적 실현이 가능하기 때문이라고 하는 것이다.

93 설측음의 [지속성] 자질 유무에 대하여 이진호(2005: 75)에서는 설측음에 [+지속성]
자질을 부여하는 한편 신지영(2011), 강옥미(2003)는 [−지속성] 자질을 부여한다.
특히 신지영(2011: 145)은 개별 언어에서의 설측음은 어떠한 음운론적 행동을 하는
가에 따라 [+지속성]을 갖는지, [−지속성]을 갖는지를 결정하게 되는데, 한국어에서
는 음절말음이 /p, t, k, n, m, g, l/로 실현되므로 한국어의 설측음은 [−지속성]을

구성원소(ʔ)를 갖는 것으로 일반화할 수 있다. 그리고 유음을 '[r](R), [l](R.ʔ)'로 설정함으로써 음절말 유음의 변화([r]>[l])를 구성원소로 나타낼 수도 있다. 외파음으로 실현되었던 중세국어의 음절말 유음은 '[r](R)'로 설정할 수 있고, 설측음[l]로 실현되는 근·현대국어의 음절말 유음은 '[l](R.ʔ)'로 설정할 수 있는 것이다.

파찰음의 구성원소는 '/ʧ/(⟨R.I⟩.H.ʔ)'로서 조음장소가 두 개의 구성원소(⟨R.I⟩)로 설정되었는데, '⟨R.I⟩'는 치조의 구성원소(R)과 경구개의 구성원소(I)가 하나로 결합된 것으로 간주된다. 비음과 파열음은 조음장소 구성원소와 (ʔ)를 갖고 있으며, 이들 부류 간의 차이는 각각 (L)과 (H)에 의해 구별된다. 경음과 격음은 후두마디에 (H)를 가진다. (H)는 후두마디에 자리 잡아 [stiff vocal cords]로 해석됨으로써 경음과 격음은 지배적 속성을 지닌 유핵(headed) 자음으로 취급받게 된다. 그리고 격음은 경음보다 (H)를 하나 더 가지는 것으로 설정되었다. 이는 격음화 과정에서 (H)를 가진 평음과 (H)를 가진 /h/의 연쇄에서 격음화가 실현되므로, 격음에는 후두마디 (H)가 이중으로 연결된 구조를 가지는 것이다(이상직 2010: 9~10).

이상으로써 지배음운론에 대한 기본적 개념을 살펴보았는데, 이를 토대로 이 글에서는 /ㄹ/-탈락현상과 순행적 유음화, /ㄹ/-탈락현상과 /ㅡ/-삽입현상, 역행적 유음화와 /ㄹ/-비음화 등의 유음 관련 음운현상들 간의 상관성을 다음과 같이 분석하고자 한다.

갖는 것이라고 한다. 강옥미(2003: 147)에서도 [±지속성]은 구강 중앙에서의 공기 막힘 유무에 따라 결정되므로 한국어의 설측음[l]은 [−지속성]으로 분류된다고 하는 것이다.

2.2. /ㄹ/-탈락현상과 순행적 유음화와의 상관성

/ㄹㄴ/-연쇄에서는 /ㄹ/-탈락현상과 순행적 유음화가 실현된다. 이때 /ㄹㄴ/-연쇄에서의 두 음운현상은 음절말 유음의 음가 변화([r]>[l])와 관련되므로, 두 음운현상 간의 상관성은 통시적 관점에서의 해석이 요구된다.

이 글은 음절말 유음이 중세국어에서는 외파음[r]로 실현되다가 중세국어와 근대국어의 교체기에 [r]>[l]로 변화됨으로써 현대국어에서는 음절말 유음이 설측음[l]로 실현됨을 밝혔다. (66ㄱ)에서 유음의 내적 구성원소가 '[r](R), [l](R.ʔ)'로 설정되었는데, 이는 음절말 유음의 음가 변화([r]>[l])에 따른 음운현상의 변화들을 보다 명시적으로 기술할 수 있게 된다. 음절말 유음이 외파음[r]로 실현되었던 중세국어는 'ㄴ' 앞에서 'ㄹ'이 탈락되었음을, 그리고 중세국어와 근대국어의 교체기에 음절말 유음이 설측음[l]로 변화되자 /ㄹㄴ/-연쇄를 가진 복합어에서는 유음화([ll])가 실현됨을 음절말 유음의 음가 변화([r]>[l])와 함께 유음의 내적 구성원소([r](R), [l](R.ʔ))로써 기술할 수 있는 것이다.

한편 /ㄹㄴ/-연쇄에서는 복합어와 활용이 실현 양상을 달리한다. 복합어에서는 '달+님→[달림]'과 같이 순행적 유음화가 실현되는 반면 활용에서는 '날-(飛)+-니→[나니]'와 같이 /ㄹ/-탈락현상이 실현된다. 형태론적 범주에 따른 이러한 차이들도 다음과 같은 역사적인 사실에 기인한다.

중세국어에서는 복합어와 활용 모두 /ㄹ/-탈락현상이 실현되었었다. 이때 활용에서의 /ㄹㄴ/-연쇄는 /ㄹ/-탈락현상이 필수적이었으나, 복합어의 /ㄹㄴ/-연쇄는 /ㄹ/의 탈락형인 'Øㄴ'과 유지형인 'ㄹㄴ'

이 수의적이었다. 그리하여 활용에서의 /ㄹㄴ/-연쇄는 그 표면형이 '/ㄹㄴ/→[Øㄴ]'으로 예외 없이 변동되었었고, 이에 근대국어 시기에 유음화가 발생되었어도 활용에서는 유음화의 동화주인 'ㄹ'을 갖지 못함으로써 유음화가 실현될 수 없었다. 반면 복합어에서는 /ㄹ/-탈락형과 /ㄹ/-유지형이 수의적이었으므로 /ㄹ/-유지형이었던 'ㄹㄴ'에서 유음화가 실현될 수 있었던 것이고, 그 결과 /ㄹㄴ/-연쇄를 가진 복합어에서는 오늘날 순행적 유음화가 실현되고, 활용에서는 /ㄹ/-탈락현상이 실현되는 것이다.

   /ㄹㄴ/-연쇄에서의 /ㄹ/-탈락현상과 순행적 유음화를 활용의 '날-(飛)+-니→[나니]'와 복합어 '달+님→[달림]'의 예로써 지배음운론의 구성원소 이론으로 분석하면 다음 (67)·(68)과 같다.

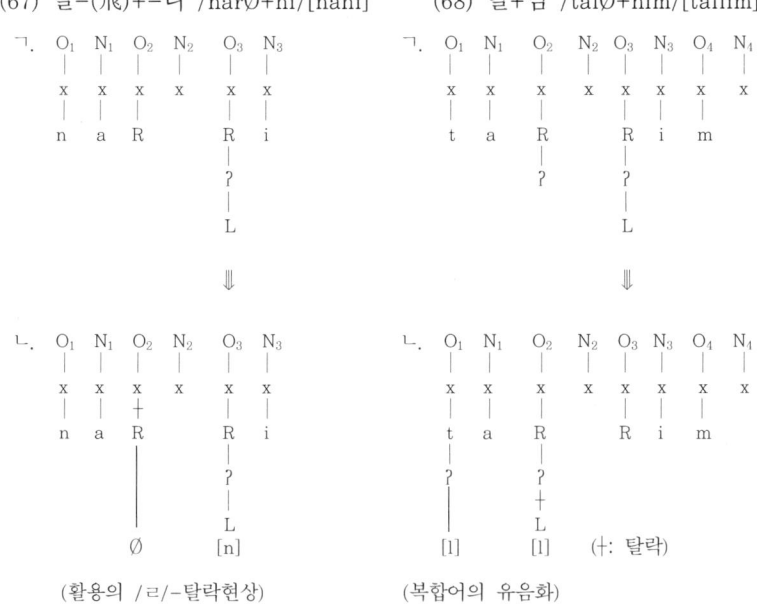

(67) 날-(飛)+-니 /narØ+ni/[nani]

(활용의 /ㄹ/-탈락현상)

(68) 달+님 /talØ+nim/[tallim]

(복합어의 유음화)

(十: 탈락)

'날-+-니[나니]'의 어간말 'ㄹ'은 구성원소가 '[r](R)'로서 (67)은 활용에서의 /ㄹ/-탈락현상을 보인 것이다. (68)의 '달+님[달림]'의 체언말 'ㄹ'은 구성원소가 '[l](R.?)'로서 이는 복합어에서의 순행적 유음화를 보인 것이다.

중세국어에서는 음절말 'ㄹ'이 외파음[r]이었다. 그리고 활용에서는 /ㄹ/-탈락현상이 필수적이었다. 그리하여 활용의 /ㄹㄴ/-연쇄에서는 예외 없이 [Ø$n]로 변동되었고, 이로써 근대국어 시기에 유음화가 발생되었어도 활용에서는 유음화가 실현될 수 없었다. 그 결과 활용의 /ㄹㄴ/-연쇄에서는 (67)의 도식처럼 /ㄹ/-탈락현상인 [Ø$n]로서 오늘날까지 실현되는 것이다.

한편 복합어에서는 중세국어의 /ㄹ/-탈락현상이 /ㄹ/의 탈락형인 'Øㄴ'과 유지형인 'ㄹㄴ'이 수의적이었다. 이후 중세국어와 근대국어의 교체기에 음절말 'ㄹ'이 [r][구성원소(R)]>[l][구성원소(R.?)]로 변화되자 /ㄹ/-유지형이었던 'ㄹㄴ'에 유음화가 실현되었던 것이다. 그리하여 /ㄹㄴ/-연쇄를 가진 복합어에서는 오늘날 (68)의 도식처럼 /ㄴ/의 비음성 구성원소(L)이 삭제되면서 순행적 유음화[ll]가 실현되는 것이다.

2.3. /ㄹ/-탈락현상과 /ㅡ/-삽입현상과의 상관성

어간말 'ㄹ'과 어미초 'ㄴ'과의 연쇄에서는 /ㄹ/-탈락현상이 필수적이다. 그런데 최근 들어 '날-(飛)+-니→[나르니], 갈-(硏)+-니→[가르니]'와 같이 /ㄹ/-탈락현상 대신 'ㅡ'가 삽입되어 'ㄹ'이 유지되는 현상이 폭넓게 나타나고 있다. 이에 2.3에서는 /ㄹ/-탈락현상과 /ㅡ/-삽입현상 간의 상관성을 지배음운론의 분석적(analytic)·비분석적(non-analytic) 결합 이론으로 분석해 본다.

지배음운론의 형태-음운 영역(Morphology-Phonology Interface)
이란 형태적 요소가 음운론에 접목되어 음운규칙이 적용되는 영역에
영향을 미친다는 것이다. 이는 Kaye(1993)에 의해 어근 A에 어근
또는 접사 B가 결합할 경우, 형태론적 경계에서 음운현상이 어떻게
적용되는가에 따라 크게 분석적 결합(analytic)과 비분석적 결합
(non-analytic)으로 나눠진다. 분석적 결합은 (69ㄱ)처럼 두 형태소
사이에 형태론적 경계가 존재하는 반면, 비분석적 결합은 (69ㄴ)처럼
두 형태소 사이에 형태론적 경계가 존재하지 않고, 두 형태소가 단일
한 영역을 이루는 것이다.

(69) ㄱ. 분석적 결합: ①[[A][B]] ②[[A]B]
      ㄴ. 비분석적 결합: [AB]

(69ㄱ)의 분석적 결합에 대한 음운현상과 적용방법은 안쪽의 영역
(inner domain)이 먼저 적용된 다음 바깥의 영역(outer domain)이 적
용된다. 이때 분석적 결합인 (69ㄱ①)[[A][B]]는 [A]와 [B]가 각각으로
음운현상이 적용된다. 반면 (69ㄱ②)[[A]B]는, [A]는 독립된 음운 영
역을 형성하나, B는 독립된 음운 영역을 형성하지 못한다. 이 때문에
음운현상은 첫 음운 영역인 [A]에만 적용되고, 이후 새롭게 형성된
[A₁B]에서 음운현상이 적용되는 것이다. (69ㄴ)의 비분석적 결합은
A와 B가 독립된 음운 영역을 형성하지 못하므로, [AB]가 하나의 음운
영역으로서 직접 적용된다(허용·이상직 1996: 436~439).

한국어에서는 분석적·비분석적 결합에 대한 분류 기준이 어간말

자음의 중화현상 적용 여부에 의해 결정된다. 이에 어간과 접사 사이에 [ɨ] 모음이 출현하여 비분석적으로 결합하는 경우, 어간말 자음은 음운변동이 일어나지 않는다. 어간과 접사가 하나의 음운 영역 내에서 직접 결합함에 따라 영역말에 나타나는 중화현상의 적용을 방지할 수 있기 때문이다. 반면 어간과 접사가 분석적으로 결합하는 경우는 가장 안쪽의 음운 영역에서 중화현상이 일어나므로 안쪽의 영역말 자음은 중화현상의 적용범위가 되면서 한국어는 (64ㄴ②)에 따라 영역말 빈핵을 승인하는 언어이므로 한국어에서는 빈핵이 묵음으로 처리된다(한길로·이상직 2013: 804).

그리고 한국어에서는 분석적 결합과 비분석적 결합을 결정하는 요소로서 어간과 접사 사이에 'ㅡ' 모음의 출현을 들 수 있다. 형태소 경계에서 중화현상과 상반되는 'ㅡ' 모음이 출현하면 비분석적 결합이 되고, 그렇지 않으면 분석적 결합이 되는 것이다(허용 1998: 400~403). 이러한 지배음운론의 분석적·비분석적 결합 이론으로써 /ㄹㄴ/-연쇄에서의 /ㄹ/-탈락현상과 /ㅡ/-삽입현상 간 관계를 해석하면 다음 (70)·(71)과 같다.

(70) 분석적 결합: /날-+-니/ [나니]

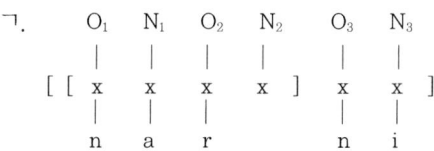

```
ㄴ.      O₁   N₁   O₂   N₂   O₃   N₃
        |    |    |    |    |    |
        x    x    x    x    x    x
        |    |    +         |    |
        n    a    r         n    i
      [ ㄴ   ㅏ              ㄴ   ㅣ ]
```

(71) 비분석적 결합: /날-+-니/ [나르니]

```
ㄱ.      O₁   N₁   O₂   N₂   O₃   N₃
        |    |    |    |    |    |
      [ x    x    x    x    x    x ]
        |    |    |         |    |
        n    a    r         n    i
```

⟱

```
ㄴ.      O₁   N₁   O₂   N₂   O₃   N₃
        |    |    |    |    |    |
        x    x    x    x    x    x
        |    |    |    ↓    |    |
        n    a    r    ɨ    n    i
      [ ㄴ   ㅏ   ㄹ   ㅡ    ㄴ   ㅣ ]
```

/날-+-니/에서 실현되는 두 표면형 [나니]와 [나르니]는 각각 (70)의 분석적 결합과 (71)의 비분석적 결합으로 분석된다. (70)의 /날-+-니/[나니]는 어간 '날-'과 어미 '-니'가 분석적으로 결합된 것이다. (70ㄱ)의 N₂는 먼저 (64)의 '공 범주 원리'에 의해 묵음으로 처리되면서 규칙적용은 안쪽의 어간 영역 내에서 먼저 적용된다. 이어 (70ㄴ)의 '날-+-니'는 (70ㄱ)에서 가장 안쪽 영역에 괄호삭제 과정을 적용시킴으로써 어간 영역과 어미 영역이 결합된 구조가 된다. 이때 (70ㄱ)의 N₂가 묵음으로 처리되는 가운데 한국어에서는 'ㄹ+ㄴ'의 연쇄를 허용하지 않으므로 이에 따른 일련의 조정 과정에서 선행

하는 O$_2$의 유음이 탈락되는 것이다.

반면 (71)의 '날-+-니→[나르니]'는 '날-+-니'의 활용에서 [ɨ]가 삽입되어 어간과 어미가 비분석적으로 결합된 것이다. 비분석적 구조 내에서는 [ɨ]의 삽입으로 인하여 음운현상이 일어나지 않으므로 (71ㄴ)에서는 [나르니]가 실현되는 것이다(한길로·이상직 2013: 805~808).

이렇듯 '날-+-니'는 어간과 어미의 결합 방식의 차이에 따라 [나니]와 [나르니]가 실현되는 것으로서 이러한 두 현상은 결국 표면형에 허용치 않는 /ㄹㄴ/-연쇄로 인한 그 조정 과정에서 실현되는 것이라고 하겠다.

2.4. 역행적 유음화와 /ㄹ/-비음화와의 상관성

현대국어는 'ㄹ'과 'ㄴ'의 연쇄, 또는 'ㄴ'과 'ㄹ'의 연쇄를 허용하지 않는다. 이 때문에 /ㄹㄴ/-연쇄에서는 형태론적 범주에 따라 활용에서는 /ㄹ/-탈락현상이 실현되고, 복합어에서는 순행적 유음화가 실현된다. /ㄴㄹ/-연쇄에서는 어두에 'ㄹ'을 가진 고유어가 존재하지 않으므로 한자어(및 외래어)에서 볼 수 있다. 이때 한자어 내에서 형태소 경계를 인식하면, /ㄴㄹ/-연쇄는 [[A][B]] 구조로서 /ㄹ/-비음화가 실현된다. 반면 한자어를 하나의 단일어로 인식한다면, 이는 [AB]의 구조로서 역행적 유음화가 실현된다. /ㄴㄹ/-연쇄에서는 형태소 경계 인식 유무에 따라 역행적 유음화와 /ㄹ/-비음화가 실현되는데,[94] 이러한 유·비음화의 상관성도 지배음운론의 구성원소 이론 및

---

[94] /ㄴㄹ/-연쇄에서의 /ㄹ/-비음화는 유음화 이후에 발생되었다고 할 수 있다. 유음화

분석적·비분석적 결합 이론으로써 다음 (72)·(73)과 같이 분석할
수 있다.[95]

(72) 비분석적 결합: /선릉/[설릉]

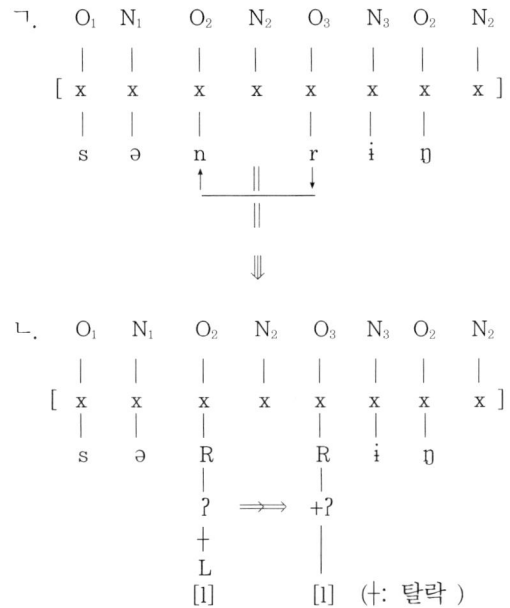

가 비음화보다 문헌에 일찍 반영되었다는 것, 현대국어의 여러 방언에서 ㄹㄹ형과
ㄴㄴ형이 공존하거나 또는 역행적 유음화가 적용되는 ㄹㄹ형만 존재하는 방언은 있
어도 /ㄹ/-비음화가 적용된 ㄴㄴ형만 존재하는 방언은 없다는 근거들로써(이진호
1998: 109), 역행적 유음화가 /ㄹ/-비음화보다 앞선 시기에 실현되었다고 보는 것
이다.

95 이 글에서는 유·비음화의 실현을 '선릉(宣陵)'의 예로 분석하였다. 이는 '선릉'이
유음화인 [설릉]으로도, 비음화인 [선능]으로도 발화됨을 볼 수 있기 때문이다.

(73) 분석적 결합: /선릉/[선능]

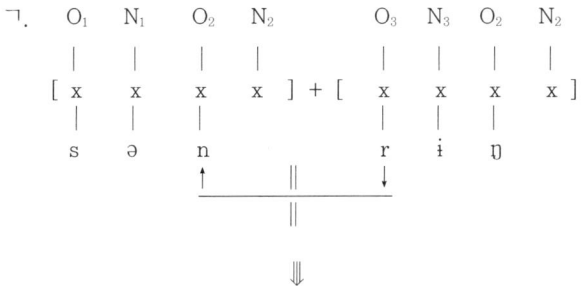

ㄱ.

$$
\begin{array}{cccccccc}
O_1 & N_1 & O_2 & N_2 & & O_3 & N_3 & O_2 & N_2 \\
| & | & | & | & & | & | & | & | \\
[\ x & x & x & x\ ] & + & [\ x & x & x & x\ ] \\
| & | & | & & & | & | & | \\
s & \ni & n & & & r & \dot{\imath} & \eta
\end{array}
$$

ㄴ.

$$
\begin{array}{cccccccc}
O_1 & N_1 & O_2 & N_2 & O_3 & N_3 & O_2 & N_2 \\
| & | & | & | & | & | & | & | \\
[\ x & x & x & x & x & x & x & x\ ] \\
| & | & | & & | & | & | \\
s & \ni & R & & R & \dot{\imath} & \eta \\
& & | & & | \\
& & L & \Longrightarrow & +L \\
& & | & & | \\
& & ? & \Longrightarrow & +? \\
& & [n] & & [n]
\end{array}
$$

(72)는 유음화된 '/선릉/[설릉]'에 대한 도식이다. 이는 '선+릉'의 구성에서 '선릉(宣陵)'의 결합형을 하나의 형태소로 인식한 것이므로 [AB] 구조로서 지배음운론의 비분석적 결합으로 분석되었다. 즉 [AB] 구조는 하나의 음운영역을 형성함에 따라 음절말 'ㄴ'이 후행하는 음절초 'ㄹ'에 동화되어 역행적 유음화가 실현된 것이다. 특히 'ㄹ 앞에는 ㄹ만이 허용된다.'는 제약으로 말미암아 후행하는 음절초 'ㄹ'을 실현시키기 위해서는 선행하는 음절말 'ㄴ'을 'ㄹ'로 변동시켜야 한다. 이에 O_2는 (72ㄴ)처럼 'ㄴ'이 가지는 비음성 구성원소(L)을 탈락시켜 (이때 O_3에 O_2의 구성원소(?)가 더해지는 것은 후술하도록 한다.) 음절말 유음인 [l]과 동일한 구성원소(R,?)를 가지게 되고, 이

로써 /ㄴㄹ/-연쇄의 '선릉'은 [설릉]과 같이 역행적 유음화[11]가 실현되는 것이다.

반면 (73)은 /ㄹ/-비음화된 /선릉/[선능]에 대한 도식이다. 이는 분석적 결합으로써 '선+릉'의 구성에서 '선(宣)'과 '릉(陵)'을 각각의 형태소로 인식한 것이다. 이에 후행하는 '릉'의 'ㄹ'이 'ㄹ의 분포상 제약'으로 말미암아 'ㄴ'으로 변동되고, 변동된 '릉(陵)→능(陵)'이 '선(宣)'과 결합하여 /ㄹ/-비음화인 [선능]이 실현된 것이다.

/ㄴㄹ/-연쇄에서의 /ㄹ/-비음화는 O_3의 'ㄹ'에 'ㄴ'이 가지는 비음성 구성원소(L)이 더해짐으로써 'ㄹ'이 'ㄴ'으로 변동되는 현상이다. 그런데 (73ㄴ)에서는 O_3의 'ㄹ'에 구성원소(L)뿐만 아니라 구성원소(?)도 더해짐을 볼 수 있는데, 그 이유는 다음과 같다(김성옥 2015: 19~21)고 하겠다.

첫째, 이는 음절말 O_2와 음절초 O_3 사이에서의 적정지배관계를 형성하기 위함이다. 어중의 음절초 자음은 선행하는 음절말 자음을 지배할 수 있어야 한다. 이때 음절초 O_3가 음절말 O_2을 지배하기 위해서는 음절초 O_3의 내적 구성원소가 음절말 O_2의 내적 구성원소보다 많거나 같아야 한다. 그런데 음절말(O_2) 'ㄴ'의 구성원소는 (R.L.?)이고, 음절초(O_3) 'ㄹ'의 구성원소는 (R)이므로 이들 사이에서는 적정지배관계가 성립되지 않는다. 이에 음절초(O_3) 'ㄹ'에 'ㄴ'이 갖는 구성원소(L)과 (?)가 더해져 두 자음 사이에서의 적정지배관계 'C_1:구성원소(R.L.?) ≤ C_2:구성원소(R.L.?)'가 형성되고, 이로써 /ㄹ/-비음화([nn])가 실현되는 것이다.

둘째, 어중의 음절초는 선행하는 음절말음의 폐쇄단계가 이어지면서 파열단계로 실현된다. 음절말 O_2의 폐쇄성 구성원소(?)가 음절초 O_3에 더해짐은 음절초 O_3가 음절말 O_2의 구성원소(?)를 이어받음을 나타내기 위함이다. 예컨대 파열음의 조음작용은 3단계인 '① 폐쇄 → ② 폐쇄지속 → ③ 파열'의 과정을 거친다. 이때 모든 환경이 3단계의 과정을 거치는 것이 아니라 어중의 음절초는 ② → ③단계로 실현되고, 음절말은 ① → ②단계로 실현된다(김차균 1998: 28~29). 즉 어중의 음절초 자음은 음절말에서의 폐쇄성 구성원소(?)를 이어받아 ② → ③단계로 실현되는 것이다.

구성원소(?)는 폐쇄로만 실현되는 한국어의 음절말음의 속성을 반영한다. 이에 김선정(1999: 113)에서는 음절말음의 속성과 구성원소(?)와의 관련성을 다음 (74)의 조건으로써 설명하는 것이다.

(74) 빈핵에 의하여 승인 받을 수 있는 영역말 자음의 조건(김선정 1999)
　ㄱ. 구성원소(H)를 포함하고 있지 말아야 한다.
　ㄴ. 구성원소(?)를 반드시 포함하고 있어야만 한다.

(74)의 '빈핵에 의하여 승인 받을 수 있는 영역말 자음의 조건'이란 한국어의 음절말 자음의 조건을 의미한다. 김선정(1999)은 이를 통해 한국어의 음절말 위치는 폐쇄된 상태를 유지해야 하므로 음절말에서는 (74ㄴ)과 같이 구성원소(?)가 포함되어야 함을 제시한 것이고, (H)는 또 파열할 때 나타나는 소음성(noise)의 구성원소이므로 음절말에서는 (74ㄱ)과 같이 (H)가 탈락되어야 함을 제시한 것이다. 그리고 이를 바탕으로 김성옥(2014b: 149~150)에서는 음절말에 올 수 있는 7개 자음들에 대한 음절말에서의 구성원소를 다음과 같이 설정함을 보게 된다.

(75) 음절말 자음의 내적 구성원소

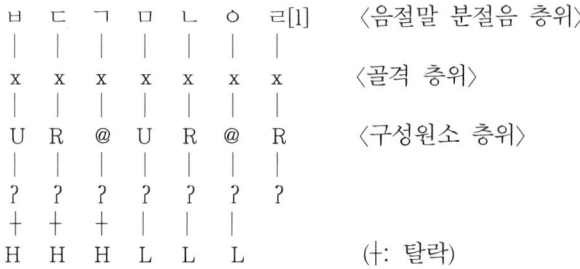

    구성원소(?)는 폐쇄성을 나타내므로 음절말에 올 수 있는 7개 자음은 모두 음절말에서 (75)와 같이 구성원소(?)를 가지게 된다. 그리고 어중의 음절초(O_3)는 선행하는 음절말(O_2)의 폐쇄단계가 이어지면서 파열단계가 실현되므로, 어중의 음절초(O_3)는 (72ㄴ)과 (73ㄴ)의 도식에서처럼 선행하는 음절말의 구성원소(?)가 더해지는 것이다.

    따라서 /ㄴㄹ/-연쇄에서의 /ㄹ/-비음화는 음절초(O_3) 'ㄹ'에 음절말(O_2) 'ㄴ'이 갖는 비음성 구성원소(L)과 폐쇄성 구성원소(?)가 더해짐에 따라 음절말 O_2와 음절초 O_3 모두 'ㄴ'이 갖는 구성원소(R.L.?)를 갖추게 되고, 이로써 (73ㄴ)처럼 /ㄹ/-비음화([nn])가 실현되는 것이라고 할 수 있다.

    이렇듯 이 글에서는 /ㄴㄹ/-연쇄에서의 유·비음화 실현을 지배음운론의 구성원소 이론 등으로 분석하면서, /ㄴㄹ/-연쇄에서의 /ㄹ/-비음화는 음절초 'ㄹ'에 선행하는 음절말 'ㄴ'의 구성원소(L)이 더해짐에 따른 것으로 해석하였다. 그런데 /ㄹ/-비음화의 경우는 '비음+ㄹ' 연쇄에서뿐만 아니라 '독립→[동닙]'처럼 '파열음+ㄹ' 연쇄에서도 실현된다. 이때 '파열음+ㄹ' 연쇄에서는 파열음이 비음성 구성원소(L)을 갖지 않으므로 음절초 'ㄹ'이 'ㄴ'으로 변동됨을 설명하지 못한다. 즉

이 글의 지배음운론 분석으로는 '비음+ㄹ' 연쇄에서의 /ㄹ/-비음화와 '파열음+ㄹ' 연쇄에서의 /ㄹ/-비음화를 일률적으로 분석할 수 없다는 한계가 있는 것이다. 다만, 파열음은 파열할 때 나타나는 구성원소(H)를 가지고, 또 파열음과 비음은 조음장소 구성원소와 (?)를 공통적으로 가지므로 이들 부류 간의 차이는 (H)와 (L)에 의해서 구별되는 것이기는 하다. 그리고 파열음은 자신이 가지는 구성원소(H)가 폐쇄지속이라는 한국어의 음절말 속성으로 인하여 음절말에서는 탈락된다. 이에 '파열음+ㄹ' 연쇄에서의 /ㄹ/-비음화는 음절말에서 파열음의 구성원소(H)가 탈락되면서 비음성의 구성원소(L)이 더해지는 과정을 찾는다면 이에 대한 해석의 실마리도 찾을 수 있으리라고 본다.

이상과 같이 5장에서는 유음 관련 현상들에 대한 역사적 추이를 정리하면서, 현대국어에서의 유음 관련 음운현상들 간의 상관성을 지배음운론의 관점에서 분석해 보았다. 이를 정리하면 다음과 같다. 중세국어는 /ㄹ/-탈락현상이 'ㄴ, ㄷ, ㅅ, ㅿ, ㅈ'의 환경에서 실현되는 가운데 활용에서는 필수적이었던 반면, 복합어에서는 /ㄹ/-탈락형과 /ㄹ/-유지형이 수의적이었다. 그러다가 근대국어에 들어, 'ㄷ, ㅈ'이 /ㄹ/-탈락현상의 환경에서 제외되기 시작하고, 복합어에서의 /ㄹ/-탈락현상은 약화·소멸되는 변화를 보인다. 또한 근대국어는 유음화가 발생 및 확산되는데, 이러한 유음화는 복합어에서만 실현되고 활용에서는 실현되지 않는다. 그리고 유음화의 발생으로 표기에서도 여러 변화를 겪게 되는데, 가령 중세국어에서의 ㄹㄴ형이 근대국어 시기에는 ㄹㄴ>ㄹㄹ형으로 변화된다. 중세국어 시기에 특징적으로 나타났던 ㄹㅇ형도 근대국어에서는 ㄹㄹ형으로 변화되기도 하는데, 이 글에서는 이러한 변화들의 동인을 중세국어와 근대국어의 교체기에 음절말 유음의 음가 변화([r]>[l])에서 찾은 것이다.

그리고 유음과 관련된 음운현상들은 중세국어와 근·현대국어를 거치는 동안 많은 변화를 경험하였고, 그 변화로 말미암아 현대국어에서는 유음 관련 현상들이 서로 관련성을 가지면서, 또 때로는 경쟁관계를 이루기도 한다. 이에 이 글은 동일 환경에서의 두 음운현상이 어떠한 차이로서 실현되는지, 형태론적 범주에 따라, 또는 형태소 경계에 따라 음운현상이 어떻게 달리 실현되는지 등의 현대국어의 유음 관련 현상들 간의 상관성을 지배음운론을 통해 다음과 같이 분석 및 해석한 것이다.

첫째, /ㄹ/-탈락현상과 순행적 유음화와의 상관성으로서, 이는 음절말 유음의 음가 변화([r]>[l])와 관련되므로 통시적 관점 및 지배음운론의 구성원소 이론으로써 도식화하여 해석하였다. 둘째, 어간말 'ㄹ'과 어미초 'ㄴ'이라는 동일 환경에서 실현되는 /ㄹ/-탈락현상과 /ㅡ/-삽입현상과의 상관성은 지배음운론의 분석적·비분석적 결합 이론으로 분석 및 해석하였다. 지배음운론에서는 'ㅡ' 모음의 출현 유무에 따라 'ㅡ' 모음이 출현하면 비분석적 결합이 되고, 그렇지 않으면 분석적 결합이 되므로, '날-+-니→[나니]'와 같은 /ㄹ/-탈락현상은 분석적 결합으로, '날-+-니→[나르니]'와 같은 /ㅡ/-삽입현상은 비분석적 결합으로 해석한 것이다. 셋째, /ㄴㄹ/-연쇄에서의 역행적 유음화와 /ㄹ/-비음화와의 상관성은 지배음운론의 구성원소 및 분석적·비분석적 결합 이론으로 해석하였다. /ㄹ/-비음화는 형태소 경계의 인식으로 실현되는 것이므로 분석적 결합인 [[A][B]] 구조로써, 그리고 역행적 유음화는 한자어가 하나의 음운론적 단위로 실현되는 것이므로 비분석적 결합인 [AB] 구조로써 분석한 것이다.

6장

결론

    본 연구는 유음과 관련된 음운현상들을 통시적 관점에서 고찰하여, 그들의 변화 과정 및 변화 원인을 밝히고, 더 나아가 유음 관련 현상들 간의 상관성을 규명함을 목적으로 하였다.

    이를 위해 이 글에서는 먼저 음절말 유음이 중세국어에서는 외파음[r]로 실현되었고, 중세국어와 근대국어의 교체기에 설측음[l]로 변화되었음을 전제하였다. 중세국어의 음절말 유음이 외파음[r]이었음은 그 시기에 나타나는 어간말 ㄹ계-자음군과 /ㄹㄴ/-연쇄에서의 실현 양상 등을 근거로써 밝혀 나갔다. 음절말 유음이 외파음[r]에서 설측음[l]로 변화되었음은 근대국어 시기에 나타나는 /ㄹ/-탈락현상의 축소 양상, 유음화의 발생 및 확산, ㄹㄴ~ㄹㄹ형의 혼기 양상 등을 통해, 그리고 음절말 유음의 변화([r]>[l]) 원인은 미파화의 확산과 관련하여 밝혀나간 것이다.

    그리하여 2장에서의 유음 관련 주요 논의들을 정리하면 다음과 같다.

    첫째, 고대국어의 유음을 *r로 재구하였다. 기존 연구에서는 고대국어의 유음을 대부분 *r, *l로 재구하고 있으나, 이는 다음의 몇 가지가 고려되어야 함을 논하면서 고대국어의 유음을 *r로 재구한 것이다. '① 만약 '*r, *l'의 음가가 '[*r], [*l]'라고 한다면, [*l]은 유음의 미파화와 관련되는데, 이는 고대국어에는 미파화가 실현되지 않았거나 일반적이지 않았다는 논의와 상충된다. ② 고대국어 유음으로 재구한 '*r, *l'의 음가를 '[*r], [*l]'로 추정할 수 없다면, 이들의 음가가 무엇이었는지, 그리고 고대국어의 두 유음(*r, *l)이 현대국어에서는 어떠한 이유로써 하나의 유음(/ㄹ/)으로 합류되었는지를 밝혀야 한다. ③ 유음의 차자표기가 'ㄷ, 乙'로 나타남에 따라 고대국어의 유음을 *r, *l로 재구하기도 하나, 'ㄷ'와 '乙'은 음운론적인 차이에 의한 것이 아니라 문법적인 기능에 따른 것이다.' 등과 함께 미파화가 고대국어에서는 일반화되지 않았다는 것과 고대국어에서의 음절말 유음이 외파음이었다는 것 등을 근거로써 고대국어의 유음을 *r로 재구한 것이다.

그리고 고대국어에 이어 중세국어에서도, 그 시기에는 어간말 ㄹ계 –자음군에서 자음군단순화가 실현되지 않았다는 것과 /ㄹㄴ/–연쇄 실현이 가능하였다는 것, 15세기에는 유음화가 실현되지 않았다는 것 등을 근거로써 음절말 유음이 외파음[r]이었음을 밝혀 나갔다.

둘째, ㄹㅇ형의 음가가 [r$Ø]임을 논하였다. 이를 위해 중세국어에서의 ㄹㅇ형을 크게 ① 체언말 및 어간말 '른/르'의 '인/으'가 탈락되면서 나타난 것. ② 체언말 및 어간말 'ㄹ' 뒤에서 문법형태소의 어두초 'ㄱ'이 탈락되면서 나타난 것. ③ 어간말자음군 'ㄼ'의 'ㅂ'이 'ㅸ>w'로 약화되면서 나타난 것 등의 3가지 유형으로 나눠 분석하였다. 첫째 유형은 두 모음의 연쇄로 인하여 체언말 및 어간말 '른/르'의 '인/으'가 탈락되면서 나타난 것이고, 둘째와 셋째 유형은 유성음의 환경에서 음소의 약화·탈락으로 인하여 ㄹㅇ형이 나타난 것임을 논하면서, 이 세 유형은 중세국어의 음절말 유음[r]과 탈락음의 흔적 등으로 말미암아 그 음가가 모두 'ㄹㅇ[r$Ø]'이었음을 밝혀 논한 것이다.

셋째, /ㄹ/-탈락현상의 발생 시기를 고대국어로 추정하였다. 이는 /ㄹ/-탈락현상의 발생 시기를 향가 기록 이전 시기로 본 이동석(2000; 2002)을 비롯하여 치조음 앞의 /ㄹ/-탈락현상이 고대국어 시기에 이미 실현되고 있었음을 밝힌 도수희(1999; 2003)의 연구 등에 기대어 /ㄹ/-탈락현상의 발생 시기를 고대국어로 본 것이다. 그리고 중세국어의 /ㄹ/-탈락현상은 후행하는 자음의 조음위치가 'ㄹ'과 동일하거나 아주 인접하다는 것, 가장 약자음인 'ㄹ'이 음절말에서 외파로 조음되었다는 것 등과 관련하여 밝혔다. 즉 /ㄹ/-탈락현상은 자음 중에서 가장 약자음에 속하는 'ㄹ[r]'이 기능부담량이 적은 음절말의 위치에 있었다. 이러한 'ㄹ[r]'에 조음위치가 동일하거나 아주 인접한 설음·치음이 후행하면서 이들 연쇄에서는 'ㄹ[r]'이 비록 외파로 조음되었어도 혀끝과 잇몸 간의 거리가 인식되지 못할 만큼 미세하여 음절말음이자 약자음인 'ㄹ[r]'이 탈락되었던 것임을 밝혀 논하였다.

3장은 근대국어 시기의 논의들로서, 이에서의 유음 관련 주요 논의들을 요약하면 다음과 같다. 음절말 유음이 중세국어와 근대국어의 교체기에 외파음[r]에서 설측음[l]로 변화됨에 따라 근대국어에서는 유음과 관련된 표기 및 음운현상에 많은 변화가 있었다.

첫째, /ㄹ/-탈락현상의 변화들로서, 근대국어는 유음화의 발생 및 확산으로 인하여 복합어에서의 /ㄹ/-탈락현상이 약화됨을 밝혔다. 이어 활용에서는 'ㄷ, ㅈ'이 /ㄹ/-탈락현상의 환경에서 제외됨을 살폈는데, 이때 'ㄷ'이 제외됨은 음절말 유음의 음가 변화([r]>[l])에 따른 것임을, 'ㅈ은 조음위치가 치음에서 경구개음으로 변화됨에 따른 것임을 논하였다. 그 외에도 주체존대 선어말어미 '-ᄋ시/으시-' 앞에서 유지되었던 어간말 'ㄹ'이 근대국어에서는 탈락되어 나타나는데, 이러한 변화는 근대국어에서의 성조 소멸과 관련하여 밝히고, 근대국어 시기에는 어간말 'ㄹ'이 선어말어미 '-옵/옵-' 앞에서도 탈락되는데, 이는 '-옵/옵-'이 중세국어의 객체존대 선어말어미 '-ᄉᆞᆸ-'에 소급되는 것으로서 'ᅀ'의 비음운화와 관련하여 밝혀나간 것이다.

둘째, 근대국어 시기에 나타나는 유음화의 발생 및 확산과 ㄹㄴ~ㄹㄹ형의 혼기 등을 음절말 유음의 음가 변화([r]>[l])와 관련하여 논하였다. /ㄹㄴ/-연쇄에서의 유음화는 설측음[l]의 실현과 관련되므로 중세국어와 근대국어의 교체기에 음절말 유음이 외파음[r]에서 설측음[l]로 변화됨에 따라 유음화가 발생한 것임을 밝혔다. 그리고 근대국어는 유음화의 과도기적 시기였으므로 유음화의 실현이 수의적이었음을, 이로써 표기에서도 유음화의 미실현형인 ㄹㄴ형과 실현형인 ㄹㄹ형이 혼기되어 나타남을 살핀 것이다. 더 나아가 음절말 유음의 변화([r]>[l]) 과정에서의 ㄹㄴ은 외파로 조음되었던 음절말 유음(외파음[r])의 영향으로 인해 [rn]으로도 실현되었고, 이러한 [rn]의 실현이 대부분 ㄹㄴ형으로 표기되었던 것임을 논하였다. 그리고 음절말 유음의 미파화가 완성되어 설측음[l]이 정착된 이후에는 ㄹㄴ과 ㄹㄹ이 모두 유음화된 [ll]로 실현되었으나, ㄹㄴ형에 대한 표기적 관습으로 말미암아 ㄹㄴ형이 ㄹㄹ형과 함께 오랜 기간 나타날 수 있었던 것임을 밝혀 논하였다.

4장은 현대국어에서의 유음 관련 주요 논의들로서, 이를 요약하면 다음과 같다. 현대국어는 이전 시기부터 실현되어온 유음 관련 음운 현상들의 총합인 만큼 유음과 관련된 다양한 현상들이 공존한다.

첫째, 현대국어에 나타나는 복합어에서의 /ㄹ/-탈락형, 'ㄷ, ㅈ' 앞의 /ㄹ/-탈락형, 공손법 선어말어미 '-오/옵-' 앞의 /ㄹ/-탈락형, '하오체'의 종결어미 '-오' 앞의 /ㄹ/-탈락형 등의 이전 시기의 /ㄹ/-탈락현상과 관련된 언어 화석형들을 살폈다. 복합어에서의 /ㄹ/-탈락현상은 공시적으로 소멸된 현상이므로 이에서의 /ㄹ/-탈락형들은 이전 시기의 언어 화석형들임을, 그리고 'ㄷ, ㅈ' 앞에서의 /ㄹ/-탈락형이나 공손법 선어말어미 '-오/옵-' 앞의 /ㄹ/-탈락형, '하오체'의 종결어미 '-오' 앞의 /ㄹ/-탈락형들도 이전 시기에 실현되었던 활용에서의 /ㄹ/-탈락현상과 관련된 언어 화석형들임을 살펴 논한 것이다.

둘째, 현대국어의 /ㄹ/-탈락현상은 'ㄴ, ㅅ'의 음운론적 환경과 'ㅂ, ㅗ'의 형태론적 환경으로 나눠짐을 살폈다. 현대국어는 /ㄹ/-탈락현상이 'ㄴ, ㅅ, ㅂ, ㅗ'의 환경에서 실현된다. 이때 'ㄴ, ㅅ'은 동기관적 이화현상이라는 음운론적 동기를 갖지만 'ㅂ, ㅗ'는 언어 화석형과 관련된 것으로서 어휘 개별적인 특성을 가진다. 이에 현대국어의 /ㄹ/-탈락현상은 음운론적 환경인 'ㄴ, ㅅ'과 형태론적 환경인 'ㅂ, ㅗ'로 나눠짐을 논한 것이다.

셋째, /ㄹㄴ/-연쇄에서의 순행적 유음화와 /ㄴㄹ/-연쇄에서의 역행적 유음화는 '거울영상규칙'으로 기술될 수 없음을 밝혔다. /ㄹㄴ/-연쇄에서의 순행적 유음화와 /ㄴㄹ/-연쇄에서의 역행적 유음화에 대한 음운론적인 차이를, ①/ㄹㄴ/-연쇄에서의 순행적 유음화는 단어와 단어 사이에서도 적용되는 반면 /ㄴㄹ/-연쇄에서의 역행적 유음화는 한 단어 내부에서만 적용된다. ② 순행적 유음화는 /ㄹ/-탈락현상과 경쟁 관계에 있으나, 역행적 유음화는 /ㄹ/-비음화와 경쟁관계에 있다. ③ /ㄹㄴ/-연쇄에서의 순행적 유음화는 '음소연결제약'과 관련되는 한편, /ㄴㄹ/-연쇄에서의 역행적 유음화는 '음절연결제약'과 관련된다. 등의 논의들로써 /ㄹㄴ/-연쇄에서의 순행적 유음화와 /ㄴㄹ/-연쇄에서의 역행적 유음화는 '거울영상규칙'으로 통합하여 기술될 수 없음을 밝힌 것이다.

넷째, /ㄹ/-비음화는 '음절연결제약'과 '/ㄹ/의 분포상 제약'으로 해석될 수 있음을 논하였다. /ㄹ/-비음화는 /ㄴㄹ/-연쇄에서뿐만 아니라 'ㄱ, ㄷ, ㅂ, ㅁ, ㅇ+ㄹ'의 연쇄에서도 실현된다. 그리고 이들 연쇄체는 '공명도 원리($C_1 \geqq C_2$)'에 어긋남에 따라 음절연결제약을 갖기 때문에 /ㄹ/-비음화는 '공명도의 정도가 모음에 인접한 ㄹ은 어두 및 음절초에 적합하지 않다'는 'ㄹ의 분포상 제약'으로 해석될 수 있음을 논하였다. 즉 '공명도 원리($C_1 \geqq C_2$)'에 따르면 음절말 C_1의 위치는 공명도가 높은 자음이 적합하고, 음절초 C_2의 위치는 공명도가 낮은 자음이 적합한데, 'ㄱ, ㄷ, ㅂ, ㅁ, ㅇ, ㄴ+ㄹ'의 연쇄체에서는 자음 중 공명도가 가장 높은 'ㄹ'이 음절초 C_2에 위치함으로써 'ㄹ의 분포상 제약'에 의해 'ㄹ'이 'ㄴ'으로 변동됨을 논한 것이다.

더 나아가 /ㄴㄹ/-연쇄에서는 /ㄹ/-비음화와 역행적 유음화가 실현된다. 이러한 두 음운현상의 실현은 형태소 경계 인식 유무와 관련되는 것으로서, 형태소 경계를 인식하면 'ㄹ의 분포상 제약'이 적용되어 /ㄹ/-비음화가 실현되고, 형태소의 경계를 인식하지 못하면 한자어를 하나의 음운론적 단위로 발화함에 따라 역행적 유음화가 실현됨을 살펴 논한 것이다.

마지막으로 5장에서는 유음 관련 음운현상들에 대한 역사적 추이를 정리하면서 현대국어에서의 유음 관련 현상들 간의 상관성을 제시하였다. 유음 관련 현상들에 대한 역사적 추이는 앞서 논의한 /ㄹ/-탈락현상의 변화 과정, 유음화의 발생 및 확산과 그로 인한 표기의 변화 등을 중심으로 정리하였다. 그리고 이러한 변화로 말미암아 현대국어에서는 유음 관련 현상들이 서로 관련성을 가지는데, 유음 관련 음운현상들 간의 상관성은 지배음운론을 통해 분석 및 논한 것이다. 가령 ① /ㄹ/-탈락현상과 순행적 유음화와의 상관성은 음절말 유음의 음가 변화([r]>[l])와 관련되므로 통시적 관점 및 지배음운론의 구성원소 이론으로써 분석 및 해석하였다. ② /ㄹ/-탈락현상과 /으/-삽입현상과의 상관성은 이들이 어간말 'ㄹ'과 어미초 'ㄴ'이라는 동일 환경에서 실현되는 것으로서 지배음운론의 분석적·비분석적 결합 이론으로 해석하고, ③ /ㄴㄹ/-연쇄에서의 역행적 유음화와 /ㄹ/-비음화와의 상관성은 지배음운론의 구성원소 및 분석적·비분석적 결합 이론으로 분석 및 해석하였다. /ㄹ/-비음화는 형태소의 경계 인식에 따른 것이므로 분석적 결합인 [[A][B]] 구조로써, 역행적 유음화는 한자어가 하나의 음운론적 단위로 실현되는 것이므로 비분석적 결합인 [AB] 구조로써 살핀 것이다.

이상과 같이 본 연구에서는 유음 관련 음운현상들을 통시적 관점에서 고찰하면서, 그 변화 과정 및 변화 원인들을 밝혀 나간 것이라고 할 수 있다. 15세기에는 실현되지 않았던 유음화가 16~17세기 이후에 실현되기 시작한 원인, 중세국어의 ㄹㅇ형이 근대국어 시기에 ㄹㄹ형으로 변화된 원인, 중세국어에서는 'ㄷ, ㅈ' 앞에서 탈락되었던 'ㄹ'이 근대국어에서는 유지되어 나타나는 원인, /ㄹ/-탈락현상이 활용에서는 생산적인 데 반해 복합어에서는 소멸된 원인 등을 중세국어와 근대국어의 교체기에 음절말 유음의 음가 변화([r]>[l]) 와 관련하여 밝혀 나간 것이다. 그리하여 현대국어의 공시적인 음운 규칙이나 음운현상으로는 설명되지 않는 유음 관련 현상들, 일테면 복합어에서의 /ㄹ/-탈락형, 'ㄷ, ㅈ' 앞의 /ㄹ/-탈락형, 공손법 선어 말어미 '-오/옵-' 앞의 /ㄹ/-탈락형, '하오체'의 종결어미 '-오' 앞 의 /ㄹ/-탈락형 등에 대한 해석의 실마리를 찾은 것이다. 유음 관련 현상들 간의 상관성을 하나의 연결 선상에서 바라볼 수 있게 된 것 이다. 현대국어는 이전 시기부터 실현되어 온 유음 관련 현상들의 총합이라고 할 수 있다. 그런 만큼 유음과 관련된 현상들이 다양하 게 공존하면서, 그에 따른 논의들도 다소 복잡하고 산발적인 인상을 지울 수 없는데, 본 연구를 통해 현상들 간의 관련성 및 체계성 또한 다소나마 갖출 수 있게 된 것이다.

이상의 논의들에도 불구하고 여전히 미해결된 유음 관련 현상들 이 남아 있다. 이러한 것들은 부득이 앞으로의 연구 과제로 남긴다.

제2부

어두와 어중 /ㄹ/의 공·통시적 연구

근대국어의 ㄹㄹ~ㄹㄴ형에 대한 유형별 분석

중세국어의 활용형 ㄹㄴ, ㄹㅇ, ㄹㄹ형에 대한 변화를 중심으로

1. 서론

중세국어의 ㄹㄴ형, ㄹㅇ형, ㄹㄹ형이 근대국어에서는 ㄹㄹ~ㄹㄴ형으로 나타난다. 이에 이 글은 근대국어의 ㄹㄹ~ㄹㄴ형을 ㄹㄴ>ㄹㄹ→ㄹㄹ~ㄹㄴ형, ㄹㅇ>ㄹㄹ→ㄹㄹ~ㄹㄴ형, ㄹㄹ>ㄹㄹ~ㄹㄴ형으로 나누어 분석하면서 그 변화의 시기와 동인을 고찰함을 목적으로 한다.

근대국어의 ㄹㄹ~ㄹㄴ형은 중세국어의 ㄹㄴ, ㄹㅇ, ㄹㄹ형이 근대국어 시기에 ㄹㄹ~ㄹㄴ형으로 나타나는 것이다. 중세국어의 ㄹㄴ형은 '일ᄂᆞᆫ(失)>일른→일른~일는'과 같이 ㄹㄴ>ㄹㄹ→ㄹㄹ~ㄹㄴ형으로, ㄹㅇ형은 '달아(異)>달라→달라~달나' 등의 ㄹㅇ>ㄹㄹ→ㄹㄹ~ㄹㄴ형으로 변화 및 실현된다. 그리고 중세국어의 ㄹㄹ형은 근대국어 시기에 '흘러(流)>흘러~흘너'와 같이 ㄹㄹ~ㄹㄴ형으로 나타난다. 이에 근대국어의 ㄹㄹ~ㄹㄴ형에 대한 연구는 중세국어의 ㄹㄴ형, ㄹㅇ형, ㄹㄹ형들의 변화 과정을 분석하는 것에서부터 시작되어야 한다. 또한 중세국어에서는 '르/르'로 끝나는 용언 어간과 '-아/어' 어미와의 연쇄에서 두 어형인 ㄹㅇ형과 ㄹㄹ형이 나타나는데, 중세국어가

음소주의 표기 중심임을 감안하다면 동일한 환경에서 어휘에 따라
두 어형이 규칙적으로 나타나는 것과 이러한 두 어형이 근대국어에
서는 모두 ㄹㄹ~ㄹㄴ형으로 나타나게 된 원인 규명 등이 이뤄져야
하는 것이다.

　근대국어의 ㄹㄹ~ㄹㄴ형에 대한 기존 연구는 근대국어 시기에 ㄹㄴ
형이 확산된 동인과 이들의 음가에 대한 논의 등으로 대부분 이뤄졌
다. 전자의 경우로서, 백두현(1992: 320~323)은 ㄹㄴ형이 유음화[ll]
로 인하여 표기된 것으로 보면서 유음화가 ㄹㄹ>ㄹㄴ 표기의 변화를
유발시킨 요인인 것으로 보았다. 이진호(1997: 464~465)는 ㄹㄴ형의
발생이 유음화의 발생 시작과 거의 일치하고, ㄹㄴ형의 확산도 유음
화의 확산 시기와 맞물림을 볼 때, ㄹㄴ형은 유음화의 과도교정 일환
인 것으로 해석한다. ㄹㄹ~ㄹㄴ형의 음가에 대한 논의로는 ㄹㄴ형이
ㄹㄹ[ll]과 동일한 음가를 가진 것으로 보는 논의와(백두현 1992; 김혜
영 1996; 이진호 1997) ㄹㄴ형은 실제 음성형을 얼마간 반영함으로써
ㄹㄹ[ll]과는 다른 음가를 가졌을 것으로 보는 논의(오종갑 1988; 김중
진 1999; 이광호 2001) 등을 들 수 있다.

　근대국어의 ㄹㄹ~ㄹㄴ형에 대한 연구는 중세국어의 ㄹㄴ형, ㄹㅇ
형, ㄹㄹ형이 근대국어 시기에 ㄹㄹ~ㄹㄴ형으로 나타나는 변화 과정
과 그에 따른 원인 분석이 중요하다. 이에 따라 졸고(2016a)에서도
근대국어의 ㄹㄹ~ㄹㄴ형을 논하기는 하였으나, 이에서는 중세국어
시기의 ㄹㄴ형이 근대국어에 ㄹㄹ~ㄹㄴ형으로 나타나는 원인 분석
등에만 그쳐 근대국어의 ㄹㄹ~ㄹㄴ형을 세부적이면서도 포괄적으로
다루지는 못하였다. 근대국어의 ㄹㄹ~ㄹㄴ형을 종합적으로 논하지
는 못하였던 것이다. 그리하여 이 글에서는 중세국어의 ㄹㄴ형, ㄹㅇ

형, ㄹㄹ형에 대한 변화 과정을 ㄹㄴ>ㄹㄹ→ㄹㄹ~ㄹㄴ형, ㄹㅇ>ㄹㄹ→
ㄹㄹ~ㄹㄴ형, ㄹㄹ>ㄹㄹ~ㄹㄴ형 등으로 나눠 분석하면서 근대국어
의 ㄹㄹ~ㄹㄴ형을 톺아보고자 한다.

논의를 위한 글의 구성은 다음과 같다. 2장에서는 중세국어의 ㄹㄴ
형, ㄹㅇ형, ㄹㄹ형에 대한 문헌별 양상을 살핀다. 3장에서는 중세국
어의 ㄹㄴ형, ㄹㅇ형, ㄹㄹ형이 ㄹㄴ>ㄹㄹ→ㄹㄹ~ㄹㄴ형, ㄹㅇ>ㄹㄹ→
ㄹㄹ~ㄹㄴ형, ㄹㄹ>ㄹㄹ~ㄹㄴ형으로 변화되는 시기 및 원인 등을 밝
혀 논하고, 4장에서는 논의 내용을 요약·정리한다.

2. 중세국어의 ㄹㄴ형, ㄹㅇ형, ㄹㄹ형

근대국어의 ㄹㄹ~ㄹㄴ형은 중세국어의 ㄹㄴ형, ㄹㅇ형, ㄹㄹ형이
근대국어 시기에 ㄹㄴ>ㄹㄹ→ㄹㄹ~ㄹㄴ형, ㄹㅇ>ㄹㄹ→ㄹㄹ~ㄹㄴ형,
ㄹㄹ>ㄹㄹ~ㄹㄴ형으로 나타나는 것이다. 이에 본 장에서는 중세국
어 문헌에서의 ㄹㄴ형, ㄹㅇ형, ㄹㄹ형을 먼저 살핀다. 이때 중세국어
의 ㄹㄴ형은 복합어에서도 '숄닙 ᄀᄂ리〈瘟疫易 9〉, 아들님이 나샤
〈月釋 8 : 84b〉'와 같이 나타나지만, 이러한 복합어에서의 ㄹㄴ형은
졸고(2016b)를 대신하고[1], 이 글에서는 용언의 어간말 'ᄚ'이 'ㄴ'으로

---

1 현대국어의 ㄹ-탈락현상은 용언의 어간말 'ㄹ'과 'ㄴ, ㅅ'으로 시작되는 어미와의 연
쇄에서 생산성을 가진다. 이에 반해 중세국어는 ㄹ-탈락현상이 'ㄴ, ㄷ, ㅅ, ㅿ, ㅈ'
앞에서 실현되었으며, 비록 수의적이긴 하였으나 '나둘을 조초〈(날+돌) 小學諺
5:62a〉, 소진 혼 되롤〈(솔+진) 簡易方 1:91〉'과 같이 복합어에서도 실현되었었다.
그러다가 근대국어에 들어 복합어에서는 'ㄹ'과 'ㄴ'의 연쇄에서 유음화가 실현되고,
또 'ㄹ'과 'ㄷ, ㅈ'과의 연쇄에서는 'ㄹ' 탈락형에서 'ㄹ' 유지형으로의 변화를 보이는

시작하는 어미와의 연쇄에서 ㄹㄴ형으로 나타나는 활용형을 중심으
로 논한다.

2.1. 중세국어의 ㄹㄴ형

(1) /ㄹㄴ/-연쇄에서의 실현 양상

    긇-+-ᄂᆞ-: 衆生이 글논 鑊 소배 드러〈月釋 23:81a〉[2]

              너는 글논 믈 걷고 더는 구든 어름 걷ᄒᆞ야〈楞嚴經 9:47b〉

              젼국 서 되롤 글논 믈 두 되예〈救急方 下29b〉

              우흿 ᄃᆞᆰ의 알 섯근 므를 글논 므레 녀허〈簡易方 1:107a〉

    앓-+-ᄂᆞ-: 둥을 알노니 廣熾陶師이 지븨 가〈月釋 2:9a〉

              가슴 알ᄂᆞ닐 고툐ᄃᆡ 苦蔘 석 兩올 사ᄒᆞ라〈救急方 上30a〉

              녜브터 알논 닛 病이 됴커든 버믜 구무〈杜詩初 9:16a〉

              가슴 비 알논 병 과ᄀᆞ리 허리 알ᄂᆞ니〈簡易方 目錄2a〉

    잃-+-ᄂᆞ-: 불곤 性올 일논 디라〈雜失明性〉〈楞嚴經 2:98b〉

              色올 즐기면 精傷ᄒᆞ야 明을 일ᄂᆞ니라〈圓覺經 序28a〉

것이다. 그리하여 현대국어에서는 이전 시기의 흔적으로 '솔+나무→소나무, 바늘+-질→바느질'처럼 복합어에서의 'ㄹ'탈락형이나 활용에서의 '알-(知)+-오→아오, 알-(知)+ -ㅂ니다→압니다' 등의 언어 화석형들이 존재하기도 하는데, 이들에 대한 자세한 논의는 졸고(2016b)를 참조할 수 있다고 하겠다.

2 15세기 문헌의 약호는 다음과 같다.

    訓民正音諺解(1446)〈訓民〉   龍飛御天歌(1447)〈龍歌〉

    月印千江之曲(1447)〈月印千〉   釋譜詳節(1447)〈釋譜〉

    月印釋譜(1459)〈月釋〉   楞嚴經諺解(1461)〈楞嚴經〉

    法華經諺解(1463)〈法華經〉   金剛經諺解(1463)〈金剛經〉

    圓覺經諺解(1465)〈圓覺經〉   救急方諺解(1466)〈救急方〉

    內訓(1475)〈內訓〉   救急簡易方諺解(1489)〈簡易方〉

    三綱行實圖(1481)〈三綱行〉   杜詩諺解初刊本(1482)〈杜詩初〉

    南明集諺解(1482)〈南明集〉   金剛經三家解(1482)〈金剛經三家解〉

논횟는 마숤 이룰 다ᄅ며 ᄀ토몰 일노라〈杜詩初 19:8b〉
비치 빗나아 누늘 브티면 다 일ᄂᆞ니〈金剛經三家解 3:54b〉
슳-+-ᄂᆞ-: 뫼화 글 닑던 이룰 슬노라〈杜詩初 24:7a〉
頑頑皮 달호몰 기피 슬노니 녯 나라히 머디〈南明集 下57b〉
凜凜히 ᄀ술 슬논 ᄠᅳᆮ들〈杜詩初 23:49b〉

(1)은 어간말 ㄹ계-자음군 'ᆶ'과 어미초 'ㄴ'과의 연쇄에서 자음군 단순화로 인하여 'ㅎ'이 탈락된 후의 ㄹㄴ이 그대로 나타남을 보인 것이다. 특히 『두시언해(초)』에서는 '슳-+-ᄂᆞ-'의 활용형이 80여 건 출현하는데, 이들이 모두 '슬노니, 슬노라, 슬논' 등의 ㄹㄴ형으로만 나타남을 확인할 수 있다.[3]

현대국어에서는 음절말 'ㄹ'이 설측음[l]로 실현됨에 따라 ㄹㄴ[ln]의 연쇄를 허용하지 않는다. 그리하여 복합어에서의 /ㄹㄴ/-연쇄는 '달+나라→[달라라]'처럼 순행적 유음화가 적용되어 ㄹㄴ→[ㄹㄹ]로 실현되며, 활용에서는 어간말음이 'ㄹ'일 경우는 '날-+-니→[나니]' 등의 ㄹ-탈락현상이 적용되어 ㄹㄴ→[Øㄴ]으로 실현되고, 어간말 'ᆶ'의 경우는 '긇-+-는→[글른]'과 같이 'ㅎ'이 탈락된 후 유음화가 적용되면서 'ᆶ+ㄴ→ㄹ+ㄴ→[ㄹㄹ]'로 실현된다. 이에 반해 중세국어는 /ㄹㄴ/-연쇄의 복합어에서는 체언말 'ㄹ'이 '아ᄃ넚긔 衰服 니피

---

3 『두시언해(초)』(1482)에서의 '슳-+-ᄂᆞ-'의 활용형은 '슬노라'〈3:23b, 7:3b, 7:14a, 7:28a, 8:62b, 10:29a, 11:4a, 11:20b, 11:33b, 11:38a, 11:44a, 11:47b, 14:9b, 15:32a, 16:35a, 22:18a, 22:30a, 23:7b, 23:20a, 24:7a, 25:13b, 25:29b 등〉, '슬노니'〈3:21a, 7:16a, 10:26a, 11:7a, 16:18b, 16:68a, 19:29b, 20:21a, 20:27b, 21:30b, 22:54b, 23:11b 등〉, '슬논'〈6:45a, 8:7b, 8:13a, 11:34b, 16:63b, 19:19b, 23:49b 등〉, '슬ᄂᆞ니라'〈16:60a, 20:54a 등〉, '슬놋다'〈17:5a, 19:6b, 21:32a 등〉으로 나타나고 있다.

ᄉᆞᆸ니〈아ᄃᆞᆯ+님, 龍歌 25章〉, 버드나모 션 믌ᄀᆞᄉᆞ로〈버들+나모, 杜詩初 15:10a〉'와 같이 탈락되기도 하면서, '솔닙 ᄀᆞᄂᆞ리 싸ᄒᆞ라〈瘟疫易 9〉, 아ᄃᆞᆯ님이 나샤〈月釋 8:84b〉, 돐긔 구름 몯 듯더시니〈月印千 上30b〉'처럼 'ㄹ'이 유지되기도 하였다. 어간말 'ㅀ'은 현대국어의 'ㅀ+ㄴ→ㄹ+ㄴ→[ㄹㄹ]'과 같은 실현형은 보이지 않고 (1)과 같이 'ㅀ+ㄴ→ㄹ+ㄴ→[ㄹㄴ]' 등의 ㄹㄴ형으로만 출현하는 것이다.[4]

2.2. 중세국어의 ㄹㅇ형

중세국어의 ㄹㅇ형은 당시의 일반적인 연철표기와는 달리 분철표기인 것이다. 이 때문에 ㄹㅇ형의 음가에 대한 논의 등이 다면적으로 이뤄졌다. 특히 이는 -ㄹ$ㅇ-의 ㄹ을 [l]로 보느냐, 또는 [r]로 보느냐로 크게 양분되는데, [l]로 보는 견해는 다시 ㄹㅇ형의 음가가 ① [l$∅] ≠[l$l](유창돈 1961; 김중진 1996), ② [l$∅]=[l$l](허웅 1956; 최현배 1959; 임용기 1987), ③ [l$ɦ](이기문 1985; 1998; 최임식 1990; 김성규 1996)라는 것으로 나눠진다. [r]로 보는 견해는 ㄹㅇ형의 'ㄹ[r]'이 [V$r]처럼 어중의 음절초에서 실현되었다는 것(이숭녕 1955; 문학준

---

4 한편 중세국어의 비ㄹ계-자음군은 '업던 번게를〈없-(無), 龍歌 30章〉, 너를 맛노라〈맜-(任), 月釋 8:57b〉'와 같이 자음군단순화가 실현된 반면 어간말 ㄹ계-자음군은 '늙고 病ᄒᆞ야〈杜詩初 7:12a〉, 곫게 흘디니〈簡易方 3:58a〉'과 같이 자음군단순화가 실현되지 않았었다. 그런데 어간말 'ㅀ'은 ㄹ계-자음군임에도 불구하고 자음군단순화가 실현되었는데, 이는 'ㅎ'이 음절말에서는 실현될 수 없다는 분포상의 제약이 있었기 때문이다. 그리하여 어간말 'ㅀ'의 경우는 평파열음이 후행하면 평파열음과 'ㅎ'이 축약하여 '옳-+-다'가 '올타 ᄒᆞ다가〈楞嚴經 5:24b〉'처럼 격음화가 되고, 'ㅎ' 다음에 평마찰음이 오면 마찰음이 경음화 되어 '슳-+-숩-'이 'ᄀᆞ장 슬쏩바〈釋譜 23:37a〉'처럼 실현되었으며, 'ㄴ'이 후행하면 'ㅎ'이 탈락되면서 '긇-+-ᄂᆞᆫ'이 '글ᄂᆞᆫ 가마애〈月釋 1:29a〉'와 같이 실현되었던 것이라고 할 수 있다(김성옥 2016b: 27~28).

1987; 이광호 1995; 김유범 2007)과 [r$-]⁵처럼 'ㄹ[r]'이 음절말에서 실현되었다는 것(김혜영 1996; 소신애 2008) 등으로 또 나눠진다.

ㄹㅇ형의 유형 및 음가에 대한 각각의 논의들의 해석은 졸고(2016b)로 미루고, 이 글에서는 중세국어의 ㄹㅇ형이 근대국어 시기에 ㄹㄹ형으로 변화되는 어간말 '릭/르'와 '-아/어' 어미와의 활용형을 중심으로 살펴보고자 한다.

중세국어 시기에 어간말 '릭/르'와 '-아/어' 어미와의 연쇄에서 활용형이 ㄹㅇ형으로 나타나는 용언을 장윤희(2002: 77)에서는 27여 개로 제시한 바 있다.⁶ 그리고 이 글은 27여 개 중, 중세국어 및 근대국어의 문헌을 통해 빈도상 표기의 변화를 살필 수 있을 것으로 판단되는 다음 (2)의 용언들을 중심으로 분석하였다. 그리하여 (3)은 (2)의 용언들이 '-아/어' 어미와의 연쇄에서 ㄹㅇ형으로 나타나는 용례의 일부를 보인 것이고, 〈표 1〉과 〈표 2〉는 그에 대한 15세기의 문헌별

---

5 음성형 [r$-]는 ㄹㅇ형의 'ㄹ[r]'이 음절말에서 실현됨을 나타내고자 한 것이다. 이때 ㄹㅇ형의 'ㅇ'을 '-'로 표시한 것은 'ㅇ' 위치에는 논자에 따라 음가를 설정하기도 하고, 설정하지 않기도 하기 때문이다. 또 음가를 설정한다고 해도 'ㅇ' 위치에 어떤 음이 약화되었는가에 따라 그 설정되는 음이 다를 수 있으므로 이를 감안하여 ㄹㅇ형의 'ㅇ'을 '-'로 나타낸 것이다.

6 장윤희(2002: 77)에서 제시한 ㄹㅇ형에 대한 27여 개의 용언 어간은 다음과 같다.
가르-(〈가ᄅ-, 分)　　　거르-(〈거르-, 醱)　　　거르-(〈거르-, 隔·間)
게으리-(〈게으리-, 慢)　고르-(〈고르-, 調)　　　고르-(〈고ᄅ-, 均)
그르-(〈그르-, 誤)　　　기르-(〈기르-, 育)　　　끄리-(〈그르-, 解)
다르-(〈다ᄅ-, 異)　　　대지르-(〈다디ᄅ-, 衝)　도르-(〈도ᄅ-, 吐)
도르-(〈도ᄅ-, 圍)　　　두르-(〈두르-, 圍)　　　마르-(〈ᄆᆞᄅ-, 裁)
무르-(〈므르-, 軟)　　　바르-(〈ᄇᆞᄅ-, 膾·刮)　바르-(〈바ᄅ-, 直)
부르-(〈브르-, 飽)　　　오르-(〈오ᄅ-, 登)　　　이르-(〈니르-, 謂)
이르-(〈이르-, 早)　　　주무르-(〈쥐므르-, 抆)　지르-(〈즈르-, 徑)
지르-(〈디ᄅ-, 控)　　　찌르-(〈디ᄅ-, 刺)　　　(휘)두르-(〈두르-, 揮)

분포를 나타낸 것이다.

(2) ㄹㅇ형으로 활용한 어간말 '<u>르/르</u>'를 가진 용언들

    가르-(>가르 分)   거르-(濾)   게으르-(怠) 기르-(育)

    고르-(>고르 調)   그르-(解)   두르-(圍)   브르-(飽)

    다르-(>다르 異)   디르-(>디르 刺)   오르-(>오르 登)

(3) ㄹㅇ형의 용례들

    달ㅇ-(異): 中듕國귁에 <u>달아</u> 與영文문字쭝로〈訓民 1b〉

    둘ㅇ-(圍): 行宮에 도즈기 <u>둘어</u> 님그미 울어시눌〈龍歌 33章〉

    갈ㅇ-(分): 兩分이 <u>갈아</u> 안즈시니〈月印千 上16a〉

    길ㅇ-(育): 飮食 머겨 <u>길어</u> 漸漸 즈라〈圓覺經 上1-1:111a〉

    게을ㅇ-(怠): 게으르샴둘흔 보빗 고대 <u>게을어</u>〈法華經 1:127a〉

    글ㅇ-(解): 스매롤 <u>글어</u> 여희디 몯ㅎ야셔〈杜詩初 20:47a〉

    올ㅇ-(登): 城의 <u>올아</u> ㄱㄹ치디 말며〈內訓 1:5a〉

    딜ㅇ-(刺): 도즈기 怒ㅎ야 갈ㅎ로 <u>딜어</u> 주겨〈三綱行 烈18〉

    골ㅇ-(調): 情想이 <u>골아</u> 곧ㅎ면 ㄴ디 아니ㅎ며〈楞嚴經 8:74a〉

    걸ㅇ-(濾): 當歸롤 煎ㅎ야 검게 ㅎ야 <u>걸어</u> 즈싀〈救急方 下8a〉

<표 1> 15세기의 ㄹㅇ형에 대한 분포표 1

	訓民	龍歌	月印千	釋譜	月釋	楞嚴經	法華經
가르-(分)→갈아			2		1	8	3
거르-(濾)→걸어					1		
게으르-(怠)→게을어				1			5
고르-(調)→골아						1	1
그르-(解)→글어				4	1	7	4
기르-(育)→길어				2	4	1	2
다르-(異)→달아	1		2	1		2	1

디ᄅ-(刺)→딜어					1	2	
두르-(圍)→둘어	1	1	5	3			3
브르-(飽)→블어							
오ᄅ-(登)→올아			1	19^7	11^8	17	10

〈표 2〉 15세기의 ㄹㅇ형에 대한 분포표 2

	圓覺經	救急方	內訓	三綱行	杜詩初	簡易方
가ᄅ-(分)→갈아						
거르-(濾)→걸어		6	1			3
게으르-(怠)→게을어			1		4	
고ᄅ-(調)→골아		8	2			
그르-(解)→글어	1		2	1	6	1
기르-(育)→길어	3		3	3		
다ᄅ-(異)→달아	8				1	
디ᄅ-(刺)→딜어		5		4	8	6
두르-(圍)→둘어				2	5	
브르-(飽)→블어					2	
오ᄅ-(登)→올아	4	7	2	4	43	11

(3)은 '르/르'로 끝나는 어간과 '-아/어' 어미와의 연쇄에서 어간말 'ᄋ/으'의 탈락으로 인해 나타나는 ㄹㅇ형이다. 이를테면 '게으르-'

---

7 『석보상절』의 '오ᄅ-(登)+-아→올아'는 '소사 올아〈3:40a〉, 올아 앉거늘〈6:30a〉, 올아 가샤〈9:3b〉, 올아 가 술바눌〈11:12a〉, 노픠만 올아〈20:15a〉, 忉利天에 올아 가〈23:27b〉, 虛空애 올아〈24:16b〉' 등에서 나타난다.

8 『월인석보』의 경우는 1~11권에서의 '오ᄅ-(登)+-아→올아'를 조사한 것으로서, 그 용례로는 '올아 가ᄂ니라〈1:14b〉, 梵天에 올아〈1:20a〉, 二禪天에 올아〈1:48b〉, 소사 올아〈2:75a, 7:33b〉, 獅子座애 올아〈4:37b, 8:13b〉, 무틔 올아〈8:101b〉, 우희 올아〈8:99a〉, 法座애 올아〈10:122a〉, 山익 올아 가〈11:7a〉' 등이 있다.

(怠)는 후행하는 어미에 따라 '게으르-~게을ㅇ-'로 교체되었는데, 자음으로 시작하는 어미가 후행하면 '져기 게으르거늘〈三綱行 烈11〉' 처럼 '게으르-'로 실현되었고, 모음으로 시작하는 어미가 후행하면 '보빗 고대 게을어〈法華經 1:127a〉' 등의 '게을ㅇ-'로 실현되었다. 그리고 『두시언해(초)』에서는 '오르-(>오르, 登)+ -아 → 올아'형이 43여 건으로 다소 많이 출현하는 가운데 이들이 모두 ㄹㅇ형으로만 나타남을 볼 수 있다. '르/르'로 끝나는 어간과 '-아/어' 어미와의 연쇄에서의 ㄹㅇ형은 중세국어가 연철표기 중심이었음과는 달리 분철표기였음에도 불구하고 아주 규칙적으로 표기되었던 것이다.

2.3. 중세국어의 ㄹㄹ형

중세국어에서는 '르/르'로 끝나는 어간과 '-아/어' 어미와의 연쇄에서 위 (3)과 같이 ㄹㅇ형으로도 출현하는가 하면 다음 (5)와 같이 ㄹㄹ형으로도 출현한다. '르/르'로 끝나는 어간의 활용형이 어휘에 따라 어떤 용언은 ㄹㅇ형으로, 또 어떤 용언은 ㄹㄹ형으로도 활용하였던 것이다.

장윤희(2002: 77)에서는 중세국어 시기에 어간말 '르/르'와 '-아/어' 어미와의 연쇄에서 ㄹㄹ형으로 활용하는 용언이 11여 개임을 제시한 바 있는데,[9] 이 글은 그중 중세국어와 근대국어의 문헌에서 빈도상

---

9 다음은 장윤희(2002: 77)에서 제시한 ㄹㄹ형에 대한 용언 어간들이다.

구르-(〈구르-, 頓)	누르-(〈누르-, 壓)	마르-(〈ᄆᆞ르-, 乾)
모르-(〈모르-, 不知)	무르-(〈므르-, 退)	바르-(〈ᄇᆞ르-, 擦)
부르-(〈브르-, 呼)	빠르-(〈ᄲᆞ르-, 速)	자르-(〈ᄌᆞ르-, 截)
조르-(〈ᄌᆞ르-, 絞)	흐르-(〈흐르-, 流)	

표기의 변화를 살필 수 있을 것으로 판단되는 다음 (4)의 용언들을 중심으로 분석하였다. 그리하여 (5)는 (4)에 제시된 용언들이 '-아/어' 어미와의 연쇄에서 ㄹㄹ형으로 나타나는 용례의 일부를 보인 것이고, 〈표 3〉과 〈표 4〉는 ㄹㄹ형에 대한 15세기의 문헌별 분포를 나타낸 것이다.

(4) ㄹㄹ형으로 활용한 어간말 '르/르'를 가진 용언들
　　　구르-(轉)　　누르-(壓)　　　므르-(退)　　모르-(>모르 不知)
　　　브르-(呼)　　브르-(唱)　　　흐르-(流)

(5) ㄹㄹ형의 용례들
　　　굴르-(轉): 하늘홀 브르며 싸 굴러 굿 뻘텨〈三綱行 孝33a〉
　　　눌르-(壓): 觀察올 마디 아니ㅎ야 그치 눌러〈楞嚴經 9:58b〉
　　　몰르-(不知): 사오나톤 사ᄅ미 몰라〈釋譜 3:26a〉
　　　믈르-(退): 부텻 바래 禮數ㅎ숩고 믈러〈法華經 1:52b〉
　　　블르-(呼): 世尊이 블러 무르신대〈月釋 7:5a〉
　　　블르-(唱): 天女ㅣ 놀애 블러 讚嘆ㅎ숩노더〈月釋 11:5a〉
　　　흘르-(流): 몸애 믈이 나더 花間애 흘러〈月印千 上68b〉

〈표 3〉 15세기의 ㄹㄹ형에 대한 분포표 1

	訓民	龍歌	月印千	釋譜	月釋	楞嚴經	法華經
구르-(轉)→굴러							
누르-(壓)→눌러				2		6	
모ᄅ-(不知)→몰라		4	4	11	12	11	
므르-(退)→믈러		2		7	10	10	23
브르-(呼)→블러				8	8	9	12

브르-(唱)→블러			1	1	1	1
흐르-(流)→흘러	1		1	6	8	69	10

〈표 4〉 15세기의 ㄹㄹ형에 대한 분포표 2

	金剛經	圓覺經	救急方	內訓	三綱行	杜詩初	簡易方
구르-(轉)→굴러					1		
누르-(壓)→눌러		6	3	1		9	4
모르-(不知)→몰라		7	3				14
므르-(退)→믈러		5		5	1	14	
브르-(呼)→블러				9	18	28	
브르-(唱)→블러	1					9	
흐르-(流)→흘러	3	18	3	1	2	27	1

　　중세국어는 어간말 '릭/르'와 '-아/어' 어미와의 연쇄에서 활용형
이 (3)과 같이 ㄹㅇ형으로도 나타나는 한편 (5)와 같이 ㄹㄹ형으로도
나타나는 것이다. 이를테면 '흐르-'(流)의 경우는 (3)의 용례들과는
달리 후행하는 어미에 따라 '흐르-~흘르-'로 교체되었는데, 자음으
로 시작하는 어미가 후행하면 '흐르게 ㅎ니라〈釋譜 23:28〉' 등의 '흐
르-'로 실현되고, 모음으로 시작하는 어미가 후행하면 '믈 흘러〈釋
譜 9:21〉' 등의 '흘르-'로 실현된 것이다.

　　위 (3)과 (5)와 같이 중세국어에서는 ㄹㅇ형으로의 용언과 ㄹㄹ형
으로의 용언이 구별되어 규칙적으로 나타남을 볼 수 있다. 그런데
이처럼 구별되어 나타났던 ㄹㅇ형과 ㄹㄹ형의 활용형들이 근대국어
를 지나 현대국어에서는 ㄹㅇ형과 ㄹㄹ형 모두 ㄹㄹ형으로서 '저렇게
게으르고 게을러서야', '시간이 흐르고 흘러'와 같이 르-불규칙 활
용 용언으로 실현되고 있는 것이다.

3. 근대국어의 ㄹㄹ~ㄹㄴ형에 대한 분석

표기와 관련된 근대국어에서의 대표적인 논의로는 ㄹㄹ형과 ㄹㄴ형의 혼기를 들 수 있다. 근대국어의 ㄹㄹ~ㄹㄴ형에 대한 기존 연구는 근대국어 시기에 ㄹㄴ형이 확산된 원인을 다룬 것과(백두현 1992; 이진호 1997), 두 어형의 음가에 대하여 다룬 것, 즉 ㄹㄴ형은 실제 음성형을 반영한 것이 아니라는 논의(백두현 1992; 김혜영 1996; 이진호 1997)와 ㄹㄴ형은 실제 음성형을 얼마간 반영함으로써 ㄹㄹ[ll]과는 다른 음가를 가졌을 것이라고 보는 논의(오종갑 1988; 김중진 1999; 이광호 2001) 등이 있다.

한편 근대국어의 ㄹㄹ~ㄹㄴ형은 중세국어에서의 ㄹㄴ형, ㄹㅇ형, ㄹㄹ형이 근대국어 시기에 ㄹㄹ형으로 나타나고, 또 이러한 ㄹㄹ형이 ㄹㄴ형과 혼기되어 나타나는 것이다. 그러므로 근대국어의 ㄹㄹ~ㄹㄴ형을 논함에 있어서는 중세국어의 ㄹㄴ형, ㄹㅇ형, ㄹㄹ형에 대한 각각의 변화 양상을 살펴보는 것이 우선 중요하다. 이에 본 장에서는 근대국어의 문헌에 나타나는 ㄹㄴ>ㄹㄹ→ㄹㄹ~ㄹㄴ형, ㄹㅇ>ㄹㄹ→ㄹㄹ~ㄹㄴ형, ㄹㄹ>ㄹㄹ~ㄹㄴ형의 변화 과정을 순차적으로 톺아보고자 한다.

3.1. 근대국어에서의 ㄹㄴ>ㄹㄹ→ㄹㄹ~ㄹㄴ형

어간말 ㄹ계-자음군 'ㅭ'과 어미초 'ㄴ'과의 연쇄에서 자음군단순화로 인하여 'ㅎ'이 탈락된 후의 ㄹㄴ이 중세국어에서는 '일ᄂᆞ니〈잃-+-ᄂᆞ니, 金剛經 3:54b〉, 알논〈앓-+-는, 簡易方 目錄2a〉, 슬노라〈슳-+-노라, 杜詩初 11:4a〉'와 같이 ㄹㄴ형 그대로 실현되었었다.

그러다가 16세기에 들어서는 다음과 같이 ㄹㄴ형이 ㄹㄹ형으로도 나타나기 시작하여 17세기 문헌에서는 대부분 ㄹㄴ형과 ㄹㄹ형이 혼기되어 나타나는 것이다.

(6)   근대국어 문헌에서의 ㄹㄴ>ㄹㄹ→ㄹㄹ~ㄹㄴ형
        뎡절 일는 이른〈飜小 7:35b〉
        뎨 일론 사ᄅᆞ미 유무를 맛뎌 보내여든〈飜小 8:22a〉
        목이 브어 알ᄂᆞ니〈痘瘡集 下51b〉
        머리과 몸을 알르니라〈痘瘡集 上10b〉
        넉술 ᄀᆞ마니 슬노라〈杜詩重 1:28a〉
        내 슬로라 늘근 누네〈杜詩重 3:23b〉
        오래 굽을 알는 병을 고티ᄂᆞ니〈馬經抄 上67a〉
        ᄆᆞ음이 알르면 밋쳐〈馬經抄 上34b〉

(6)은 중세국어의 ㄹㄴ형이 근대국어에서는 ㄹㄹ형으로 변화되면서 ㄹㄹ형과 ㄹㄴ형이 혼기됨을 보인 것이다. 본 조사에 의하면 ㄹㄴ~ㄹㄹ형의 혼기는 『번역소학』(1518)의 '일는〈7:35b〉~일론〈8:22a〉'에서부터 출현하기 시작하여 『두창집요언해』(1608)에서 보다 확산되었다고 할 수 있다. 특히 『두시언해(초)』(1482)에서 80여 건으로 나타나던 '슳-+-ᄂᆞ-'에서의 ㄹㄴ형이 『두시언해(중)』(1632)에서는 '슬노라〈1:28a, 2:24a, 3:64a, 4:9b, 7:3b, 8:62a, 8:62a, 12:16b 등〉'의 ㄹㄴ형과 함께 '슬로라〈3:23b, 11:38a, 11:47b, 11:48b, 12:27b, 13:9a, 15:31b, 15:32a, 25:29b 등〉'의 ㄹㄹ형도 꽤나 많은 빈도를 보이는 것이다. 그리고 이러한 ㄹㄴ~ㄹㄹ형의 혼기가 17세기 이후의 문헌에서는 동일 문헌에서뿐만 아니라 동일 문헌이자 동일한 어간과 어미와의 연쇄에서도 나타남을 보게 된다.

3.2. 근대국어에서의 ㄹㅇ>ㄹㄹ→ㄹㄹ~ㄹㄴ형

중세국어 시기에 어간말 '르/르'와 '-아/어' 어미와의 연쇄에서 출현한 ㄹㅇ형의 경우는 이들이 16세기 초반까지는 다음 〈표 5〉와 같이 ㄹㅇ형으로만 발견된다. 그러다가 16세기 중·후반으로 가면 〈표 6〉처럼 ㄹㅇ형이 ㄹㄹ형으로 변화되기 시작하여, 17세기 중·후반에는 중세국어의 ㄹㅇ형이 〈표 8〉과 같이 대부분 ㄹㄹ형으로 출현하는 것이다.

〈표 5〉 16세기[10] 초의 ㄹㅇ>ㄹㄹ형에 대한 분포표

	續三綱	飜朴	飜小	二倫	簡易辟
가르-(分) → 갈아		갈아(1)	갈아(1)		
게으르-(怠) → 게을어			게을어(1)		
기르-(育) → 길어				길어(1)	
디르-(刺) → 딜어	딜어(1)				
두르-(圍) → 둘어		둘어(1)	둘어(1)		
브르-(飽) → 블어					
오르-(登) → 올아	올아(1)	올아(1)	올아(2)	올아(2)	올아(1)

---

10 16세기 문헌의 약호는 다음과 같다.

續三綱行實圖(1514)〈續三綱〉　　　飜譯老乞大(1517)〈飜老〉
飜譯朴通事(1517)〈飜朴〉　　　　　二倫行實圖(1518)〈二倫〉
飜譯小學(1518)〈飜小〉　　　　　　簡易辟瘟方(1525)〈簡易辟〉
蒙山和尙六道普說(1567)〈蒙山〉　　七大萬法(1569)〈七大〉
誡初心學人文(1577)〈誡初〉　　　　重刊警民編(1579)〈警民編重〉
小學諺解(1588)〈小學〉　　　　　　論語諺解(1590)〈論語〉
蒙山和尙法語略錄諺解(송광사판 1577)〈蒙山法語〉

<표 6> 16세기 중·후반의 ㄹㅇ>ㄹㄹ형에 대한 분포표

	蒙山	七大	蒙山法語	警民編重	小學	論語
가르-(分) → 갈아	갈아(1)					
게을-(怠) → 게을어				게을어(0) 게을러(1)	게을어(2) 게을러(0)	cf 게을이(1) 게을리(1)
고르-(調) → 골아					골아(0) 골라(1)	
기르-(育) → 길어		길어(2)		길어(1)		
디르-(刺) → 딜어					딜어(1)	
오르-(登) → 올아	올아(4)	올아(2)	올아(3)		올아(0) 올라(4)	올아(1) 올라(1)

<표 7> 17세기[11] 초·중반의 ㄹㅇ>ㄹㄹ형에 대한 분포표

	痘瘡集	胎産集	家禮	杜詩重	警民編諺解
게을-(怠) → 게을어				게을어(5) 게을러(0)	
그르-(解) → 글어				글어(7) 글러(1)	
기르-(育) → 길어				길어(2) 길러(0)	길어(0) 길러(2)
다르-(異) → 달아		달아(0) 달라(1)	달아(0) 달라(1)	달아(1) 달라(0)	

11 17세기 문헌의 약호는 다음과 같다.
　　痘瘡集要諺解(1608)〈痘瘡集〉　　　胎産集要諺解(1608)〈胎産集〉
　　東國新續三綱行實圖(1617)〈東國三綱〉　家禮諺解(1632)〈家禮〉
　　杜詩諺解重刊本(1632)〈杜詩重〉　　　勸念要錄諺解(1637)〈勸念要〉
　　辟溫新方(1653)〈辟新〉　　　　　　警民編諺解(중간본 1658)〈警民編諺解〉
　　女訓諺解(1658)〈女訓〉　　　　　　救荒撮要(윤석창본 1660)〈救荒〉
　　老乞大諺解(1670)〈老乞大〉　　　　捷解新語初刊本(1676)〈捷解初〉
　　음식디미방(1670)〈디미방〉　　　　朴通事諺解(1677)〈朴通事〉
　　馬經抄集諺解(1682)〈馬經抄〉

디르-(刺) → 딜어	딜어(2) 딜러(0)		딜어(0) 딜러(1)	딜어(15) 딜러(1)	
두르-(圍) → 둘어			둘어(0) 둘러(6)	둘어(4) 둘러(0)	
오르-(登) → 올아	올아(0) 올라(7)	올아(1) 올라(1)	올아(0) 올라(43)	올아(57) 올라(0)	

<표 8> 17세기 중·후반의 ㄹㅇ>ㄹㄹ형에 대한 분포표

	女訓	老乞大	디미방	捷解初	朴通事	馬經抄
가르-(分) → 갈아			갈아(0) 갈라(2)			
거르-(濾) → 걸어			걸어(0) 걸러(11)			
고르-(調) → 골아	골아(0) 골라(1)	골아(0) 골라(1)	골아(0) 골라(7)			골아(0) 골라(41)
그르-(解) → 글어	글어(0) 글러(2)	글어(0) 글러(1)				
기르-(育) → 길어	길어(0) 길러(1)				길어(0) 길러(2)	
다르-(異) → 달아				달아(0) 달라(1)		
디르-(刺) → 딜어	딜어(0) 딜러(1)				딜어(0) 딜러(1)	딜어(0) 딜러(4)
두르-(圍) → 둘어			둘어(0) 둘러(2)		둘어(0) 둘러(2)	둘어(0) 둘러(1)
브르-(飽) → 블어						블어(0) 블러(4)
오르-(登) → 올아				올아(0) 올라(4)	올아(0) 올라(7)	

본 조사에 따르면 『경민편언해(중)』(1579)에서 ㄹㅇ형이 ㄹㄹ형으로 변화된 활용형이 처음으로 발견된다. 중세국어의 '게을어'가 '게

을러 늣드리오〈2a〉'로 나타나는 것이다. 그리고 이후 문헌에서는
〈표 7〉처럼 '스스로 먹 딜어〈東國三綱 烈8:16b〉~스스로 먹 딜러놀
〈東國三綱 忠1:9b〉' 등의 ㄹㅇ형과 ㄹㄹ형이 혼기되어 나타나다가
〈표 8〉의 17세기 중·후반에서는 '쳔훈 거슬 골라 사ᄂ니〈老乞大 下
60a〉, 기름의 된쟝 걸러〈디미방, 붕어찜5a〉, 時節이 녜과 달라〈捷
解初 3:13a〉'와 같이 ㄹㄹ형으로의 경향성을 보이는 것이다.

3.3. 근대국어에서의 ㄹㄹ>ㄹㄹ~ㄹㄴ형

중세국어 시기에는 어간말 'ᄅ/르'와 '-아/어' 어미와의 연쇄에서
ㄹㅇ형과 ㄹㄹ형이 구별되어 규칙적으로 표기되었다. 그리고 중세국어
의 ㄹㅇ형이 근대국어에서는 ㄹㅇ>ㄹㄹ형으로 변화되었음을 2.2~2.3
과 3.2에서 살필 수 있었다. 이에 3.3에서는 중세국어의 ㄹㄹ형에 대한
근대국어의 양상을 다루면서, 중세국어의 ㄹㄹ형이 17세기까지는 대부
분 ㄹㄹ형으로 유지되다가 18세기에 들어 ㄹㄴ형으로도 출현하고, 18세
기 중반에는 ㄹㄹ형과 ㄹㄴ형이 비슷한 빈도를 보이다가 18세기 후반
이후에는 ㄹㄴ형이 ㄹㄹ형보다 훨씬 많이 출현함을 톺아볼 것이다.

<표 9> 17세기의 ㄹㄹ~ㄹㄴ형에 대한 분포표

	胎産集要	杜詩重	勸念要	老乞大	捷解初	朴通事
누르-(壓) → 눌러	눌러(2)	눌러(11)				
모르-(不知) → 몰라		몰라(1)		몰라(1)	몰라(2)	
므르-(退) → 믈러		믈러(18)	믈러(4)	믈러(1)		
브르-(呼) → 블러		블러(45)		블러(1)	블러(2)	블러(17)
흐르-(流) → 흘러	흘러(2)	흘러(37)	흘러(1)			흘러(3)

〈표 10〉 18세기[12] 초·중반의 ㄹㄹ~ㄹㄴ형에 대한 분포표

	五倫全備	御製內訓	女四書	捷解	經世問答續錄
모르-(不知) → 몰라				몰라(1) 몰나(0)	
므르-(退) → 믈러	믈러(3)	믈러(5)	믈러(1) 믈너(0) 물러(2) 물너(2)		
브르-(呼) → 블러	블러(45) 불러(3)[13]	블러(8)	블러(5) 블너(3) 불러(3) 불너(0)	블러(0) 블너(0) 불러(0) 불너(1)	블러(8) 블너(1) 불러(0) 불너(0)
흐르-(流) → 흘러	흘러(1)	흘러(1)	흘러(2) 흘너(0)		흘러(0) 흘너(1)

〈표 11〉 18세기 후반의 ㄹㄹ~ㄹㄴ형에 대한 분포표

	南海錄	明義錄	癸亥錄	隣語	增修無冤	敬信錄	五輪圖
누르-(壓) → 눌러			눌러(0) 눌너(1)		눌러(1) 눌너(4)	눌러(0) 눌너(2)	
모르- → 몰라	몰라(0) 몰나(1)		몰라(1) 몰나(0)			몰라(0) 몰나(1)	

---

12 18세기 문헌의 약호는 다음과 같다.

五倫全備諺解(1721)〈五倫全備〉　　　御製內訓諺解(1736)〈御製內訓〉
女四書諺解(1737)〈女四書〉　　　　　御製常訓諺解(1745)〈御製訓〉
改修捷解新語(1748)〈捷解〉　　　　　御製訓書諺解(1756)〈御製訓書〉
御製經世問答續錄諺解(1763)〈經世問答〉
警世編諺解(1765)〈警世編〉　　　　　南海聞見錄(1771)〈南海錄〉
明義錄諺解(1777)〈明義錄〉　　　　　癸亥反正錄(1785)〈癸亥錄〉
隣語大方(1790)〈隣語〉　　　　　　　增修無冤錄諺解(1792)〈增修無冤〉
敬信錄諺釋(1796)〈敬信錄〉　　　　　五倫行實圖(1797)〈五輪圖〉

13 18세기경에는 'ㆍ'의 비음운화와 그로 인한 'ㅡ:ㅜ'의 새로운 대립관계 형성 등으로 말미암아 원순자음 다음의 'ㅡ'가 원순모음 'ㅜ'로 변화된다. 그리하여 '믈-, 블-' 등이 원순모음화된 '물-, 불-' 등과 혼기되어 나타나는 것이다.

므르-(退) → 믈러		믈러(0) 믈너(7) 물러(0) 물너(14)	믈러(0) 믈너(0) 물러(2) 물너(1)			믈러(0) 믈너(1) 물러(0) 물너(6)	믈러(3) 믈너(1) 물러(0) 물너(0)
브르-(呼) → 블러	블러(0) 블너(1)	블러(0) 블너(7) 불러(0) 불너(6)	블러(0) 블너(0) 불러(2) 불너(7)	블러(0) 블너(0) 불러(0) 불너(1)	블러(0) 블너(0) 불러(0) 불너(5)	블러(0) 블너(0) 불러(0) 불너(7)	블러(5) 블너(2) 불러(5) 불너(0)
흐르-(流) → 흘러		흘러(0) 흘너(7)			흘러(2) 흘너(16)	흘녀(1)	흘러(2) 흘너(1)

중세국어의 ㄹㄹ형은 『가례언해』(1632)의 '婦人이 믈러 避ᄒ라〈8:5a〉~婦人이 믈너 避ᄒ라〈8:2b〉'에서처럼 ㄹㄴ형과의 혼기가 간헐적으로 발견되기는 하나 17세기까지는 〈표 9〉와 같이 대부분 ㄹㄹ형임을 볼 수 있다. 그러다가 18세기에 들어, 본 조사에 의하면 '從容이 물러 걸을찌니라〈女四書 2:26a〉~걸음을 물너〈2:18b〉, 避홈을 보고 블러〈女四書 4:42a〉~罵怒를 블너〈2:9a〉' 등의 『여사서언해』(1737)에서부터 ㄹㄹ형과 ㄹㄴ형의 혼기가 빈번하기 시작하여 18세기 중·후반에는 ㄹㄹ형과 ㄹㄴ형과의 혼기가 대부분의 문헌에서 발견되면서, 문헌에 따라서는 ㄹㄴ형으로만 나타나기도 함을 〈표 11〉과 같이 보게 된다.

이로써 중세국어 시기에 어간말 '륵/르'와 '-아/어' 어미와의 연쇄에서 나타나는 ㄹㅇ형과 ㄹㄹ형의 경우, 중세국어의 ㄹㄹ형은 18세기쯤에 ㄹㄴ형과의 혼기가 확산되었던 것이라고 할 수 있겠다. 그리고 ㄹㅇ형은 16세기에 들어 ㄹㅇ>ㄹㄹ형으로 변화되기 시작하여 17세기에는 ㄹㅇ>ㄹㄹ형으로의 변화가 확산되는데, 이러한 ㄹㅇ>ㄹㄹ의 ㄹㄹ형도 다음과 같이 18세기쯤에는 ㄹㄹ~ㄹㄴ형으로써 ㄹㄴ형과의 혼기가 빈번하였음을 살필 수 있는 것이다.

<표 12> 18세기의 ㄹㅇ>ㄹㄹ→ㄹㄹ~ㄹㄴ형에 대한 분포표

	女四書	南海錄	明義錄	癸亥錄	增修無冤	敬信錄
가르-(分) → 갈아					갈아(0) 갈라(0) 갈나(1)	
게으르-(怠) → 게을어			게을어(0) 게을러(0) 게을너(1)			
고르-(調) → 골아					골아(0) 골라(1) 골나(0)	
그르-(解) → 글어					글어(0) 글러(1) 글너(0)	글어(0) 글러(0) 글너(1)
기르-(育) → 길어	길어(0) 길러(0) 길너(1)	길어(0) 길러(0) 길너(1)	길어(0) 길러(0) 길너(4)	길어(0) 길러(0) 길너(1)		길어(0) 길러(0) 길너(1)
다르-(異) → 달아		달아(0) 달라(0) 달나(1)	달아(0) 달라(0) 달나(2)			달아(0) 달라(0) 달나(1)
디르-(刺) → 딜어	딜어(0) 딜러(1)	딜어(0) 딜러(0) 딜너(1)			딜어(0) 딜러(0) 딜너(11)	
두르-(圍) → 둘어	둘어(0) 둘러(1)		둘어(0) 둘러(0) 둘너(3)	둘어(0) 둘러(0) 둘너(1)	둘어(0) 둘러(0) 둘너(7)	둘어(0) 둘러(0) 둘너(3)
오르-(登) → 올아	올아(0) 올라(3) 올너(1) 올려(4)	올아(0) 올라(0) 올나(3)	올아(0) 올라(0) 올나(6)	올아(0) 올라(3) 올나(5)	올아(0) 올라(0) 올나(4)	올아(0) 올라(0) 올나(6)

<표 12>는 중세국어의 ㄹㅇ형이 16~17세기경에 ㄹㅇ>ㄹㄹ형으로

변화함에 따라 ㄹㅇ형과 ㄹㄹ형이 혼기되다가 18세기에는 ㄹㅇ형은 보이지 않고 ㄹㅇ>ㄹㄹ형의 ㄹㄹ형이 ㄹㄴ형과 혼기되어 나타남을 보이는 것이다.[14] 중세국어의 ㄹㅇ형이 '金山에 올라〈女四書 4:34b〉'와 '東萊 올나가〈捷解 1:30a〉' 등과 같이 ㄹㄹ형과 ㄹㄴ형으로 혼기되어 나타나는 것이다. 더 나아가『남해문견록』(1771),『명의록언해』(1777) 등의 18세기 중·후반의 문헌에서는 ㄹㅇ>ㄹㄹ형은 발견되지 않고 '셔원의 올나〈南海錄 3a〉, 셩품은 눕과 달나〈南海錄 30b〉, 난을 길너〈明義錄 卷首下어제윤음:1a〉, 덕을 길너〈明義錄 2:12b〉' 등의 ㄹㄴ형으로만 출현하기도 하는 것이다.

이상과 같이 중세국어의 ㄹㄴ형, ㄹㅇ형, ㄹㄹ형이 근대국어에서는 ㄹㄹ~ㄹㄴ형으로 출현함에 따라 근대국어의 ㄹㄹ~ㄹㄴ형을 중세국어의 ㄹㄴ형, ㄹㅇ형, ㄹㄹ형 등으로 분류하여, 이들이 어떤 변화 과정을 통해 근대국어의 ㄹㄹ~ㄹㄴ형으로 출현하는가를 살폈다. 그리하여 중세국어의 ㄹㄴ형은『번역소학』(1518)에서 ㄹㄴ~ㄹㄹ형의 혼기가 보이기 시작하여『두창집요언해』(1608) 등의 17세기 문헌부터 확산되었음을 확인할 수 있었다. 중세국어의 ㄹㅇ형은『경민편언해(중)』(1579)에서 ㄹㅇ>ㄹㄹ형으로 변화됨을 보이기 시작하여 17세기쯤부터 ㄹㅇ>ㄹㄹ형의 변화가 확산되고, 변화된 ㄹㄹ형은 또『여사서언해』(1737)에서 ㄹㄴ형으로도 나타나면서 18세기경에는 ㄹㄹ~ㄹㄴ형으로

---

14 중세국어의 ㄹㄹ형이 ㄹㄴ형과 혼기됨은 17세기에 간헐적으로 나타나다가 18세기쯤에 확산된다. 그리고 ㄹㅇ>ㄹㄹ형의 ㄹㄹ~ㄹㄴ형 혼기도 17세기부터는 드물게 발견된다고 할 수 있다. 이에『동국신속삼강행실도』(1617)에서는 '딜-(刺)+-어'가 '스스로 먹 딜어〈烈8:16b〉~스스로 먹 딜러〈烈8:28b〉~스스로 먹 딜너〈烈4:27b〉'와 같이 출현하면서 ㄹㅇ형, ㄹㄹ형, ㄹㄴ형의 빈도가 '딜어:딜러:딜너=1:33:9' 등으로 나타난다고 하겠다.

의 혼기가 더욱 확산됨을 볼 수 있었다. 그리고 중세국어의 ㄹㄹ형은 17세기까지는 대부분 ㄹㄹ형으로 나타나다가 ㄹㅇ>ㄹㄹ→ㄹㄹ~ㄹㄴ형과 마찬가지로 18세기에 들어 ㄹㄴ형과의 혼기가 확산되었음을 살핀 것이다. 따라서 근대국어의 ㄹㄹ~ㄹㄴ형은 중세국어의 ㄹㄴ형이 근대국어에 들어 ㄹㄹ형으로 변화되고,[15] 또 중세국어의 ㄹㅇ형이 ㄹㄹ형으로 변화된다. 그리고 근대국어에 변화된 ㄹㄹ형과 중세국어 시기의 ㄹㄹ형이 18세기쯤에는 ㄹㄴ형으로도 빈번히 표기됨으로써 ㄹㄹ형과 ㄹㄴ형의 혼기가 18세기 이후부터는 더욱 확산되었던 것이라고 할 수 있다.[16]

3.4. ㄹㄴ>ㄹㄹ, ㄹㅇ>ㄹㄹ형 변화에 대한 단견

중세국어의 ㄹㄴ형, ㄹㅇ형, ㄹㄹ형이 근대국어에서는 ㄹㄹ ~ㄹㄴ형

---

15 중세국어의 ㄹㄴ형에 대한 'ㄹㄴ>ㄹㄹ→ㄹㄴ~ㄹㄹ'의 변화 및 혼기는 ㄹㄴ형이 ㄹㄹ형으로 변화된 다음에 ㄹㄹ형과 ㄹㄴ형이 혼기되었을 것이라고는 할 수 없다. ㄹㅇ>ㄹㄹ형이 ㄹㄴ형과의 혼기 확산 시기와 중세국어의 ㄹㄹ형이 ㄹㄴ형과의 혼기 확산 시기는 18세기쯤인 반면, ㄹㄴ>ㄹㄹ의 변화로 인한 ㄹㄴ~ㄹㄹ형의 혼기 확산 시기는 17세기쯤으로 추정되기 때문이다. ㄹㄴ>ㄹㄹ이 변화되는 17세기에는 그 변화의 과도기적 시기로 해석할 수 있고, 이에 ㄹㄴ~ㄹㄹ형에서의 ㄹㄴ은 ㄹㄴ>ㄹㄹ로 변화되기 전의 음가로도 나타날 수 있기 때문이다. 즉 ㄹㄴ>ㄹㄹ형이 모든 환경과 어휘에 변화된 후 그 변화된 ㄹㄹ형이 ㄹㄴ형과의 혼기를 보이는 것이라고는 할 수 없기 때문이라고 하겠다.

16 한편 근대국어의 ㄹㄹ형이 ㄹㄴ형과 혼기되는 현상이 왜 18세기에 들어 확산되었는지에 대한 원인 규명은 그리 녹록지 않다고 할 수 있다. 근대국어의 ㄹㄹ~ㄹㄴ형은 중세국어의 ㄹㄴ형, ㄹㅇ형, ㄹㄹ형의 변화에 따른 것이다. 이로써 ㄹㄴ>ㄹㄹ→ㄹㄹ~ㄹㄴ형, ㄹㅇ>ㄹㄹ→ㄹㄹ~ㄹㄴ형의 변화에 따른 측면에서 본다면, 변화되는 과정에서의 과도기적인 음성형을 인정해야 하므로, 근대국어의 ㄹㄹ~ㄹㄴ형을 단순히 표기의 문제로만 볼 수는 없는 것이다. 그리고 만약 ㄹㄴ>ㄹㄹ, ㄹㅇ>ㄹㄹ형의 변화가 일차적으로 일어난 후, ㄹㄹ형이 ㄹㄴ형과 혼기되어 나타났을 것이라는 측면에서 본다면, 이는 또 문법의식의 확산이나 유음화에 따른 과도교정형 등의 표기법적 관점에서 해석할 수도 있기 때문이라고 하겠다.

으로 나타남에 따라 근대국어의 ㄹㄹ~ㄹㄴ형을 ㄹㄴ>ㄹㄹ→ㄹㄹ~ㄹ
ㄴ형, ㄹㅇ>ㄹㄹ→ㄹㄹ~ㄹㄴ형, ㄹㄹ>ㄹㄹ~ㄹㄴ형 등으로 나누어 각
유형별 변화 과정 및 시기 등을 앞서 살펴보았다. 이에 본 절에서는
그러한 변화의 동인에 대한 단견을 제시해 보고자 한다.

3.4.1. ㄹㄴ>ㄹㄹ형의 변화에 대하여

현대국어에서는 /ㄹㄴ/-연쇄를 허용하지 않으므로 /ㄹㄴ/-연쇄
에서는 음운변동이 필수적이다. 이에 반해 중세국어에서는 /ㄹㄴ/-
연쇄가 음운변동 없이 나타나기도 하였고, 이러한 중세국어의 ㄹㄴ
형이 16세기에 들어서는 ㄹㄹ형으로도 보이기 시작하여 17~18세기
이후 문헌에서는 대부분 ㄹㄴ형과 ㄹㄹ형이 혼기됨을 확인할 수 있
었던 것이다.

ㄹㄴ형이 ㄹㄹ형으로 변화되는 원인에 대해서는 통상 유음화의 발
생과 관련되는 것으로 본다(백두현 1992; 이진호 1997). 유음화는 음절
말 유음이 미파화로 인하여 설측음[l]로 실현됨을 전제하는 음운현상
이다(오정란 1993). 이 때문에 ㄹㄴ형이 ㄹㄹ형으로 변화되기 전의 음
절말 'ㄹ'은, ㄹㄹ형의 음절말 'ㄹ'과 동일하게 설측음[l]로 실현되었으
리라고는 할 수 없게 된다. ㄹㄴ형의 'ㄹ'이 ㄹㄹ형으로 변화되기 전에
는 미파화가 실현되지 않았었다고 할 수 있다. 음절말 'ㄹ'의 미파화
로 인하여 'ㄹ'이 설측음[l]로 실현되고, 이 설측음[l]과 치조 비음[n]
과의 연쇄에서 유음화가 실현되었었다고 할 수 있는 것이다.

만약 ㄹㄴ형의 'ㄹ'이 ㄹㄹ형의 음절말 'ㄹ'과 같이 설측음[l]로 실현
되었었다고 한다면, 중세국어의 ㄹㄴ형이 근대국어에 들어 ㄹㄴ>ㄹㄹ
형으로 변화되면서 ㄹㄴ형과 ㄹㄹ형이 혼기되는 등의 원인을 규명할

수가 없다. ㄹㄴ>ㄹㄹ형의 변화 원인을 유음화의 발생과 관련하여
논하기도 하는데, 그 또한 ㄹㄴ연쇄에서 16~17세기에 들어 유음화가
왜 발생하게 되었는지에 대한 동인을 밝히기가 어렵다. 중세국어의
음절말 유음을 설측음[l]로 본다면 ㄹㅇ>ㄹㄹ형의 변화 및 ㄹㄴ>ㄹㄹ형
으로의 변화, 유음화의 발생 등에 대한 해석은 더욱 요원해지기만
하는 것이다.

3.4.2. ㄹㅇ>ㄹㄹ형의 변화에 대하여

ㄹㄴ>ㄹㄹ형의 변화에 이어 ㄹㅇ>ㄹㄹ형의 변화도 음절말 유음의
미파화와 관련된다고 할 수 있다. 중세국어의 ㄹㄹ형은 중세국어의
ㄹㅇ형과의 변화 시기 차이가 크기 때문에 ㄹㄹ형을 단순히 ㄹㅇ형에
대한 선구적인 변화형으로 간주하기란 쉽지만은 않다. ㄹㄹ형을 ㄹㅇ
형에 대한 선구적인 변화형이라고 한다면, 중세국어의 ㄹㄹ형이 ㄹㅇ>
ㄹㄹ형의 변화 과정에서 ㄹㅇ~ㄹㄹ형의 혼기 양상 없이, 즉 ㄹㄹ형으
로 나타나는 어형이 ㄹㅇ~ㄹㄹ형으로의 혼기 없이 ㄹㄹ형으로만 규칙
적으로 나타나는 것에 대한 해석도 쉽지만은 않을 것이다.

그럼에도 불구하고 중세국어의 ㄹㄹ형과 ㄹㅇ형과의 관련성은 배
제할 수 없다고 하겠다. 중세국어의 ㄹㄹ형과 관련하여 유창돈(1961)
은 ㄹㅇ형에 ㄹ이 첨가된 ㄹㄹ형이 부분적으로 완성되어 가던 시기가
정음 초기였으므로 이 시기에는 ㄹㅇ형과 ㄹㄹ형의 쌍형이 있었던
것이라고 한다. 그리고 후대에 'ㄹ'이 첨가된 ㄹㄹ형의 확대로 인하
여 오늘날처럼 용언에서 중설모음 탈락의 경우는 모두 ㄹㄹ형으로
변화되었다고 하는 것이다. 문학준(1987: 17)에서도 ㄹㄹ형이 15세기
에는 일부 어휘에서만 나타나면서 대부분 ㄹㅇ형임을 보아 15세기는

ㄹㄹ형 발달의 초기 단계였던 것으로 해석하는데, 이러한 해석들은 중세국어의 ㄹㄹ이 ㄹㅇ의 변화(ㄹㅇ>ㄹㄹ)형임을 시사하는 것이라고 할 수 있다.

이 글 역시 중세국어의 ㄹㄹ형은 ㄹㅇ>ㄹㄹ의 변화형으로 볼 수 있지 않을까 한다. 중세국어의 ㄹㅇ형과 ㄹㄹ형은 '륵/르'로 끝나는 어간과 '-아/어' 어미와의 연쇄라는 동일한 환경에서 나타나고, 또 중세국어의 ㄹㅇ형이 근대국어에 들어서는 중세국어의 ㄹㄹ형과 같이 대부분 ㄹㄹ형으로 변화되기 때문이다.

한편 ㄹㅇ>ㄹㄹ형의 변화 원인과 관련하여, 기연구들에서는 중세국어에 나타나는 ㄹㅇ형의 'ㅇ'은 어떤 음소가 탈락된 위치이고,[17] 근대국어에 나타나는 ㄹㅇ>ㄹㄹ형의 변화는 탈락된 음의 흔적이 약화 및 소멸됨에 따른 변화인 것으로 해석함(도수희 1983: 14)을 보게 된다. 이에 졸고(2016b)에서도 중세국어의 ㄹㅇ형은 탈락음의 흔적과 관련되는 것으로 보면서 근대국어의 ㄹㅇ>ㄹㄹ형은 미파화의 확산으로 인한 음절말 유음의 음가 변화([r]>[l])와 관련되는 것으로 해석한 바 있는데, 이를 간략하게나마 제시하면 다음과 같다고 하겠다.

중세국어의 ㄹㅇ형이 근대국어 시기에 ㄹㅇ>ㄹㄹ형으로 변화된 원인을 논하기 위해 졸고(2016b)에서는 먼저 중세국어에 나타나는 ㄹㅇ형의 'ㄹ'이 미파화 전인 외파음[r]이었던 것으로 보았다.[18] 외파

---

17 장향실(1996: 321~322)에서도 중세국어의 'ㄹㅇ'에 대하여 '륵/르'로 끝나는 어간이 모음으로 시작되는 어미와 연결될 때, 표면음성제약으로 인하여 'ㆍ/ㅡ'가 탈락하지만, 'ㆍ/ㅡ'가 탈락한 후에는 이들의 형판, 즉 빈 골격홈(skeletal slot)이 기저적으로 남아 있어 이러한 빈 골격홈이 연음현상을 저지함에 따른 것이라고 한다.

18 현대국어에서의 유음 'ㄹ'이 외파음의 환경인 모음과 모음 사이의 '(C)V+ㄹV(C)'에서는 '탄설음[r]'로 실현되고, 미파화의 환경인 음절말 '(C)Vㄹ+CV(C)'에서는 '설측음

음[r]은 모음에 가까우면서 자음 중에서는 가장 약자음이라는 특성을 가진다. 그리하여 '各各 훈 <u>아들옴</u> 내야〈(아들+곰) 釋譜 6:8〉, 톱 길며 엄이 <u>길오</u>〈(길-+-고) 月印千 上60〉'와 같이 'ㄹ'과 모음 사이에서 'ㄱ'이 약화 및 탈락됨에 따른 ㄹㅇ형이 출현하기도 하고, '天下ㅣ <u>셜워</u>ᄒ더라〈(셟-) 三綱行 忠22〉, <u>열운</u> 風俗 업수믈〈(엷-) 法華經 3:72〉'처럼 유성음 사이에서 'ㅂ'이 약화됨에 따른 ㄹㅇ형으로도 출현하였던 것이라고 할 수 있다. 음절말에서의 외파음[r]이 갖는 특성으로 인하여 'ㄱ, ㅂ(ㅸ)'이 'r_V'의 환경에서는 약화 및 탈락되기에 용이하였던 것이라고 하겠다. 'r_V'의 환경에서 'ㄱ'은 'k>g>ɣ>ɦ>∅'의 과정을 거치면서, 'ㅂ'은 'p>b>ß>w'의 과정을 거치면서 약화·탈락되었던 것이다. 그리고 'ㄱ, ㅂ(ㅸ)'의 약화·탈락된 흔적(박종희 1893; 도수희 1983; 문학준 1987; 김정태 2001; 김무림 2005)으로 말미암아 음절말 ㄹ[r]이 후행하는 음절초로 연음되지 못하고 중세국어의 일반적인 연철표기와는 달리 ㄹㅇ형으로 분철표기된 것이라고 할 수 있다.

한편 어간말 'ᄅᆞ/르'와 '-아/어' 어미와의 연쇄에서 'ᄋᆞ/으' 탈락으로 인한 중세국어의 ㄹㅇ형이 근대국어 시기에는 모두 ㄹㄹ형으로 변화되었다. ㄹㅇ형이 ㄹㄹ형으로 변화됨은 근대국어에 들어 음절말 유음이 미파화의 확산으로 인하여 설측음[l]로 변화됨에 따라 탈락음의 흔적이 설측음[l] 앞에서는 더 이상 유지 및 기능하지 못하였기

---

[l]'로 실현됨을 감안하여, 외파음으로의 음절말 유음은 '[r]'로 표기하고, 미파화된 음절말 유음은 '[l]'로 표기한다. 이때 엄밀한 의미에서 국어의 탄설음(flap)은 [ɾ]로 표기되어야 하지만, 이 글에서는 편의상 [r]로 표기토록 한다. 그리고 중세국어 ㄹㅇ형의 'ㄹ'을 외파음[r]로 본 논의 등은 졸고(2016b)를 참조하는 것으로 대신한다.

때문이다. 설측음[l]은 [r]보다 자음의 강도가 강할 뿐만 아니라 음성
학적으로도 두 음절(선행하는 음절말과 후행하는 음절초) 모두에 속하는
양음절성을 가지므로 이러한 설측음[l]의 특성으로 인하여 ㄹㅇ이
ㄹㄹ[ll]로 실현되면서 표기에서도 ㄹㅇ>ㄹㄹ형으로 변화되었던 것이
라고 하겠다.

위와 같은 졸고(2016b)를 비롯한 선행 연구들의 논의 등에도 불구
하고 중세국어의 ㄹㅇ형과 ㄹㄹ형, ㄹㅇ>ㄹㄹ 및 ㄹㄴ>ㄹㄹ의 변화에
대한 원인 규명은 사실 앞으로도 계속 풀어 나가야 할 난제라고도
할 수 있다. 그 과정에서 졸고나 이 글은 그러한 변화들에는 변화를
일으킨 원인이 단연 있었을 것으로 보았고, 그 원인을 음절말 'ㄹ'의
음가 변화에서 찾은 것이다. ㄹㅇ>ㄹㄹ형의 변화나 ㄹㄴ>ㄹㄹ형의 변
화, 그리고 유음화의 발생은 모두 음절말 'ㄹ'과 관련되는 것인 만큼
음절말 'ㄹ'의 미파화, 그로 인한 외파음에서 미파화된 설측음[l]로의
변화에서 그 동인을 찾은 것이라고 하겠다.

4. 결론

중세국어의 ㄹㄴ형, ㄹㅇ형, ㄹㄹ형이 근대국어에서는 ㄹㄹ~ㄹㄴ형
으로 출현한다. 이에 이 글은 근대국어의 ㄹㄹ~ㄹㄴ형을 ㄹㄴ>ㄹㄹ→
ㄹㄹ~ㄹㄴ형, ㄹㅇ>ㄹㄹ→ㄹㄹ~ㄹㄴ형, ㄹㄹ>ㄹㄹ~ㄹㄴ형으로 나누
어 분석하면서, 그 변화의 시기와 동인 등을 고찰함을 목적으로 하
였다. 논의의 내용을 요약·정리하면 다음과 같다.

먼저 중세국어의 ㄹㄴ형은 『번역소학』(1518)에서 ㄹㄴ~ㄹㄹ형의 혼

기가 보이기 시작하여 『두창집요언해』(1608) 등의 17세기 문헌부터
는 보다 확산되어감을 살폈다. 중세국어 시기에 어간말 '르/르'와
'-아/어' 어미와의 연쇄에서 나타난 ㄹㅇ형과 ㄹㄹ형에서, ㄹㅇ형은
『경민편언해(중)』(1579)에서 ㄹㅇ>ㄹㄹ형으로 변화된 활용형이 발견
되기 시작하여 17세기 이후부터는 ㄹㅇ>ㄹㄹ형의 변화가 확산됨을,
ㄹㅇ>ㄹㄹ형으로 변화된 ㄹㄹ형은 『여사서언해』(1737)에서 ㄹㄴ형으
로도 나타나면서 18세기경에는 ㄹㄹ~ㄹㄴ형의 혼기가 확산됨을 살폈
다. 중세국어의 ㄹㄹ형도 17세기까지는 대부분 ㄹㄹ형으로 나타나다
가 ㄹㅇ>ㄹㄹ→ㄹㄹ~ㄹㄴ형과 마찬가지로 18세기에 들어 ㄹㄴ형과 혼
기됨을 살핀 것이다. 그리하여 근대국어의 ㄹㄹ~ㄹㄴ형은 중세국어
의 ㄹㄴ형이 근대국어에 들어 ㄹㄹ형으로 변화되고, 중세국어의 ㄹㅇ형
또한 ㄹㄹ형으로 변화되는데, 그 변화된 ㄹㄹ형들과 중세국어의 ㄹㄹ형
모두 18세기경에는 ㄹㄴ형으로도 나타남으로써 ㄹㄹ형과 ㄹㄴ형의 혼
기가 18세기 이후에는 더욱 확산됨을 살펴 논한 것이다.

더불어 중세국어의 ㄹㄴ형과 ㄹㅇ형이 근대국어 시기에 ㄹㄹ형으
로 변화된 원인에 대해서는 미파화의 확산에 따른 음절말 유음의
음가 변화([r]>[l])와 관련하여 추정하였다. ㄹㄴ>ㄹㄹ형의 변화가
유음화의 발생과 관련되고, 유음화는 음절말 유음의 미파화로 인한
설측음[l]의 실현과 관련되므로 ㄹㅇ>ㄹㄹ, ㄹㄴ>ㄹㄹ형의 변화들 또
한 음절말 유음의 미파화로 인한 설측음[l]로의 음가 변화와 관련됨
을 밝혀 논한 것이다.

이 글은 『국어사연구』 22호(2016), 139~170쪽에 실린 논문으로서,
문장 표현 등의 여러 곳을 다듬고 수정하였다.

2장

두음법칙의 표기에 대한 일고찰

1. 서론

현행 한글맞춤법은 형태주의 표기를 원칙으로 한다. 그러나 두음법칙을 위한 『한글맞춤법』 제10~12항은 환경에 따라 달라지는 음을 표기에 반영하는 음소주의 원칙을 취하는 것으로서, 국어의 어두제약 중 다음의 (7ㄷ)과 관련된다고 할 수 있다.

(7) ㄱ. 국어의 어두에는 /ㅇ/이 올 수 없다.
    ㄴ. 국어의 어두에는 하나의 자음만 허용한다.
    ㄷ. 국어에서 /ㄹ/과 /i, y/ 앞의 /ㄴ/은 어두 위치에 오지 못한다.

즉 (7ㄷ)은 특정한 소리가 어두(word initial)에서 탈락되거나 다른 소리로 바뀌는 현상인 두음법칙의 대표적인 유형으로서, 한자어에 국한되며 맞춤법 규정에 대한 문제점으로도 자주 논의되고 있는 것이다.

국어의 어휘체계는 고유어, 한자어, 외래어로 나눠진다. 그중 한자어는 오래전 우리나라에 들어와 오늘날까지 국어 어휘체계에서 약 50% 이상을 차지하면서[19] 고유어처럼 국어에 동화되어 쓰이고 있다.

심재기 외(2011:31)에서는 한자어가 중국을 원초적인 발상지로 하여 형성된 어휘라는 것은 움직일 수 없는 사실이고, 이로 인해 한자어가 순수 고유어는 될 수 없다고 하였으나 국어 어휘체계에서 한자어의 점유율이 고유어보다 높음은 부인할 수 없다고 하였다. 그럼에도 불구하고 한자어에 국한한 두음법칙은 이형태를 표기에 반영하여 현행 『한글맞춤법』의 원칙인 형태주의 표기에 반한 음소주의 표기를 취함으로써 맞춤법 규정 내의 문제점은 물론 언중들의 언어생활에서도 규정으로 인한 표기의 혼란을 과중시키고 있는 것이다.

이 글은 이러한 문제점에 대한 검토와 해결 방안의 일환으로서 한자어는 본음을 밝혀 표기하고, 그에 따른 음운현상은 '어두제약현상'으로써 기술함을 목적으로 한다. 이를 위한 논의의 전개는 다음과 같다. 2·3장에서는 두음법칙의 제정 배경과 변천 과정을 살피고, 현행 두음법칙에 대한 맞춤법 규정의 문제점을 논한다. 4·5장에서는 어두 /ㄹ/과 /i, y/ 앞의 어두 /ㄴ/에 대한 언어 사용실태를 톺아본다. 이어 '어두제약현상'으로서의 /ㄹ/-탈락현상, /ㄴ/-탈락현상, /ㄴ/→/ㄹ/-대치현상에 대한 기술의 타당성 및 효용성을 제시하고, 6장에서는 논의 내용을 요약·정리한다.

19 사전 표제어의 어종별 분포 (심재기 외 2011: 56)

	고유어	한자어	외래어	합계
우리말큰사전	45.46%	52.11%	2.43%	164,125
국어대사전	24.4%	52.11%	6.28%	257,853
표준국어대사전	25.2%	57.3%	5.6%	387,453

위의 세 사전 모두 수치의 차이는 있지만 한자어의 비율이 50~60%를 차지함을 볼 수 있다. 전광진(2007: 2053)에서는 한자어가 양적으로 매우 많을 뿐만 아니라 (국어 어휘의 70% 이상), 학술 용어에서는 90% 이상을 차지한다고도 한다.

2. 두음법칙의 제정과 변천과정

두음법칙은 특정한 소리가 두음(頭音)에서는 발음되지 못하고 다른
소리로 바뀌거나 탈락되는 현상을 말한다. 이러한 두음법칙은 국어에
서 필수적인 음운현상은 아니다. 그럼에도 맞춤법의 제정과 함께 규정
화되면서, 오늘날까지 '두음법칙'이라는 명명하에 이어지는 것이므로
맞춤법 제정의 당시 사항과 두음법칙의 변천 과정을 우선 살핀다.

『한글맞춤법』 제10항~12항은 1933년 『한글마춤법통일안』(이후 『통
일안』으로 칭함)에서 처음으로 제정되어 현재까지 이어지고 있다. 이
에 이 규정은 『통일안』 제정 당시의 시대적 배경과도 밀접하게 관련
된다고 할 수 있다. 『통일안』의 제정 당시 지배층들은 한자로 문자생
활을 영위하면서, 한글은 대개 서민층이나 부녀자들의 전유물이었
다. 더욱이 훈민정음 창제 이래 한글은 사백 여 년 동안 공식적인
표기법이 없었기 때문에 규정 이전 시기에는 표기에 대한 혼기 및
혼란이 더욱 가중되었었다고 할 수 있다.

이러한 상황에서 19세기 이후 기독교가 들어오면서 한글로 성서
가 번역되고, 1894년 갑오경장(甲午更張)의 해에는 한글이 공식적인
문자가 되었다.[20] 1896년에는 서재필이 독립신문을 간행하고, 독립
신문사 회계 사무를 맡은 주시경 선생은 또 우리글말에 대한 깊은
연구와 함께 순한글문체를 주창하였다. 그리고 주시경 선생의 제자

---

20 갑오경장이 시작된 해(1894) 11월 21일에 칙령 제1호 제14조에서 "法律勅令總以國
文爲本漢文附譯或混用國漢文"이라는 공문식이 발표되었다. 그리고 이듬해인 1895
년 5월 8일에 공문식 개정에 따라 이는 "法律勅令은國文으로써本을삼고漢譯을附
ᄒᆞ며或國漢文을混用홈"이라는 국한자혼용문체로 다시 공포된 것이다.

들을 중심으로 하여 '조선어학회'가 조직되고, 이 조선어학회가 이후 『통일안』 제정에 핵심적인 역할을 하게 된 것이다.

　『통일안』은 총론·각론·부록으로 나뉜다. 각론은 다시 제1장 자모, 제2장 성음에 관한 것, 제3장 문법에 관한 것, 제4장 한자어, 제5장 약어, 제6장 외래어 표기, 제7장 띄어쓰기로 구성되었다. 이러한 『통일안』의 제정으로 인해 오늘날은 비교적 정제된 표기법이 자리 잡게 되었으니 그 의의는 실로 크다고 할 수 있다. 특히 그 과정에서 고유어와 더불어 한자어도 현실발음을 중시한 표기법으로 규정되었다고 하겠다. '天地'를 구개음화 이전의 표기와 발음인 '텬디'라 하지 않고 '천지'라고 표기하여 구개음화를 반영한 현실 발음으로 한자음을 정리한 것이다. 이는 표기법 제정에 참여한 연구자들이[21] 중국인들의 발음에 가깝도록 편찬된, 그래서 그 당시 언중들에게는 너무나 인위적이었던 『동국정운』(1447)의 실패를 교훈 삼은 것이라고도 할 수 있다.[22]

　그런데 이때 현실 발음이 쉽지 않고, 고유어에도 찾아보기 어렵다는 이유로 한자어에 국한한 두음법칙 또한 제정되었던 것이다. 그 결과 /ㄹ/과 /i, y/ 앞의 /ㄴ/은 어두위치에서 한자어의 본음과는 달

21　조선총독부에서는 1912년에 『보통학교용언문철자법』을 제정하고, 이어 1930년에는 세 번째 통일안인 『언문철자법』을 제정하였다. 그리고 그 작업에는 張志暎, 李完應, 李世禎, 權悳奎, 鄭烈模, 崔鉉培, 申明均, 沈宜麟 등의 당시를 대표하는 우리나라 학자들이 대거 참여하였는데, 그때 참여한 대부분의 학자들이 『통일안』 제정에도 참여하였던 것(이익섭 1992: 365~369)이라고 하겠다.

22　최초의 표준 한자음의 표기 시도였던 『동국정운』 사업은 실패로 끝났다. 현실음은 가변적이므로 표준음을 정하지 않으면 혼란이 생길 수 있다. 이 때문에 『동국정운』 편찬은 표준음 제정이라는 점에서는 옳은 조치였으나, 현실음과 너무 다른 인위적인 표준음이었다는 점에서는 문제가 있었던 것이라고 할 수 있다(강창석 2005: 258).

리 현실 발음으로 표기하게 되었는데, 문제는 구개음화 현상 등을 표기에 반영하는 것과 두음법칙에 따른 현상을 표기에 반영하는 것은 다르다는 데에 있다고 할 수 있다. 전자는 국어의 음운변화에 의해 한자음 자체가 변화된 것이라면 후자의 두음법칙은 어두 위치에서 실현되는 이형태를 표기한 것으로서 한자음 자체의 변화가 아니므로 전자와 후자는 동일 현상이라고 할 수 없기 때문이다. 그럼에도 『통일안』에서는 이들을 동일 현상으로 규정하였던 것이고, 그리하여 박승빈 선생(1936: 68~71)은 일찍부터 이러한 규정에 대하여 다음과 같이 비판하였던 것이라고 할 수 있다.

"第四章 第四二項「女」의 本音이「녀」이고「여」가 안임은 本案에도 明認한 바이다 그런데 그音이 單語의 頭音에 이슬 째에는 흔히「여」音으로 發하는 故로 그 音을「여」로 固定하고 그 記寫를「여」로 作定한다함이 本案의 規定이다 그러나 <u>同一한 쯛을 가진 同一한 言語를 그 音이 우ㅅ音일 째와 아래ㅅ 音일 째와를 區別하야 各히 다른 音으로 記寫를 確定하랴 함은 善良한 處理法이 안이다</u> …… 그러면 <u>結局 朝鮮人은 頭音에는「녀, 녀, 니」等과 「라行」의 音은 發音하디 못하는 狀態</u>이라고 하는 結論에 歸着될 쑨이다 그러나 그 結論이 現實의 事實과 맞디 아니 하는 바임으로써 우에 論述한 바와 같이 理論의 矛盾과 學習의 眩亂이 만히 나타나게 되는 바이다"(朴勝彬 著「朝鮮語學會查定「한글마춤법통일안」에 對한 批判」全1卷, 菊版 半洋裝 75面. 1936(昭和2)年 10月 京城, 朝鮮語學研究會發行.)

(김민수·고영근 2008: 재인용)(밑줄은 필자에 의함)

『통일안』 이후 맞춤법 규정은 몇 차례의 수정이 있었으나 두음법칙 관련 규정은 내용상의 차이 없이 현행 맞춤법으로 이어지고 있는 것이다. 그런가 하면 북한에서는 이미 두음법칙에 관한 문제점을 인식하고, 관련 표기규정을 수정하여 오늘날에는 두음법칙을 표기에 반영하지 않는다. 북한에서는『조선어신철자법』(1949)에 이어『조선어철자법』(1954)에서 두음법칙에 관한『통일안』의 규정에 반하는 표기 방식으로 개정하였던 것이다.『조선어신철자법』의 개정은 조선어학회 회원 중 북으로 간 김두봉 선생[23]의 문법 및 철자법의 견해를 토대로『통일안』의 이론적 배경이나 표기 원칙에 부분적인 비판을 가함으로써 개정되었었다고 할 수 있다. 이에 한자어의 어두음 /ㄴ, ㄹ/의 처리는 표음주의에 빠져 잘못 규정된 것이므로 한자어 본음을 그대로 표기해야 하다는 김두봉 선생의 논의에 따라『조선어신철자법』(1949)에서는 "한자어 표기에 있어서 어중 어말에서 첫소리에 있는 'ㄹ'은 발음이 '나, 야, ……' 등으로 나더라도 그 형태부를 고정시키기 위하여 'ㄹ'로 적는다." 등의 규정으로 개정되었던 것(이승욱 1991: 105~108)이다. 그리하여『통일안』의 두음법칙 관련 규정의 수용 여부는 오늘날과 같이 남·북한의 표기 차이로까지 이어지게 된 것이라고 하겠다.

3. 두음법칙 관련 규정의 문제점 및 음운현상

3.1. 두음법칙 관련 규정의 문제점

현행『한글맞춤법』제10항~12항은 두음법칙과 관련된 규정이다.

---

23 김두봉 선생은 주시경 선생의 음운 이론을 이어받았다. 그리고 현대의 일반음성학을 처음으로 우리말의 소리 연구에 적용하여 국어 음성학을 높은 수준으로 끌어 올렸으며, 한글맞춤법의 정착에도 크게 이바지하였다(김차균 1989: 83)고 할 수 있다.

『통일안』의 규정을 그대로 잇고 있으며 음소주의 표기를 취하는 것
이다. 하나의 한자음이 어두냐 비어두냐에 따라 달리 표기되어야 함
을 규정하고 있는 것으로서, 이로 인하여 대두되는 문제점을 몇 가
지 논의하면 다음과 같다고 하겠다.

　첫째, 제10항 '다만'에서 의존명사 '냥(兩), 냥쭝(兩-)'은 두음법칙
을 적용하지 않고 '냥' 음을 인정하는 것으로 규정하고 있다[24]. 그러나
의존명사 '냥(兩)'은 본음이 '량(兩)'이다. 규정에 의한다면 제10항에
올 것이 아니라 제11항에 해당될 것이며, 의존명사 '냥(兩)'이 아닌
한자의 본음인 '량(兩)'에 대한 두음법칙의 적용여부를 논해야 한다.
'량(兩)'의 어두 /ㄹ/이 /y/ 앞에서 두음법칙을 적용받는다면 '양(兩)'
이므로 의존명사 '兩'의 두음법칙 적용 여부는 '량(兩)'과 '양(兩)'에
대한 논의이지 '냥(兩)'에 대한 논의는 될 수 없는 것이다.

　둘째, 제10항·제11항·제12항의 항목별 '다만'에서 의존 명사에 관
한 규정과 각 항목에서 합성어나 파생어와 관련된 [붙임 2] 규정에
대한 문제이다[25]. 『한글맞춤법』-「제5장 제42항. 의존명사는 띄어 쓴
다」의 규정과 「제1장 총칙 제2항. 문장의 각 단어는 띄어 씀을 원칙으
로 한다.」의 규정과 관련해 볼 때, 이에서는 앞 성분인 관형어와 띄어
쓰는 의존명사는 비록 자립성은 없지만 하나의 단어로서[26] 시각 단위

24　제10항. 다만, 다음과 같은 의존 명사에서는 '냐, 녀' 음을 인정한다.
　　냥(兩)　냥쭝(兩-)　년(年)(몇 년)
25　제10항. [붙임 2] 접두사처럼 쓰이는 한자가 붙어서 된 말이나 합성어에서 뒷말의
　　첫소리가 'ㄴ' 소리로 나더라도 두음법칙에 따라 적는다.
　　신여성(新女性)　공염불(空念佛)　남존여비(男尊女卑)
26　띄어쓰기는 본질적으로 문장에서의 단어 단위의 의미적 구획을 위한 것이다(이선
　　웅 2012: 189).

면에서 독립성을 인정하고 있다. 앞 성분과 띄어 쓰는 의존명사는 두음법칙을 적용하지 않으면서, 합성어와 파생어는 두음법칙이 적용된 두 형태소의 결합으로 인정하여 각 형태소마다 두음법칙을 적용하는 것이다. 즉 파생어 '신여성'의 경우 두음법칙이 적용된 '여성'이 접두사 '신'과 결합된 것으로 해석하는 것이다. 그러나 합성어의 형성과 두음법칙의 적용 여부에 대한 선후 관계는 알 수 없다. 더욱이 이러한 설명이 모든 합성어에 적용될 수 있을지 또한 의문이다. 가령 제10항. [붙임2]의 용례인 '남존여비(男尊女卑)'는 '남존+여비'의 구성이다. '남존'과 '여비'가 각각의 독립된 단어로 쓰이다가 두음법칙이 적용된 '여비'가 '남존'과 결합하여 '남존여비'라는 새로운 단어로 형성되었다고 해야 하는데 현대국어에서 '남존'과 '여비'는 독립된 단어로 쓰이지 않고 있는 것이다.[27] 그럼에도 규정의 용례로 제시되고 있는 것이라고 하겠다.

표기법(表記法)은 겉으로 드러나는 기록이다. 띄어쓰기 역시도 표기법의 한 구성요소이므로 앞 성분과 띄어 쓰는 의존명사는 합성어나 파생어의 구성요소보다 시각 단위면에서 분명 독립성을 가진다. 그럼에도 의존명사는 음운론적으로 선행하는 관형어와의 긴밀성으로 인하여 두음법칙을 적용하지 않고, 합성어를 구성하는 각 단어들은 독립성을 인정하여 두음법칙을 적용하고 있는 것이다. 더욱이 오늘날에는 의존명사가 형태의 변화 없이 자립명사로 쓰이고 있음을

---

27 『국어대사전』(1998 이희승 편)에는 '남존(男尊)'과 '여비(女卑)'가 나와 있지 않다. '남존여비(男尊女卑)'만이 합성어로 등재되어 있다. 『민중엣센스국어사전』(2006 민중서림 편집국 편)에서도 '남존'과 '여비'는 등재되어 있지 않다고 하겠다.

볼 수 있는데, 이는 의존명사와 자립명사 여부에 따라 두음법칙 적
용이 결정되기도 하는 현행 맞춤법 규정에 있어 또 다른 문제점으로
대두되고 있는 것이라고도 할 수 있다.

    (8)   ㄱ. 그런 <u>류</u>가 있니?
           ㄴ. 너와 나는 <u>류</u>가 다르다.

  즉 엄태수(2007: 274)에서는 (8ㄱ)의 '류'는 의존명사이고, (8ㄴ)의
'류'는 의존명사를 거쳐서 최종적으로는 자립형식으로 발달한 것이
라고 하였다. 의존명사 '류'가 자립명사로 어휘화되었다고 하겠는
데, 표기가 동일하게 쓰이고 있으므로 이 역시 두음법칙의 표기 반
영을 고수하는 현행 맞춤법 규정에서는 설명하기 어려운 또 하나의
난제가 되는 것이라고 하겠다.

  셋째, 제11항 [붙임1]에서 '다만' 규정의 모순이다.[28] 주지하는 바
와 같이 두음법칙은 현실발음과 표기의 차이를 좁히기 위한 규정이
다. 한자어 어두에 /ㄹ/과 /i, y/ 앞의 /ㄴ/에 대한 음운현상을 표기
에 반영한 것으로서 비어두 위치에서는 한자어의 본음대로 적음을
원칙으로 한다. 그런데 비어두 위치에서 앞의 성분이 모음이나 /ㄴ/
받침으로 끝나면 두음법칙을 적용하여 비어두 위치일지라도 '렬,

---

28 제11항. [붙임 1] 단어의 첫머리 이외의 경우에는 본음대로 적는다.
   개량(改良) 선량(善良) 수력(水力) 협력(協力) 사례(謝禮)
   다만, 모음이나 'ㄴ' 받침 뒤에 이어지는 '렬, 률'은 '열, 율'로 적는다.
   (ㄱ을 취하고, ㄴ을 버림).
        ㄱ   ㄴ   ㄱ   ㄴ
   나열(羅列) 나렬   분열(分裂) 분렬   치열(齒列) 치렬

률'은 '열, 율'로 표기하는 것으로 규정하고 있다. 이 때문에 '라렬(羅列)'은 어두와 비어두 위치 모두 두음법칙을 적용시켜 '나열(羅列)'로 표기한다. 어두와 비어두라는 위치 여부와 관련된 두음법칙이 위치와 상관없이 적용되는 것으로서, 이는 두음법칙이 한자어의 위치에 따른 제약임을 무색하게 한다.

넷째, 성명에 두음법칙을 적용시킨 규정의 용례와 현실 언어와의 불일치이다.

(9) 『한글맞춤법』(1988)
    제48항. 성과 이름, 성과 호 등은 붙여 쓰고 이에 덧붙는 호칭어, 관직명
        등은 띄어 쓴다.
    김양수(金良洙) 서화담(徐花潭) 채영신 씨 최치원 선생

위 제48항 규정의 용례에는 '김양수(金良洙)'가 있다. 이는 성과 이름을 붙여 씀으로써 합성어와 같이 이름에 두음법칙이 적용된 것이라고 할 수 있다. 그러나 2013년 1월 3일 동아일보 기사에 '소방사 최리희'라는 성명이 나온다.[29] 현행 맞춤법 규정 제48항의 용례인 '김양수(金良洙)'는 이름에 두음법칙이 적용된 반면 '소방사 최리희'의 이름에는 두음법칙이 적용되지 않고 있다. 맞춤법은 표기의 통일화를 위한 규정인데, 현실언어에서는 규정과 불일치되고 있음을 보여 주는 것이다.

---

29 2013년 1월 3일 동아일보 기사면: "의로운 소방관이여, 편히 잠드소서" 제복 입은 공무원'의 안타까운 희생이……동료였던 최리희 소방사가 "불구덩이 속에서 후배의 안전을……." 고양=이훈구 기자 ufl@donga.com

다섯째, 겹쳐나는 단어와 관련된 규정 제13항과[30] 두음법칙 관련 규정과의 일관성에 관한 문제이다. 제13항에는 '연연불망(戀戀不忘)'의 용례가 제시되어 있다. 이는 '련(戀)'이라는 자립형태소에 두음법칙이 적용되어 '연(戀)+연(戀)' 구성의 합성어가 형성되었음을 의미한다. 즉, 겹쳐나는 '련(戀)' 모두 두음법칙이 적용된 것이다. 그런데 '련(戀)'은 자립형태소로서의 독립된 단어라고는 할 수 없다. 이에 '연연불망(戀戀不忘)'과 같은 구성의 '연년(年年)+세세(歲歲)'의 경우, 표준국어대사전에서는 '연년세세, 세세연년'으로 검색되지 '연연세세'로는 검색되지 않는 것이다. 제13항에 의하면 '연연세세'가 되어야 함이 마땅한데 같은 구성의 단어임에도 하나는 겹쳐나는 소리 모두 두음법칙이 적용된 '연연불망'으로, 또 하나는 비어두에는 두음법칙이 적용되지 않은 '연년세세'로 표기해야 하는 문제점들을 현행 규정에서는 안고 있다고 하겠다.

3.2. 두음법칙과 음운현상

두음법칙은 한자어의 본음과 현실발음의 차이를 좁히기 위한 규정이다. 이는 곧 음운현상의 기술을 간략화하려는 의도를 내포하지만 다음의 예들은 그렇지 못함을 볼 수 있다.

---

30 제13항. 한 단어 안에서 같은 음절이나 비슷한 음절이 겹쳐 나는 부분은 같은 글자로 적는다. (ㄱ을 취하고, ㄴ를 버림)

        ㄱ   ㄴ   ㄱ   ㄴ

    연연불망(戀戀不忘)   연련불망   유유상종(類類相從)   유류상종

(10) ㄱ. 두음법칙 표기에 따른 음운과정

한글 한자음(기저형)	신녀성(新女性)	공념불(空念佛)	몰리해(沒理解)
두음법칙에 따른 현행표기	신여성	공염불	몰이해
ㄴ첨가 현상[31]	신녀성	공념불	몰니해
설측음화	–	–	몰리해
표준발음(표면형)	[신녀성]	[공념불]	[몰리해]

ㄴ. 한자어 본음 표기에 따른 음운과정

한글 한자음(기저형)	신녀성(新女性)	공념불(空念佛)	몰리해(沒理解)
한자어 본음 표기	[신녀성]	[공념불]	[몰리해]
표준발음(표면형)	[신녀성]	[공념불]	[몰리해]

(10ㄱ)은 현행 맞춤법에 따라 두음법칙이 적용된 단어들의 음운과정을 제시한 것이고, (10ㄴ)는 이 글의 논의대로 한자어 본음을 반영한 단어들의 음운과정을 제시한 표이다. '신+여성'은 표준발음이 [신녀성]이다. '녀(女)'가 한자음 그대로 발음되는 것이다. 이 때문에 (10ㄴ)처럼 한자어 본음대로 '女'를 '녀'로 표기한다면 표기와 발음의 차이가 없게 된다. 그런데 (10ㄱ)의 경우는 '신녀성(新女性)'에 두음법칙을 적용하여 '신여성'이 되고, 이는 다시 ㄴ-첨가현상이 적용되어 표면형 [신녀성]이 도출된다는 음운과정을 설명해야 하는 복잡성을 갖게 된다. '공염불(空念佛), 몰이해(沒理解)' 등도 마찬가지이다.

---

31 기세관(1990: 46)에서는 한자어에서의 /ㄴ/ 첨가는 후행하는 한자어의 첫소리가 /ㄴ/이나 /ㄹ/을 본음으로 가지고 있다는 사실이 주목된다며, '신여성, 열역학, 남존여비, 수학여행' 등에서 나는 [ㄴ] 소리는 본음이 /ㄴ/이나 /ㄹ/과는 다른 별개의 존재로 해석될 수 있다고 하였다. 두음법칙이 적용된 단어들에 다시 'ㄴ-첨가현상'이 실현되었음을 의미하는 해석이라고 할 수 있겠다.

이에 (10ㄱ)과 같이 두음법칙과 'ㄴ–첨가현상'이 모두 적용되는 어휘들에 대하여 김동례(1997: 175)에서는 동일한 형태소가 두 개의 기본형을 가지게 되는 모순에 빠지게 된 것이라고 하였다. 그에 의하면 형태소 /여(女)/는 한글맞춤법에 따라 기본형 /녀/가 어두 위치에서 /ㄴ/을 탈락시키는 두음법칙의 적용을 받은 것이다. 이어 표준발음법에 따라 둘째 음절 이하에서 /ㄴ/을 첨가시킨 것인데, 이때 /ㄴ/의 첨가란 기본형이 /여/임을 전제로 한 해석이므로 이런 모순된 이중 적용을 철자법과 발음상의 문제라고 가벼이 여길 수 있을지는 의문이라고 하는 것이다.

한편 또 두음법칙이 한자어 중 /ㄹ/과 /i, y/ 앞의 /ㄴ/이 어두에서 달리 실현됨을 표기에 반영하기 위한 규정이라면 어두뿐만 아니라 비어두의 한자어 /ㄹ/ 역시도 발음에 있어서 제 음가대로 실현되지 못함을 보게 된다. 두음법칙으로 인하여 어두에서는 한자어 본음과 발음의 차이를 표기에 반영하고 비어두에서는 그 차이를 표기에 반영하지 않음과 관련된 논의인 것이다.

(11) ㄱ. 협력(協力)[혐녁], 급류(急流)[금뉴], 극락(極樂)[긍낙]
      ㄴ. 가정란(家庭欄)[가정난], 왕래(往來)[왕내]

(11)은 /ㄹ/이 비어두 위치에서 어두 위치와 마찬가지로 제 음가대로 실현되지 않음을 볼 수 있다. 이는 선행음절의 종성과 후행음절의 초성 간 '음절배열제약'에 따른 음운현상의 결과이다. 즉 후행음절의 초성은 선행음절의 종성보다 강도가 강한 음소가 와야 하는데, (11ㄱ)에서 후행음절 초성 /ㄹ/은 자음 중 강도가 가장 약하므로 자

신보다 강도가 한 단계 높으면서 같은 조음위치인 /ㄴ/으로 변동되고, 선행음절의 종성은 자신보다 강도가 한 단계 낮으면서 같은 조음위치의 음소로 변동되는 것이다. (11ㄴ)는 선행음절의 종성인 비음은 자신보다 더 낮은 조음위치의 강도 조절이 불가피하므로 후행음절 초성 /ㄹ/을 /ㄴ/으로 변동시켜 음소 간의 강도를 조절한 것이라고 할 수 있다.

이렇듯 한자어의 어두 /ㄹ/과 /i, y/ 앞의 /ㄴ/은 어두뿐만 아니라 비어두 위치에서도 한자어 본음이 현실 발음과 달리 실현된다. 이 때문에 김주필(2011: 449~450)에서는 어두의 'ㄹ→ㄴ' 현상은 어두에서만 일어나는 특수한 제약 현상이라고 할 수 없다면서, 두음법칙 설정에 따른 문제점을 드러내기도 함을 볼 수 있다.

위와 같이 두음법칙의 표기에 따른 문제점들에도 불구하고 이를 규정함은 『통일안』제정 당시 한자어의 본음을 밝히는 표기보다 현실발음의 표기에 더 큰 비중을 두었기 때문이라고도 할 수 있겠다. 그렇다고 한다면 이하 4장에서는 오늘날의 어두 /ㄹ/과 /i, y/ 앞 /ㄴ/의 표기 및 발화 실태를 논의함으로써 두음법칙의 표기 문제에 대한 본 논의의 타당성을 다시금 검증해 보고자 한다.

4. 어두 /ㄴ/, /ㄹ/의 표기와 발음실태

두음법칙에 대하여 이희승·안병희·한재영(2010: 62)은 두음법칙에서 유음 'ㄹ[r, l]'이 어두에 오지 못하는 경우와 구개음 'ㄴ[ɲ]'이 어두에 오지 못하는 경우는 국어의 발음 습관상 나타나는 기피현상 때문이지, 발음 구조상 발음의 실현이 불가능해서 일어나는 현상은 아니라고 하였다. 이명호(1992: 23)에서도 일본어와 중국어의 유음은 초성에 잘 나타나는데 반해 국어의 유음은 어두에 실현되지 않는 제약이 있다며, 이에 이 제약은 국어의 음운체계의 이유라기보다는 발음상 불편을 기피하는데 기인한 것으로 여겨진다고 하였다. 이러한 논의들은 두음법칙이 발음 습관에 따른 문제이고, 그런 만큼 충분히 개선될 수 있음을 시사하는 것이라고도 할 수 있다.

그도 그럴 것이 한국인이라면 한번쯤 애송해 본 한용운님의 '님의 침묵'에서 우리는 '님의 침묵'을 '임의 침묵'이라고 하지 않는다. '님은 갔습니다'를 '임은 갔습니다.'라고도 잘 하지 않는다. 하지만 두음의 '님'은 '임'으로 발음과 표기하도록 규정하였고, 한번 규정된 표기는 그 보수성으로 인하여 쉽게 고쳐지지 않고 이어지고 있는 것이다.

안주호(2002)에서는 또 최신 통신언어를 통해 새로운 어형들이 나타나는 것 중에서 '-님'이 존칭 접미사에서 자립적인 2인칭 대명사로 쓰이고 있음을 다음의 예문을 통해 논하고 있음을 보게 된다.

(12) ㄱ. 닢께서 주도하여 정팅을 해 보는 것두 좋을 듯 싶사옵니당~
     ㄴ. 닢 엄마 아빠가 참 조아하실꺼 같여~
     ㄷ. 닢께서는 어떻게 생각하십니까?

접미사로만 기능하던 '님'이 (12)와 같이 2인칭 대명사로도 쓰임을 보게 되는데, 이는 통신언어라는 공간적 한계성에도 불구하고 구어의 역동성으로 인하여 현재는 '님'이 2인칭 대명사로도 자리매김 되어감(안주호 2002: 37)을 의미한다. '님'이 의존명사에서 자립명사로 그 쓰임이 확대되어감을 말하는 것이다. 그리고 이는 두음법칙을 적용받지 않은 자립명사로서 어두에서 /i, y/ 앞 /ㄴ/의 표기와 발음이 자연스럽게 실현되고 있는 현실을 반영하고 있는 것이라고 할 수 있다.

어두의 /ㄹ/ 발음 또한 현대국어에서는 자연스럽고 익숙하다. 채서영(2002)은 유음을 두음으로 사용한 인명에 대하여 화자들이 갖고 있는 언어 태도를 조사한 바 있다. 그 결과 상호와 상품명의 조사를 통해 유음의 의미적 영역이 대체로 '여성적'이거나 '유행에 민감한' 것과 어두 유음을 사용하는 이름의 연령이 비교적 어림을 확인하면서, 우리말 유음의 변화는 외래어와의 접촉이 초래한 언어의 구조적인 변화를 잘 보여주고 있는 것이라고 하였다. 그러면서 어두 위치의 유음은 영어의 영향으로 인하여 앞으로도 계속해서 사용·확대될 것임을 예측하고 있는 것이다.

어두 /ㄹ/의 표기와 발음 실태에서 '레이스, 레몬, 리본, ……' 등의 외래어는 물론이고 자동차 이름에서도 두음에서 /ㄹ/이 많이 사용되고 있음을 보게 된다. '레조, 라노스, 르망, 레간자, 리오……' 등이 그러한데, 이들은 국내 기업에서 생산되는 것으로서, 우리에게 아주 친숙한 차종명들이기도 하다. 한자어로 구성된 상호명 중에서도 어두에 /ㄹ/이 들어간 것들이 존재하는데, 대표적으로 삼성아파트 '래미안'을 들 수 있다. 이는 외래어 같은 인상을 주지만 한자 '來美安'의 음을 상호명한 것으로서 '안전하고 아름다운 주거문화가 실현되는 집'이라는 뜻을 가진다. 이러한 예들은 결국 어두 /ㄹ/의 실현이 현대국어에서는 일반화되어 감을 의미하는 것이라고 할 수 있다.[32]

---

32 김차균(1991: 3)에서는 북한 말에는 /#roøin#/(노인), /#rodoŋ#/(노동) 등이 [roøin]

그리하여 엄태수(2007)에서는 만약 어두의 제약이 사라진다면 어두의 /ㄹ/이나 i계 모음 앞의 /ㄴ/이 발음되는 것은 허용해야 될지도 모른다고 하는 것이다. '란(蘭), 류(類)'가 어두에서 나타나는 것은 신형이라고 하고, 어두의 '난(蘭), 유(類)'는 구형이라고 할 수 있다고도 하였는데, 이는 곧 어두 /ㄹ/의 표기와 발음에 대한 부활을 의미함과 더불어 발음 습관으로 제약을 가했던 두음법칙에 따른 표기 반영은 재고되어야 함을 시사하는 것이라고 하겠다.

5. 어두제약에 따른 /ㄹ/-탈락현상, /ㄴ/-탈락현상, /ㄹ/→/ㄴ/-대치현상

국어의 일반적인 음운현상들과는 달리 두음법칙으로 인한 음운현상은 표기에 반영된다. 이에 본 장에서는 이러한 문제점의 해결방안으로서 한자어에 국한된 두음법칙의 실현 양상도 여타 음운현상들과 같이 한국어의 음운규칙들로 기술되어야 함을 제시하고자 한다. 한자어는 위치에 상관없이 본음을 밝혀 표기하고, 한자어의 본음이 환경에 따라 달리 실현되는 현상은 /ㄹ/-탈락현상, /ㄴ/-탈락현상, /ㄹ/→/ㄴ/-대치현상으로써 기술할 것을 제안한다.

(로인), [rodoŋ˥](로동) 등으로 발음되고 있으며, 이 때문에 어두의 /r/가 [n]로 발음되던 낱말들까지도 [r]를 되살리는 경향이 있다고 한다. 남한의 경우에도 외래어인 /#radiøo#/[radiøo](라디오), /#ruji#/[ruji](루즈), /#ribon#/[ribon˥](리본) 등에서는 [r]를 어두에서 떨어뜨리지 않고 있으며, 옛 문헌에서도 드물게나마 러·울 〈훈민정음(용자례)〉, 라·온〈법화경언해 5:202〉 등이 나타나는데, 이들도 당시에는 [rəŋul]과 [raøon˥]으로 발음되었을 것이라고 한다.

음운현상은 일반적으로 대치(replacement), 탈락(deletion), 첨가(insertion), 축약(coalescence) 등으로 크게 분류된다. 대치는 특정 음소가 다른 음소로 바뀌는 현상으로서 평폐쇄음화, 비음화, 경음화, 구개음화 등이 있다. 탈락은 원래 있던 음이 없어지는 현상으로 자음군단순화, /ㅎ/-탈락, /ㄹ/-탈락, /ㄴ/-탈락, /ㅡ/-탈락, /ㅏ,ㅓ/-탈락, 반모음탈락 등이 있다. 첨가는 원래 없던 음이 생기는 현상으로서, /ㄴ/-첨가, 반모음첨가 현상이 있으며, 축약은 두 개의 음이 하나로 줄어드는 현상으로서 격음화 등이 있다.

두음법칙으로 인한 음운현상도 위의 기준에 맞추어 한자어의 본음 표기에 따른 음운현상으로 다음 (8)과 같이 설정할 수 있을 것이다.

(13) 규칙① : r → Ø / # __ {i, yV}X

규칙② : n → Ø / # __ {i, yV}X[33]

규칙③ : r → n / # __ VX(단, V의 /i, yV/는 제외)

첫째, 어두 /ㄹ/를 가진 한자어 '량심(良心), 력사(歷史)'가 '[양심], [역사]'로 실현됨은 규칙①과 같이 한자어 어두 /ㄹ/이 /i, y/ 앞에서 '탈락'되는 현상으로 기술한다.[34]

둘째, 어두 /ㄴ/을 가진 한자어 '녀자(女子), 년세(年歲)'가 '[여자], [연세]'로 실현됨은 규칙②과 같이 한자어 어두 /ㄴ/이 /i, y/ 앞에서 '탈락'되는 현상으로 기술한다.

---

33 규칙에서 두 개의 다른 환경을 통합해서 나타낼 때는 중괄호(braces)인 { }를 쓴다 (강옥미 2003: 218).

34 이는 규칙①→규칙②의 순으로써 '량심→냥심→양심'의 과정으로 설명할 수도 있다.

셋째, 어두 /ㄹ/을 가진 한자어 '락원(樂園), 래일(來日), 로인(老人)'이 '[낙원], [내일], [노인]'으로 실현됨은 규칙③과 같이 한자어 어두 /ㄹ/이 /ㄴ/으로 '대치'되는 현상으로 기술한다.

이 글에서는 두음법칙에 따른 표기 대신 위 (8)과 같이 한자어는 그 본음을 밝혀 표기하고, 그에 따른 음운현상은 /ㄹ/-탈락현상, /ㄴ/-탈락현상, /ㄹ/→/ㄴ/-대치현상으로 기술토록 제안하는 것이다. 그런데 이를 위해서는 두어 가지 규명 및 선결되어야 할 것이 있으므로 그에 따른 방안은 다음과 같이 제시한다.

첫째, 어두제약과 관련된 음운현상의 기술적인 설명과 이러한 현상이 실현되는 원인을 규명하는 것인데, 이는 여타 음운현상들과 같이 어두제약의 음운현상도 자음강도체계로서 설명이 가능하다. 어두 /ㄹ/의 탈락이나 /ㄴ/으로의 대치현상은 어두 자음에 대한 기능 부담량과 관련된다. 음절은 내재적으로 강한 위치와 약한 위치를 갖는데, 음절초는 강한 위치가 되고, 음절말은 약한 위치가 되는 것으로서, 이는 언어 보편적 현상이기도 하다(Vennemann 1972). 자음 중 /ㄹ/은 가장 약자음이므로 어두 위치에서는 불안전하다. 이 때문에 탈락 또는 같은 조음위치이면서 /ㄹ/ 자신보다 강도가 높은 /ㄴ/으로 대치되는 것이다. 그리고 /i, y/ 앞의 /ㄴ/-탈락현상은 /i, y/ 앞의 /ㄴ/은 구개성을 지닌 변이음[ɲ]로 실현되기 때문에 경구개위치에 있는 음들 간의 충돌을 피하기 위해 /ㄴ/이 탈락되는 것으로 설명할 수 있다.

둘째, 이 글의 제안은 현행 표기와는 달리 한자어의 본음을 표기해야 하는 것으로서, 두음법칙이 적용된 표기에 익숙한 언중들에게는 또 다른 표기의 혼란이 될 수도 있다는 것이다. 그러나 이는 시간과 교육에 의해 충분히 극복될 수 있다고 하겠다. 두음법칙이 적용된 단어들을 대상으로 어두 자음을 본음대로 표기한 새로운 철자의 학습이 이루어지는 과정을 추적한 배성봉·이광오(2013)의 실험 결과에 의하면, 기존의 철자가 새로운 철자를 방해함으로써 구단어에 대한 반응이 신단어에 대한 반응보다 물론 빨랐다고는 한다. 하지만 이러한 구단어는 반복적으로 등장하는 단어이기 때문에 철자 학습에서 반복 효과의 존재를 시사하는 것이며, 이는 역으로 본음 복원 또한 단어와의 반복적 접촉으로써 본음 복원 단어의 처리를 향상시킬 수 있음을 의미한다고 한다. 그리고 검사 시기가 뒤로 갈수록 구단어와 신단어에 대한 수행이 모두 좋아지는 가운데 구단어에 비해 신단어에서 검사시기의 효과가 더 크게 나타났으며, 특히 두음법칙은 한자어에만 적용되기 때문에 한자 지식이 있는 사람들에게는 본음 복원 단어의 학습이 보다 유리할 가능성이 높다고 하였다. 한자어의 본음 표기 역시도 학습에 의해서 극복될 수 있음을 의미하는 것이다.

이로써 마지막으로 언중들의 언어생활에 있어 이 글의 제안에 따른 직·간접적인 효용성을 몇 가지 정리하면 다음과 같다고 하겠다.

첫째, 두음법칙으로 인한 언중들의 표기에 대한 혼란이 줄어들 것이다. 앞서 논한 바와 같이 두음법칙에 따른 맞춤법 규정과 실제 언어사용에서의 불일치를 줄일 수 있을 것이고, 규정 내에서도 보다 일관성 있는 맞춤법 규정이 될 것이다.

둘째, 남·북한의 표기에 대한 차이를 좁히는 데에도 기여할 수 있을 것이다. 남한과 북한의 어문 정책은 『통일안』을 토대로 하면서 남한은 두음법칙 규정은 그대로 잇는 반면 띄어쓰기 규정은 개정하였다면, 북한은 띄어쓰기 규정은 그대로 잇는 반면 두음법칙 규정은 개정하였던 것이다. 미 뉴욕 공립 도서관의 로즈메리 오스틀러 박사는 "소수 언어나 희귀 언어를 지금처럼 방치한다면 결국 지구상에는 몇 개의 언어만이 남게 될 것이다"라고 말한 바 있다. 미국 알래스카 언어 센터 마이클 크라우스 박사도 "현재 그나마 남아 있는 언어의 20~40%가 이미 사어의 상태에 이르렀다"라며 "지금부터 언어 보존을 위한 노력을 기울인다 해도 2100년쯤에는 잘해야 현재 언어의 절반 가량만이 살아남을 정도다"라고 하였다(전수태 2000: 1). 이러한 언어 생존 경쟁에서 살아남기 위해서라도 남·북한의 언어 차이는 조금씩 좁혀가야 하는 것이고, 본 논의의 제안은 그 방안의 일환이라고 할 수 있는 것이다.

셋째, 수많은 외국인들이 한국어를 배우고 있음은 매년 응시율이 증가하는 TOPIK 현황을 통해서도 알 수 있고, 한류의 영향으로 한국어의 분포가 더욱 확산되어 가는 현황에서도 알 수 있다. 이때 두음법칙은 한국어를 모국어로 하는 언중들에게도 표기 혼용이 많은 규정이므로 외국인들에게는 더욱 쉽지 않은 외국어로서의 한국어 학습이 될 것인데, 본 논의로서 이러한 어려움 또한 완화될 수 있을 것이다.

넷째, 임동석(2011)에서도 두음법칙에 대한 문제점을 ① 한자음(원음)에 대한 이중적 혼란. ② 성씨 표기의 변별력 상실. ③ 각종 기기 사용에서의 비경제적 및 불합리성. ④ 외국어(외래어)와의 불평등. ⑤ 남북한 및 연변 조선족과의 이질성. ⑥ 한국어의 발음능력과 한글의 다양한 표기기능 상실. ⑦ 글로벌시대에 외국어 발음과의 부정적 차별. ⑧ 중국어 언어체계의 파괴. ⑨ 한자 학습의 부담증가. ⑩ 축약어 표기의 기준 모호 등과 같이 다각도로 언급하고 있음을 볼 수 있다. 이는 역으로 두음법칙에 따른 표기를 하지 않는다면 이 글이나 임동석(2011)에서 제시된 문제점들 또한 많은 부분들이 해결될 수 있는 것이다.

　두음법칙의 표기 규정과 관련된 문제점들은 표의문자인 한자에 한자음은 표음주의 표기원칙을 적용함에 따라 생겨난 것이라고 할 수 있다. 개화기 당시 주시경 선생이 국어 표기법을 형태음소주의 철자법(당시 "새 철자법"이라고 함)으로 확립시키려고 애쓴 이유도 표음주의 표기법으로 인한 문제점을 극복하기 위함이라고 할 수 있다. 형태의 원형을 밝혀 표기함으로써 글의 뜻을 바르고 빨리 이해하기 위한 전달의 효용성 때문이었던 것이다. 이 글의 논의 역시도 같은 맥락이다. 한자(漢字)는 글자 한 자 한 자에 뜻을 내포하고 있는 문자이므로 한자 표기에 있어 정해진 한자어의 원음을 밝혀 표기하는 것이 한자가 가지는 뜻을 이해하는 데에도 효과적이고 유용하다. 이에 여러 가지의 문제점이 제기되는 두음법칙은 어두의 /ㄹ/-탈락, /ㄴ/-탈락, /ㄹ/→/ㄴ/-대치 등의 음운현상으로 기술하고 한자어는 본음을 밝혀 표기하도록 함이 형태주의 원칙에 따른 합리적이고 일관성 있는 표기규정이 될 것이다.

　물론 오랫동안 써오던 표기법을 수정한다는 것은 쉬운 일이 아니다. 수정된 표기법이 정착되기 전까지는 더 많은 표기의 혼란이 야기될 수도 있다. 그럼에도 긴 안목에서 본다면 얼마동안의 혼란을 극복할 것인가, 아니면 여러 문제점을 안고 현행 규정을 이어갈 것인가는 분명 우리 모두의 고민이 아닐 수 없다. 이 글에서 그에 따른 진위 여부를 가릴 수는 없지만 최소한 이러한 규정에 대한 문제점을 인식하고, 문제를 그대로 덮기보다는 그 해결책을 다양하게 강구하여 보다 나은 방안을 찾고자 함이 본 연구의 의의라면 의의라고 할 수 있을 것이다.

6. 결론

국어에서는 /ㄹ/과 /i, y/ 앞의 /ㄴ/은 어두 위치에 오지 못하는 제약이 있다. 이 제약은『한글맞춤법』제10항~12항 규정에 따른 두음법칙으로서 한자어에 국한된다. 현행 맞춤법은 형태주의 표기를 원칙으로 하지만 두음법칙 관련 규정은 한자어의 본음이 환경에 따라 달리 실현되는 현상을 표기에 반영하는 음소주의 표기를 취하는 것이다. 이에 이 글에서는 두음법칙으로 인하여 대두되는 문제점들을 톺아보고, 그 방안 등을 제시한 것으로서 논의의 내용을 요약·정리하면 다음과 같다고 하겠다.

첫째, 두음법칙이『통일안』(1933)에 의해 처음 제정되었으므로 당시의 시대적 배경과 규정의 변천 과정을 우선 살폈다. 그 결과『통일안』제정을 통해 현실 한자음이 정리되었고, 이로 인해 통일된 한자음을 사용하게 되었던 것이다. 그런데 구개음화와 같은 음운변화로 인한 한자음 자체의 변화와 어두 위치에서의 음운변동현상인 두음법칙을 동일하게 규정함으로써 오늘날에는 크고 작은 문제점이 대두되고 있음을 살펴 논한 것이다.

둘째, 두음법칙 관련 규정인『한글맞춤법』제10항~12항의 문제점과 두음법칙으로 인한 음운규칙의 복잡성을 톺아보았다. 이어 어두 /ㄹ/과 /i, y/ 앞 /ㄴ/의 표기 및 발화에 대한 언어실태를 살피고, 이로써 오늘날은 어두 /ㄹ/과 /i, y/ 앞 /ㄴ/의 표기 및 발화가 언중들에게는 자연스럽고 익숙한 것임을 밝혀 나갔다.

셋째, 두음법칙에 따른 문제점의 해결 방안으로서 한자어는 본음을 밝혀 표기하고, 그에 따른 음운현상은 /ㄹ/-탈락현상, /ㄴ/-탈락현상, /ㄹ/→/ㄴ/-대치현상 등의 음운규칙으로 기술할 것을 제안하였다. 그리고 마지막으로 어중들의 언어생활에 있어 이 글의 제안이 갖는 효용성을 한자어 표기에 대한 혼란 감소, 남북 간 표기 격차 및 외국인들의 한국어 학습에서의 어려움 완화 등으로 밝혀 논한 것이다.

이 글은 『한국언어문학』 88호(2014), 5~27쪽에 실린 논문으로서, 문장 표현 등의 여러 곳을 다듬고 수정하였다.

/nl/-연쇄에서 유·비음화에 대한
음운론적 제약 및 지배음운론적 분석

1. 서론

유음과 관련된 음운현상들은 그 어느 음운현상들보다 복잡다단하다. 현대국어에서는 유음과 관련하여 /ㄹ/-탈락현상, 순행적·역행적 유음화, /ㄹ/-비음화 등이 있으나, 이들 현상들이 단순히 개별적인 음운현상으로만 존재하는 것이 아님을 알 수 있다. 예컨대 유음화의 경우, 유음화는 /ㄹ/의 위치에 따라 순행적 유음화와 역행적 유음화가 실현된다. 순행적 유음화의 환경인 /ㄹㄴ/-연쇄에서는 형태론적 범주에 따라 순행적 유음화와 /ㄹ/-탈락현상이 실현되고, 역행적 유음화의 환경인 /ㄴㄹ/-연쇄에서는 형태소 경계 유무와 관련하여 역행적 유음화와 /ㄹ/-비음화가 실현된다. 어간말이 단자음 ㄹ과 ㄹ계-자음군에 따라서도 실현 양상을 달리한다. 어미초 /ㄴ/과의 연쇄에서 어간말이 ㄹ일 경우는 /ㄹ/-탈락현상이 실현되는 반면, ㄹ계-자음군인 'ㄹㅎ'일 경우는 유음화가 실현된다. 이렇듯 '유음화'를 기술하기 위해서는 그와 관련하여, 순행적 유음화는 /ㄹ/-탈락현상이, 역행적 유음화는 /ㄹ/-비음화가 함께 논의되어야 함을 볼 수 있

다. /ㄹ/-탈락현상과 /ㄹ/-비음화도 마찬가지이다. /ㄹ/-탈락현상
을 기술하기 위해서는 통시적인 관점에서 순행적 유음화가 함께 논
의되어야 하고, /ㄹ/-비음화를 기술하기 위해서는 공시적으로 역행
적 유음화가 함께 논의되어야 하는 것이다.

이에 이 글은 /ㄴㄹ/-연쇄에서 실현되는 역행적 유음화와 /ㄹ/-비
음화(이하 '유·비음화'라고도 한다.)를 연구 대상으로 하여[35] /ㄴㄹ/-연
쇄에서 실현되는 역행적 유음화와 /ㄹ/-비음화에 대한 음운론적 제
약을 고찰한다. 그리고 이를 바탕으로 지배음운론의 분석적·비분석
적 결합으로써 두 음운현상을 분석 및 해석함을 목적으로 한다.

/ㄴㄹ/-연쇄는 음절말에 /ㄴ/을 가진 한자어와 음절초에 /ㄹ/을
가진 한자어의 연쇄를 의미한다.[36] 이러한 /ㄴㄹ/-연쇄를 이루는 한
자어는 음절연결제약에 어긋남으로써 역행적 유음화와 /ㄹ/-비음
화가 실현되는 것이다. 이때 한자어 내부에서 형태소 경계를 인식하
면 /ㄹ/-비음화가 실현되고, 경계를 인식하지 못하면 역행적 유음
화가 실현되므로, 이 글은 역행적 유음화는 /ㄹ/ 앞에는 /ㄹ/만이
허용된다는 '/ㄹ/ 앞 C(ㄹ제외) 제약'이 관여함을, /ㄹ/-비음화는 약
자음인 /ㄹ/이 어두 위치에는 적합하지 않다는 '어두 /ㄹ/-제약'이

---

35 유음과 관련된 음운현상들을 종합적으로 다루기 위해서라면 /ln/-연쇄에서의 /ㄹ/-
탈락현상과 순행적 유음화, /nl/-연쇄에서의 /ㄹ/-비음화와 역행적 유음화가 함께
논의되어야 할 것이다. 그러나 이들을 모두 다루기에는 학술논문의 분량으로는 쉽지
않다. 이에 /ln/-연쇄에서의 /ㄹ/-탈락현상과 순행적 유음화는 2.1.에서 간략하게
만 언급하고, 이 글에서는 /nl/-연쇄에서의 /ㄹ/-비음화와 역행적 유음화를 주연구
대상으로 하는 것이다.
36 /ㄴㄹ/-연쇄는 '원룸, 스킨로션, 다운로드, 선루프, 인라인스케이트' 등의 외래어에
서도 나타나지만, 이 글은 논의의 편의상 한자어를 중심으로 기술토록 한다.

관여함을 논한다. 형태소 경계 유무에 따른 두 음운현상의 실현 차이는 지배음운론의 분석적·비분석적 결합으로 분석한다. 지배음운론(Government Phonology)은 Kaye et al.(1985; 1990)과 Charette & Kaye(1994)에서 제시한 일원적 구성 원소(element)를 바탕으로 음운현상들을 분석한 이론이다.

2. /nl/-연쇄에서 음운론적 제약 및 유·비음화의 실현 양상

2.1. /nl/-연쇄에서의 음운론적 제약

현대국어에서는 /ㄹ/과 /ㄴ/, /ㄴ/과 /ㄹ/의 연쇄를 허용하지 않는다. /ㄹㄴ/-연쇄와 /ㄴㄹ/-연쇄는 각각 '음소연결제약'과 '음절연결제약'이 적용되는 것이다. 그리하여 /ㄹㄴ/-연쇄의 경우, 활용에서는 /ㄹ/-탈락현상이 실현되고, 복합어에서는 순행적 유음화가 실현되며, /ㄴㄹ/-연쇄에서는 형태소 경계 유무에 따라 역행적 유음화와 /ㄹ/-비음화가 실현된다.

/ㄹㄴ/-연쇄에서 형태론적 범주에 따라 음운현상이 달리 실현됨은 통시적 변화에 기인한다. 중세국어 시기에는 활용과 복합어 모두 설음·치음(ㄴ, ㄷ, ㅅ, ㅿ, ㅈ)[37]의 환경에서 /ㄹ/-탈락현상이 실현되었었다. 오늘날 /ㄹㄴ/-연쇄에서 실현되는 유음화는 16세기 이후에 생성

---

37 중세국어의 자음체계는 '牙·舌·脣·齒·喉'로서, 설음 'ㄷ·ㅌ·ㄸ·ㄴ·ㄹ'과 치음 'ㅅ·ㅆ·ㅈ·ㅊ·ㅉ'이 구분되었다. 이후 근대국어 시기에 'ㅅ·ㅆ'은 치조음, 'ㅈ·ㅊ·ㅉ'은 경구개음으로 조음위치가 변화됨으로써 현대국어에서는 'ㄴ·ㄷ·ㅅ' 계열은 치조음으로, 'ㅈ' 계열은 경구개음으로 분류되는 것이다.

된 음운현상으로서, 중세국어에는 유음화가 실현되지 않았었다.[38] 그리고 /ㄹ/-탈락현상이 중세국어 시기에 활용에서는 필수적으로 실현된 반면, 복합어에서는 /ㄹ/-탈락형과 /ㄹ/-유지형으로서 수의적이었다. /ㄹ/-유지형이라면 /ㄹㄴ/-연쇄에서 ㄹㄴ이 그대로 표기됨을 의미하는데, 복합어에서는 '아ᄃ님〈釋譜 2:1a〉, 버드나무〈杜詩初 15:10a〉'처럼 /ㄹ/-탈락형으로 나타나기도, '아ᄃᆞᆯ님〈月釋 8:84b〉, ᄯᆞᆯ님〈月釋 22:18a〉'처럼 /ㄹ/이 유지되어 나타나기도 함으로써 /ㄹ/-탈락현상이 수의적이었던 것이다.

/ㄹㄴ/-연쇄에서, 활용에서는 /ㄹ/-탈락현상이 필수적으로 실현되었으므로 표면형이 'ㄹㄴ→∅ㄴ'으로 변동되었었다고 할 수 있다. 그 결과 16세기 이후에 유음화가 생성되었어도 활용에서는 유음화의 동화주인 /ㄹ/을 갖지 못하므로 유음화가 실현될 수 없었다.[39] 반면 복합어는 /ㄹ/-유지형인 ㄹㄴ형에서 유음화가 실현될 수 있었으므로 현대국어에서는 /ㄹㄴ/-연쇄 시, 복합어에서는 유음화가 실현되고, 활용에서는 /ㄹ/-탈락현상이 실현되는 것이다.[40]

/ㄴㄹ/-연쇄는 두 음절의 연쇄가 '음절연결제약'에 어긋나는 것이고, 이로써 음운변동이 일어나는 것이다. /ㄴㄹ/-연쇄에서 실현되

---

38 송철의(2008: 252)는 훈민정음 창제 초기 문헌들에서는 유음화의 예가 나타나지 않음을 밝히고 있으며, 이진호(2012: 276)에서는 유음화 생성에 대한 정확한 시기는 논자에 따라 이견이 있으나, 근대국어가 본격화되는 17세기경에는 유음화가 완성되었다는 것이 대체적인 시각이라고 한다.

39 새로 생긴 유음화도 다른 음운변화와 마찬가지로 표면형에 적용되므로 이미 /ㄹ/-탈락현상이 적용된 어형은 유음화와는 무관한 것이었기(이진호 2008: 187~188) 때문이라고 하겠다.

40 /ㄹㄴ/-연쇄에서 실현되는 /ㄹ/-탈락현상과 순행적 유음화에 대한 통시적 연구는 이진호(2008) 등을 참고할 수 있다.

는 음운변동은 형태소 경계 유무에 따라 공시적으로는 역행적 유음
화와 /ㄹ/-비음화가 실현된다. 역행적 유음화는 역행동화현상으로
'/ㄹ/ 앞에는 /ㄹ/만이 허용된다.'라는 '/ㄹ/ 앞 C(ㄹ제외) 제약'과 관
련된다. /ㄴㄹ/-연쇄에서의 /ㄹ/-비음화는 '(C)Vㄴ#(+)ㄹV(C)'[41]와
같이 /ㄴ/과 /ㄹ/ 간에 단어 경계 또는 형태소 경계를 인식함으로써
후행하는 /ㄹ/이 /ㄴ/으로 변동되는 현상이다. 그러므로 '어두 /ㄹ/-
제약'과 관련된다고 할 수 있다.

이에 2.1.1에서는 /ㄴㄹ/-연쇄에 따른 '음절연결제약'을 먼저 살피
고, 이어 2.1.2에서 /ㄹ/-비음화의 '어두 /ㄹ/-제약'과 역행적 유음
화의 '/ㄹ/ 앞 C(ㄹ제외) 제약'을 순차적으로 논하도록 한다.

2.1.1. /nl/-연쇄와 음절연결제약

/ㄴㄹ/-연쇄에서의 음운변동은 일차적으로 선행하는 음절말 자음
과 후행하는 음절초 자음 간의 제약이 어긋남에 따라 실현되는 것이
다. CVCVCV[42]로 음절이 배열된다면 음운변동은 거의 일어나지
않는다. 그러나 CVC$_1$$C$_2$VC로 음절이 배열된다면 C$_1$과 C$_2$ 간의 제약
으로 인하여 음운변동이 일어나게 되는데, 이는 음절말 자음(C$_1$)의
속성과 음절초 자음(C$_2$)의 속성이 대등하지 않기 때문이다. C$_1$과 C$_2$
위치에 따른 속성으로서 공명도 원리(C$_1$≧C$_2$)에 의하면 C$_1$은 C$_2$보다
공명도가 크거나 같아야 한다. 자음강도 원리(C$_1$≦C$_2$)에 의하면 C$_2$

---

41 '(C)Vㄴ#(+)ㄹV(C)'에서 'C'는 'Consonants', 'V'는 'Vowels'을 의미한다. 그리고 '#'
   은 단어 경계, '+'는 형태소 경계를 표시한 것이다.
42 'CVCVCV'에서의 '$'는 음절 경계의 표시이다.

는 C_1보다 자음강도가 크거나 같아야 하는 제약을 가지는데, 음운변동은 이러한 C_1과 C_2 간의 제약이 어긋날 경우에 실현되는 것이다.

음절말과 음절초 자음의 속성 및 이들 간의 관계는 김차균(1976; 1998)에서 구체적으로 다뤄졌다. 이를 간략히나마 설명하면 다음과 같다. 현대국어에서 동화작용이란 $VC_1\$C_2V$의 C_1과 C_2 사이에서 흔히 볼 수 있다. 이때 C_1이 C_2의 조음위치 및 조음방법에 동화됨은 자주 보이지만 그 반대는 거의 찾을 수 없다. C_2가 C_1보다 청각 영상이 뚜렷해서 C_2는 약간의 변화만 있어도 의사소통에 지장을 초래하지만 C_1은 청각 영상이 약해 다소 소홀히 발화되어도 의사소통에는 크게 영향을 주지 않기 때문이다. 동화작용은 청각적인 효력의 결손을 최대한 막는 한도 내에서 실현되므로 청각적 효력이 약한 C_1이 강한 C_2에 동화됨은 당연한 귀결이라고(김차균 1976: 114) 할 수 있다. 그리하여 $VC_1\$C_2V$에서 음절말 C_1은 점점 닫힘(점약), 노력 절약, 중화의 위치가 되고, 음절초 C_2는 점점 열림(점강), 의사전달 기능강화, 분화의 위치가 되는 것이다.

오정란(1995: 266~267)에서도 음절초 위치는 의미판별의 기능부담량 때문에 강한 자음을 선호한다고 한다. 이에 음절 첫소리는 일반적으로 '강화'라고 알려진 음운과정이 일어나고, 음절말은 상대적으로 약한 위치이므로, '약화'의 일종인 동화현상 등은 음절 첫소리보다 음절 끝소리에서 일어난다고 하는 것이다.

음절배열 시, 언어보편적인 제약은 일반적으로 공명도 원리($C_1 \geqq C_2$) 또는 자음강도 원리($C_1 \leqq C_2$)로 나타낸다. 공명도 원리는 김차균(1998)의 논의를, 자음강도 원리는 오정란(1993)의 논의를 통해 살펴보면 다음 (14)와 같다.

(14) ㄱ. 공명도 위계[43]

  ← 순수 자음성   순수 모음성 →

   1°   2°   3°   4°   5°   6°   7°   8°   9°

  강 ← — — — — — →   약 ← — — — — — → 강

  1° : 무성파열음·파찰음   2° : 무성마찰음   3° 비음
  4° : 설측음   5° : 탄설음   6° : 반모음
  7° : 고모음   8° : 중모음   9° : 저모음

   ㄴ. 자음의 강도체계(오정란 1993: 95)

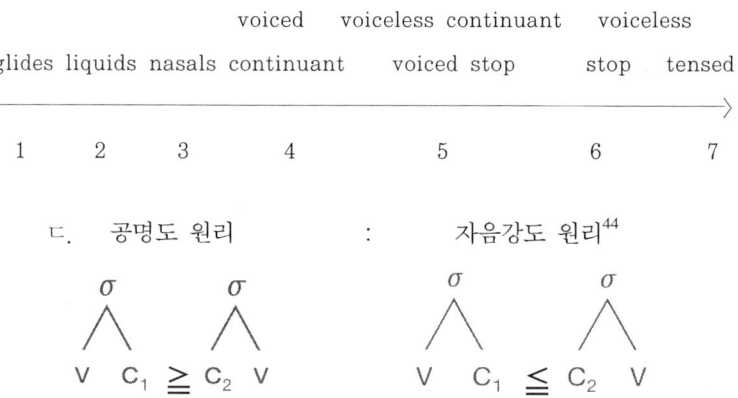

   ㄷ. 공명도 원리   :   자음강도 원리[44]

(14ㄱ)은 공명도 위계이다. 이는 공명도가 낮을수록 순수 자음성을 가진 분절음이 되고, 공명도가 높을수록 순수 모음성을 가진 분

---

43   김차균(1998: 30~31)에서는 음절의 구성이 울림도나 열림도에 의해 설명될 수 있다며, 열림도를 9등급으로 나누어 제시하였다. 이를 이 글에서는 공명도 위계 9등급으로 재구성한 것이다.

44   '음절두음의 강도 강세'는 'C_f(s)≦C_i(s)'으로서, 이는 "(C)VC_f$C_iV(C)의 구조에서 음절두음 C_i는 음절말음 C_f보다 자음강도에서 같거나 강하려는 속성을 가지고 있다."(오정란 1993: 96)는 것을 의미한다.

절음이 된다. (14ㄴ)은 자음의 강도체계로서 'glides'부터 'tensed'까지의 강도를 제시하고 있다. 이때 (14ㄱ·ㄴ)에서 /ㄹ/은 모음에 가장 가까우며, 자음 중에서는 가장 약자음의 위치에 있음을 알 수 있다. (14ㄷ)은 음절말 C_1과 음절초 C_2에 대한 공명도 및 자음강도 원리이다. 공명도 원리는 C_1의 공명도가 C_2의 공명도보다 크거나 같아야 함을, 자음강도 원리는 C_2의 자음강도가 C_1의 자음강도보다 크거나 같아야 함을 제시하고 있다.

/ㄴㄹ/–연쇄는 위의 공명도 원리 및 자음강도 원리에 어긋남으로써 음운변동이 일어나는 것이다. 공명도 원리($C_1 \geqq C_2$)에 의하면 /ㄴㄹ/–연쇄는 음절말 /ㄴ/의 공명도 3°과 음절초 /ㄹ/의 공명도 5°의 연쇄로 공명도 원리에 어긋난다. 자음강도 원리($C_1 \leqq C_2$)에서도 음절말 /ㄴ/의 자음강도 3°과 음절초 /ㄹ/의 자음강도 2°의 연쇄로서 자음강도 원리에 어긋난다. 그리하여 /ㄴㄹ/–연쇄에서는 /ㄴ/이 /ㄹ/로 변동되는 '역행적 유음화([ll])'나 /ㄹ/이 /ㄴ/으로 변동되는 '/ㄹ/–비음화([nn])'의 실현으로써 두 원리의 조건을 만족하게 되는 것이다.

그런데 본 연구에서는 /ㄴㄹ/–연쇄에 따른 C_1과 C_2 간의 제약을 이러한 공명도 원리 및 자음강도 원리가 아닌 지배음운론의 관점에서 분석해 보려는 것이다. 지배음운론은 구성원소의 복합도에 따라 C_1과 C_2 간의 지배관계가 성립되는 이론이다. 즉 음절초 C_2가 음절말 C_1을 지배하기 위해서는 구성원소의 수가 많거나 같아야 함을 원칙으로 한다. 후술하겠지만 /ㄴ/과 /ㄹ/의 연쇄에서 /ㄴ/은 구성원소(R.L.ʔ)가 3개이고, /ㄹ/은 [r]:구성원소(R)과 [l]:구성원소(R.ʔ)로서, 구성원소가 최대 2개이다. /ㄴㄹ/–연쇄는 음절초 /ㄹ/의 구성원소(R)가 음절말 /ㄴ/의 구성원소(R.L.ʔ)보다 그 수가 적기 때문에 두

음소 간에는 지배관계가 성립되지 않는다. 이에 두 음소가 가지는 구성원소의 확산 및 탈락으로 두 음소 간의 지배관계가 조정되면서 역행적 유음화 또는 /ㄹ/-비음화가 실현되는 것이다.

공명도 원리나 자음강도 원리, 그리고 지배음운론의 구성성분 간 지배관계는 결국 음절연결제약을 기술하기 위함이다. C_1과 C_2의 속성 및 그들 간의 관계를 바탕으로 한다는 근본적인 원리는 크게 다르지 않다.[45] 다시 말해 공명도 원리에 따르면 음절말의 자음은 음절초의 자음보다 공명도가 크거나 같아야 하고, 자음강도의 원리에 따르면 음절초의 자음이 음절말의 자음보다 자음강도가 크거나 같아야 한다. 지배음운론의 관점에서는 두 자음의 지배 관계가 성립하기 위해서 음절초의 구성원소 수가 음절말의 구성원소 수보다 많거나 같아야 한다는 원리이다. 이렇듯 세 원리는 모두 동일하게 음절초의 자음이 음절말의 자음을 지배할 수 있어야 한다 내지는 강해야 한다는 것을 전제하는데, 그럼에도 본 연구에서는 /ㄴㄹ/-연쇄에 따른 역행적 유음화와 /ㄹ/-비음화의 관계를 지배음운론의 관점에서 논하려는 것으로서, 그 이유는 다음과 같다고 하겠다.

공명도 및 자음강도 원리는 /ㄴㄹ/-연쇄가 음절연결제약에 어긋나기 때문에 역행적 유음화([ll])나 /ㄹ/-비음화([nn])가 실현되는 것으로 기술한다. 지배음운론에서도 이와 유사한 원리로 /ㄴㄹ/-연쇄는 C_1과 C_2 간의 지배관계가 어긋남으로써 음운변동인 유·비음화가 실

---

45 오정란(1993: 101)에서는 지배음운론의 지배관계와 자음강도체계가 일치함을 "Harris (1990)의 지배음운론은 내부 원소의 복잡도에서 보다 복잡한 분절음이 덜 복잡한 것을 지배한다고 하였는데, 이때 나타나는 자음들의 복잡도는 흥미롭게도 이 글에서 채택한 자음의 강도체계와 일치하고 있다"와 같이 밝히고 있다.

현되는 것으로 기술한다. 이때 공명도나 자음강도 원리에서는 /ㄴ/이 /ㄹ/로 변동되는 역행적 유음화는 음절말음의 공명도 강화나 자음강도 약화로, /ㄹ/이 /ㄴ/으로 변동되는 /ㄹ/−비음화는 음절초 자음의 공명도 약화나 자음강도 강화로 기술하게 된다. 그리고 유·비음화의 실현 차이는 일반적으로 형태소 경계 유무로써 논한다면, 지배음운론에서는 공명도 및 자음강도 원리에서 기술하는 유·비음화에 대한 실현을 구성원소 및 분석적·비분석적 결합 이론으로써 도식화하여 분석하게 된다. 즉 역행적 유음화는 음절말 /ㄴ/의 비음성 구성원소 (L)이 탈락함으로써 /ㄴ/이 /ㄹ/로 변동됨을, /ㄹ/−비음화는 음절초 /ㄹ/에 구성원소(L)이 더해짐으로써 /ㄹ/이 /ㄴ/으로 변동됨을 도식화하여 보여주는 것이다. 더 나아가 형태소 경계 유무에 따른 유·비음화의 실현 차이는 또 분석적·비분석적 결합 이론으로써 제시한다. 역행적 유음화는 [AB] 구조에 따른 비분석적 결합으로, /ㄹ/−비음화는 [[A][B]] 구조에 의한 분석적 결합으로써 도식화하여 해석하는 것이다. /ㄴㄹ/−연쇄에서의 유·비음화는 현대국어의 대표적인 음운현상들이라고 할 수 있다. 그럼에도 두 현상에 대한 관계 규명은 여전히 진행 중이라고 할 수 있겠다. 이에 이 글 또한 유·비음화에 대한 또 하나의 해석의 일환으로서 이들이 갖는 각각의 음운론적 제약을 살피면서, 지배음운론의 구성원소 및 분석적·비분석적 결합 이론을 통해 이들의 관계를 밝혀보고자 하는 것이다.

2.1.2. '어두 /ㄹ/−제약'의 /ㄹ/−비음화와 '/ㄹ/ 앞 C(ㄹ제외) 제약'의 역행적 유음화

/ㄴ/과 /ㄹ/의 연쇄는 두 음절의 배열에서 선행하는 음절말 자음과

후행하는 음절초 자음 간의 제약이 어긋나기 때문에 역행적 유음화
와 /ㄹ/-비음화가 실현되는 것임을 2.1.1에서 살폈다. 이어 본 항에
서는 /ㄴㄹ/-연쇄에서의 역행적 유음화는 '/ㄹ/ 앞에는 /ㄹ/만이 허
용된다.' 또는 '/ㄹ/ 앞에 올 수 있는 자음은 /ㄹ/밖에 없다'라는 '/ㄹ/
앞 C(ㄹ제외) 제약'이 관여함을,[46] /ㄹ/-비음화는 '/ㄹ/은 어두 위치에
적합하지 않다'라는 '어두 /ㄹ/-제약'이 관여함을 논한다. /ㄴㄹ/-연
쇄는 음절연결제약에 어긋남으로써 역행적 유음화와 /ㄹ/-비음화가
실현되는데, 이때 역행적 유음화는 '/ㄹ/ 앞 C(ㄹ제외) 제약'으로 인하
여, /ㄹ/-비음화는 '어두 /ㄹ/-제약'으로 인하여 실현되는 현상임을
밝히는 것이다.

'어두 /ㄹ/-제약'은 현대국어의 '두음법칙'과도 관련된다. 두음법
칙은 어두에 /ㄹ/을 가진 한자어에 대한 규정으로서 어두의 /ㄹ/이
/ㄴ/으로 변동되거나 탈락되는 현상을 말한다.[47] 고유어의 경우는 15
세기에 이미 낱말 첫소리에 'ㄹ'이 오지 못하는 제약이 있었던 것으
로 판단된다. 이는 『訓民正音』 用字例를 보면, 여타 음소들은 대개
낱말 첫소리에 그 음소의 예를 제시하였으나, 'ㄹ'만은 낱말의 첫소
리가 아닌 어중의 첫소리에 그 예를 들고 있다는 것에서 확인된다(윤
정남 2002: 21~22). 이진호(2012: 409)에서도 두음법칙은 그 역사가
매우 오래된 것으로서, 중세국어에서는 어두에 'ㄹ'을 가진 고유어를

46 이진호(2005; 2009: 108)에서는 "'ㄹ' 앞에 올 수 있는 자음은 'ㄹ'밖에 없다. 비음
앞에는 장애음이 올 수 없다" 등을 국어의 음절배열제약으로 다루면서, 두 제약의
상위 제약으로 '후행 음절 초성의 울림도는 선행 음절 종성의 울림도보다 크면 안
된다.' 등의 울림도 원리를 둘 수 있다고 한다.

47 두음법칙은 '『한글맞춤법』(문교부 고시 제88-1호 1988.1.19.) 제5절 두음법칙 제10항
~제12항'에서 규정하고 있다.

발견하기 어렵다고 하는 것이다.[48]

역사적으로 어두 'ㄹ'이 고유어에서 발견되지 않는다는 사실이나, 현대국어에서 한자어에 한해 두음법칙을 규정하는 것 등은 'ㄹ'이 어두 위치에는 비교적 적합하지 않다는 것을 의미한다. 오정란(1995: 269)에 따르면 어두 및 음절초는 강한 자음일 것을 요구하는데, 한국어의 'ㄹ'은 모음에 가장 가까운 약한 자음, 즉 가장 모음다운 약자음이고, 이러한 'ㄹ'의 속성이 음절 위치에 따른 출현 제약을 유도한 것이라고 한다. 이에 /ㄴㄹ/-연쇄에서의 /ㄹ/-비음화도 음절말에 /ㄴ/을 가진 한자어와 음절초에 /ㄹ/을 가진 한자어 간에 형태소 및 단어 경계가 실현됨으로써 어두 /ㄹ/-제약에 의해 후행하는 어두초 /ㄹ/이 /ㄴ/으로 변동된 현상이라고 하는 것이다.

반면 /ㄴㄹ/-연쇄에서의 역행적 유음화는 역행동화의 조음작용과 관련된다. 일반적으로 C_1과 C_2의 조음작용은 음절말 C_1의 조음과 동시에 음절초 C_2의 조음이 실현된다. 그러므로 자음연쇄에서의 동화 현상은 대부분 음절말 C_1이 음절초 C_2에 동화되는 역행동화로 실현되는 것이다. /ㄴㄹ/-연쇄에서의 역행적 유음화도 역행동화 현상의 일환이다. 즉 역행적 유음화도 선행하는 /ㄴ/을 발화하면서 후행하는 /ㄹ/을 미리 예측하여 발화함으로써 /ㄴ/이 /ㄹ/로 동화되는 현상인 것이다(양순임 2011: 172).[49] 이에 역행적 유음화가 실현되기 위해

---

48 이진호(2012: 409)는 고유어에서 어두 'ㄹ'을 가진 예는 『訓民正音』에 나오는 '러울'이 유력한 예이지만 이 '러울'도 [伊藤智ゆき(2007: 266)에서 '러울'의 첫음절이 '狸'의 상고음 'liəg'과 관련이 있음을 언급한 바와 같이] 한자로부터 비롯되었을 가능성이 높아서 고유어의 경우는 'ㄹ'로 시작하는 말이 중세국어에서는 실제로 없었다고 해도 무방하다고 하는 것이다.

49 권경근(2010)은 역행적 유음화를 한 소리의 조음제스처(gesture)가 다른 소리의 조

서는 음절말에 /ㄴ/을 가진 한자어와 음절초에 /ㄹ/을 가진 한자어
가 하나의 음운론적 단위로 조음되어야 함을 전제하는 것으로서, 후
행하는 음절초 /ㄹ/을 실현시키기 위해서는 /ㄹ/ 앞에는 /ㄹ/만이
실현되어야 한다는 '/ㄹ/ 앞 C(ㄹ제외) 제약'이 관여하게 되는 것이
다. 이 제약은 또 음절초 C_2의 위치에 /ㄹ/을 실현시키고자 한다면
음절말 C_1의 위치에는 /ㄹ/ 외에는 어떠한 자음도 올 수 없음을 의미
하는데, 이는 /ㄹ/ 외에 /ㄹ/보다 공명도가 같거나 높은 자음이 없
고, /ㄹ/보다 자음 강도가 같거나 낮은 자음이 없으며, 지배음운론
의 관점에서는 /ㄹ/보다 구성원소의 수가 같거나 적은 음절말 자음
이 없기 때문이다. 그리하여 /ㄴㄹ/-연쇄에서는 음절말의 /ㄴ/이
/ㄹ/로 변동되는 역행적 유음화가 실현되는 것이라고 할 수 있다.

2.2. 유·비음화의 실현 양상

/ㄴㄹ/-연쇄에서 실현되는 두 음운현상에 대한 음운론적인 제약에
이어 다음은 /ㄴㄹ/-연쇄에서의 유·비음화에 대한 실현 양상이다.

(15) ㄱ. 관료[괄료], 곤란[골란], 인력[일력], 간략[갈략],
　　　　　논리[놀리], 문란[물란], 윤리[율리], 연령[열령].
　　　ㄴ. 손료(損料)[솔료~손뇨], 춘란(春蘭)[출란~춘난].
　　　ㄷ.[50] 산란기[살란기~산난기], 경신록[경실록~경신녹],

음제스처와 겹치게 되는 '조음제스처 현상'이라는 조음적 관점에서 논한 것이다.
50 3음절 한자어들에 대한 표준국어대사전에서의 발음 정보는 다음과 같다.
　　[-ㄹㄹ-]: 산란기[살:란기], 면류관[멸:류관], 여민락[여:민락], 의전례[의절례].
　　[-ㄴㄴ-]: 이원론[이:원논], 공권력[공권녁], 임진란[임:진난], 의견란[의:견난],
　　　　　　경신록[경:신녹], 음운론[으문논].

공권력[공궐력~공권녁], 음운론[음울론~음운논],
이원론[이월론~이원논], 면류관[멸류관~면뉴관],
임신란[임질란~임진난], 의견란[의결란~의견난].

   (15ㄱ)은 2음절로 구성된 한자어로서 대부분 유음화[ㄹㄹ]로 실현
되는 용례이다. (15ㄴ)은 2음절 한자어이지만 [ㄹㄹ~ㄴㄴ]로서 유·비
음화가 수의적으로 실현되는 것이다. 서보월(1995: 131)에서는 이를
'춘란/춘#란, 손료/손#료'와 같이 내부단어경계(#)의 차이에 따른 수
의적 현상이라고 하였다. 2음절어의 비음화[ㄴㄴ]실현도 경계 인식과
관련되는 것으로 후속하는 한자어 형태소를 강하게 인식하려는 의도
가 음운론적 과정상 내부단어경계에 의해 실현되는 것이라고 한다.
   (15ㄷ)은 3음절로 구성된 한자어들이다. 이들 한자어는 2음절로
구성된 한자어에 비하면 상대적으로 단어내부에서 형태소 경계 인
식의 가능성이 높기 때문에 비음화의 실현 가능성 또한 높다. 그럼
에도 유·비음화가 수의적으로 실현됨은 한자어 내부에서 형태소 경
계를 인식하는 화자는 비음화의 실현을, 경계를 인식하지 않는 화자
는 유음화를 실현시키기 때문이라고 할 수 있다. 3음절 구성의 한자
어일지라도 단어내부의 경계 인식 유무에 따라 유·비음화가 수의적
으로 실현되는 것이다.
   물론 '관리인[괄리인], 연락선[열락선], 대관령[대괄령], 전라도
[절라도]'처럼 유음화로만 실현되는 한자어가 있는가 하면, '시인론
[시인논], 사전류[사전뉴], 실천력[실천녁], 생산량[생산냥]'과 같이

그리고 (15ㄷ)의 3음절 한자어들에 대한 수의적 양상은 서보월(1995: 124)을 참고하
였으며, '산란기, 면류관'은 필자가 현재 조사 중인 자료를 참고한 것이다.

비음화의 실현이 우세한 한자어들도 있다. 이때 비음화로 실현되는 3음절 한자어들의 대부분은 '[[시인][론]], [[사전][류]], [[실천][력]], [[생산][량]]' 등의 구조이다. 선행하는 자립형태소가 언중들에게 익숙한 한자어들인 것이고, 그리하여 한자어 내부(즉 /ㄴ/과 /ㄹ/ 사이)에 경계를 두어 비음화가 실현되는 것이라고 할 수 있겠다.

　김경아(2004: 17~22)에서도 2음절 한자어는 역행적 유음화의 선택이 자연스럽고, 3음절 이상은 비음화의 선택이 자연스럽다고는 하면서, 3음절의 한자어일지라도 '견인력, 일단락'의 경우, 이를 '[견[인력]], [일[단락]]'으로 분석한다면 '[견일력], [일달락]'과 같이 유음화가 실현되고, '[[견인]력], [[일단]락]'으로 분석한다면 '[견인녁], [일단낙]'처럼 비음화가 실현된다고 하는 것이다. 정연찬(1997: 193)에서도 3음절 한자어의 경우는 형태론적인 경계의 차이가 유·비음화의 실현을 선택하는 것으로 이해된다면서, '회빈루'는 [[회빈]누]와 같이 단어 내부에 경계가 존재함에 따라 비음화가 실현되는 반면, '광한루'는 [광할루]와 같이 단어 내부에 경계가 존재하지 않기 때문에 유음화가 실현되는 것이라고 한다. 노명희(1997: 316~317)에서도 한자어의 내부에서 경계를 인식하지 못하면 '유음화'가, 경계를 인식한다면 '비음화'가 실현되는 것으로서 '음운론'에서 '음운'의 자립성 정도에 따른 화자의 인식이 두 가지의 양상인 '[음울론]~[[음운][론]]'으로 달라질 수 있다고 하는 것이다.

　/ㄴㄹ/-연쇄에서의 역행적 유음화와 /ㄹ/-비음화는 이처럼 단어 내부에서의 형태소 경계 인식 유무와 관련된다고 할 수 있다. 이는 이 글의 논의에 의하면 한자어 내부에서 형태소의 경계를 인식하게 되면 '어두 /ㄹ/-제약'에 의해 /ㄹ/-비음화가 실현되는 것이고, 형태

소 경계를 인식하지 못하면 음절말에 /ㄴ/을 가진 한자어와 음절초에 /ㄹ/을 가진 한자어가 하나의 음운론적 단위로 발화됨으로써 '/ㄹ/ 앞 C(ㄹ제외) 제약'에 의해 역행적 유음화가 실현되는 것이라고 하겠다.

이러한 유·비음화에 대한 제약들을 바탕으로 이하 3장에서는 형태소 경계 인식 유무에 따라 달리 실현되는 유·비음화를 지배음운론의 분석적·비분석적 결합 이론으로써 해석해 보고자 한다.

3. 지배음운론의 개념 및 구성원소 이론

3.1. 지배음운론의 개념[51]

지배음운론에서의 음절 구조 형태와 음운의 분포 제약은 구성성분의 지배관계에 의해서 결정된다. 서로 다른 두 소리의 연쇄관계를 지배음운론에서는 지배관계의 방향성에 따라 한쪽이 다른 쪽을 지배하는 관계로 파악하면서[52] 지배관계 설정은 구성성분 내에 또는 구성성분 간에 이루어진다. 음절구조를 이루는 구성성분은 음절초

---

51 '지배음운론의 기본 개념'은 허용·이상직(1996), 이상직·허용(1998), 이상직(2004; 2010), 김선정(1999)을 참조하였음을 밝힌다.

52 구성성분의 지배관계가 성립되기 위한 조건은 다음과 같다.
  ㄱ. 엄밀인접성 (The Strict Adjacent Condition)
    지배관계에 있는 두 위치는 반드시 인접해 있어야 한다.
  ㄴ. 엄밀방향성 (The Strict Directionality Condition)
    골격층위에서 형성된 지배 영역 내의 지배관계는 항상 일정하다.
    (ⅰ) 구성성분 내의 지배: 구성성분 내에서의 지배관계는 항상 왼쪽에서 오른쪽으로 지배관계가 설정된다.
    (ⅱ) 구성성분 간의 지배: 구성성분 간에서의 지배관계는 항상 오른쪽에서 왼쪽으로 지배관계가 설정된다.

(Onset), 운모(Rhyme), 음절핵(Nucleus)으로 설정되며, 최대 양분지
할 수 있는 것으로서, 음절구조를 이루는 구성성분의 지배관계 설정
은 다음과 같다고 할 수 있다.

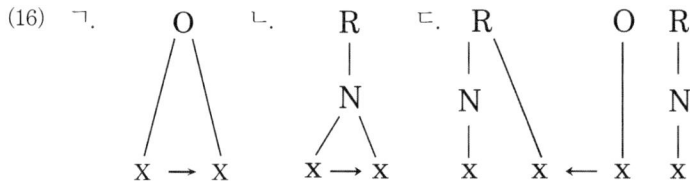

(16) ㄱ. ㄴ. ㄷ.

(16ㄱ)은 음절초에서 자음의 연쇄로 이루어진 구조이며, (3ㄴ)은
모음의 연쇄로 이루어진 구조이다. 이 두 구조는 엄밀방향성 (i)에
따라(각주52 참고) 구성성분 내의 지배방향인 왼쪽에서 오른쪽으로
진행된다. 반면 (16ㄷ)은 어중의 자음연쇄에서 나타나는 구조이다.
(16ㄷ)의 지배방향성은 엄밀방향성 (ii)에 따라(각주52 참고) 구성성분
간의 지배방향인 오른쪽에서 왼쪽으로 진행된다. 한국어는 (16ㄱ)과
(16ㄴ)의 연쇄를 허용하지 않으므로 (16ㄷ)과 같이 어중의 자음연쇄에
서만 지배관계가 성립된다.

3.2. 구성원소 이론 및 국어 자음의 내적구조

지배음운론에서 지배적 관계를 실현시키는 것은 분절음의 내재된
속성에 의해서 음절말과 음절초 자음 간의 지배관계 성립 유무로
결정된다. 그리고 분절음의 속성은 분절음의 최소 단위인 구성원소
(element)로 설정한다(Harris 1990; Kaye et al. 1990).

지배음운론의 구성원소 이론은 구성원소가 그 자체만으로도 음성

실현(realizational autonomy)이 가능하다는 특징을 가진다. 또 분절음이 하나의 구성원소로 표시되거나(단일 분절음: simplex segment), 구성원소 간의 융합 또는 결합(fusion)을 통해서 두 개 이상의 구성원소로 이루어지기도 한다(복합 분절음: complex segment). 이를 바탕으로 국어 분절음 표시에 필요한 구성원소 8개와 각 구성원소가 가지는 일차적 속성(saliant property)을 이상직(2010)의 논의에 따라 제시하면 다음 (17)과 같다.

(17) 국어 분절음 표시에 필요한 구성원소 8개(이상직 2010: 8).

A: non-high   I: palatality   U: labiality
R: coronality   @: velarity   ?: occlusion(non-continuant)
L: nasality, slack vocal folds (voicing) H: noise, stiff vocal folds

국어의 분절음 표시에 필요한 8개 구성원소들에 대한 속성을 보면, 먼저 (17)의 구성원소들은 자체적으로 독립된 분절음으로서 음성적인 실현이 가능하다. 가령 'A, I, U, R, H, ?'가 독립적으로 나타날 경우에는 각각 '[a], [i], [u], [r], [h], [?]'로 실현되는 것이다. 구성원소 'A, I, U'는 모음표시뿐만 아니라 자음의 조음장소 표시에도 사용된다(A: 인두, I: 경구개, U: 양순). 'R'과 '@'은 각각 조음장소인 치조와 연구개를 표시하며, 조음방법과 관련된 구성원소인 '?, H, L'은 또 각각 폐쇄성(occlusion), 소음성(noise), 비음성(nasality)을 표시한다.

그리하여 파열음은 조음장소 구성원소와 H 및 ?의 결합으로 이루어지고, 마찰음은 조음장소 구성원소와 H의 결합으로, 비음은 조음장소 구성원소와 L 및 ?의 결합으로 이루어진다. 이때 한국어의 경우는 'H'가 후두마디에 존재하면 'H'는 후두속성을 가지면서 경음과 격음을 표시하게 된다. 이러한 8개의 구성원소를 토대로 한 한국어 자음의 내적구조는 다음 (18)과 같다(이상직 2010: 9)[53]고 하겠다.

(18) ㄱ. 유음: [ɾ](R)·[l](R.ʔ)

ㄴ. 비음: /m/(U.L.ʔ) /n/(R.L.ʔ) /ŋ/(@.L.ʔ)

ㄷ. 평음: /p/(U.H.ʔ) /t/(R.H.ʔ) /k/(@.H.ʔ)

/s/(R.H) /č/(⟨R.I⟩.H.ʔ)

ㄹ. 경음: /p'/(U.ʔ.(H)) /t'/(R.ʔ.(H)) /k'/(@.ʔ.(H))

/s'/(R.(H)) /č'/(⟨R.I⟩.ʔ.(H))

ㅁ. 격음: /ph/(U.ʔ.H.(H)) /th/(R.ʔ.H.(H))

/kh/(@.ʔ.H.(H)) /čh/(⟨R.I⟩.ʔ.H.(H))

(18ㄱ)은 유음의 내적 구성원소를 제시한 것으로서, 유음은 탄설음 [ɾ]과 설측음[l]로 구분하여 [l]은 [ɾ]보다 구성원소(ʔ)를 더 가지는 것으로 설정되었다.[54] 이는 현대국어에서 유음의 두 변이음인 모음과 모음 사이의 [ɾ]와 음절말의 [l]을 구별할 수 있고, 음절말 유음에 폐쇄성의 구성원소(ʔ)를 설정함으로써 음절말에 나타나는 7개 분절음이 모두 구성원소(ʔ)를 갖는 것으로 일반화할 수 있다. 파찰음의

---

53 이상직(2010)에서는 /h/가 설정되어 있지 않다. 그러나 구성원소(H)가 자체적으로 독립된 분절음 /h/로 음성적 실현이 가능하므로 /h/는 '/h/(H)'와 같이 단일 구성원소(H)를 취하는 것으로 설정될 수 있다고 한다.

54 설측음은 논자에 따라 [+지속성] 자질을 부여하기도 한다(이진호 2005; 2009: 75). 하지만 신지영(2011: 145)에서는 개별언어에서 설측음은 어떠한 음운론적 행동을 하는가에 따라 [+지속성]을 갖는지, [-지속성]을 갖는지를 결정하게 되는데, [-지속성]으로 실현되는 한국어의 음절말이 /p, t, k, n, m, ŋ, l/로 실현됨을 볼 때, 한국어의 설측음은 [-지속성]을 갖게 되는 것이라고 한다. 강옥미(2003: 147)에서도 공기가 구강 중앙에서 막힘의 유무에 따라 [±지속성]이 결정되므로 설측음[l]은 [-지속성]으로 분류된다고 하는 것이다.

구성원소는 '/č/(〈R.I〉.H.?)'로서 조음장소가 두 개의 구성원소(〈R.I〉)
로 설정되었다. 파찰음의 조음장소 구성원소인 (R)과 (I)는 경구개와
치조의 결합을 가리키는 것으로서, 〈R.I〉 표시는 별도의 조음장소
마디로 표시하지 않고 이들이 하나로 결합한 것으로 간주된다. 비음
과 파열음은 조음장소 구성원소와 (?)를 갖고 있으며, 이들 부류 간의
차이는 각각 (L)과 (H)에 의해서 구별된다. 경음과 격음은 후두마디
에 (H)를 가진다. 이때 (H)는 후두마디에 자리 잡아 [stiff vocal
cords]로 해석을 받으므로 경음과 격음은 지배적 속성을 지닌 유핵
(headed) 자음으로 취급받게 된다. 그리고 격음은 경음보다 (H)를
하나 더 가지는 것으로 설정되었다. 이는 격음화 과정에서 그 동기를
찾을 수 있겠는데, 즉 (H)를 가진 평음과 (H)를 가진 /h/의 연쇄에서
격음화가 실현되므로, 격음에는 후두마디 (H)가 이중으로 연결된
(doubly-linked) 구조를 가지게 되는 것이다(이상직 2010: 9~10).

4. /nl/-연쇄에서 유·비음화에 대한 지배음운론적 분석

현대국어에서는 /ㄹ/과 /ㄴ/의 연쇄, /ㄴ/과 /ㄹ/의 연쇄를 허용하
지 않는다. 이 때문에 /ㄹㄴ/-연쇄의 경우, 형태론적 범주에 따라
용언의 활용에서는 /ㄹ/-탈락현상이, 복합어에서는 순행적 유음화
가 실현된다. 그리고 이 글의 연구 대상인 /ㄴㄹ/-연쇄에서는 형태
소 경계 인식 유무에 따라 /ㄹ/-비음화와 역행적 유음화가 실현된
다. 형태소 경계를 인식하면 [[A][B]]의 구조로서 '/ㄹ/-비음화'가
실현되고, 형태소의 경계를 인식하지 않는다면 [AB]의 구조로서 '역

행적 유음화'가 실현되는 것이다.

　/ㄴㄹ/-연쇄에서의 형태소 경계 인식 유무에 따른 두 음운현상 간의 실현 차이는 지배음운론의 분석적·비분석적 결합 이론으로 분석할 수 있다. 지배음운론의 분석적(analytic)·비분석적 결합(non-analytic)은 Kaye(1993)에 의해 논의되었다. 어근 A에 어근 또는 접사 B가 결합하는 경우, 형태론적 경계에서 음운현상이 어떻게 적용되는 가에 따라 크게 분석적 결합과 비분석적 결합으로 나누어진다. 전자는 두 형태소 사이에 형태론적 경계가 설정되는 반면, 후자는 두 형태소 사이에 형태론적 경계가 설정되지 않고, 두 형태소가 단일한 영역을 이룬다. 분석적 결합에 대한 음운현상과 적용방법은 안쪽의 영역(inner domain)이 먼저 적용된 다음 바깥의 영역(outer domain)이 적용된다. 분석적 결합인 [[A][B]]의 경우는 [A]와 [B]가 각각 음운현상이 적용된다. [[A]B]는 [A]는 독립된 음운 영역을 형성하는 반면, B는 독립된 음운 영역을 형성하지 못하므로 음운현상은 우선적으로 첫 음운 영역인 [A]에만 적용되고, 이후 새롭게 형성된 [A₁ B]에서 음운현상이 다시 적용되는(허용·이상직 1996: 436~439) 것이다.

　이를 바탕으로 /ㄴㄹ/-연쇄에 따른 유·비음화의 실현 양상을 '선릉(宣陵)'의 예로서 다음 (19), (20)과 같이 분석한다. '선릉(宣陵)'의 경우는 화자에 따라 역행적 유음화인 [설릉]으로 발화되기도 하고, /ㄹ/-비음화인 [선능]으로도 발화되기도 하므로 /ㄴㄹ/-연쇄에 따른 유·비음화의 실현 양상의 예로서 적합하다고 할 수 있다.[55]

55　필자는 /ㄴㄹ/-연쇄에서의 유·비음화에 대한 실현 양상을 '관료, 연락선, 선릉, 보관료, 산란기' 등을 비롯한 40여 개의 어휘로써 조사한 바 있다. 그중 '한국로봇보쉬기

(19) 비분석적 결합: /선릉/[설릉]

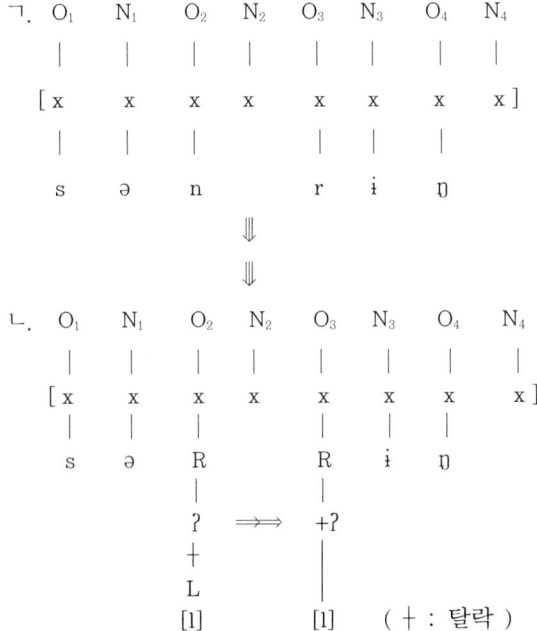

(20) 분석적 결합 : /선릉/[선능]

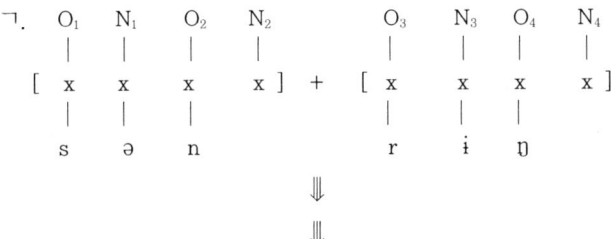

전' 직원 100여 명을 대상으로 조사한 결과 '선릉'의 경우는 '-ㄴㄴ-: 46명, -ㄹㄹ-: 31명, -ㄴㄹ-: 23명'임을 확인할 수 있었다.

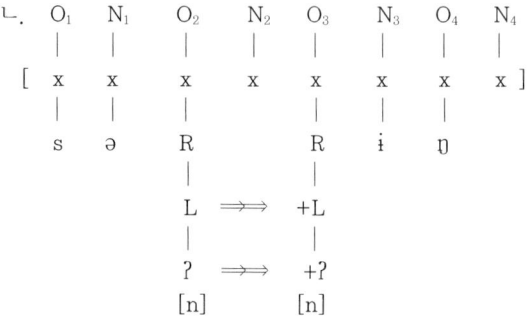

(19)는 /선릉/[설릉]으로서 유음화에 대한 도식이다. 이는 '선+릉'의 구성에서 '릉(陵)'을 하나의 형태소로 인식하지 않고 '선릉(宣陵)'의 결합형을 하나의 형태소로 인식한 것이다. 이에 따라 [AB]의 구조인 지배음운론의 비분석적 결합으로 분석되었다. 즉 [AB]의 구조는 A와 B가 하나의 음운영역을 형성함으로써 /선릉/에서 음절말 /ㄴ/이 후행하는 음절초 /ㄹ/의 조음적인 영향을 받아 역행적 유음화가 실현된 것이다. 이때 어중의 음절초 /ㄹ/ 앞에는 /ㄹ/만이 허용된다는 제약에 의해 후행하는 음절초 /ㄹ/을 실현시키기 위해서는 선행하는 음절말 /ㄴ/을 /ㄹ/로 변동시켜야 한다. 이에 O_2의 /ㄴ/은 (19ㄴ)과 같이 자신이 갖는 조음방법의 비음성 구성원소(L)을 탈락시켜 'ㄹ[l]'과 동일한 구성원소(R.ʔ)를 가짐으로써 /ㄴㄹ/-연쇄인 '선릉'은 [설릉]으로 역행적 유음화가 실현되는 것이다.

반면 (20)은 /선릉/[선능]으로서 /ㄹ/-비음화에 대한 도식이다. 이는 [[A][B]] 구조에 따른 분석적 결합으로 '선+릉'의 구성에서 '선(宣)'과 '릉(陵)'을 각각의 형태소로 인식한 것이다. '어두 /ㄹ/-제약'에 의해 후행하는 /ㄹ/이 /ㄴ/으로 변동되고, 변동된 '릉(陵)→능(陵)'이 '선(宣)'과 결합하여 /ㄹ/-비음화인 [선능]으로 실현된 것이라고 하겠다.

/ㄴㄹ/-연쇄에서의 /ㄹ/-비음화는 /ㄹ/에 비음성 구성원소(L)이 더해짐으로써 /ㄹ/이 /ㄴ/으로 변동되는 것이다. 이때 (20ㄴ)과 같이 O_3의 /ㄹ/에 구성원소(L)뿐만 아니라 구성원소(?)도 더해짐을 볼 수 있는데, 그 이유는 다음과 같다고 하겠다.

첫째, 이는 음절말 O_2와 음절초 O_3 간에 적정지배관계를 형성하기 위함이다. 어중의 음절초 자음은 선행하는 음절말 자음을 지배할 수 있어야 한다. 음절초 O_3가 음절말 O_2를 지배하기 위해서는 O_3의 내적 구성원소가 O_2의 내적 구성원소보다 많거나 같아야 한다.[56] 그런데 음절말(O_2) /ㄴ/의 구성원소는 (R.L.?)이고, 음절초(O_3) /ㄹ/의 구성원소는 (R)이므로, 음절말 O_2와 음절초 O_3 간에는 적정지배관계가 성립되지 않는다. 이에 음절초(O_3) /ㄹ/의 위치에 /ㄴ/이 갖는 구성원소(L)과 (?)가 더해짐으로써 두 자음 간의 적정지배관계 'C_1:구성원소(R.L.?) $\leq$ C_2:구성원소(R.L.?)'가 형성되어 /ㄹ/-비음화([nn])가 실현되는 것이라고 할 수 있다.

둘째, 어중의 음절초는 선행하는 음절말음의 폐쇄단계가 이어지면서 파열로 실현되기 때문이다. 음절말 O_2의 폐쇄성 구성원소(?)가 음절초 O_3에 더해짐으로써 음절초의 자음이 음절말의 폐쇄단계를

---

56 구성원소 이론을 바탕으로 자음 지배위계에 대하여 설명하면 다음과 같다. 격음과 경음은 유핵자음으로서 무핵자음인 평음, 비음, 유음을 지배할 수 있다. 무핵자음 간의 지배관계는 분절음의 복합성(segmental complexity)에 의해서 결정된다. 분절음의 복합성은 분절음을 이루고 있는 구성원소의 수에 의해서 결정된다. 유음은 하나 또는 두 개의 구성원소를 가지고 있는 반면, 평음과 비음은 3개의 구성원소를 가진다. 이에 평음과 비음은 복합성이 높으므로 유음을 지배할 수 있는(이상직 2010: 10) 것이다.

이어받음을 나타내기 위함이다. 파열음의 조음작용은 3단계인 '① 폐쇄 → ② 폐쇄지속 → ③ 파열'의 과정을 거치지만, 모든 환경이 3단계 의 과정을 거치는 것은 아니다. 어중의 음절초는 ②→③단계로 실현 되고, 음절말은 ①→②단계를 거쳐 실현된다(김차균 1998: 28~29). 음절초의 자음은 음절말의 ② 폐쇄지속단계가 이어지면서 ③ 파열단 계가 실현되는 것이다. 그러므로 (19ㄴ)과 (20ㄴ)처럼 음절말 폐쇄를 나타내는 구성원소(?)가 음절초로 이어지면서 음절초는 ②→③단계 로 실현되는 것이라고 하겠다.

구성원소(?)는 폐쇄로만 실현되는 한국어의 음절말음에 대한 속 성을 반영하는 구성원소라고 할 수 있다. 음절말의 속성과 구성원소 (?)와의 관련성은 김선정(1999)에서 구체적으로 논의되었음을 보게 된다.

> (21) 빈핵에 의하여 승인 받을 수 있는 영역말 자음의 조건(김선정 1999)
> ㄱ. 구성원소(H)를 포함하고 있지 말아야 한다.
> ㄴ. 구성원소(?)를 반드시 포함하고 있어야만 한다.

(21)의 '빈핵에 의하여 승인 받을 수 있는 영역말 자음의 조건'이란 한국어의 음절말 자음의 조건을 의미한다. 김선정(1999: 113)은 (21) 의 조건을 통해 한국어의 음절말 위치는 폐쇄된 상태를 유지해야 하 므로 음절말에서는 (21ㄴ)과 같이 구성원소(?)를 요구함을, (H)는 파 열할 때 나타나는 소음성(noise)을 가지는 구성원소이므로 음절말에 서는 (21ㄱ)과 같이 (H)가 탈락되어야 함을 제시하고 있는 것이다. 이를 바탕으로 졸고(2014)에서는 음절말에 올 수 있는 7개의 자음들 이 음절말에서 갖는 각각의 구성원소를 다음과 같이 설정한 바 있다.

(22) 음절말 자음의 내적 구성원소

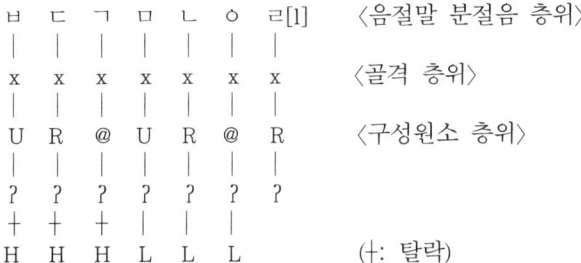

구성원소(?)는 폐쇄성을 나타내므로 음절말에 올 수 있는 7개 자음 모두는 (22)와 같이 음절말에서 구성원소(?)를 가지게 된다. 그리고 음절초(O_3)는 음절말(O_2)의 폐쇄단계가 이어지면서 파열로 실현되므로 (19ㄴ)과 (20ㄴ)의 도식처럼 음절초(O_3)에는 음절말의 구성원소(?)가 더해지는 것이라고 할 수 있다.

따라서 /ㄴㄹ/-연쇄에서의 /ㄹ/-비음화는 (20ㄴ)과 같이 O_3의 /ㄹ/에 O_2가 갖는 /ㄴ/의 비음성 구성원소(L)과 폐쇄성 구성원소(?)가 더해짐으로써 O_2와 O_3 모두 /ㄴ/이 갖는 구성원소(R, L, ?)를 갖추게 되면서, /ㄴㄹ/-연쇄에서의 /ㄹ/-비음화([nn])가 실현되는 것이라고 할 수 있겠다.

5. 결론

현대국어에서의 /ㄴㄹ/-연쇄는 음절연결제약에 어긋나기 때문에 역행적 유음화와 /ㄹ/-비음화가 실현된다. 이때 역행적 유음화와 /ㄹ/-비음화는 형태소 경계 인식 유무에 따라 달리 실현되는 것으로

서, 한자어 내부에서 형태소 경계를 인식하면 /ㄹ/-비음화가 실현
되고, 그렇지 않으면 역행적 유음화가 실현되는 것이다.

　이에 이 글에서는 /ㄹ/-비음화의 경우는 어두 위치에는 /ㄹ/이 적
합하지 않다는 '어두 /ㄹ/-제약'이 관여함을 논하였다. 역행적 유음
화는 음절말에 /ㄴ/을 가진 한자어와 음절초에 /ㄹ/을 가진 한자어
가 하나의 음운론적 단위로 발화됨을 전제하면서, /ㄹ/ 앞에는 /ㄹ/
만이 허용된다는 '/ㄹ/ 앞 C(ㄹ제외) 제약'이 관여함을 논한 것이다.

　그리고 역행적 유음화와 /ㄹ/-비음화에 따른 음운론적 제약을 바
탕으로 두 음운현상을 지배음운론의 구성원소 및 분석적·비분석적
결합 이론으로써 분석하였다. 역행적 유음화는 음절말 /ㄴ/의 비음
성 구성원소(L)이 탈락함으로써 /ㄴ/이 /ㄹ/로 변동됨을, /ㄹ/-비음
화는 음절초 /ㄹ/에 구성원소(L)과 (?)이 더해짐으로써 /ㄹ/이 /ㄴ/
으로 변동됨을 논한 것이다. 형태소 경계 유무에 따른 유·비음화의
실현 차이는 분석적·비분석적 결합 이론으로써 분석하였는데, 역행
적 유음화는 비분석적 결합으로 두 개의 형태소가 하나의 음운론적
단위인 [AB]의 구조로 실현됨을, /ㄹ/-비음화는 분석적 결합으로
두 개의 형태소가 각각의 음운론적 단위인 [[A][B]]의 구조로써 실현
되는 현상임을 살펴 논한 것이다.

이 글은 『한국언어학회』 72호(2015), 3~26쪽에 실린 논문으로서,
문장 표현 등의 여러 곳을 다듬고 수정하였다.

4장

『國漢會語』(1895)의
초·종성 관련 표기에 대한 연구

1. 서론

『國漢會語』는 우리나라 최초의 국어사전(홍윤표 1985: 634)으로
서[57] 19세기 말엽 국어의 다양한 표기 및 음운현상들을 담고 있다(백
두현 2020: 357). 『國漢會語』가 간행된 1890년대는 19세기와 20세기
의 교체기로서 근대국어와 현대국어의 분기점이 되는 시기이자, 현
대국어의 형성을 알리는 시기이다. 서양 문물의 도입으로 어문 교육
이 강화되고, 언문일치 운동 또한 활발히 전개되면서 국가의 공용문
서에 국문이 채택된(정승철 1997: 8) 것이다. 이미 알려진 바와 같이
세종 25년에 훈민정음이 창제되었음에도 불구하고 식자층들은 여전
히 한자·한문으로 문자 생활을 영위했었기에 한글은 자연 정제되지

─────────────────────────────

57 『國漢會語』을 두고 이병근(1986)은 실학 시대의 전통적 방식에서 완전히 벗어나지
못한 국한대역사전으로 평가하기도 하나, 홍윤표(1985: 634)에서는 표제항이 국어
로 되어 있다는 점에서 한국인에 의한 최초의 국어사전은 『國漢會語』라고 평가하
고 있다. 백두현(1988)에서도 『國漢會語』는 우리나라 최초의 국어사전이라고 밝히
고 있는 것이다.

못한 채 오랜 기간 다소 무분별하게 사용되었었다고도 할 수 있다.[58] 그러다가 개항 등의 여러 가지 사회변동들이 일면서 갑오경장이 시작된 해인 1894년에 칙령 제1호 공문식 제14조[59]의 발표와 함께 한글이 국문으로 공식화되고, 이로써 한글에 대한 관심 및 사전의 필요성 등이 고조되었던 것이다.

『國漢會語』는 이러한 시류에 의해 시도된 사전이었다고 할 수 있다. 다만 이는 완성판이 아니기에(홍윤표 1985: 635) 충분한 교정이 이뤄졌다고는 할 수 없으나, 오히려 이러한 점이 백두현(1998; 2020: 358)에서도 언급한 바와 같이 당시의 다양한 언어 현상을 노출시키고 있다는 측면에서 국어사적 자료로서의 가치를 한층 더 갖는다라고 할 수 있다. 가령 '뼈>뼈(骨)'의 경우, 『國漢會語』에서는 ① 'ㅅ'계 합용병서형인 '복숭아뼈〈[補]踝骨.147〉, 고도리뼈〈[補]樞骨.25〉', ② 각자병서형인 '광대뼈〈[坤]顴骨.53〉, 뼈 골〈[坤]骨.145〉', ③ '뼈~뼈'의 'ㅕ'가 18세기경에 단모음화된 'ㅔ'로의 형태인 '사등이뼤〈[補]脊骨.162〉, 관즈뼤〈[補]觀骨.52〉', 그리고 이러한 '뼤~뼤'에서 ④ y 반모음이 첨가된 '뼤뼈엿다〈[坤]違骨.145〉, 뼤다귀〈[補]骨.145〉', ⑤ '뼤~뼤'에서 또 'ㅔ~ㅐ' 혼기에 따른 '뼤건뼈〈[坤]違骨.160〉'의 '뼤'형 등이

---

58 『國漢會語』序文에서도 "恒文하난 者도 語音을 斟綜치 못하고 恒語하난 者도 文理의 接續이 難하야 支分葉裂하고 糊塗聲牙하오니 恒文恒語하난 이도 如然하거든 況且 文異語異하니짜녀"라고 하여, 당시의 어문에 대한 혼란상을 말하고 있다.
59 칙령 제1호 공문식 제14조는 "法律勅令總以國文爲本漢文附譯或混用國漢文(법령이나 칙령은 모두 국문으로 본을 삼고 한문으로 번역하여 붙이며 혹 국한문을 혼용한다)"이다. 이병근(1986: 15~17)에서는 이러한 어문정책의 전환으로 인해 公私文書는 물론 교과서의 편찬에도 국한문혼용체가 공식적으로 쓰이게 되면서, 국어사전 편찬 등의 필요성이 절실했던 것이고, 그리하여 시도된 사전이 『國漢會語』(1895)라고 한다.

출현한다. 어중의 경음 표기 또한 ①'ㅅ$평음'형인 '밧구다〈[坤]交易相換.134〉', ②'ㅅ$ㅅ계 합용병서'형인 '갓ᄭᅮ다〈[坤]栽養.10〉', ③'ㅅ계 합용병서'형인 '긔쌀〈[補]旗脚.47〉' ④'평음$평음'형인 '그적게〈[坤]昨日.45〉', ⑤'각자병서'형인 '발뒤꿈치〈[坤]後趾.132〉' 등으로서 경음 표기의 변천 과정들을 여실히 보여주고 있는 것이다.

그럼에도 이러한『國漢會語』에 대한 국어사적 연구는 제대로 이뤄지지 못했다고 할 수 있다. 제대로 조망받지 못한 것이다. 표기 및 음운사적 연구는 물론 표제항들에서 볼 수 있는 당시 어휘 사용이나 어휘들의 형태 변화 등의 다각도의 연구가 이뤄져야 하고, 또 이뤄졌을 것으로 예측되나,『國漢會語』관련 연구는 이병근(1986), 이보연(1992), 홍윤표(1986), 백두현(1998; 2020), 이지영(2009), 마원걸(2023) 정도로 그리 많지 않다고 하겠다. 그중에서도 이병근(1986)은 국어사전의 편찬사를 다루면서『國漢會語』에 대한 사전사의 평가나 체계 등이 소개되는 것이었고, 이지영(2009)은『韓佛字典』의 특징을 논함에 있어『國漢會語』를 근대국어의 유해류와 함께『韓佛字典』의 비교 문헌으로 살피고 있는 정도이다. 최근의 연구인 마원걸(2023)도 『國漢會語』의 한중 동형이의어를 중심으로 한 한자어의 의미 변화를 다룬 것이었다. 표기 및 음운사적 연구라면 홍윤표(1986), 백두현(1998; 2020)을 들 수 있겠는데, 이 역시 백두현(1998; 2020)은『國漢會語』에서의 경상도 방언 요소만을 살피고 있고[60], 홍윤표(1986)는

---

60 『國漢會語』의 편찬자 중, 국문 표제항을 담당한 李準榮은 당시 외부대신 및 조선총독부 중추원 고문 등을 지낸 李夏榮(1858~1919)의 동생이다. 그리고 이러한 李夏榮이 경주 출신인 것이다. 이에 홍윤표(1985: 636~638)에서는『國漢會語』에는 경주 방언이 어느 정도 반영되었을 것으로 짐작할 수 있다고 하였으며, 백두현(1998;

『國漢會語』가 갖는 체제상의 특징들을 구체적으로 다루다 보니 음운사 관련 내용은 '·'표기, 된소리 및 어간말자음 표기, 'ㄷ·ㅌ·ㅅ·ㅈ·ㅊ' 뒤 'y'계 이중모음표기 등에 한하여 개략적으로만 살피고 있는 것이다.

이에 홍윤표(1986: 655)에서도 『國漢會語』를 통하여 19세기 말엽의 음운현상 및 표기법 등을 충분히 검토할 필요가 있음을 재차 강조하고 있는 바와 같이 본 연구에서는 우선 초·종성 관련 표기인 '연철·중철·분철표기, 어두 및 어중에서의 경음 표기와 'ㄴ·ㄹ' 표기, 체언말 및 어간말에서의 'ㅅ·ㄷ'과 자음군의 표기 양상 등을 고찰코자 한다. 이러한 초·종성 관련 표기들은 중세국어에서 근·현대 국어에 이르기까지 통시적으로 많은 변화 과정을 보이는 대표적인 것들이라고 할 수 있다. 중세국어의 연철표기 중심에서 분철표기로의 변화, 그 과정에서 중철표기 및 과잉분철표기 양상, 중세국어의 경음 표기인 ㅅ계 합용병서에서 각자병서로의 변화와 그에 따른 어형들의 변화 및 재구조화 과정, 어두의 'ㄴ·ㄹ'에 대한 시대별 및 어종별 표기 양상과 어중에서의 'ㄹ$ㅇ·ㄹ$ㄴ·ㄹ$ㄹ'형 간의 관련성 및 변화 등이 그러하므로, 이 글은 『國漢會語』에서의 이러한 표기 변화 과정들을 두루 살피면서 19세기 말엽의 초·종성 관련 표기들에 대한 일면을 다시금 이해하고자 하는 바이다.

논의를 위한 글의 구성 및 방법은 다음과 같다. 2장에서는 『國漢會語』의 연철·중철·분철표기 등을 다룬다. 3장은 어두와 어중에서의 경음 표기, 4장은 어두와 어중에서의 'ㄴ·ㄹ' 표기, 5장은 체언말

2020)은 『國漢會語』에서의 경상방언의 음운론적 요소만을 다루고도 있는 것이다.

및 어간말에서의 'ㅅ·ㄷ'과 자음군 표기에 대하여 살피고, 6장에서
는 논의 내용을 종합·정리한다. 자료 분석 및 방법으로는, 먼저『國
漢會語』자료는 1986년에 太學士에서 간행된『韓國語學資料叢書』
第一輯『國漢會語』영인본을 중심으로 한다. 이때『國漢會語』는 乾
冊과 坤冊으로 되어 있으나, 이 글에서는 乾冊을 정리·첨가·수정
한 坤冊을 대상으로 하며,[61] 자료 분석에 있어서는 준비된『國漢會
語』의 원시 말뭉치를 토대로 한다. 그리고 補遺된 표제항은 말뭉치
구축 시에 들여쓰기하여 乾冊을 정리한 24行 표제항과 구별함으로
써 이들 간의 표기 차이들도 고려하면서 논의를 진행해 나간다.[62]

---

61 홍윤표(1985: 635, 645)에 의하면 乾冊은 草稿本, 坤冊은 整理本이라고 할 수 있
다.『國漢會語』는 乾冊을 편찬한 후 이를 재배열하여 다른 곳에 옮겨 쓴 후 행간이
나 여백에 표제항들을 보충하여 坤冊을 만들었으니, 坤冊은 乾冊의 淸書임을 짐작
할 수 있다며, 乾冊은 草稿本, 坤冊은 整理本이라고 하는 것이다.

62『國漢會語』의 坤冊에는 乾冊을 정리한 24行 표제항 16,670여 개와 24行의 좌우
여백에 細筆로 補遺된 표제항 8,890여 개가 있다. 그리고 이러한 24行 표제항과
補遺 표제항은 필체나 표기가 다른 면이 많기에 이 글에서는 논의에 따라 '24行
표제항'은 [坤], '補遺 표제항'은 [補]로 구분하여 용례를 분석 및 제시하기도 하였다.

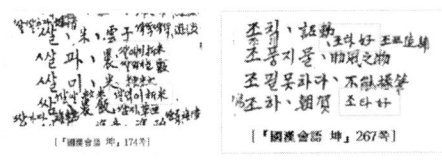

또한 補遺 표제항 간에도 표
기의 차이를 간혹 보이고 있
는데, 가령 왼쪽 영인본인 坤
冊 174쪽의 補遺 표제항의 경
우, 현대국어에서 '싸라기'로
표기되는 '쌀익이, 折米'가 있

고, 그 아래 또 'ㆍ'가 사용된 '쌀읶이, 折米'가 있다. 필체도 '쌀읶이'는 'ㅅ'을 오른쪽
획은 짧게, 왼쪽 획은 길게 하였다면 '쌀애기'는 그 반대의 자형으로서 상이함을
보인다. 坤冊 267쪽의 補遺 표제항 '조타, 好'의 두 경우도 같은 표제항이 서로 다른
필체로 두 번이나 쓰였음을 보게 되는데, 이러한 정황들은 坤冊의 補遺가 한 사람에
의해 이뤄진 것만은 아님을 시사하는 것이라고 할 수 있겠다.

2. 연철·중철·분철표기

한국어의 음절구조는 초성·중성·종성을 갖는 폐음절 구조이다. 이에 가장 대표적인 음운현상이라고 한다면 음절말의 평폐쇄음화와 함께 모음으로 시작하는 문법형태소가 오면 체언말이나 어간말의 받침이 다음 음절의 초성으로 연음되는 것이다. 가령 '밥+이'가 '[바비]'로 발화되는 것이다. 그리고 이러한 발화를 표기할 때는 소리나는 대로 '바비'라고 적는 음소주의 표기법과 형태소를 밝혀 '밥이'라고 적는 형태음소주의 표기법이 있다. 15세기는 음소주의 표기법에 따른 연철표기 중심이었다면, 현대국어는 형태음소주의 표기법에 의한 분철표기 중심이다. 중철표기는 연철에서 분철표기로의 변화과정에서 나타나는 과도기적 현상으로써, 종성의 자음이 후행하는 초성에도 중복되어 표기되는 것이다. 곡용에서는 18세기경에 이미 분철표기가 일반화되고 활용은 특정 환경에서는 여전히 연철표기를 보이기는 하나 19세기 말엽이나 20세기 초엽에는 대부분 분철표기가 정착되었던 것으로 본다. 이에 19세기 말엽의 『國漢會語』에서도 특정 환경에선 연철 및 중철표기가 보이는 가운데 분철표기가 주류를 이룸에 따라 과잉분철표기 또한 꽤나 출현함을 보게 된다.

(23) 『國漢會語』의 연철·중철·분철표기

ㄱ. 써라지다〈[補]落.78〉, 다라나다〈[補]走去.66〉, 무더주다〈[坤]埋瘞之.119〉, 자바오다〈[坤]捉來.248〉[63].

---

63 제시된 용례들에서 '[坤]'은 坤冊 各段에 배열된 24行 표제항을, '[補]'는 24行 표제항 앞뒤좌우 여백에 세필로 補遺된 표제항을 말하며, '248' 등의 숫자는 坤冊의 페

ㄴ. 붓슬 쌔다〈[坤]抽筆.156〉, 빗시 빽빽하다〈[坤]密梳.160〉, 뜻시 깁
다〈[坤]奧旨.90〉, 곳곳시〈[坤]處處.30〉.

ㄴ′. 썰러지다〈[補]落.78〉, 풀르다〈[補]靑.335〉, 버물리다〈[坤]混
合.38〉, 일룩ᄒ다〈[補]興作.240〉, 알릿답다〈[補]嬌.206〉.

ㄴ″. 권임에 만니 먹다〈[坤]得因勸多飮.54〉, 안 가는냐〈[補]胡爲不
去.204〉, 두 눈니 뚜러지다〈[坤]兩眼穿.85〉.

ㄷ. 잡아가다〈[坤]捉去.252〉, 달아보다〈[補]称量.69〉, 살아나다〈[補]
回生.166〉, 늘어지다〈[坤]垂.65〉, 달아보다〈[補]称量.69〉.

ㄹ. 검얼이〈[補]蛭.21〉, 습울〈[坤]二十.194〉, 곰압다〈[坤]感謝.29〉.

(23ㄱ)은 연철표기, (23ㄴ)은 중철표기, (23ㄷ)은 분철표기, (23ㄹ)
은 과잉분철표기이다. 『國漢會語』의 연철표기는 24行 표제항과 補遺
표제항에서 두루 나타나기는 하나 연철표기의 '쩌라지다〈落.78〉, 자
바오다〈捉來.248〉'는 (23ㄴ′·ㄷ)의 '썰러지다〈落.78〉, 잡아가다〈捉
去.252〉' 등의 중철 및 분철표기와 혼기되기도 한다. 곡용에서는 대부
분 분철표기임에 따라 발견되는 연철표기는 주로 활용에서 보이는데,
그 중에서도 어간말이 'ㄹ·ㄷ'일 때 두드러짐을 볼 수 있다. 어간말
'ㄹ'에서는 '달-'의 '다라매다〈[坤]繫懸66〉, 다라나다〈[補]走去.66〉',
'늘-'의 '느러셔다〈[補]羅立.65〉, 느러나다〈[補]漸長.65〉', '돌-'의
'도라가다〈[坤]歸去.79〉, 도라올 회〈[坤]回.79〉' 등이 그러하다. 어간
말이 'ㄷ'인 경우도 20여 개의 표제항이 '거더치다〈[坤]掇罷、掇歸.16〉,
무더주다〈[坤]埋瘞之.119〉, 미더하다〈[坤]孚信.126〉' 등의 연철표기
이다. 그런가 하면 어간말 'ㅂ·ㄱ·ㄴ'에서는 연철표기가 드물다. 어간

이지를 의미한다.

말 'ㅂ'은 '자바오다〈[坤]捉來.246〉, 구버보다〈[坤]俯瞰.37〉'정도이면
서, 이는 '잡아가다〈[坤]捉去.250〉, 잡아당긔다〈[補]引.250〉' 등의 분
철표기와 혼기되기도 하고, 어간말 'ㄱ'은 '움지길 동〈[坤]動.229〉'정
도, 어간말 'ㄴ'은 '아늘 포〈[坤]抱.203〉, 끗치 크면 끄너지다〈[坤]末大
必折.48〉'정도의 연철표기가 확인된다. 어간말 'ㄹ·ㄷ'에서는 연철표
기가 잦은 반면 어간말 'ㅂ·ㄱ·ㄴ'에서는 그렇지 않은 것이다.

　연철표기에 이어 (23ㄴ)은 중철표기이다. 중철표기라면 16~17세
기에 잠시 보이다가 이후에는 받침 'ㅅ'을 제외하면 거의 발견되지
않는다. 이에 『國漢會語』에서도 중철표기는 (23ㄴ)을 비롯하여 '벗
석나다〈[坤]得脫.141〉, 앗사가다〈[坤]奪去.207〉' 등의 받침 'ㅅ'에서
주로 확인되면서 'ㄹ$ㄹ, ㄴ$ㄴ'의 중철표기가 간혹 발견되는 정도이
다. 'ㄹ$ㄹ'은 (23ㄴ')처럼 '푸르다'가 '풀르다〈靑.335〉'로 표기된 것으
로서, 모음 사이의 [ɾ]이 [ll]로 발화됨을 중철표기한 것이라고 할
수 있다. 현대국어에서 '풀다'의 활용형인 '풀어→[푸러], 풀어서→[푸
러서]'가 방언에 따라서는 '풀어→[푸러]~[풀러], 풀어서→[푸러서]~
[풀러서]' 등으로 발화됨과 같은 양상이라고 하겠다.

　'ㄴ$ㄴ'의 중철표기는 어중의 'ㄴ+i/y' 환경에서 보이는 것이다. (23
ㄴ")의 '권임에 만니 먹다〈得因勸多飮.54〉, 가만니[64] 나가다〈潛出.2〉'
는 'ㄶ+V→ㄴ$ㅎ' 및 'ㄴ$ㅎ'에서 'ㅎ'이 탈락된 후 받침 'ㄴ'이 후행하는
'i/y' 앞에서 중철표기된 것이고, (23ㄴ‴)의 '안 가는냐〈胡爲不去.204〉,

64　『國漢會語』의 '가만니'는 15세기엔 'ㄱᄆ니 이쇼려〈三綱.孝4a〉, ㄱᄆ마니 부ᄂᆞᆫ〈(初)
　杜詩7:7b〉' 등의 'ㄱᄆ니, ㄱᄆ마니'였다. 오늘날은 '가만히'이다. '가만ᄒᆞ-'에 접미사
　'-이'가 결합한 '가만히'는 17세기 이후에 'ㄱᄆ마니, 가마니, 가만이' 등과 공존하면서
　'놀라 가만히 ᄒᆞᄂᆞᆫ〈諺解痘瘡.上11a〉' 등의 '가만히'로 쓰이게 된 것이다.

주건니 밧건니⟨與受.271⟩'는 'ㄴ+i/y'의 'ㄴ'이 선행하는 받침에 중철 표기된 것이다. 'ㄴ$ㄴ' 중철표기는 'ㄴ+i/y' 환경에서 'ㄴ'이 첨가된 것이라고 하겠는데, 이러한 'ㄴ' 첨가는 '땀니 등의 졋다⟨[坤]汗出沾 背.74⟩, 간풍니 들다⟨[坤]肝風.7⟩, 드러난 사람니다⟨[坤]顯出之人.88⟩, 도진 병니라⟨[坤]更發之病.80⟩' 등과 같이 체언말 'ㅁ·ㅇ'에 주격 조 사 및 서술격 조사 '이'가 후치한 환경에서도 나타남을 볼 수 있다. 'ㄴ' 첨가현상의 경우, 현대국어에서는 '맨입→[맨닙], 두통약 → [두 통냑]'처럼 후행하는 형태소가 '+i/y'일 때, 경구개 비음 'ㄴ[ɲ]'의 실 현으로 'ㄴ'이 첨가되는 것인데, 이를 고려한다면 『國漢會語』의 'ㄴ' 첨가형들도 문법형태소라는 차이는 있으나 후행하는 'i/y' 앞에서 경 구개 비음 'ㄴ[ɲ]'의 실현에 따른 어형들이라고 할 수도 있겠다.[65]

(23ㄷ)은 분철표기이다. 곡용에서는 이미 18세기경에 정착되고,

---

[65] 19세기 말엽의 중철표기라면 격음에서의 중철표기 또한 살필 수 있다. 격음이 어중 의 초성에 있든, 음절말에 있든 이들은 '중철표기·재음소화·격음화'의 세 가지 유형 으로 표기되었기 때문이다. 격음에 대한 『國漢會語』의 중철표기는 '곳칠 개⟨[坤] 改.30⟩, 밋칠 급⟨[補]及.128⟩, 손 것칠다⟨[補]手荒.185⟩, 맛치다⟨[補]了畢.108⟩'의 'V$ㅊ→ㅅ$ㅊ'형, '곱푸다⟨[坤]飢虛.30⟩, 배 압푸다⟨[坤]腹痛.136⟩, 셥푸리다⟨[補] 嗔.186⟩'의 'V$ㅍ→ㅂ$ㅍ'형, '한밧탕⟨[補]一場.345⟩, 빗틀다⟨[補]抣臂.160⟩, 잇틀 ⟨[坤]二日.242⟩'의 'V$ㅌ→ㅅ$ㅌ'형, 격음화에 따른 중철표기인 '길 좃타⟨[坤]道路平 矣.49⟩, 내여 놋타⟨[補]放出.58⟩, 알 낫타⟨[坤]卵生.206⟩' 등으로 출현한다. 참고 로 재음소화는 '놉흔 톄ᄒ다⟨[補]自尊.62⟩, 갑하주다⟨[坤]償ᄂ報給.10⟩, 덥허노코 ⟨[補]蔽一言.77⟩'의 'ㅍ$V→ㅂ$ㅎ'형, '박휘⟨[坤]輪輻.130⟩, 직히다⟨[補]守也.281⟩' 의 'V$ㅋ→ㄱ$ㅎ'형, '겁흐집⟨[補]型.21⟩, 압후다⟨[坤]痛也.207⟩'의 'V$ㅍ→ㅂ$ㅎ'형, 받침 'ㅌ'에서 평폐쇄음화된 'ㄷ'이 'ㅅ'으로 표기됨에 따른 '것헤 사람의 뭇다⟨[坤]問諸 傍人.23⟩, 갓흘 여⟨[補]如.11⟩, 홋허지다⟨[補]散.370⟩'의 'ㅌ$V→ㅅ$ㅎ'형 등으로 출 현하는 것이다. 그리고 격음화는 '많다→만타:29회, 좋다→조타:18회, 않다→안타: 8회, 앓다→알타:5회' 등으로서 '퍽 만타⟨[坤]頗多.330⟩, 의조타⟨[坤]好誼.235⟩'와 같이 출현함을 볼 수 있다.

활용에서도 19세기 말엽이나 20세기 초엽에는 분철표기가 주류를
이룬다. 이에 『國漢會語』도 곡용에서는 단연 '독틈에 끼이다〈[坤]箝
於甕隙.82〉, 미만 오십에 모발이 세다〈[坤]未滿五十毛髮斑白.126〉'
등의 분철표기이고, 활용에서도 (23ㄷ)을 비롯하여 '검은 즈위〈[補]
黑睛.21〉, 귀먹을〈[坤]聾.42〉, 녹을 소〈[坤]消.62〉, 더듬을 탐〈[坤]
探.76〉' 등의 대체로 분철표기이다. 그러다 보니 『國漢會語』에서는
(23ㄹ)과 같이 현대국어의 '거머리·스물·사납다·고맙다'가 '검얼이
〈蛭.21〉, 슴울〈二十.194〉, 산압다〈暴惡.167〉, 곰압다〈感謝.29〉'로,
'항아리·바구니·다리미·비기다' 등이 '항알이〈[坤]釭.348〉, 바군이
〈[坤]筥.129〉, 다림이〈[補]熨鐵.67〉, 빅이다〈[坤]凭倚.159〉' 등으로
과잉분철표기 또한 꽤나 출현함을 보게 된다. 연철표기에서 분철표
기로의 변화는 형태소의 원형, 형태소 간의 경계 등을 분명하게 하기
위함이다. 이에 과잉분철표기는 표기 및 문법 의식이 과도함에 따른
것으로서 『國漢會語』의 (23ㄹ) 등도 표기 및 문법 의식의 발달과 비
례하여 과도기적으로 출현하는 표기 양상이라고 할 수 있을 것이다.

3. 어두와 어중에서의 경음 표기

본 장은 『國漢會語』에서의 어두와 어중의 경음 표기 양상을 살피
는 것으로서, 어두 초성의 경음은 'ㅅ'계 합용병서와 각자병서로, 어
중의 경음 표기는 ①'ㅅ$평음'형, ②'ㅅ$ㅅ계 합용병서'형, ③'ㅅ계
합용병서'형, ④'평음$평음'형, ⑤'각자병서'형, ⑥'평음'형 등으로
나눠 톺아본다. 먼저 3.1의 어두 초성의 경음 표기이다.

3.1. 어두 초성의 경음 표기

(24) 『國漢會語』의 합용병서형

ㄱ. 꿈틀꿈틀〈[補]屈曲.43〉, 꼿다〈[補]挿. 33〉.

ㄴ. 쌍지조〈[補]地上才.75〉, 쩟쩟ᄒ다〈[補]常.78〉.

ㄷ. 환도쎠〈[補]踝脾骨.374〉, 쑴다〈[補]噴.156〉.

ㄹ. 씽그리다〈[補]咻頁、蹩頌.286〉, 짭짤ᄒ다〈[補]鹹.256〉.

(25) 『國漢會語』의 각자병서형

ㄱ. 꿈틀꿈틀〈[坤]蜿蟺蜒43〉, 꼿다〈[坤]挿也.33〉.

ㄴ. 뜻 졍〈[坤]情.90〉, 땅〈[坤]地.76〉, 떠나다〈[坤]離發.78〉.

ㄷ. 뿔〈[坤]角.156〉, 빨다〈[坤]吮也.158〉, 뿜다〈[坤]噴噓.156〉.

ㄹ. 짝 쳑〈[坤]隻.256〉, 쪄먹다〈[坤]蒸簑.264〉, 째다〈[坤]裂破.256〉.

(24)·(25)는 어두 초성의 경음 표기들로서, (24)는 'ㅅ'계 합용병서를, (25)는 각자병서를 보인 것이다. 'ㅅ'계 합용병서는 (24ㄱ)의 'ㅺ', (24ㄴ)의 'ㅼ', (24ㄷ)의 'ㅽ', (24ㄹ)의 'ㅾ'이다. 15세기의 합용병서라면 'ㅳ·ㅄ·ㅶ·ㅷ' 등의 'ㅂ'계 합용병서와 'ㅴ·ㅵ'의 'ㅄ'계 합용병서가 더 있으나 『國漢會語』에서는 'ㅂ계·ㅄ계' 합용병서는 보이지 않는다. 그리고 'ㅅ'계 합용병서는 각자병서와 혼기를 보이면서, 표제항에 따라서는 동일 어휘가 'ㅅ'계 합용병서와 각자병서로 중복되어 나타나기도 한다. (24)의 '꿈틀꿈틀, 꼿다, 쑴다'의 합용병서가 (25)의 '꿈틀꿈틀, 꼿다, 뿜다'의 각자병서로도 출현하는 것이다. 그리고 이는 坤冊이 各段 24行으로 된 16,670여 개의 표제항과 24行 표제항의 좌우 여백에 세필로 補遺된 8,890여 개의 표제항으로 구성되었는데, 24行 표제항과 補遺 표제항의 기록자가 다름에 따른 이들 간의 표기

차이에 의한 것이라고 할 수 있다. 이에 다음 표들처럼 합용병서는 補遺 표제항에서, 각자병서는 24行 표제항에서 주로 출현함을 보게 된다.

<표 13> 『國漢會語』의 'ㅅ'합용병서 & 'ㄲ'각자병서

	싸	쌔	써	쏘	쐬	쑤	쒸	쓰	씨	씌	쒜	쏙	쑥	쏵	씩	싼	쑨	쓴	쌀
坤	1	3	–	1	–	3	–	–	1	–	–	–	–	–	–	–	–	–	–
補	6	3	3	6	4	7	1	4	4	4	5	3	4	1	1	5	8	4	2

	셸	쎌	쏠	쓿	쌈	쏨	쑴	쌉	씹	쌋	쏫	쑷	쌍	쏭	씅	쌩	합계
坤	–	–	–	2	–	–	–	–	–	–	–	1	2	–	–	–	14(9.9%)
補	1	3	2	3	5	5	5	2	3	2	10	8	–	1	1	1	129(90.01%)

	까	깨	꺼	꼬	꾀	꾸	뀌	끄	끼	끠	꿰	꼭	꾹	꽉	끽	깐	꾼	끈	깔
坤	15	9	1	5	10	8	6	10	9	–	–	6	2	3	3	5	–	18	13
補	–	–	–	–	1	–	–	2	–	1	–	–	–	–	–	–	–	–	–

	껼	꿀	꼴	끌	깜	꼼	꿈	깝	꼽	깟	꽂	꿋	깡	꽁	끙	꽹	합계
坤	–	8	12	9	7	4	13	4	1	3	16	8	6	5	–	–	219(96.9%)
補	–	1	–	–	–	–	–	–	–	2	–	–	–	–	–	–	7(3.1%)

<표 14> 『國漢會語』의 'ㅼ'합용병서 & 'ㄸ'각자병서

	싸	쌔	써	쎼	쑤	쒸	쓰	씌	싹	썩	쎅	쏙	쑥	쓱
坤	6	2	–	–	–	1	–	1	–	1	–	–	1	–
補	11	5	5	5	6	3	12	10	4	11	2	1	2	1

	싼	쓴	썰	쏼	씀	쌋	썻	쏫	쌍	쎙	쏭	쑹	합계
坤	–	–	–	–	–	–	–	–	1	–	–	–	13(10.6%)
補	2	3	6	3	1	2	2	3	2	1	3	4	110(89.4%)

	따	때	떠	떼	뚜	뛰	뜨	띄	딱	떡	떽	똑	뚝	뜩
坤	29	23	13	7	1	5	2	7	12	8	–	7	11	–
補	3	1	1	–	–	–	–	–	1	–	–	–	–	–

	딴	뜬	떨	뚤	뜸	땃	떳	뜻	땅	땡	똥	뚱	합계
坤	7	1	10	–	5	–	1	7	10	4	12	3	185(96.9%)
補	–	–	–	–	–	–	–	2	–	–	–	–	8(4.1%)

<표 15> 『國漢會語』의 'ㅽ'합용병서 & 'ㅃ'각자병서

	쌰	쌔	썌	쎼	쎠	쎄	쏘	쑤	쎄	쌕	쌀
坤	–	2	–	–	–	–	–	1	–	–	1
補	4	4	2	2	2	2	4	7	1	4	4

	쌸	쌈	쏨	쌉	쌋	쌧	쌧	쌩	쏭	합계
坤	–	1	–	–	–	–	–	–	–	5(9.4%)
補	1	–	1	4	2	1	1	1	1	48(90.6%)

	빠	빼	뻐	뻬	뼈	뼤	뽀	뿌	삐	빡	빨
坤	4	6	–	–	3	3	–	4	5	2	5
補	–	1	–	–	–	–	–	1	–	1	2

	뼐	빰	뿜	뽑	빳	뺏	뻿	삥	뽕	합계
坤	–	9	2	1	1	–	2	2	6	55(91.7%)
補	–	–	–	–	–	–	–	–	–	5(8.3%)

<표 16> 『國漢會語』의 'ㅆ'합용병서 & 'ㅉ'각자병서

	째	쏘	씨	쏴	싹	쏙	싼	씬	쏠
坤	1	3	4	–	5	–	1	1	1
補	–	–	2	3	4	7	2	–	–

	셤	씹	쌋	쌍	쑝	쑹	합계
坤	–	–	1	–	–	1	18(41.97%)
補	1	3	–	2	1	–	25(58.1%)

	째	쪼	찌	쯔	짝	쭉	짠	찐	쭐
坤	2	1	4	–	7	8	–	–	3
補	–	1	–	–	–	–	–	–	–

	쪔	찝	짯	쌍	쫑	쯩	합계
坤	–	1	–	2	1	–	29(96.7%)
補	–	–	–	–	–	–	1(3.3%)

가령 <표 13>의 'ㅾ'합용병서는 '짜·쌔·쩌·쏘·쑤·짝·쩍·쏙' 등을 비롯한 35개의 음절과 함께 140여 개의 표제항에서 발견된다. 그중 24行 표제항에서는 'ㅾ'합용병서가 '거꾸러지다<[坤]顚倒.16>,

들쌔〈[坤]水荏.29〉, 틔끌 진〈[坤]塵、埃.325〉' 등의 14(9.9%)개에 불과하고, 그 외의 127(90.1%)여 개는 모두 補遺 표제항에서 보이는 것이라면, 'ㄲ'의 각자병서는 226여 개의 표제항 중 219여 개인 96.9%가 24行 표제항에서 보이는 것이다. 'ㅉ:ㄸ, ㅆ:ㅃ'도 마찬가지이다. 〈표 14〉의 'ㅉ' 합용병서는 '짜·째·쩌·쭝·쓱'[66] 등의 26개 음절에서 '24行표제항:補遺표제항=13(10.6%):110(89.4%)'의 빈도로 89% 이상이 補遺 표제항에서 발견된다면, 'ㄸ'의 각자병서는 '24行표제항:補遺표제항=185(96.9%):8(4.1%)'로서 90% 이상이 24行 표제항에서 확인되는 것이다. 〈표 15〉의 'ㅃ' 합용병서도 '빠·뻐·뼈·뼛·뼝·뽕' 등 20여 개의 음절에서 '24行표제항:補遺표제항=5(9.4%):48(90.6%)'처럼 대다수가 補遺 표제항에서 발견된다면, 'ㅃ'의 각자병서는 '24行표제항:補遺표제항=55(91.7%):5(8.3%)'로 24行 표제항에서 월등하게 나타난다. '째·쪼·찌·쓰·짝·쪽·짠·찐·쭐·쩸·쩝·짯·쨩·쫑·쯩'의 15개 음절에서 보이는 〈표 16〉의 'ㅉ' 합용병서는 '24行표제항:補遺표제항=18(41.87%):25(58.1%)'로서, 이는 24行 표제항에서도 합용

---

66 『國漢會語』는 '꿀떡 생키다〈[坤]充喉僅呑.43〉'에서 'ㄸ'의 합용병서 또한 유일하게 발견되고 있으나, 이는 'ㄸ'의 각자병서로 표기할 것을 'ㄸ'으로 오기한 것으로 추정된다. 24行 표제항에서 발견됨을 보아, 이는 乾ㅃ을 정리한 것이라고 하겠는데, 오른쪽 영인본의 乾ㅃ 144쪽에서는 '꿀떡생키다-充喉僅呑'으로 표기되고 있기 때문이다. 그리고 영인본 坤ㅃ 43쪽에서 '꿀떡 생키다〈[坤]充喉僅呑.43〉'의 바로 앞 표제항들이 '꿀꺽꿀꺽〈[坤]慎氣撑中.43〉, 꿀꿀〈[坤]猪聲.43〉' 등의 'ㄲ'이 연속되는 표제항들임을 볼 때도 '꿀떡'의 '떡'을 적는 과정에서 첫 'ㄸ'을 'ㄲ'으로 순간 오기한 것으로도 충분히 예측해 볼 수 있기 때문이다.

병서가 다수 보이기는 하나,[67] 'ㅉ'의 각자병서는 補遺 표제항의 '불쫀이다⟨[補]火共手.157⟩' 외에는 24行 표제항에서만 출현하는 것이다.

『國漢會語』의 坤冊에서는 24行 표제항과 補遺 표제항의 표기 및 필체가 다르다. 이는 이들의 정리 및 기록자가 다르기 때문이다. 그리하여 [표 13~16]에서도 보듯 『國漢會語』의 경음 표기는 補遺 표제항에서는 93.9%인 310여 개의 표제항이 'ㅅ'계 합용병서로 표기되고, 24行 표제항에서는 490여 개(90.7%)의 표제항이 각자병서로 표기되었는데, 이러한 정황은 『國漢會語』가 표기에 대한 통일성을 기하지 못한 아쉬움은 있긴 하나, 표기자들 간에는 나름대로의 개별적인 표기의 일관성이 유지되고 있었음을 시사한다고 할 수 있겠다.

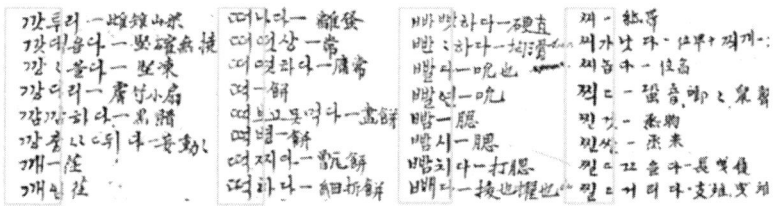

[『國漢會語 乾』 'ㄲ·ㄸ·ㅃ·ㅉ' 각자병서형: 130쪽·166쪽·200쪽·293쪽]

---

67 'ㅉ' 합용병서의 경우는, 24行 표제항에서도 다수 출현함을 보게 되는데, 이는 'ㅈ'의 경음이 여타 경음에 비하면 상대적으로 늦게 발달하였기 때문이라고 할 수 있다. 그도 그럴 것이 'ㅈ'의 경음은 중세국어 시기까지도 독립된 음소로서의 자격을 갖추지 못했던 것이다. 어두에서는 보이지 않고 '諸天이 조쫍고⟨(좇-+-줍고)月釋 2:17⟩' 등의 경음화 환경에서만 출현하면서, 표기도 15세기 당시의 경음 표기였던 'ㅅ'계 합용병서('ㅉ')가 아닌 각자병서('ㅉ')로만 표기(정승철 2019: 467)되었던 것이었다고 하겠다.

그리고 위 영인본과 같이 각자병서형으로만 표기된 乾冊에서나 전술한 坤冊에서의 각자병서형들을 본다면 합용병서에서 각자병서로의 변화 과정을 거쳐 19세기 말엽에는 각자병서가 어느 정도는 정착되었음을 의미한다고도 할 수 있겠다.

3.2. 어중의 경음 표기

어두에 이어 3.2는 어중의 경음 표기이다. 어중 초성에 경음을 가진 현대국어의 많은 어휘들은 대개 'ㅅ$평음'이었던 것이 통시적인 변화 과정을 거쳐 오늘날의 어형으로 정착된 것이라고 할 수 있다. 『國漢會語』에서는 이러한 어휘들의 변화 과정을 두루 볼 수 있는데, 이 글에서는 이를 (26ㄱ)의 'ㅅ$평음'형, (26ㄴ)의 'ㅅ$ㅅ계 합용병서'형, (26ㄷ)의 '합용병서'형, (26ㄹ)의 'ㅅ$각자병서'형, (26ㅁ)의 '평음$평음'형, (26ㅂ)의 '각자병서'형 등으로 나눠 톺아본다.

(26) 『國漢會語』에서의 어중 초성의 경음 표기

    ㄱ. 갓금갓금〈[坤]每每.10〉, 밧부다〈[坤]忽似.134〉, 붓그러울 수〈[坤]羞.156〉, 갓갑다〈[坤]近逼.10〉, 엿줍타〈[補]奏.219〉.

    ㄴ. 갓쑤다〈[坤]栽養.10〉, 잇쓰다〈[補]牽引.242〉, 백꼽〈[補]臍.36〉.

    ㄷ. 고쌀〈[補]弁巾.24〉, 고리쨕〈[坤]柳筒.25〉, 내쌔다〈[補]出脊.58〉.

    ㄹ. 숨 갑뿌다〈[坤]氣息奄奄.192〉, 옷똑 올〈[坤]兀.23〉, 우물뚝껑〈[坤]井幕.228〉, 걱꾸루달다〈[坤]倒懸.19〉.

    ㅁ. 깍글깍글〈[坤]芒苟芒苟.14〉, 삽분삽분〈[補]輕捷.168〉, 윽기다〈[補]作末.232〉, 다랙기 전〈[坤]筌朣、眼睫病.66〉.

    ㅂ. 귀빰〈[坤]耳珠.42〉, 발 뒤꿈치〈[補]後趾.132〉, 이쪽저쪽〈[坤]此段彼段.237〉, 절뚝절뚝〈[坤]蹣跚.261〉.

(26ㄱ)은 현대국어의 '가끔가끔, 바쁘다, 부끄럽-'이 '갓금갓금, 밧부다, 붓그러울'의 'ㅅ$평음'형으로 쓰인 용례들이다. '갓금갓금〈每每.10〉'은 부사 'ᄌᆞ곰〉갓금〉가끔'의 중첩형으로서, 이는 17세기경에 'ᄌᆞ곰 먹으니〈老乞大.上48〉'와 같이 'ᄌᆞ곰'이었던 것이 'ㆍ'의 비음운화와 '곰'의 'ㅗ'가 'ㅡ'로 되면서 『國漢會語』의 '갓금'형으로 나타나는 것이다. '밧부다〈忽似.134〉'는 '世間엣 밧ᄇ디〈月釋10:21〉'의 '밧ᄇ-'에서 '오늘은 밧브니〈老乞大.下6〉' 등의 '밧브-'가 되고, 이어 양순음 아래의 'ㅡ'가 'ㅜ'로 변화되는 원순모음화로 인해 『國漢會語』의 '밧부-'형으로도 출현하는 것이다. 이러한 '갓금, 밧부-'는 받침 'ㅅ'의 평폐쇄음화로 후행하는 장애음이 경음화되면서 현대국어의 '가끔, 바쁘-'로 정착된 것이라고 할 수 있다. (26ㄱ)의 '붓그러울 수〈羞.156〉'는 15세기부터 '훈 디위 붓그료믈〈南明集.下37〉, 小롤 붓그리고〈月釋14:63〉' 등의 비원순모음형과 공존하여 쓰였다. 그러고는 'ㅅ'이 'ㄷ'으로 중화되고, 'ㄷ[tʾ]'는 후행하는 장애음을 경음화시키므로 '용모롤 붓ᄯ럽게 말며〈小學2:59〉' 등의 'ㅅ$ㅅ'형으로도 출현하게 되는데, 『國漢會語』에서는 (26ㄴ)의 '갓ᄭ다〈栽養.10〉, 잇ᄯ다〈牽引.242〉'가 그러한 표기라고 할 수 있다. 이어서 또 이러한 'ㅅ$ㅅ'형은 잉여적 표기라고 할 수 있는 받침 'ㅅ'이 생략되면서 오늘날의 '갓ᄭ다-〉가ᄭ다-〉가꾸-, 잇ᄯ다-〉이ᄯ다-〉이끌-'로 되는데, (26ㄷ)의 '고ᄊᆞᆯ〈弁巾.24〉'도 15세기에 '곳갈 쓰고〈三綱.孝35〉'의 '곳갈'에서 '고ᄊᆞᆯ〉고깔'이 된 것이라고 하겠다.

(26ㄹ)의 '숨 갑ᄲ다〈氣息.奄奄.192〉, 옷똑 올〈[坤]ㅠ.23〉' 등 또한 'ㅅ'계 합용병서에서 각자병서로 변화되는 중간 단계로서의 어형들이라고 할 수 있다. 현대국어의 '가쁘다~가뿌다(원순모음화형)'의 음

성형 [갑뿌다]에 대한 해석이라면, 이는 현대국어에서 '오빠'와 '옵
빠'가 변별이 쉽지 않은 것과 같은 맥락의 중첩표기로서, 어중 초성
의 경음이 후두 긴장 및 폐쇄지속 시간이 길다는 음성적 특성으로써
나타나는 어형으로 해석될 수 있을 것이다. 그러나 19세기 말엽의
『國漢會語』에서의 '갑뿌다'는 15세기에 '님금 모미 ᄀᆞᆺᄇ신가〈(初)
杜詩5:8b〉, 빅셩이 ᄀᆞᆺᄇ면〈小學諺解4:44b〉'의 'ᄀᆞᆺᄇ-~ᄀᆞᆺᄇ-'에서
'(ㅅ$ㅂ>)ㅅ$ㅺ>ㅅ$ㅃ>ㅂ$ㅃ' 등의 과정에 의한 것이다. (26ㄹ)의
'숨 갑뿌다〈氣息.奄奄.192〉, 옷똑 올〈兀.23〉, 우물뚝껑〈井幕.228〉'
은 'ㅅ$ㅺ>(ㅂ$ㅃ)>V$ㅃ, ㅅ$ㅼ>[ㅅ(ㄷ)$ㄸ]>V$ㄸ, ㅅ$ㅅ>(ㄱ$ㄲ)>V$ㄲ'
의 변화 과정에서 실현된 조음위치동화, 즉 연구개음화 현상에 의한
중간 단계로서의 표기형이라고 할 수 있는 것이다. 현대국어에서 어
중의 초성이 경음으로 표기되는 어휘들 대부분이 '돗가비>도깨비,
갓갑다>가깝다'와 같이 'ㅅ$평장애음'에서 각자병서화된 것도 그러
하고, '혓가래>서까래, 톳기>토끼, 수수겻기>수수께끼' 등이 『國
漢會語』에서는 '셕가리〈橡木.176〉, 톡기〈兎.322〉, 수수썩기〈兎才
談.189〉' 등으로 출현하는 것도 'ㅅ$ㅺ'에서 조음위치동화에 의해
(26ㄹ)의 '숨 갑뿌다〈氣息.奄奄.192〉'처럼 'ㅂ$ㅃ'이 되면서 오늘날의
'가쁘-'에 이른 것과 같은 맥락이라고 할 수 있겠다. 그러고는 『國漢
會語』에서는 (26ㅁ)의 '깍글깍글〈芒苟芒苟.14〉, 삽분삽분〈輕捷.168〉'
등 어중의 경음이 'ㄱ$ㄱ, ㅂ$ㅂ'으로 표기됨을 보이기도 하고, 또 (4ㅂ)
의 '귀빰〈耳珠.42〉, 이쪽저쪽〈此段彼段.237〉' 등과 같이 어중 경음
의 완성형이라고 할 수 있는 현대국어의 각자병서형으로도 출현함
을 보게 되는 것이다.

　한편 격음은 고대국어에서부터 설음 및 치음을 시작으로 형성되어

갔다면(김무림 1998: 16, 18) 경음은 훨씬 후대에 발달되었었다고 할
수 있다. 한자음 중 유일하게 경음을 갖는 '氏·雙·喫'도 16세기 당시
의 현실 한자음이 담긴『訓蒙字會』(1527)에서는 평음인 '시〈上17a〉·
솽〈下14b〉·긱〈下7a〉'으로 표기됐을 만큼 된소리 및 된소리 표기의
발달은 후대였다고 할 수 있다. 이에『國漢會語』에서도 현대국어의
'글씨·눈썹·시끌시끌' 등이 '글시〈[坤]詩.46〉, 눈섭〈[坤]眉宇.64〉,
시글시글〈[補]多貌.195〉' 등의 평음으로도 표기됨을 두루 보게 된다.
오늘날 어두 경음의 어휘들도『國漢會語』에서는 '가마구 오〈[坤]
烏.2〉, 슬개〈[補]胆.193〉, 시서라〈[坤]拭之.196〉' 등의 평음으로 출
현하기도 하는데, 이들 어휘 중에는 '揚子江南올 쩌리샤〈龍歌15〉'와
같이 15세기부터 경음으로 표기된 것도 있지만, '가마귀 고기〈醫宗損
益.附餘44a〉'처럼 19세기까지도 평음으로 표기되었을 만큼 경음을
갖는 어휘들의 정착은『國漢會語』의 경음 관련 표기에서도 시사하듯
한참 후대였다고 할 수 있는 것이다.
　『國漢會語』에서는 이렇듯 평음에서 경음으로의 과정, 합용병서
에서 각자병서로의 변화 과정에서의 어형들이 예닐곱의 유형으로
두루 출현함을 살필 수 있었다. 서두에서도 언급한 바와 같이『國漢
會語』는 한글 표기의 안정화 및 통일화의 일환으로 편찬된 것이었
음에도 불구하고 경음 표기만해도 여러 유형의 어형들이 혼기됨을
볼 수 있었던 것인데, 이는『國漢會語』가 어휘 형성 과정들을 살필
수 있는 자료적 가치를 갖는 것임을 시사하면서도, 또 한편으로는
한글 표기가 그만큼 19세기 말엽까지도 안정적이지 못한 혼란기였
음을 단적으로 보여주고 있는 것이라고 할 수 있겠다.

4. 어두와 어중에서의 'ㄴ · ㄹ' 표기

4.1. 어두의 'ㄴ · ㄹ' 표기

현대국어의 대표적인 단어구조제약이라고 한다면 어두의 'ㄴ · ㄹ' 일 것이다. 두음법칙은 이에 대한 표기 원칙이기도 하다. i·y 앞 어 두 'ㄴ'은 표기에 반영되지 않는다. i·y 외 모음 앞의 어두 'ㄹ'은 'ㄴ' 으로, i·y 앞 어두 'ㄹ'은 탈락된 형태로 표기된다. 중세국어 시기에 는 어두 'ㄹ'을 가진 어휘가 한자어에서만 존재하였다. 어두 'ㄹ'의 고유어는 『訓民正音』 用字例의 '러울爲獺' 외에는 발견되지 않기에 그 표기 여부는 알 수 없으나 한자어에서는 'ㄹ'이 표기되었던 것이 다. 어두 'ㄴ'은 한자어는 물론 '닐굽 蓮華ㅣ 오〈釋譜6:31〉, 님금 달애 샤〈龍歌46〉, 貴ᄒᆞᆫ 니블로〈釋譜13:23〉' 등 고유어에서도 표기됨이 일반적이었다고 할 수 있다.

(27) 『國漢會語』의 어두 ㄴ · ㄹ 표기

ㄱ. 한자어 i·y 앞 'ㄴ': 녀인〈[坤]女人.60〉, 년셰〈[坤]年歲.61〉, 년한 〈[補]年限.61〉, 녕악〈[坤]獰惡.61〉, 녕특〈[補]獰慝.61〉.

ㄴ. 고유어 i·y 앞 'ㄴ': 니〈[補]齒.65〉, 니마〈[補]額.65〉, 닐곱〈[補] 七.65〉, 님금〈[補]君王.65〉, 넑다〈[補]讀.65〉, 닉다〈[補]熟.65〉.

ㄴ′. ᄔ이 치〈[坤]齒.237〉, ᄔ익다〈[坤]熟也.237〉, ᄔ일해〈[坤]七日.241〉, ᄔ임자〈[坤]任者.241〉, ᄔ잇틀〈[坤]齒列.242〉.

ㄷ. 한자어 i·y 앞 'ㄹ': 량반〈[補]兩半.93〉, 력사〈[坤]力士.94〉, 렴치 〈[坤]廉恥.95〉, 렴탐〈[補]廉探.95〉, 례배〈[補]禮拜.96〉.

ㄹ. 한자어 i·y 외 모음 앞 'ㄹ': 로모〈[坤]老母.97〉, 로년〈[補]老 年.97〉, 론리〈[補]論理.98〉, 룽관〈[坤]陵官.102〉.

(27ㄱ)은 어두에 i·y 앞 'ㄴ'을 가진 『國漢會語』에서의 한자어이
며, (27ㄴ·ㄴ′)은 어두에 i·y 앞 'ㄴ'을 가진 고유어이다. (27ㄷ·ㄹ)은
어두에 'ㄹ'을 갖는 한자어들로서, (27ㄷ)은 i·y 앞 'ㄹ'의 표제항을,
(27ㄹ)은 i·y 외 모음 앞 'ㄹ'의 표제항을 보인 것이다. (27)의 용례들
은 현대국어에서는 모두 두음법칙이 적용되는 것들이다.

현대국어의 두음법칙은 『한글마춤법통일안』(1933)에서 현실 발음
이 쉽지 않고, 고유어에도 찾아보기 어렵다는 이유로 한자어에 한하
여 제정되었다. 제정 당시에 어두 'ㄹ·ㄴ'의 현실 발음이 쉽지 않았
다는 것은 이들이 쉽게 인지되지 않았던 것이라고도 하겠는데, 그에
따른 표기에 대한 고민의 흔적을 『國漢會語』에서는 이미 보이고 있
었음을 확인할 수 있다. 특히 (27ㄴ·ㄴ′)의 어두 'ㄴ'에서의 표기가
그러하다. 한자어에만 존재하던 어두 'ㄹ'은 『國漢會語』가 한자어와
의 대응 사전인 만큼 한자어는 원형을 밝히려는 듯 대체로 원형 그
대로 표기되었음을 본다. 한자어 중 어두 'ㄹ+i·y'의 표제항은 475
여 개, 'ㄹ+i/y 외 모음'의 표제항은 355여 개인데, 이들이 10여 개[68]
의 표제항들을 제외하면 (27ㄷ)을 비롯하여 '량식〈[坤]糧食.93〉, 련
일〈[補]連日.95〉, 림박〈[坤]臨迫.104〉, 림산〈[補]臨産. 104〉' 등으로
'ㄹ'이 표기된 것이다. i·y 앞 어두 'ㄴ'의 경우도 한자어는 '녀식〈[坤]
女息.60〉, 녀쥬〈[補]女主.60〉, 년래〈[坤]年來.60〉, 년분〈[補]年分〉'
등과 같이 어두 'ㄴ'을 밝혀 표기하고 있다.

---

68 한자어의 어두 'ㄹ+i·y'에서 'ㄹ' 탈락형의 표제항 10여 개는 '양실〈凉室.211〉, 역로
〈歷路.217〉, 염수〈廉水.219〉, 영감〈令監.219〉, 예판〈禮判.219〉, 예조〈禮曹.219〉,
요긔〈療飢.225〉, 요단〈了端.225〉' 등이다.

그런데 고유어의 경우는 표기에 대한 고민의 흔적이 역력하다. 坤冊 65쪽의 補遺 표제항에서는 어두 'ㄴ'이 표기된 '니〈齒〉, 니러나다〈起〉, 니부자리〈衾枕〉, 닉히다〈熟〉, 닐곱〈七〉, 닔다〈讀〉, 님금〈君王〉, 닛다〈忘〉' 등 35개의 표제항이 있고, 坤冊 237쪽의 왼쪽 영인본에서는 또 'ㄴ익숙하다〈翫熟〉, ㄴ익은음식〈熟食〉, ㄴ익은실과〈熟果〉, ㄴ익이다〈勝也〉' 등으로 어두 '이' 앞에 세필한 듯한 작

『國漢會語 坤』 237쪽

은 글씨로 'ㄴ'가 적혀 있는 것이다. 그리고 이는 (5ㄴ′)인 'ㄴ이 치〈齒.237〉, ㄴ일해〈七日.241〉, ㄴ임〈主.241〉, ㄴ임자〈任者.241〉, ㄴ잇틀〈齒列.242〉' 등의 표제항에서도 어두 '이' 앞에 작은 글씨의 'ㄴ'가 표기되었음을 본다. 乾冊에서는 '익숙하다〈翫熟.259〉, 익은실과〈熟果. 259〉, 일해〈七日.263〉, 임〈主.263〉' 등과 같이 '이'형임을 볼 때, 乾冊을 정리한 기록인이 '이'로 적은 것을 補遺한 사람이 '니'로 다시 적고자 했던 것이라고도 하겠는데, 이에 이러한 정황들은 결국 어두 'ㄴ'에 대한 당시 기록자들이 가졌던 표기에 대한 고민의 흔적이자, 오늘날의 두음법칙으로 나아가는 과정을 보여주는 것이라고 할 수 있겠다.

4.2. 어중의 ㄴ·ㄹ 표기

4.2는 어중에서의 'ㄴ·ㄹ' 관련 표기이다. 이는 'ㄹ$ㄴ, ㄴ$ㄹ' 연쇄에서의 표기와도 관련되는 바, 한자어와 한자어 외 표제항들로 나눠 살펴본다. 먼저 한자어이다.

(28) 『國漢會語』에서의 한자어 어중의 ㄴ·ㄹ 표기

    ㄱ. 한자어 ㄹ$ㄹ형: 열람〈[坤]閱覽.218〉, 철로〈[坤]鐵路.297〉,

                       탈로〈[坤]綻露.317〉, 탈륜〈[坤]奪倫.317〉.

    ㄴ. 한자어 ㄴ$ㄹ형: 근리〈[坤]近理.45〉, 권력〈[補]權力.54〉,

                       문리〈[坤]文理.122〉, 선로〈[補]船路.177〉.

    ㄷ. 한자어 ㄹ$ㄴ형: 말년〈[補]末年.109〉, 살년〈[坤]殺年.166〉,

                       월내〈[坤]月內.247〉, 질녀〈[坤]姪女.283〉.

(28)은 한자어의 어중 'ㄴ·ㄹ'에 대한 것으로서 (28ㄱ)은 한자어의 ㄹ$ㄹ형, (28ㄴ)은 ㄴ$ㄹ형, (28ㄷ)은 ㄹ$ㄴ형에 대한 용례이다. 『國漢會語』는 어두와 마찬가지로 어중의 초성 'ㄴ·ㄹ'도 한자음의 원형을 대체로 밝혀 표기함을 볼 수 있다. 이때 후술할 고유어에서도 보겠지만 근대국어 시기의 대표적인 표기 특징이라면 현대국어의 'ㄹ$ㄹ'이 19세기 말엽까지도 ㄹ$ㄴ형으로 표기되었다는 점이다. 그런데 『國漢會語』는 '일녕시힝〈[坤]一令施行.240〉' 등의 몇몇 표제항 외에는 (28ㄱ)을 비롯하여 '월령〈[坤]月令.246〉, 월름〈[坤]月廩.246〉, 철롱〈[坤]鐵籠.297〉, 필랑〈[坤]筆囊.340〉, 필력〈[坤]筆力.340〉' 등과 같이 한자어의 경우는 원형 그대로인 'ㄹ$ㄹ'형으로 표기되었다. (28ㄴ)의 'ㄴ$ㄹ'도 10여 개의 표제항들[69] 외에는 'ㄹ$ㄹ' 못지않게 100여 개가 넘는 'ㄴ$ㄹ'의 한자어들이 (28ㄴ)과 더불어 '환록〈[坤]宦祿.374〉,

---

[69] 『國漢會語』에서 한자어 'ㄴ$ㄹ'의 'ㄹ'이 'ㄴ'이나 'Ø'로 표기된 표제항은 '안민낙업〈安民樂業.205〉, 안빈낙도〈安貧樂道.205〉, 연노각읍〈沿路各邑.218〉, 훈노〈勳勞.366〉, 삼판양승〈三版兩勝.168〉, 일신양역〈一身兩役.240〉' 등이다. 『國漢會語』는 한자어 'ㄴ$ㄹ'의 표제항이 100여 개가 넘는다. 그리고 이들 대부분은 'ㄴ$ㄹ'형으로 표기되는 가운데 어중 'ㄹ'의 실제 발화형인 'ㄴ'이나 'Ø'형의 표제항도 드물게나마 발견되고 있는 것이다.

인류⟨[坤] 人類. 238⟩, 전력⟨[補] 全力. 259⟩' 등의 'ㄴ$ㄹ'형이다. 한자어 'ㄹ$ㄴ'도 (28ㄷ)을 포함하여 '실농⟨[補] 失農. 200⟩, 칠년디한⟨[坤] 七年 大旱. 312⟩, 팔년풍진⟨[補] 八年風塵. 327⟩, 졸난⟨[坤] 卒難. 268⟩' 등과 같이 원형 그대로인 'ㄹ$ㄴ'형인 것이다.

현대국어에서는 'ㄹ$ㄴ'은 음소배열제약을, 'ㄴ$ㄹ'은 음절배열제 약을 갖는다. 19세기에도 이들은 이미 어휘 유형별이나 환경에 따라 [ll]의 유음화나 [nn]의 비음화로 실현되었을 것인데, 『國漢會語』에 서는 이러한 제약 및 발화에 영향을 받지 않고 한자어에 한해서는 원형을 충실히 밝혀적고 있는 것이다. 한자어에서는 실제 발화나 표 기 관습 등과는 무관하게 한자어의 원형 그대로를 표기하고 있는 것이라고 하겠다. 그런데 한자어 외의 어휘들은 이와는 달리 다음 (29ㄱ)의 'ㄹ$ㄴ'형, (29ㄴ)의 'ㄹ$ㄹ'형, (29ㄷ)의 'ㄹ$ㅇ'형 등으로서 'ㄹ$ㅇ>ㄹ$ㄴ>ㄹ$ㄹ'의 변화 과정이나 표기 관습 등의 영향으로 표기 되었음을 볼 수 있다.

(29) 『國漢會語』의 한자어 외 어중의 ㄴ·ㄹ 표기
    ㄱ. ㄹ$ㄴ형: 걸니다⟨[坤] 使漉之. 20⟩, 울니다⟨[坤] 使哭之. 229⟩, 물니 다⟨[坤] 退之. 124⟩, 달니다⟨[補] 馳. 69⟩, 들니다⟨[補] 聞. 89⟩.
    ㄱ'. 달낭달낭⟨[坤] 金央金央. 69⟩, 술넝술넝ᄒᆞ다⟨[補] 驟動. 192⟩.
    ㄴ. ㄹ$ㄹ형: 코눈물 흘리다⟨[坤] 涕泗交流. 314⟩, 졸리다⟨[補] 倦眠. 268⟩.
    ㄷ. ㄹ$ㅇ형: 걸이다⟨[坤] 抱也. 20⟩, 걸신들이다⟨[坤] 乞神交犯. 20⟩, 조리 돌이다⟨[補] 竹徇. 265⟩, 턱이 떨이다⟨[坤] 朶頤. 321⟩.

(29ㄱ)은 활용에서의 ㄹ$ㄴ형에 대한 용례이다. '걸니다⟨使漉之. 20⟩, 울니다⟨使哭之. 229⟩'는 '걸다, 울다'에서 사동접사가 결합한 어형으

로 현대국어에서는 기저형이 '걸리다, 울리다'이다. '달니다〈馳.69〉'
나 '모르–'의 활용형 '몰나〈未知.52〉'도 오늘날에는 '달리다, 몰라'로
표기되는 것이다.[70] ㄹ$ㄹ형의 경우 『國漢會語』에서는 (29ㄴ)의 표제
항들 외에는 거의 발견되지 않는다. 의성어·의태어도 '출랑출랑
〈[坤]零零.303〉, 얼른얼른ᄒ다〈[補]坽蠪.
214〉'의 두어 용례 외에는 (29ㄱ)과 같이
'설넝설넝〈[補]瑟瑟.178〉, 콜녹콜녹ᄒ다
〈[補]咳嗽.314〉, 활낙활낙〈[坤]豁通豁通.
375〉' 등의 'ㄹ$ㄴ형'으로 표기되었다. 오
른쪽 영인본인 坤冊 124쪽에서 현대국어
'물리–(退)'의 활용형이 ㄹ$ㄴ형으로만 나

『國漢會語 坤』 124쪽

타나는 것에서도 보듯 『國漢會語』는 현대국어의 ㄹ$ㄹ의 대다수가
ㄹ$ㄴ형으로 표기됨을 볼 수 있는 것이다. 이는 18세기 문헌에서 이미
'믈너〈家禮5:34〉~믈러〈譯語類解.上9〉, 놀나〈闡義解4:6a〉~놀라〈女
四書2:18a〉' 등의 동일 어휘에서, '블너〈女四書2:8b〉~블러〈女四書
2:25b〉, 흘너〈增修解2:16b〉~흘러〈增修解3:59a〉' 등의 동일 문헌이
자 동일 어휘에서 ㄹ$ㄴ형과 ㄹ$ㄹ형이 혼기됨을 보게 된다. 그러다가
19세기에 들어서는 기저형이 'ㄹ$ㄴ'이나 'ㄹ$ㄹ' 모두 [ll]로 실현되었

---

70 『國漢會語』는 ㄹ$ㄴ형이 (29ㄱ)의 표제항들 외에도 '골나내다〈擇出.29〉, 골나다〈憤
發.29〉, 꾹눌너라〈固壓.43〉, 걸너라〈濾之.20〉, 걸넛다〈掛胸.20〉, 걸니다〈使步
之.20〉, 골나내다〈擇出.29〉, 놀너가자〈往遊.62〉, 놀납다〈驚愕.62〉, 달녀들다〈突
入.69〉, 달니다〈馳.69〉, 말니다〈禁止.107〉, 쓸니다〈麿然.193〉, 쌜니〈速.138〉, 불
녀가다〈被搖.154〉, 살니다〈活人, 救人.166〉, 쓸니다〈麿然.193〉, 빌니다〈假借.159〉,
올니다〈登高.223〉, 올나가다〈登去.223〉, 흘녀가다〈流去.370〉, 홀니다〈被惑.372〉'
등의 표제항들에서도 대거 출현하는 것이다.

을 것임에도 불구하고 표기는 대부분 ㄹ$ㄴ형이었던 표기 관습에 의해 『國漢會語』에서도 ㄹ$ㄴ형이 주류를 이루는 것이라고 할 수 있겠다.

한편 (29ㄷ)은 현대국어에서는 보기 드문 ㄹ$ㅇ의 용례이다. (29ㄷ) 의 '걸이다〈抱也.20〉'는 17세기 이후에는 대개 '법의 걸니미〈種德新編.中19b〉' 등의 '걸니다'로 쓰이다가 현대국어에서는 '걸리다'인 것이다. '걸신들이다〈乞神交犯.20〉'의 '들이다'도 '말슴이 들니거든〈御製內訓1:5a〉' 등의 '들니다'로 출현하다가 오늘날에는 '들리다'로 발화 및 표기되는 것이다. 근·현대국어의 'ㄹ$ㄴ>ㄹ$ㄹ'의 활용형들은 많은 경우가 중세국어에서는 '화예 나아 걸이며〈月釋2:33a〉, 세 번식 돌이며〈飜小10:32a〉, 자리롤 빌이라〈月印.上36b〉, 쇠 아니 불엿는〈圓覺經.序55a〉' 등의 ㄹ$ㅇ형이기도 하였다. 이러한 ㄹ$ㅇ형은 16세기 이후 유음화가 실현되면서 ㄹ$ㄹ형으로도 출현하지만, 이때 실현은 [ll]이었으나 표기는 (29ㄱ)과 같이 ㄹ$ㄴ형이 우세하였던 것이다. 이에 어중에서의 이러한 'ㄹ·ㄴ' 관련 표기 변화에 따라『國漢會語』에서도 ㄹ$ㄴ형이 주류를 이루는 가운데 ㄹ$ㄴ의 이전 시기 형태인 (29ㄷ)의 ㄹ$ㅇ형, ㄹ$ㄴ의 이후 시기 형태인 (29ㄴ)의 ㄹ$ㄹ형 또한 드물게나마 발견되고 있는 것이라고 하겠다.

5. 체언말 및 어간말에서의 'ㅅ·ㄷ'과 자음군 표기

본 장은 『國漢會語』에서의 체언말 및 어간말의 'ㅅ·ㄷ'과 자음군에 대한 표기로서, 5.1은 'ㅅ·ㄷ', 5.2는 자음군에 대하여 살핀다.

5.1. 체언말 및 어간말의 'ㅅ·ㄷ' 표기

16세기 무렵 'ㅅ'이 'ㄷ'으로 중화된 이후 체언말 및 어간말의 'ㅅ'은 [t̚]로 실현되었다. 형태음소주의 표기가 『한글마춤법통일안』(1933) 을 기점으로 정착되었음을 상기한다면 그 이전에는 음소주의 표기법 에 의해 받침 'ㅅ·ㄷ'은 실제 발화형인 'ㄷ'으로 표기됨을 예측할 수 있으나 이미 밝혀진 바와 같이 이들은 'ㄷ'이 아닌 'ㅅ'으로의 표기 경향을 보이는 것이다.

(30) 『國漢會語』에서의 체언말 및 어간말의 'ㅅ·ㄷ' 표기

    ㄱ. 체언말 및 어간말 'ㅅ': 그릇〈[坤]器皿.45〉, 이웃〈[補]隣.237〉, 비웃다〈[補]誹笑.158〉, 통통 붓다〈[坤]洞洞浮症.324〉.

    ㄴ. 체언말 및 어간말 'ㄷ': 깃다〈[補]汲.50〉, 듯다〈[坤]聞、聽.88〉, 밋다〈[坤]信也.128〉, 밧다〈[補]受.134〉, 깨닷다〈[坤]覺悟.15〉.

(30ㄱ)은 체언말 및 어간말의 기저형이 'ㅅ'인 어휘들이고, (30ㄴ) 은 'ㄷ'인 어휘들의 용례이다. 중세국어 시기에는 변별되었던 'ㅅ·ㄷ' 이 16세기 이후 'ㄷ'으로 중화되면서 받침 'ㅅ'은 [t̚]로 실현된다. 『한 글마춤법통일안』(1993) 전까지는 특히 받침은 평폐쇄음화된 발화형 이 대체로 표기되었었다. 이에 체언말 및 어간말에 'ㅅ'을 가진 어휘 들은 중화로 인해 'ㄷ'으로 표기될 만도 하나 표기는 근대국어에 이어 19세기 말엽까지도 'ㅅ'으로의 표기 경향을 보인다. 『國漢會語』에서 도 체언말 및 어간말에 'ㅅ'을 가진 어휘들이 (30ㄱ)의 표제항들처럼 'ㅅ'으로 표기되었음을 보게 된다. 현대국어의 '있-(有)'은 15세기부 터 줄곧 '잇-'이었는데, 『國漢會語』에서도 출현하는 '잇다'의 30여 개의 표제항 모두 '거침잇다〈[坤]有碍.18〉, 맵시잇다〈[坤]嬌妙.110〉,

총긔잇다〈[坤]有聰.303〉' 등의 '잇-'형이다. '웃다〈[坤]笑之.230〉,
깔깔 웃다〈[坤]呵呵笑.15〉, 빙그레 웃다〈[補]完矛而笑.160〉' 등의
'웃다'도 그러하고, 체언말의 기저형 'ㅅ'도 (30ㄱ)과 함께 '뜻〈[坤]
情.90〉, 맛〈[坤]味.108〉 알젓〈[補]卵鹽.206〉' 등의 'ㅅ'형이다.

그런데 기저형의 받침이 'ㄷ'인 어휘들도 'ㅅ'형인 것이다. '걷-·듣-·
굳-·얻-·곧-·닫-·믿-·받-·싣-·돋-·쏟-·긷-' 등이 자음으로
시작하는 어미와의 결합에서 어간말이 'ㄷ'으로 표기된 표제항은 발
견되지 않는다. '다닷다〈[坤]閉也.66〉, 밧들다〈[坤]奉.134〉, 내닷다
〈[補] 突出.58〉, 물 깃는다〈[坤]汲水.124〉'와 같이 'ㅅ'으로 표기되는
것이다.[71] 그런가 하면 이들이 모음으로 시작하는 어미와의 결합에
서는 어간말 'ㄷ'이 후행하는 어미 초성에 연음되어 '거더칠 권〈[坤]
捲.16〉, 북도드다〈[補]培養.153〉, 미더하다〈[坤]孚信.126〉, 바다오
라〈[坤]捧來.129〉, 도다오다〈[坤]挑來.79〉' 등으로 표기됨을 또 보
게 된다. 기저형이 'ㅅ'인 경우에는 2장에서도 전술한 바와 같이 '웃
습 소〈[坤]笑.230〉'의 활용뿐만 아니라 곡용에서도 '붓슬 쌔다〈[坤]
抽筆.156〉, 뜻시 업다〈[坤]無意.90〉' 등의 중철표기된 것과는 다르
다. 휴지 및 자음으로 시작하는 문법형태소가 오면 이들이 모두 'ㅅ'
으로 표기되지만, 모음으로 시작하는 문법형태소가 오면 기저형의
받침 'ㄷ'은 'ㄷ'이 연철표기된 어형을, 'ㅅ'은 대체로 'ㅅ$ㅅ'의 중철표
기된 어형으로 쓰인 것이라고 할 수 있다.

체언말 및 어간말의 이러한 'ㅅ'과 'ㄷ' 표기 차이와 관련해서는 홍

---

71 『國漢會語』에서는 현대국어의 '맏아들'인 명사도 '맛아들〈長子.108〉'로서 'ㅅ'형이
고, '곧'의 부사도 '곳〈卽時.30〉, 곳 가다〈卽往.30〉' 등의 'ㅅ'형이다.

윤표(1991: 51~52)의 논의를 참고해 볼 수 있겠는데, 그에 따르면 'ㅅ'
이 'ㄷ'으로 중화되면서 자음으로 시작하는 문법형태소가 온다면 단
연 'ㅅ·ㄷ'은 모두 현실음을 고려할 때 'ㄷ'으로 표기됨이 합리적이지
만, 만약 모음이 후행하면서 이를 분철표기하려 한다면 이때는 'ㅅ'
과 'ㄷ'을 어느 하나로 통일시켜 표기하기가 쉽지 않다고 할 수 있다.
'ㅅ'은 'ㄷ'으로 흡수될 수 있지만, 'ㄷ'은 'ㅅ'으로 흡수될 수 없기 때
문이다. 모음이 후행하면, 가령 '벗이'와 '벋이'는 모두 [pəti]로 인식
될 수 있으므로 원래의 'ㄷ'은 'ㅅ'으로도 표기될 수 있지만, 원래의
'ㅅ'은 'ㅅ'으로도, 그렇다고 'ㄷ'으로도 표기될 수 있는 근거가 없다
고 하겠다. 그리하여 'ㅅ' 받침을 가졌던 기저형은 주로 중철표기를,
'ㄷ'은 연철표기를 취함으로써 이들 간의 변별 및 표기의 문제를 해
소하려 했던 것이라고 할 수 있다.

5.2. 체언말 및 어간말의 자음군에 대한 표기

'ㅅ·ㄷ'의 받침에 이어 다음은 자음군 받침에 대한 표기 양상이다.
다음 (31ㄱ·ㄴ)은 체언말 자음군에 대한 단순화형&유지형을, (10ㄱ·
ㄴ)은 어간말 자음군에 대한 단순화형&유지형이다. 그리고 〈표 17·
18〉은 자음군을 가진 어휘들의 목록 및 빈도를 보인 것이다.

(31) 『國漢會語』에서의 체언말 자음군의 표기
　　ㄱ. 단순화형: 갑 가〈[坤]價.10〉, 갑진 물건〈[坤]価重之物.10〉, 넉 백
　　　　〈[坤]魄, 魂也.59〉, 두 목을 가저가다〈[坤]兼持兩項.86〉.
　　ㄴ. 유지형: 닭〈[坤]鷄.73〉, 삵 껍질〈[坤]狸皮.165〉, 츩범〈[補]葛虎.
　　　　312〉[72], 흙밥되다〈[補]化土.369〉.

(32) 『國漢會語』에서의 어간말 자음군의 표기

　　　ㄱ. 단순화형: 굼다⟨[補]飢.41⟩, 글 을다⟨[坤]咏詩46⟩, 널다⟨[坤]廣
　　　　　闊.59⟩, 알다⟨[坤]薄也.210⟩, 밥다⟨[補]踐踏.134⟩.

　　　ㄱ'. 극는다⟨[坤]身曰爬.45⟩, 말따⟨[坤]淸也.107⟩, 역다⟨[坤] 編也.217⟩.

　　　ㄴ. 유지형: 굵다⟨[坤]麤大.39)⟩, 붉다⟨[補]紅.154⟩, 늙다⟨[補]老.65⟩,
　　　　　닑다⟨[補]讀.65⟩~글 읽다⟨[坤]讀書.46⟩[73]

　　　ㄴ'. 삶다⟨[坤]烹之.166⟩, 짓밟다⟨[補]跋也.285⟩, 둛다⟨[補]彷似.69⟩.

〈표 17〉 『國漢會語』에서의 체언말 자음군의 단순화형 & 유지형

	닭	삯	칡	흙	값	넋	몫	합계
단순화	1	–	3	–	5	1	1	11(26.2%)
유지	10	2	3	16	–	–	–	31(73.8%)

〈표 18〉 『國漢會語』에서의 어간말 자음군의 단순화형 & 유지형

	굵-	긁-	맑-	엵-	늙-	읽-	밝-	늑-	붉-	곪-	굶-	옭-	점-	닭-
단순화	–	3	1	2	–	–	–	–	1	2	2	2	–
유지	1	–	1	2	2	1	7	2	2	–	–	–	1

	삶-	밟-	넓-	얇-	떫-	섧-	훑-	읊-	꿇-	꿂-	없-	엱-	합계	
단순화	–	3	8	1	1	1	2	1	2	2	57	1	92(81.4%)	
유지	1	1	–	–	–	–	–	–	–	–	–	–	21(18.6%)	

　『國漢會語』는 받침에 자음군을 가진 체언이 '닭·삯·칡·흙·값·

---

[72] '칡(葛)'의 경우는 '칡범⟨葛虎.312⟩, 츩⟨葛308⟩, 칡소⟨葛牛.312⟩'의 '칡(츩)'형 3회와
　함께 '칙⟨葛.311⟩, 칙 갈⟨葛.311⟩, 칙 캐다⟨採葛.311⟩'의 자음군단순화형인 '칙'형
　3회도 출현한다.

[73] 'i' 앞 어두 'ㄴ'의 환경에서 『國漢會語』는 'ㄴ'이 유지형과 탈락형으로 혼기되어 나
　타난다. 이에 현대국어의 '읽-(讀)'도 '경 닑다⟨誦経.23⟩, 글 읽다⟨讀書.46⟩' 등의
　'닑~읽'으로 혼기되어 출현하는 것이다.

넋·몫'의 어휘들에서 확인된다. 받침이 'ㄲ'과 'ㅄ·ㄳ'의 자음군이
다. 이들은 자음으로 시작하는 문법형태소가 오면 자음군에 따라서
는 유지형으로만 나타나는 것도 있는데, 'ㄲ' 자음군이 그러하다고
하겠다.[74] 『國漢會語』는 체언말 자음군의 '단순화형:유지형'이 위
〈표 17〉과 같이 '11(26.2%) : 31(73.8%)'의 빈도이다. 그리고 31(73.8%)
개의 유지형이 'ㄲ' 자음군인 (9ㄴ)의 '닭·삶·칡·흙'에서 출현하는
것이다. 특히 16개의 표제항이 출현하는 '흙(土)'은 이들이 24行 표제
항에서나 補遺 표제항에서나 모두 '흙 파다〈[坤]鑿土.369〉, 개흙
〈[坤]浦土.13〉, 즌흙〈[補]泥也.377〉' 등의 유지형으로만 발견된다.
'닭(鷄)'의 경우도 '楮(닥나무:저)'의 한자와 함께 쓰인 '닥〈[坤]楮、
鷄.68〉' 외에는 '당닭〈[坤]唐鷄.70〉, 닭〈[坤]鷄.73〉, 수탉〈[坤]雄鷄.
190〉' 등의 '닭'형이다. 그런가 하면 'ㅄ·ㄳ'의 '값·넋·몫'의 경우는,
유지형은 발견되지 않고, 출현하는 7개 표제항이 (31ㄱ)과 같이 'ㅅ'이
탈락된 '갑·넉·목'형으로만 나타나는 특징을 보인다. 자음군의 종류
에 따라 탈락형과 유지형이 달리 쓰인 것이다.

  그리고 이러한 'ㄲ'의 유지형은 어간말 자음군에서도 대체로 그러
함을 보게 된다. 『國漢會語』는 어간말에 자음군을 갖는 용언은 〈표
18〉과 같이 27개의 어휘들이다. 그중 'ㄲ'을 가진 용언은 '굶-·굵-·
맑-·얽-·넑-(~읽-)·밝-·늙-·붉-'인데, 이들이 단순화형과 혼

---

74 『國漢會語』는 '碁'도 '바돌 기〈[坤]碁.129〉, 바돌 낫〈[坤]碁子.129〉, 바돌 두다〈[坤]
ㅲ碁着碁.129〉'의 '바돌'형으로서, 'ㄲ' 자음군으로 표기되고 있다. 현대국어의 '바
둑'은 15세기부터 19세기까지 '바독 쟝긔〈(初)杜詩6:7b〉, 바독 긔〈訓蒙.中19a〉, 바
독ㅎ고〈小學2:34b〉, 바독 碁〈한불자전307〉'의 '바독'형으로 표기되다가 20세기에
들어 오늘날의 '바둑'형이 쓰인 것인데, 『國漢會語』에서는 'ㄲ'의 '바돌'형으로 출현
하는 것이다.

기를 보이는 (10ㄱ')의 '굵-·맑-·읽-'을 제외한 '굵-·낡-(~읽-)·
밝-·늙-·붉-'에서는 자음군 'ㄹㄱ'이 (32ㄴ)과 같이 유지된 형태만을
보이는 것이다. 반면 어간말 'ㄹㅁ·ㄹㅐ·ㄹㅌ·ㄹㅎ·ㅄ·ㄹㅅ'은 또 (32ㄴ')의 '삶
다〈烹之.166〉, 짓밟다〈跋也.285〉', '닮-'의 어간말 'ㄹㅁ'이 'ㅁㄹ'로 표
기된 '담다〈彷似.69〉' 외에는 85여 개의 표제항이 모두 (32ㄱ)처럼
단순화형이다. '없다'의 자음군단순화형인 '업다'는 57개의 표제항이
출현함에도 불구하고 이들이 유지형으로는 보이지 않고, '경황업다
〈[坤]無景況.24〉, 철업다〈[補]沒覺.297〉, 틸 업다〈[坤]不毛.321〉' 등
의 'ㅅ'이 탈락된 '업다'형으로만 발견된다고 하겠다.

한편 '넓-'의 경우는 출현하는 8개의 표제항이 모두 단순화형인
가운데, 표제항에 따라서는 '넙다〈[坤]廣也.59〉, 넙적다리〈[坤]廣
脚.59〉'처럼 'ㄹ'이 탈락되기도, '널다〈[坤]廣闊.59〉, 볼 널다〈[坤]豊
頰.149〉'와 같이 'ㅂ'이 탈락되기도 한다. 그리고 이들이 24行 표제
항에서만 발견됨을 볼 때, 동일 기록자가 '넙다~널다'로 혼기한 것
이라고도 하겠는데, 이러한 혼기는 '넓다'의 옛말이 '넙다'였던 것과
도 관련된다고 할 수 있겠다. 현대국어의 '넓다'는 15~17세기까지는
'니마히 넙고〈釋譜19:7b〉, 너븐 머리〈家禮1:41a〉' 등의 '넙다'로 쓰
였던 것이다. 'ㄹ'이 첨가된 '넓다'는 '소매롤 넓게〈御製自省編.外
8a〉' 등으로 18세기에 들어 출현하면서 오늘날에 이르렀다. 이때 표
준국어대사전의 역사정보란에 의하면 '넙다'가 '넓다'로 변화한 것은
15세기에 '넙다'와 공존했던 '너르다'와 관련되는 바, 어미 '-어'와의
결합에서 '너르다'는 '널어/너러', '넙다'는 '너버'로 활용되므로, '[널
버]'의 '널'은 '너르다'에서, '[널버]'의 '버'는 '넙다'의 활용형에 의해
후대에 '넓다'가 형성된 것이라고 한다. 이에 '넓다'의 이러한 어휘

형성 과정에 의해 『國漢會語』는 물론 오늘날의 방언에서도 '넓다'는 [널따]와 함께 [넙따]'로도 발화되는 것이라고 할 수 있겠다.

6. 결론

본 연구는 『國漢會語』에서의 '연철·중철·분철표기, 어두 및 어중에서의 경음 표기와 'ㄴ·ㄹ' 표기, 체언말 및 어간말에서의 'ㅅ·ㄷ'과 자음군에 대한 표기 양상들을 고찰한 것이다. 이러한 초·종성 관련 표기들은 중세국어에서 근·현대국어에 이르기까지 통시적으로 많은 변화 과정을 보이는 대표적인 것들이라고 할 수 있으므로, 이 글은 『國漢會語』에서의 이러한 변화 과정의 표기 양상들을 두루 살피면서 19세기 말엽의 초·종성 관련 표기들에 대한 일면을 다시금 이해하고자 한 것이었다. 결론은 논의 내용을 요약·정리하는 것으로서 대신한다.

첫째, 연철·중철·분철표기이다. 곡용에서의 분철표기는 18세기경에 일반화되고, 활용도 19세기 말엽이나 20세기 초엽에는 분철표기가 어느 정도 정착된다. 이에 연철표기의 경우는 19세기 말엽의 『國漢會語』에서도 어간말 'ㅂ·ㄱ·ㄴ'에선 서너 용례 외에는 보이지 않고, 어간말 'ㄹ·ㄷ' 정도에서 발견됨을 볼 수 있었다. 중철표기는 'ㄴ$ㄴ, ㄹ$ㄹ'의 몇몇 용례 외에는 '뜻시 깁다〈奧旨.90〉, 웃슴 소〈笑.230〉' 등의 체언말 및 어간말 'ㅅ'에서 주로 발견된다. 그러고는 여타 문헌들과 같이 분철표기가 주류를 이룸에 따라 『國漢會語』에서는 '습울〈二十.194〉, 산압다〈暴惡.167〉' 등의 과잉분철표기 또한 두루 출현함을 살펴 논하였다.

둘째, 『國漢會語』의 어두와 어중에서의 경음 표기 관련 논의이다. 먼저 어두 초성의 경음에서는 중세국어 시기에 존재하였던 'ㅂ계·ㅄ계' 합용병서는 보이지 않는다. 'ㅅ'계 합용병서와 각자병서가 주로 쓰였는데, 이때 補遺 표제항에서는 'ㅅ'계 합용병서가, 24行 표제항에서는 대체로 각자병서형임을 볼 수 있었다. 補遺 표제항에서는 93.9%인 310여 개의 표제항이 'ㅅ'계 합용병서라면, 24行 표제항에서는 490여 개(90.7%)의 표제항이 각자병서임을 살핀 것이다. 어중의 경음 표기에서는 ① '밧구다〈交易相換.134〉'의 'ㅅ$평음'형, ② '갓쑤다〈栽養.10〉'의 'ㅅ$ㅅ계 합용병서'형, ③ '긔쌀〈旗脚.47〉'의 'ㅅ계 합용병서'형, ④ '그적게〈昨日.45〉'의 '평음$평음'형, ⑤ '발뒤꿈치〈後趾.132〉'의 '각자병서'형 등의 출현 및 분석으로써 경음 표기 변천 과정 등을 두루 살펴 논한 것이다.

셋째, 어두와 어중에서의 'ㄴ·ㄹ' 표기이다. 두음법칙과 관련되는 어두의 'ㄴ·ㄹ' 표기에서는 『國漢會語』가 한자어와의 대응 사전인 만큼 한자어에서는 한자어의 원형을 밝히려는 듯 대체로 원형 그대로 표기됨을 볼 수 있었다. 한자어 중 어두 'ㄹ+i·y'의 표제항은 475여 개, 'ㄹ+i·y 외 모음'의 표제항은 355여 개인데, 이들 중 10여 개의 표제항 외에는 'ㄹ'이 유지된 형태임을, 그리고 i·y 앞 어두 'ㄴ'도 한자어는 'ㄴ'이 유지된 형태로써 어두 'ㄴ'을 밝혀 표기하고 있음을 살핀 것이다. 반면 고유어는 'ㄴ'이 탈락형과 유지형이 혼기되는 가운데, '니임자〈任者.241〉' 등의 ㄴ-탈락형에 'ㄴ'를 다시 적고자 한 정황들을 발견하면서 어두 'ㄴ'에 대한 표기자들의 고민의 흔적들 또한 살필 수 있었다. 어중의 'ㄹ·ㄴ' 표기에서는 우선 한자어는 기저형 'ㄹ$ㄹ, ㄴ$ㄹ, ㄹ$ㄴ' 등이 어두에서와 같이 원형 그대로 표기됨을, 반면에 한자어 외의 어휘들은 당시의 표기 관습에 따라 ㄹ$ㄴ형이 주류를 이루는 가운데 ㄹ$ㄴ의 이전 시기 형태였던 ㄹ$ㅇ형이나 ㄹ$ㄴ의 이후 시기 형태인 ㄹ$ㄹ형도 드물게나마 발견됨을 살펴 논한 것이다.

넷째, 체언말 및 어간말의 'ㅅ·ㄷ'과 자음군에 대한 논의이다. 16세기 무렵에 'ㅅ'이 'ㄷ'으로 중화된 이후 체언말 및 어간말의 'ㄷ·ㅅ'은 [t̚]로 실현되나, 표기는 19세기 말엽까지도 'ㄷ'이 아닌 'ㅅ'이었음에 따라 『國漢會語』에서도 그러한 표기 경향임을 볼 수 있었다. 자음군 관련 표기에서는 먼저 체언말 자음군은 '닭·삯·칡·흙·값·넋·몫'의 어휘들이 확인되는데, 이들 중 'ㄺ'은 대체로 유지형이라면, 'ㅄ·ㄳ'은 'ㅅ'이 탈락된 단순화형으로 출현한다. 용언에서도 어간말 'ㄺ'은 '긁-·맑-·얽-'을 제외한 '굵-·낡-(~읽-)·밝-·늙-·붉-'은 'ㄺ'이 유지된 형태라면 어간말의 'ㄻ·ㄼ·ㄽ·ㅀ·ㅄ·ㄳ'은 서너 용례를 제외한 85여 개의 표제항이 단순화형임을 살피면서, 『國漢會語』에서는 자음군의 종류에 따라 탈락형과 유지형이 대체로 달리 쓰였음을 살펴 논한 것이다.

이 글은 『한국언어문학』 128호(2024), 5~36쪽에 실린 논문으로서, 문장 표현 등의 여러 곳을 다듬고 수정하였다.

참고문헌

강신항(1997), 「韓國漢字音(高麗譯語)의 舌內入聲韻尾 -t > -l에 對하여」, 『梧堂趙恒瑾 先生華甲記念論叢』, 보고사.

_____(2003), 『수정증보 訓民正音硏究』, 성균관대학교 출판부.

강옥미(1994), 「한국어의 ㄹ-비음화, ㄴ-탈락과 ㄴ-설측음화에 대한 운율론적 분석」, 『언어』 19-1, 한국언어학회.

_____(2003), 『한국어 음운론』, 태학사.

_____(2006), 「한국어의 /nl/과 ln/의 변동에 대한 대응이론 분석」, 『한국어학』 31, 한국어학회.

강은국(1993), 『조선어 접미사의 통시적 연구』, 박이정.

강창석(1982), 「現代國語의 形態素 分析과 音韻現象」, 서울대학교 석사학위논문(『國語 硏究』 50).

_____(1984), 「國語의 音節構造와 音韻現象」, 『국어학』 13, 국어학회.

_____(1985), 「활용과 곡용에서의 형태론과 음운론: 음운현상에 대한 비음운론적 제약 의 극복을 위하여」, 『울산어문논집』 2, 울산대학교 인문대학 국어국문학과.

_____(2005), 「한자어의 한글 표기에 대하여」, 『국어학』 45, 국어학회.

강희숙(2009), 「/ㄹ/탈락 규칙 재고」, 『어문연구』 61, 어문연구학회.

고광모(1996), 「'ㄹ'과 관련된 두 음운 변화」, 『언어학』 18, 한국언어학회.

고성연(2002), 「비음화와 유음화의 선택적 교체 현상」, 『언어연구』 22, 서울대학교 언어 연구회.

고영근·구본관(2008), 『우리말 문법론』, 집문당.

곽동기(1992), 「운율단위에 의한 국어 음운현상의 분석」, 서울대학교 박사학위논문.

곽충구(1980), 「18世紀 國語의 音韻論的 硏究」, 서울대학교 석사학위논문.

_____(1994), 『함북 육진방언의 음운론: 20세기 러시아의 Kazan에서 간행된 문헌자 료의 의한』, 태학사.

곽충구(2000a), 「재외동포의 언어 연구」, 『어문학』 69, 한국어문학회.

_____(2000b), 「육진방언의 현상과 연구 과제」, 『한국학논총』 34, 한양대학교 한국학
　　　연구소.

_____(2007a), 「동북방언의 음성과 음운사」, 제4회 한국방언학회 학술대회 발표논
　　　문집.

_____(2007b), 「중앙아시아 고려말의 자료와 연구」, 『인문논총』 58, 서울대학교 인문
　　　과학연구원.

_____(2012), 「육진방언의 음성과 음운사」, 『방언학』 16, 한국방언학회.

구본관(2000), 「ㄹ말음 어기 합성 명사의 형태론」, 『형태론』 2-1, 도서출판 박이정.

구현옥(1995), 「/ㄹ/ 탈락과 유지에 대한 복선음운론적 접근: 함안 지역어를 중심으로」,
　　　『국어국문학』 14, 동아대학교 국어국문학과.

권경근(2008), 「음운현상과 이론: 비음운론적 정보의 처리를 중심으로」, 『우리말연구』
　　　22, 우리말학회.

_____(2010), 「국어의 인접 자음의 동일성에 대하여」, 『우리말연구』 27, 우리말학회.

기세관(1990), 「국어의 음운 탈락 및 음운 첨가에 대한 연구」, 『어학연구』 2, 순천대학
　　　교 어학연구소.

_____(1992), 「國語 單語形成에서의 /ㄹ/脫落과 /ㄴ/添加에 대한 音韻論的 硏究」, 원광
　　　대학교 박사학위논문.

_____(1994), 「국어 불규칙 어간의 형태론과 음운론」, 『한국언어문학』 32, 국어어문
　　　학회.

奇周衍(1991), 「近代國語의 派生語 硏究」, 한양대학교 박사학위논문.

김현(1997), 「15세기 국어자음연쇄에 대한 연구」, 서울대학교 석사학위논문.

김경아(2004), 「유음화와 비음화의 선택적 교체에 대하여」, 『인문논총』 12, 서울여자대
　　　학교 인문과학연구소.

김동례(1997), 「두자음 ㄴ, ㄹ, ○(zero)의 음운론적 재고」, 『한국어학』 6-1, 한국어학회.

김동소(1998), 『한국어 변천사』, 형설출판사.

김동언(1980), 「국어 유음에 관한 연구」, 숭전대학교 석사학위논문.

_____(1990), 「17세기 국어의 형태음운 연구」, 고려대학교 박사학위논문.

김무림(1992), 『국어음운론』, 한신문화사.

_____(1998), 「고대국어 음운」, 『국어의 시대별 변천연구』 3, 국립국어연구원.

_____(2005), 「중세 국어 분철 표기 'ㄹ-ㅇ, ㅿ-ㅇ'의 음운론적 해석: 탈락의 흔적과
　　　불파음화의 관점에서」, 『한국어학』 27, 한국어학회.

김무림·김옥영(2009), 『국어음운론』, 새문사.

김무식(1991), 「국어 유음(Liquids)의 음성학적 연구」, 『문학과 언어』 12, 문학과 언어 언구회.

_____(1992), 「중세국어 후음 'ㆁ'에 대한 一考察: 주로 음가추정 및 음운설정 여부를 중심으로」, 『어문학』 53, 한국언어학회.

_____(1995), 「『飜譯小學』의 표기와 음운」, 『國語史와 借字表記』, 素谷南豊鉉先生回甲 記念論叢, 태학사.

김미자(2001), 「국어 어휘에서 나타나는 유음 실현 양상」, 『高凰論集』 28, 경희대학교대 학원.

김민수·고영근(2008), 『第2版 歷代韓國文法大系 第3部 第9冊』, 박이정.

김선정(1996), 「개정 지배음운론 개관」, 『언어학』 19, 한국언어학회.

_____(1999), 「지배음운론에서 본 한국어 중화현상」, 『언어과학연구』 16, 언어과학회.

_____(2006), 「차용어에 관한 지배음운론적 접근」, 『언어와 언어학』 35, 한국외국어대 학교 외국어 종합연구센터 언어연구소.

김선정·허용(1999), 「승인제약 조건과 한국어 모음체계」, 『언어학』 25, 한국언어학회.

김성규(1994), 「중세국어의 성조 변화에 대한 연구」, 서울대학교 박사학위논문.

_____(1996), 「중세국어 음운」, 『국어의 시대별 변천·실태 연구 1: 중세국어』, 국립국 어연구원.

김성옥(2013), 「/ㄹ/탈락 현상에 대한 통시적 연구」, 충남대학교 석사학위논문.

_____(2014a), 「두음법칙의 표기에 대한 고찰」, 『한국언어문학』 88, 한국언어문학회.

_____(2014b), 「음절말 /ㅎ/의 음운현상에 대한 지배음운론적 분석」, 『한글』 305, 한글 학회.

_____(2015), 「/nl/-연쇄에서 유·비음화에 대한 음운론적 제약 및 지배음운론적 분 석」, 『언어학』 72, 한국언어학회.

_____(2016a), 「근대국어의 ㄹㄴ~ㄹㄹ형에 대하여」, 『국어사 연구』 22, 국어사학회.

_____(2016b), 「수의적 첨가현상에 대한 상위화용론적 분석」, 『언어와 문화』 12-1, 한국언어문화교육학회.

_____(2016c), 「유음 관련 음운현상의 통시적 연구」, 충남대학교 박사학위논문.

김성옥·김정태(2015a), 「동춘당 송준길家 한글간찰의 표기법 특징」, 『어문연구』 84, 어문연구학회.

_____(2015b), 「개화기 한글 간찰의 음운론적 고찰」, 『한글』 84, 한글학회.

김성옥·이상직(2014a), 「/ln/연쇄에 나타난 음운현상의 통시적 및 공시적 연구: 지배음운론 관점에서」, 『언어연구』 29-4, 한국현대언어학회.

_____(2014b), 「중세국어의 /ㅎ/-종성체언에 대한 지배음운론적 접근」, 『언어와 문화』 10-3, 한국언어문화교육학회.

김성화(1992), 「삽입모음 '으'의 기능」, 『국어학』 22, 국어학회.

김영배(1983), 「Corean Primer의 음운현상」, 『한글』 179, 한글학회.

김영선(2000), 「음운현상에서의 통시성과 공시성」, 『국어국문학』 19, 동아대학교.

김영진(1986), 「國語의 內破化에 대하여」, 『論文集』 5-2, 대전대학교.

_____(1999), 「國語 未破化의 通時的 考察」, 서울대학교 박사학위논문.

_____(2002), 『국어사 연구』, 이회문화사.

김완진(1957), 「-n, -l 동명사의 통사론적 기능과 발달에 대하여」, 『국어연구』 2, 국어연구학회.

_____(1972), 「형태론적 현안의 음운론적 극복을 위하여」, 『동아문화』 11, 서울대 동아문화연구소.

_____(1973), 『중세국어 성조의 연구』, 탑출판사.

_____(1974), 「音韻變化와 音素의 分布: 脣輕音 'ㅸ'의 境遇」, 『震檀學報』 38, 진단학회.

김완진·도수희(1985), 『국어학개론』, 한국방송통신대학교출판부.

김유범(1995), 「국어 유음의 음운사적 연구」, 고려대학교 석사학위논문.

_____(1996), 「'ㅭ'의 이중적 음가 문제에 대한 해명을 위하여」, 『한국어학』 4-1, 한국어학회.

_____(1998), 「국어의 자음체계와 음절말 중화에 대한 통시적 조명」, 『어문논집』 38-1, 안암어문학회.

_____(1999), 「관형사형 어미 '-ㄹ' 뒤의 경음화 현상에 대한 통시적 고찰」, 『한국어학』 10, 한국어학회.

_____(2007a), 「15세기 문헌자료의 특수 분철 표기에 대한 형태음운론적 연구」, 『한말연구』 20, 한말연구학회.

_____(2007b), 「문헌어의 음성적 구현을 위한 연구(1): 15세기 문헌자료 언해본 『훈민정음』의 '어제서문'을 대상으로」, 『한국어학』 34, 한국어학회.

_____(2008), 「'ㆍ'탈락 현상의 소멸에 관한 고찰: 16세기 이후 변화 양상을 중심으로」, 『우리말연구』 23, 우리말학회.

김정아(2004), 「두음·말음 비대칭의 기능 음운론적 해석: 유·무성 중화 및 동화를 중심으로」, 『음성·음운·형태론 연구』 10-2, 한국음운론학회.

김정태(1994), 「음운변화와 그 방향의 문제: 'yə'의 변화를 중심으로」, 『우리말 연구의

　　　　샘터』, 연산도수희선생화갑기념논총.

_____(2001), 「음운현상을 통한 기본형 설정(1)」, 『한국언어문학』 46, 한국언어문
　　　　학회.

_____(2004), 「음운현상을 통한 기본형 설정(2)」, 『한글』 263, 한글학회.

_____(2005), 『현행 한글맞춤법의 이해와 실제』, 충남대학교출판문화원.

_____(2013), 「『조선지지자료』(朝鮮地誌資料)의 대전 지명에 대하여」, 『한국언어문
　　　　학』 85, 한국언어문학회.

김종훈(1988), 「'ㄹ'音 脫落의 音聲學的 考察」, 『교육논총』 8, 동국대학교 교육대학원.

김주원(2000), 「국어의 방언 분화와 발달: 국어 방언 음운사 서술을 위한 기초적 연구」,
　　　　『한국문화사상대계』, 영남대 민족문화연구소.

김주필(1990), 「國語 閉鎖音의 音聲的 特徵과 音韻現象」, 『姜信沆敎授回甲紀念 國語學
　　　　論文集』, 太學社.

_____(1994), 「17, 18세기 국어의 구개음화와 관련 음운현상에 대한 통시론적 연구」,
　　　　서울대학교 박사학위논문.

_____(1998), 「음운변화와 표기의 대응관계」, 『국어학』 32, 국어학회.

_____(1999), 「구개음화」, 『새국어생활』 9-2, 국립국어연구원.

_____(2009), 「근대국어 음운론의 쟁점」, 『국어사연구』 9, 국어사학회.

_____(2011), 『국어의 음운현상과 음운변화 연구』, 역락.

김중진(1996), 「중세국어 유음표기 연구: ㄹㄹ과 ㄹㅇ표기를 중심으로」, 『한국언어문학』
　　　　37, 한국언어문학회.

_____(1999), 『국어 표기사 연구』, 태학사.

김진우(1976), 「국어음운론에 있어서의 모음 음장의 기능」, 『어문연구』 9, 충남대학교
　　　　문리과대학 어문연구회.

김차균(1976), 「국어의 자음 동화에 대하여: 동화 작용의 원리 탐구를 중심으로」, 『어문
　　　　연구』 9, 충남대학교 문리과대학 어문연구회.

_____(1983), 『음운학의 원리』, 창학사.

_____(1984), 「15세기 국어의 음운체계(Ⅰ)」, 『언어』 5, 충남대학교 언어연구소.

_____(1986), 「〈월인천강지곡〉에 나타나는 표기 체계와 음운」, 『한글』 194, 한글학회.

_____(1988), 「재분석 표상과 기저 표상」, 『언어연구』 5, 한국현대언어학회.

_____(1989), 「16세기 국어의 성조」, 『二靜 鄭然粲先生 回甲紀念國語國文學論集』, 탑
　　　　출판사.

_____(1989), 「김두봉의 우리말 소리 연구에 대한 국어학사적 고찰」, 『한힌샘 주시경

연구』2, 한글학회.

_____(1990a),「국어음운론에서 강도의 기능」,『언어연구』7, 한국현대언어학회. (김 차균(1993),『우리말의 음운』, 태학사 재수록).

_____(1990b),「종성의 재분석 음소와 변칙 용언」,『愼翼晟敎授停年退任紀念 論文集』, 韓佛文化出版.

_____(1991a),「국어 음운현상들의 새로운 해석과 정리」,『논문집』제ⅩⅧ卷 第2號, 忠南大學校 人文科學硏究所.

_____(1991b),「향명성 구개음 ŋ, λ, y의 음운 현상」,『어문연구』21, 어문연구학회.

_____(1995),『재판 나랏말의 소리』, 태학사.

_____(1998),『나랏말과 겨레의 슬기에 바탕을 둔 음운학 강의』, 태학사.

김태경(2000),「비음화와 유음화의 적용 기제에 대하여」,『한국어학』11, 국어학회.

김한별(2016),「19세기 전기 국어의 음운사 연구: (의성김씨 학봉 종가 언간)을 중심으 로」, 서강대학교 박사학위논문.

김형규(1983),『증보 국어사연구』, 一潮閣.

김혜영(1996),「국어 유음의 통시적 연구」, 경남대학교 박사학위논문.

남광우(1997),『古語辭典』, 교학사.

남풍현(1981),『借字表記法 硏究』, 檀大出版部.

남하정(2010),「'ᄋ/으'계 어미의 'ᄋ/으' 탈락현상에 대한 통시적 연구」, 국민대학교 석사학위논문.

노명희(1997),「한자어 형태론」,『국어학』29, 국어학회.

도수희(1983),「음운변화의 잠재 기능에 대하여」,『어문연구』12, 충남대학교 문리과대 학 어문연구회.

_____(1989),「음운탈락과 음운규칙의 경쟁성」,『二靜 鄭然粲先生 回甲紀念國語國文學 論集』, 탑출판사.

_____(1999),「고대 국어의 음운변화에 대하여」,『한글』244, 한글학회.

_____(2003),『한국의 지명』, 아카넷.

_____(2007),「지명어 음운론」,『지명학』13, 한국지명학회.

도정업(2007),「어간말 'ㄹ'탈락에 대한 통시적 고찰」, 서울대학교 석사학위논문.

마원걸(2023),「한자어의 의미 변화 연구: 〈국한회어〉의 한중 동형이의어를 중심으로」, 서울대학교 박사학위논문.

문양수·이호영·하세경(2002),「유음화 규칙의 적용 영역」,『언어학』31, 한국언어학회.

문정규(1972),「/-t/入聲音의 /-l/音化攷: 高麗以前의 漢字音에 對한 一考」,『논문집』

6, 한양대학교.

_____(1987), 『中國古代音韻學』, 민음사.

문학준(1987), 「'ㄹ'음의 史的 考察: 중세어 'ㄹㅇ'형의 음가와 현대국어 'ㄹ'의 자질모형을 중심으로」, 『언어과학연구』 5, 언어과학학회.

문화체육관광부(1988/2012), 『교육과학기술부·문화체육관광부 고시 및 공고 국어 어문 규정집』, 대한교과서주식회사.

문화체육관광부(1988/2012), 『국어 어문 규정집』, 대한교과서주식회사.

문효근(1974), 『한국어 성조의 분석적 연구』, 세종출판공사.

민중서림 편집국(2006), 『민중 엣센스 국어사전 제6판』, 민중서림.

박기영(1995), 「국어 유음에 대한 통시적 고찰」, 서울대학교 석사학위논문.

박병채(1971), 『고대국어의 연구: 음운편』, 단국대출판부.

_____(1990), 『고대 국어학 연구』, 고대민족문화연구소출판부.

박상철(2010), 「음운현상의 통시적 변화에 작용하는 형태론적 제약: 용언 어간말 ㄹ탈락 현상을 중심으로」, 서울대학교 석사학위논문.

박선우(2006), 「한국어 /nl/의 비음화에 대한 유추적 분석」, 『언어연구』 23-1, 경희대학교 언어연구소.

_____(2007), 「한국어 /nl/의 변이에 대한 분석: 패러다임분석과 빈도분석을 중심으로」, 『한국어학』 36, 한국어학회.

박종희(1979), 「중간자음의 탈락과 그 흔적에 대하여: 전라 방언을 중심으로」, 『향토문화연구』 2, 원광대학교 향토문화연구소.

_____(1983), 『국어 음운론 연구』, 원광대학교출판부.

박창원(1984), 「중세국어의 음절말 자음체계」, 『국어학』 13, 국어학회.

박창원(1987), 「표면음성제약과 음운현상: 고성지역어의 음절구조를 중심으로」, 『국어학』 16, 국어학회.

_____(1990), 「음운규칙의 통시적 변화」, 『姜信沆敎授回甲紀念. 國語學論文集』, 太學社.

_____(1991), 「국어 자음군 연구」, 서울대학교 박사학위논문.

_____(2012), 『한국어의 표기와 발음』, 도서출판 지식과교양.

배대온(1987), 「차자표기의 음절말 자음에 대한 고찰」, 『배달말』 12-1, 배달말학회.

배성봉·이광오(2013), 「본음 복원 두음법칙 단어의 학습」, 『교육심리연구』 27-1, 한국교육심리학회.

배주채(1996), 『국어 음운론 개설』, 신구문화사.

_____(2008), 『국어 음운론의 체계화』, 한국문화사.

백두현(1992a), 「원순모음화 'ㆍ>ㅗ'형의 분포와 통시성」, 『국어학』 22, 국어학회.

_____(1992b), 『嶺南 文獻語의 音韻史 硏究』, 태학사.

_____(1998), 「국한회의」의 음운현상과 경상방언」, 『청암 김영태박사 화갑기념 논문집』, 태학사. [백두현(2020), 『현장 방언과 문헌 방언 연구』, 역락 재수록]

_____(2004), 「『음식디미방』의 표기법과 자음변화 고찰」, 『국어사연구』 4, 국어사학회.

_____(2006), 「국어사 연구의 새로운 방향 설정을 위하여」, 『국어학』 47, 국어학회.

_____(2013), 「영남 지역 국어사 자료의 연구 성과와 연구 방향」, 『어문논총』 59, 한국문학언어학회(구 경북어문학회).

_____(2015), 『한글문헌학』, 태학사.

백두현·이미향·안미애(2013), 『한국어 음운론』, 태학사.

백은아(2013), 「용언 어간말 'ㅡ' 삽입 현상」, 『한글』 299, 한글학회.

변용우(2010), 「활용에서의 유음 탈락·유음화의 선택적 적용」, 『한국어문학연구』 54, 한국어문연구학회.

서보월(1995), 「국어의 유음화와 비음화에 대하여」, 『어문논총』 29, 경북어문학회.

성인출(2004), 「18세기 후기 국어의 표기법 연구: 윤음언해를 중심으로」, 계명대학교 박사학위논문.

소신애(2008), 「중세국어 음절말 유음의 음가와 그 변화: 방언 자료와 문헌 자료에 근거하여」, 『국어학』 53, 국어학회.

송기중(1995), 「唐代 突厥語의 假借 表記와 國語漢字音의 終聲」, 『國語史와 借字表記』, 소곡남풍현선생회갑기념논총, 태학사.

송철의(1977), 「파생어 형성과 음운현상」, 서울대학교 석사학위논문.

_____(1983), 「파생어(派生語)형성과 통시성(通時性)의 문제」, 『국어학』 12, 국어학회.

_____(1987), 「15세기 국어의 표기법에 대한 음운론적 고찰: 훈민정음 창제 초기문헌을 중심으로」, 『국어학』 16, 국어학회.

_____(1993), 「언어변화와 언어의 화석」, 『국어사 자료와 국어사 연구』, 문학과 지성사.

_____(2008), 『한국어 형태음운론적 연구』, 태학사.

신성철(2014), 「근대국어 유음화 재고」, 『어문연구』 42-2, 한국어문교육연구회.

_____(2015), 「근대국어 순행적 유음화 재고」, 『국어학』 73, 국어학회.

신승용(1999), 「'-으X~-X'계 어미의 기저 구조」, 『국어학』 34, 국어학회.

_____(2000), 「音韻 變化의 原因과 科程에 對한 通時的 硏究」, 서강대학교 박사학위

　　　　논문.

_____(2003), 「/k/〉/h/ 變化에 對한 考察」, 『국어학』 41, 국어학회.

신연희(1990), 「19세기 전기 국어의 표기법과 음운변동에 관한 연구」, 건국대학교 석사
　　　　학위논문.

신지영(2011), 『한국어의 말소리』, 지식과교양.

신지영·차재은(2003), 『우리말 소리의 체계: 국어 음운론 연구의 기초를 위하여』, 한국
　　　　문화사.

申昌淳(2003), 『國語近代表記法의 展開』, 태학사.

심재기·조항범·문금현·조남호·노명희·이선영(2011), 『국어어휘론개설』, 지식과교양.

안대현(2009), 「한국어 중앙어 ㄷ구개음화의 발생 시기」, 『국어학』 54, 국어학회.

안병희(1978), 『15세기 국어의 활용어간에 대한 형태론적 연구』, 탑출판사. (안병희
　　　　(1959), 서울대학교 석사학위논문).

안주호(2002), 「한국어에서의 역문법화 현상에 대하여」, 『언어학』 10-4, 대한언어학회.

양순임(2011), 『학교문법의 이해 말소리』, 도서출판 월인.

_____(2012), 『4판 학교 문법의 이해 말소리』, 월인.

양주동(1943), 『조선 고가연구』, 박문서관.

_____(1965/1983), 『增訂 古歌研究』, 一潮閣.

엄태수(1988), 「국어 표면음성제약의 상위원리: /ㄹ/뒤 경음화와 /ㄹ/탈락의 공모현상
　　　　을 중심으로」, 『서강어문』 6-1, 서강어문학회.

_____(2007), 「'ㄹ' 초성 한자어의 음운현상과 어휘표시」, 『국제어문』 41, 국제어문
　　　　학회.

_____(2010), 「ㄴ첨가에 대한 표준어 규정의 연구」, 『국제어문』 50, 국제어문학회.

_____(2012), 「국어 음운부의 조직과 음운규칙의 분류」, 『국어어문연구』 44, 우리어문
　　　　학회.

여은지(2008), 「근대 국어 'ㄹㄴ' 표기의 음운론적 해석」, 『한국언어문학』 64, 한국언어
　　　　문학회.

오정란(1993a), 「국어 'ㄹ'음의 양음절성과 겹자음화」, 『언어』 18-1, 한국언어학회.

_____(1993b), 「국어 음운 현상에서의 지배 관계」, 『음성·음운·형태론 연구』 1, 음운
　　　　론 연구학회.

_____(1993c), 『현대국어 음운론』, 형설출판사.

_____(1995a), 「국어 'ㄹ'음의 특성과 결합적 제약」, 『한국어학』 2-1, 한국어학회.

_____(1995b), 「비음화와 비음동화」, 『국어학』 25, 국어학회.

오정애(2009), 「19세기 『천자문』의 표기와 음운현상 연구」, 국민대학교 석사학위논문.

오종갑(1986), 「폐음화와 그에 따른 음운현상: 18세기 후기 국어를 중심으로」, 『韓民族語文學』 13, 한민족어문학회.

_____(1988), 『國語 音韻의 通時的 硏究』, 啓明大學校出版部.

오종갑(2011), 「국어 방언에 반영된 어두경음화」, 『韓民族語文學』 58, 한민족어문학회.

위진(2002), 「조선시대 한자 학습서의 국어 음운 표기 연구」, 전남대학교 박사학위논문.

유창균(1991), 『삼국시대의 漢字音』, 민음사.

유창돈(1961), 「ㄹ·ㅇ形 語辭考: ㄹ·ㅇ形의 音價」, 『인문과학』 6, 연세대학교 인문과학연구소.

_____(1964/2010), 『李朝語辭典』, 延世大學校出版部.

윤정남(2001), 「15세기 국어의 「ㄹ」에 관한 연구」, 연세대학교 석사학위논문.

이경희(1997), 「국어의 비음과 유음에 관련된 몇 가지 제약」, 『牛岩語文論集』 8, 부산외국어대학교 국어국문학과.

이광호(1995), 「喉音 'ㅇ'과 中世國語 分級表記의 新解釋」, 『素谷南豊鉉先生回甲紀念論叢』, 태학사.

_____(2001), 「近代國語 筆寫本 資料에서의 'ㄹ-ㄴ'表記에 대한 小考: 『병자록』과『션부군 언힝유ᄉ』를 중심으로」, 『정신문화연구』 24-1, 정신문화연구원.

이근영(2005), 「'/ㄴ/의 /ㄹ/ 되기' 발음 실태 연구: 표준 발음법과 언어 현실의 문제를 중심으로-」, 『한말연구』 16, 한말연구학회.

이금영(2014), 「'-니' 결합형 어미의 통시적 연구」, 『어문연구』 80, 어문연구학회.

이기갑 외(2000), 「중앙아시아 한인들의 한국어 연구」, 『한글』 247, 한글학회.

이기문(1963a), 「계림유사의 재검토: 주로 음운사의 관점에서」, 『동아문화』 8, 서울대학교 동아문화연구소.

_____(1963b), 『國語表記法의 歷史的 硏究』, 국어연구원.

_____(1972a/1984), 『改訂版 國語史槪說』, 탑출판사.

_____(1972b), 『國語音韻史硏究』, 서울대학교 국어문화연구소.

_____(1985), 『국어음운사연구』, 탑출판사.

_____(1998/2004), 『新訂版 國語史槪說』, 태학사.

_____(2006), 「국어사 연구의 회고와 전망」, 『국어사 연구 어디까지 와 있는가』, 임용기·홍윤표 편, 태학사.

이기문·김진우·이상억(1984), 『국어 음운론』, 학연사.

이기문·이호권(2008), 『국어사』, 한국방송통신대학교출판부.

이동석(2000), 「ㄹ탈락 현상의 적용 환경과 발생 및 소멸 시기에 대하여」, 『한국어학』 12-1, 한국어학회.

_____(2002), 「국어 음운현상의 소멸과 변화에 대한 연구」, 고려대학교 박사학위논문.

_____(2003), 「모음 간 ㄹ탈락 현상에 대하여」, 『민족문화연구』 38, 고려대학교 민족문 화연구원.

_____(2005a), 『국어 음운현상의 공시성과 통시성』, 한국문화사.

_____(2005b), 「형태소 내부의 순행 비음화 현상에 대하여」, 『언어학연구』 9, 한국중원 언어학회.

伊藤智ゆき(2007), 『朝鮮漢字音研究: 本文篇』, 汲古書院 [이진호 역(2011), 『한국 한자 음 연구: 본문편』, 역락].

李明鎬(1992), 「프랑스어의 r와 국어의 ㄹ에 관한 고찰: 음성학적 및 음운론적」, 『인문학 연구』제19집, 중앙대학교 인문과학연구소.

이병근(1975), 「음운 규칙과 비음운론적 제약」, 『국어학』 3, 국어학회.

_____(1979), 「자음동화의 제약과 방향」, 『국어학 연구 選書 音韻現象에 있어서의 制 約』, 탑출판사.

_____(1981), 「유음 탈락의 음운론과 형태론」, 『한글』 173·174, 한글학회.

_____(1986), 「國語辭典 編纂의 歷史」, 『국어생활』 7, 국립국어원.

이병근·최병옥(1997), 『국어음운론』, 한국방송통신대학교출판부.

이병선(1985), 「古代 入聲韻尾 t의 r 音化」, 『于雲朴炳采博士還曆紀念論叢』, 고려대학교 국어국문학연구회.

이병선(2012), 『韓國古代國名地名의 語源 研究』, 도서출판 이회.

이보연(1992), 「國漢會語에 나타난 音響象徵 研究」, 『단국어학』 2, 단국대학교 문리과대 학 국어국문학과.

이봉원(1994), 「한국어 유음의 변이음 연구」, 고려대학교 석사학위논문.

이상직(2004), 「구성원소 이론과 국어의 경음화 현상」, 『음성·음운·형태론 연구』 10, 한국음운론학회.

_____(2010), 「어간말 자음연쇄의 기저구조와 유음 후 경음화 현상에 대한 연구」, 『언 어학』 58, 한국언어학회.

이상직·허용(1998), 「지배음운론에서 본 한국어의 음절 구조」, 『한글』 240·241, 한글 학회.

이선웅(2012), 「문장부호에 대한 국어학적 고찰」, 『국어학』 64, 국어학회.

이세창(2006), 「설정성 자음의 비음화와 설측음화에 관한 연구」, 『음성·음운·형태론연구』 12-3, 한국음운론학회.

이숭녕(1955), 「李朝 初期의 l·r음 表記問題」, 『庸齋白樂濬博士還甲記念 國學論叢』, 思想界社.

_____(1961/1981), 『中世國語文法: 15世紀語를 主로 하여』, 乙酉文化史.

_____(1971), 「17세기 국어의 음운사적 고찰」, 『東洋學』 1, 단국대학교 동양학연구소.

이승욱(1973), 『國語 敬語法의 體系와 變遷』, 「國語文法體系의 史的研究』, 一潮閣.

_____(1991), 「북한 철자법의 체계와 변천」, 『동아연구』 22, 서강대학교 동아연구소.

이승재(1996), 「'ㄱ'약화·탈락의 통시적 고찰: 南權熙本 楞嚴經의 口訣資料를 중심으로」, 『국어학』 28, 국어학회.

_____(2002), 「구결자료의 '-ㄱ-' 약화·탈락을 찾아서」, 『한국문화』 30, 서울대학교 한국문화연구소.

이익섭(1986/2010), 『국어학개설』, 학연사.

_____(1992), 『국어표기법연구』, 서울대학교출판부.

이장희(2005), 「한자음 설내 입성 운미의 유음화에 대하여」, 『언어과학연구』 32, 언어과학회.

이지영(2009), 「사전 편찬사의 관점에서 본 『韓佛字典』의 특징: 근대국어의 유해류 및 19세기의 『國漢會語』, 『韓英字典』과의 비교를 중심으로」, 『한국문화』 48, 서울대학교 규장각한국학연구원.

이진호(1997), 「'ㄹㄹ~ㄹㄴ'표기의 공존에 대한 음운론적 해석」, 『관악어문연구』 22, 서울대학교 국어국문학과.

_____(1998), 「국어 유음화에 대한 종합적 고찰」, 『국어학』 31, 국어학회.

_____(2005/2009), 『국어 음운론 강의』, 삼경문화사.

_____(2008), 『통시적 음운 변화의 공시적 기술』, 삼경문화사.

_____(2012), 『한국어의 표준 발음과 현실 발음』, 아카넷.

이찬주(2007), 「국어 자음동화에서의 제약」, 부산대학교 석사학위논문.

이태환(2008), 「한국어 경어법의 역사적 변천에 관한 연구」, 경원대학교 박사학위논문.

이호영(1996), 『국어음성학』, 태학사.

이희승(1998), 『국어대사전』, 민중서림.

이희승·안병희·한재영(2010), 『증보 한글 맞춤법 강의』, 신구문화사.

임동석(2011), 「한국 한자음의 두음법칙과 문제점 고찰」, 『중국언어연구』 36, 한국중국
　　　어학회.

임석규(2002), 「음운 탈락과 관련된 몇 문제」, 『국어학』 40, 국어학회.

임용기(1987), 「「ㄹ」에 관련된 몇 가지 문제」, 『외국어로서의 한국어교육』 12-1, 연세
　　　대학교 한국어학당.

임현열(2011), 「/ㄴㄹ/연쇄의 자유변이현상에 대한 인지적 접근」, 『어문논총』 4 7, 중앙
　　　어문학회.

임홍빈 외(2005), 『우리말 연구 서른아홉 마당』, 태학사.

장윤희(2002), 「현대국어 '르-末音' 用言의 形態史」, 『어문연구』 30-2, 韓國語文敎育硏
　　　究會.

장향실(1996), 「국어 '르변칙'의 원인에 대한 통시적 고찰」, 『한국어학』 4, 한국어학회.

전광진(2007), 『우리말 한자어 속뜻사전』, LBH교육출판사.

전광현(1971), 「18세기 후기 국어의 일고찰: 綸音諺解를 중심으로」, 『논문집』 13, 전북
　　　대학교.

_____(1978), 「18세기 전기 국어의 일고찰: 『五倫全備諺解』를 중심으로」, 『어학』, 전남
　　　대 어학연구소.

전미정(1991), 「19세기 국어의 음운론적 연구」, 경북대학교 석사학위논문.

전상범(2004), 『음운론』, 서울대학교출판부.

전수태(2000), 「남북한 언어 차이와 그 극복 방안」, 『국어문화학교』 5, 국립국어연구원.

정상훈(2007), 「한국어 음성 인지를 위한 음성학적 정보에 대한 고찰」, 『한국어문학연
　　　구』 49, 한국어문학연구학회(구 동악어문학회).

정승철(1997), 「개화기 국어 음운」, 『국어의 시대별 변천 연구 4』, 국립국어연구원.

鄭承喆(2019), 「자음의 변화」, 『국어사 연구1』, 국어사대계간행위원회.

정연찬(1981), 「근대국어 음운론의 몇 가지 문제」, 『동양학』 11, 단국대학교 동양학연
　　　구소.

_____(1997), 『개정 한국어음운론』, 한신문화사.

정영숙(1998), 「지명어의 음운변화(자음접변)에 대하여(3)」, 『어문연구』 30, 충남대학
　　　교 문리과대학 어문연구회.

정철주(1995), 「고대국어의 음절말 자음과 음절구조」, 『어문학』 56, 국어어문학회.

朝鮮總督府 編(1919), 『朝鮮圖書解題』, 朝鮮通信社. [영인본: 朝鮮總督府 編(1972), 『朝
　　　鮮圖書解題』, 景仁文化史]

조성문(1996), 「유음동화의 거울영상성에 대한 고찰」, 『한국언어문학』 14, 한국언어문

화학회.

조창규(1992), 「"ㄱ-탈락" 재고」, 『한국언어문학』 30, 한국언어문학회.

조학행·강희숙(2000), 「/ㄹ/탈락과 언어 화석」, 『한국언어문학』 45, 한국언어문학회.

지춘수(1986), 「국어 표기사 연구」, 경희대학교 박사학위논문.

지춘수·김종(1983), 「근대국어표기의 양상과 경향」, 『국어국문학』 5, 조선대학교 문리과대학 국어국문학과.

채서영(2002), 「우리말 어두 유음 사용에 나타난 영어의 영향」, 『사회언어학』 10, 한국사회언어학회.

최명옥(1982), 『월성지역어의 음운론』, 영남대학교출판부.

_____(1985), 「19세기 후기 서북방언의 음운론: 평북 의주지역어를 중심으로」, 『인문연구』 7, 영남대 인문과학연구소.

_____(2005), 「한국어 음운규칙 적용의 한계와 그 대체 기제」, 『인문논총』 53, 서울대학교 인문학연구원.

최윤현 외(2006), 『우리말 음운연구의 실제』, 경진문화사.

최임식(1988), 「Corean Primer의 표기와 음운」, 『어문학』 49, 한국어문학회.

_____(1989), 「국어 내파화에 관한 연구」, 계명대학교 박사학위논문.

_____(1990), 「어간말자음의 내파화와 표기」, 『어문학』 51, 한국어문학회.

최전승(1986), 『19세기 후기 全羅方言의 음운현상과 그 역사성』, 한신문화사.

_____(1998), 「국어 방언과 방언사 기술에 있어서 언어 변이에 관한 연구(I)」, 『방언학과 국어학』, 청암김영태박사화갑기념논문집, 태학사.

최전승(2004), 『한국어 방언의 공시적 구조와 통시적 변화』, 도서출판 역락.

최태영(1991), 「初期飜譯聖經研究 Ⅳ: 表記法을 中心으로」, 『國語學의 새로운 認識과展開』, 金完鎭先生回甲紀念論叢, 민음사.

최현배(1959), 「'달아'의 읽기에 대하여」, 『學術院論文集』 1, 大韓民國學術院. [최현배(1968), 「'달아'의 읽기에 대하여」, 『외솔 최현배박사 고회기념논문』, 정음사, 재수록]

킹, 러쓰·연재훈(1992), 「중앙 아시아 한인들의 언어: 고려말」, 『한글』 217, 한글학회.

한길로·이상직(2013), 「국어 ln-연쇄에 나타난 두 가지 음운현상: 지배음운론 관점에서」, 『언어연구』 28-4, 한국현대언어학회.

허용(1997), 「특수 어간 교체어 재고: 단일형일 가능성에 대한 탐구」, 『국어학』 30, 국어학회.

____(1998), 「상태동사 파생접사 'ㅂ/브'에서의 모음교체에 대한 연구」, 『언어학』 22,

한국언어학회.

____(2004), 「한국어 자음동화에 대한 지배음운론적 접근」, 『언어와 언어학』 34, 한국외
국어대학교 외국어 종합연구센터 언어연구소.

____(1998), 「상태동사 파생접사 'ㅂ/브'에서의 모음교체에 대한 연구」, 『언어학』 22,
한국언어학회.

허용 · 이상직(1996), 「지배음운론(Government Phonology)이란 무엇인가?」, 『언어
학』 19, 한국언어학회.

허웅(1956), 『龍飛御天歌: 詩歌經典編』, 정음사.

____(1964), 「치음고」, 『국어국문학』 27, 국어국문학회.

____(1982), 『국어음운학』, 정음사.

____(1985/2008), 『국어 음운학: 우리말 소리의 오늘 · 어제』, 샘문화사.

____(1989), 『16세기 우리 옛말본』, 샘문화사.

허삼복(1994), 「중세국어 음절구조와 음운현상 연구」, 충남대학교 박사학위논문.

홍윤표(1985), 「最初의 國語辭典 「國漢會語」에 대하여」, 『白旻 全在昊博士 華甲紀念
國語學論叢』, 白旻 全在昊博士 華甲紀念 國語學論叢 刊行委員會.

____(1986), 「근대국어의 표기법 연구」, 『민족문화연구』 19, 고려대학교 민족문화연
구소.

____(1991), 「「국어사와 표기법」에 대한 논평」, 『(제5회 학술세미나) 국어사 논의에
있어서의 몇 가지 문제』, 한국정신문화연구원.

____(1994), 『근대국어 연구 (Ⅰ)』, 태학사.

____(2009), 「근대국어의 국어사적 성격」, 『국어사연구』 9, 국어사학회.

Charette, M. (1989), The Minimality Condition in Phonology, *Journal of Linguistics*
25.

_____ (1990), Licence to Govern, *Phonology* 7-2.

_____ (1991), *Conditions on Phonological Government*. Cambridge
University Press. London.

Charette, M. and Kaye, J. (1994), A revised theory of phonological elements. MS.
SOAS, University of London.

Chen, Matthew(1978), 'The Time Dimension: Contribution toward a Theory of
Sound Change', *The Lexicon in Phonological Change*(edited by William
S-Y Wang), Mouton Publishers.

Chomsky & Halle(1968), *The Sound Pattern of English*, Harper & Row.

Harris (1990), Segmental complexity and Phonological government, *Phonology* 7(2).

Harris, J, & Lindsey, G. (1995), The Elements of Phonological Government, in Durand, J. & Katama F. (eds.), *Frontiers of Phonology: Atoms, Structure, Derivations*, 34~79. London: Longman.

Harris, John (1990), Segmental complexity and Phonological government, *Phonology* 7.2.

_____ (1994), *English Sound Structure*. Oxford: Blackwell.

Hooper, Joan B. (1972) The Syllable in Phonological Theory, *Language* 48.

_____ (1976) *An introduction to Natural Generative Phonology*, *Phonology,* New York: Academic Press.

Jesperson, Otto (1904) *Lehrbuch der Phonetick*, Leipzig Berlin: Teubner.

Kaye, J. (1987), Government in phonology: the case of Moroccan Arabic. Ms. UQAM.

_____ (1990a), Coda licensing, *Phonology* 7(2).

_____ (1990b), Government on phonology: the case of Moroccan Arabic, *The Linguistics Review* 6(2), 132~159.

_____ (1993), Derivations and interfaces, *SOAS Working Papers in Linguistics and Phonetics* 3.

_____ (1994), Lectures on current issues in phonology, *SOAS*, University of London.

Kaye, J., Lowenstamm, J. & Vergnaud, J-R. (1985), The internal structure of phonological elements: A theory of Cm and Government, *Phononlogy Yearbook* 2.

_____ (1990), Constituent structure and government in phonology, *Phonology* 7-2.

King, J. R. P. (1987), All Introduction to Soviet Korean, *Language Research* 23-2, Language Research Institute, Seoul National University.

McCarthy, J. and Prince, A. (1986), *Prosodic Morphology*, Waltham MA: Brandeis University, ms.

Ramstedt, G. J. (1939), A Korean Grammar, *Mémoires de la Société*

Finnoougrienne 82.

Selkirk, Elisabeth(1984) *Phonology and Syntax: The Relation between Sound and Structure*, Cambridge: MIT Press.

Vennemann T.(1988), *Preference Laws for Syllable Structure and the Explanation of Sound Change*, Mouton de Gruyter.

Vennemann, T.(1972), On the Theory of Syllabic Phonology, *Linguistische Berichte*, 18: 1-18.

Xolodovich, A. A. (1954), *Ocherk Grammatiki Korejskago Jazyka, Izdagelystvo* literatury na inostrannyh jzykah.

김성옥(金成玉, Kim Seong-ok)

충남대학교 대학원에서 국어학 석사학위, 동 대학교 대학원에서 국어학 박사학위를 취득하였다. 2018년부터 현재까지 충남대학교 초빙교수로 재직하고 있다. 공저로는 『사고와 표현』(2019)이 있으며, 「1900~1930년대 어문규범을 중심으로 한 형태주의 표기법으로의 과정 연구」, 「이수정 역(譯)『신약마가젼복음셔언ᄒᆡ』(1885)의 표기 특징 및 국어학적 의의」, 「16~20세기 한글편지에서의 처격 '의'형에 대한 음운사적 일고찰」, 「'가없-·가이없-·가엾-'에 대한 어휘화 연구」, 「'구룸>…>구름', '몬져>…>먼저' 유형의 어휘들에 대한 음운 변화 과정 연구」 등의 40여 편의 연구 논문이 있다. 2019년에는 어문연구 학술상을 수상하였다.

한국어 /ㄹ/ 음운현상의 통시적 연구

2025년 10월 30일 초판 1쇄 펴냄

지은이 김성옥
펴낸이 김흥국
펴낸곳 보고사

책임편집 이찬형
표지디자인 김규범

등록 1990년 12월 13일 제6-0429호
주소 경기도 파주시 회동길 337-15 보고사
전화 031-955-9797
팩스 02-922-6990
메일 bogosabooks@naver.com
http://www.bogosabooks.co.kr

ISBN 979-11-6587-942-6 93710
ⓒ 김성옥, 2025

정가 26,000원